JN132071

合格奪取!

新HSK6級トレーニングブック

読解・作文問題編

李貞愛＝著

ask

はじめに

2015年に4級リスニング問題編を出版してから5年あまりが経ち、今、HSKの、そして本シリーズの現時点での最上級となる6級へたどり着いた。この間、世界ではさまざまなことが起こり、我々を取り巻く生活環境やビジネス環境、そしてコミュニケーションの在り方が大きく変わりつつある。このような中、異なる言語を学び続け、深く知ることは、より多くのことを共有することにつながるだろう。

さて、本書はHSK 6級の閲読部分と書写部分を対象としているが、6級は言うまでもなく、現時点におけるHSKという試験の最高峰である。この最高峰に挑むためには、豊富な語彙知識、確かな文法運用能力、社会的・文化的背景知識が必要である。中国語、そして中国への理解の深さが求められる。

これらに加えて、この閲読と書写の2つの部分ではさらに、「スピード」も求められる。

まず閲読部分は4つの出題形式、計50問を50分間で解くことになっている。単純計算すると、1問に使える時間はせいぜい1分程度。

そして書写部分は45分間。うち10分間は1,000字程度の文章を読んで覚える、残りの35分間は400字程度にまとめることになっている。最初の10分間は内容を覚えるのに少なくとも3回は読んでおきたい。そうなると1分間に300字程度読めるようにしないと間に合わない。次の35分間は400字程度の文章にまとめる。これは1分間で10文字程度書くことになるが、内容を思い出しながら、文法的に正しい文を書き、かつ論理的に正しい文章にしていく作業であるため、時間が足りないくらいである。

これはネイティブ並みの力を求めているではないか、と思ってしまう。最高峰であるので、当然と言えば当然であろう。

ではどのように学習に取り組めば良いか。

まずは、なんと言っても自己分析——自分を熟知することであろう。

自分の得意分野と不得意分野（足りていない分野）を見極めることで、得点をさらに上げるための「伸ばす作業」（例えば単語やイディオムの知識量をもっと増やすなど）と、弱点を見つけて克服するための「集中訓練作業」にメリハリをつけて取り組むことができ、それによって学習の質を高めることができる。

本書は多くの日本人学習者が６級試験で苦手とする部分に紙幅を割いた。具体的には、①閲読第一部分・“病句”（間違いのある文）探し問題に関する詳細な対策と練習、②書写部分・“缩写”（要約文）についての多面的な解説と練習、の２点に特に力を入れている。

また、閲読部分の一部の練習問題は、中国の外语教学与研究出版社が出版した《新HSK 专项突破・六级阅读》から取り入れさせていただいた。これにより、話題の選択のみならず、文体や表現手法、文化的背景についてもより実際に即したものとなり、試験に出題される６級という高いレベルの文章を読み解く力を伸ばすことができるだろう。

このほかに、文章を読み解いたり書いたりするのに必要な常用文型や文のつながりについても、詳細な解説と練習を設けている。さらに、前述の「伸ばす作業」に役立つ表現力アップメモや、学習方法の話などといったコラムも用意した。

本書は中国語の基礎知識から応用練習までを合体させた１冊となる。中国語の語彙や文法知識全般を着実に身に付けたい方、中国語の応用力を高めたい方に、この本が少しでもお役に立つことを心から願っている。

なお、今回も構成と編集において、アスク出版の由利真美奈さんから多くの有益な助言と多大な協力をいただきました。彼女の学習者目線のコメントやつっこみは、私にたくさんの刺激とヒントを与えてくれ、改めて「語学は楽しい修行だ」と感じさせてくれました。心よりお礼を申し上げます。

2020 年 12 月　　李 貞愛

もくじ

◎解答解説は別冊をご覧ください。

STEP 4 要約文の書き方をマスターしよう【書写部分】

STEP 5 実力を試そう【模擬試験】

◇　◇　◇

「学習のヒント」

HSK（汉语水平考试）について

「汉语水平考试」、いわゆる「HSK」とは、中国教育部中外语言交流合作中心 汉考国际が主催し、中国政府が認定する、中国語（普通话）を母語としない全世界の中国語学習者を対象とする世界共通の中国語能力標準化試験です。1990 年から開始され、2010 年の全面リニューアルを経て、現在、全世界で通用する中国語資格となっています。（なお、リニューアル前の形式を「旧 HSK」、リニューアル後の形式を「新 HSK」と区別しますが、現在、「HSK」といえば一般的に「新 HSK」を指し、世界で通用するのも「新 HSK」です。本書もこの「新 HSK」について述べています。）

日本でも広く知られるようになるに従い、受験者が急増。大学の単位認定や企業での人事評価の指標としても、ますます多く用いられています。

● HSK と中国語検定試験との違い

	HSK	中国語検定試験（中検）
主催者	中国教育部中外语言交流合作中心 汉考国际 中国政府が認定する、全世界共通の資格。	一般財団法人日本中国語検定協会 日本において中国語の学習成果を測る指標。
通用域	中国国内の大学・企業、および全世界で中国語を必要とするところ	日本、および世界各地の日系企業で中国語を必要とするところ
特徴	生活や勉強、仕事において実際に中国語を運用するためのコミュニケーション能力を測る。ピンインや文法の確かな知識とともに、ネイティブの会話や文章を聞き、読んで理解する力、および中国語で自分の考えを表現する力が問われる。試験の進行や問題提示もすべて中国語で、日本語を介さずに中国語で考え、反応する力が求められる。6 級 180 点以上取得者は通訳案内士外国語（中国語）筆記試験を免除される。	中国語の必須学習項目（文法・ピンイン・語彙）に関する知識を学習レベル（級）別に詳細に問う。日本人向けに特化しているため、試験の進行や問題提示は日本語で行われる。このため初学者から受験しやすく、中国語知識が確実に身についているかを確認しやすい。なお、上位級では日本語⇄中国語の翻訳力が重要となり、1 級合格者は、通訳案内士外国語（中国語）筆記試験を免除される。
レベル比較（目安）	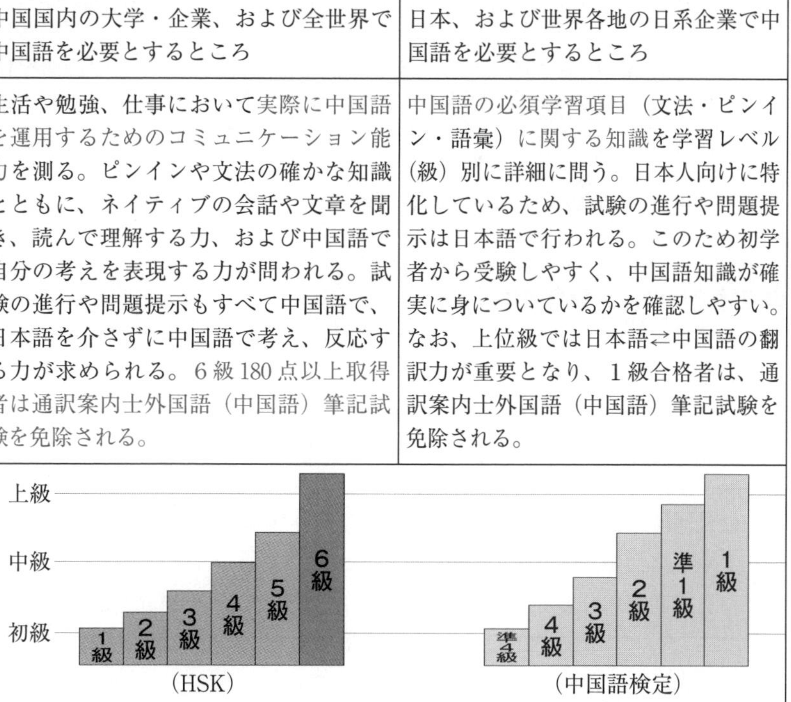 上級 / 中級 / 初級 1級　2級　3級　4級　5級　6級 （HSK）	準4級　4級　3級　2級　準1級　1級 （中国語検定）

※試験の性格が大きく異なるため単純に比較はできません。

● HSKの各級の指標

HSKのレベル判定基準は、ヨーロッパにおける外国語学習者の習得状況を示すガイドライン「ヨーロッパ言語共通参照枠（CEFR）」の評価基準に対応しています。HSK各級のレベルと、CEFRの対応レベル（括弧内）は次の通りです。

1級：極めて簡単な中国語の語句やフレーズを理解し使用できる。必要語彙量は150語程度の基礎的な言葉。（A1）

2級：身の回りの日常的な話題について簡単にやり取りできる。必要語彙量は300語程度の基本語彙。（A2）

3級：生活、学習、仕事の面で基本的なコミュニケーションができる。必要語彙量は600語程度。（B1）

4級：比較的広範な話題について理解、表現でき、スムーズにやり取りできる。日常場面に加え、公式な場面でもふさわしい表現ができる。中国の大学（理系）への留学の指標となるレベル。必要語彙量は1200語程度。（B2）

5級：比較的抽象的、専門的な話題について討論、評価したり、自らの考え方を発表したりでき、さまざまなコミュニケーション場面に対応できる。中国の文系大学への留学に必要なレベル。必要語彙量は2500語程度。（C1）

6級：中国語母語話者に近いレベルの中国語力を持っており、中国語を自由自在に運用し、多様な社会的コミュニーション場面で活躍できる。必要語彙量は5,000語以上。（C2）

（孔子学院总部／国家汉办 編『HSK考试大纲六级』（人民教育出版社、2015年）より）

●日本でのHSK試験実施状況

日本では、「一般社団法人日本青少年育成協会　HSK日本実施委員会」が主に試験を実施しています。

各回の試験実施詳細についてのお問い合わせ、受験申し込みについては、下記「HSK日本実施委員会」までお問い合わせください。

一般社団法人日本青少年育成協会　HSK日本実施委員会
ホームページ　http://www.hskj.jp
受験者問い合わせ窓口　電話：03-3268-6601　Mail：hsk@jyda.jp

6級の試験概要と試験の進行

6級は、社会、文化、ビジネス、科学技術等、あらゆる分野において、日常的な場面のみならず、フォーマルな場面においても、ネイティブに近いレベルで自在に中国語を操ることができるというレベルです。習得語彙数はおよそ5,000語で、現行のHSKの最上級として名実ともに世界中で中国語を活用できることを示します。

●6級の試験内容

リスニング（听力）、読解（阅读）、作文（书写）の3部分あり、合計101問が出題されます。

		問題数		満点数	試験時間
リスニング	第一部分（短文聴解）	15問	計50問	100点	約35分
	第二部分（会話（インタビュー）文聴解）	15問			
	第三部分（長文聴解）	20問			
答案記入予備時間					5分
読解	第一部分（誤文選択）	10問	計50問	100点	50分
	第二部分（語句空欄補充）	10問			
	第三部分（フレーズ空欄補充）	10問			
	第四部分（長文読解）	20問			
作文	要約	1問		100点	45分
合計		101問		300点	約135分

【各部分の概要】

リスニング（听力）

第一部分…90字程度の文章を聞き、その内容と一致するものを、問題用紙の4つの文の中から1つ選ぶ。合計15問。

第二部分…800字程度の男女の会話（インタビュー）を聞いた後、それに対する質問を聞き、答えを問題用紙の4つの中から1つ選ぶ。会話は合計3題、1題につき5問の質問があり、合計15問。

第三部分…300～500字程度の長文を聞いた後、それに対する質問を聞き、答えを問題用紙の4つの中から1つ選ぶ。長文は合計6題、1題につき3～4問の質問があり、合計20問。

読解（阅读）

第一部分…4つの文章の中から誤りがあるものを1つ選ぶ。合計10問。

第二部分…各課題文にある3～5ヵ所の空欄を埋めるのにふさわしい語句のセットを、4つの中から選ぶ。合計10題10問。

第三部分…1つの課題文に5つの空欄があり、それぞれの空欄を埋めるのにふさわしいフレーズを、5つの中から1つずつ選ぶ。合計2題10問。

第三部分…課題文を読み、その内容についての質問に対する答えを4つの中から1つ選ぶ。1つの課題文に質問は4問あり、合計5題20問。

作文（书写）

10分間で1,000字程度の課題文を読み、その内容を400字程度に要約する。

●成績報告

リスニング、読解、作文のそれぞれのスコア、および合計スコアが、試験後約1ヵ月で発表され、約2ヵ月で成績報告が交付されます。6級では合否判定はなく、スコア表示のみです（級別スコア制）。

資格は長期有効ですが、中国の大学へ入学する際の証明としては、試験当日から起算して2年間が有効期間です。

●試験の進行

世界中どこでも、試験は次のように進行します。試験会場への入室から退室までの流れを頭に入れておきましょう。

① 受付、会場への入室

受験番号で指定された席につき、「身分証明書（パスポート、免許証などの顔写真付きのもの）」「受験票」「鉛筆」「消しゴム」「時計」を机の上に用意します。携帯電話・スマートフォン等は使用不可です。

▼

② 注意事項の説明

試験における注意事項と試験内容について説明されます。これ以後は原則として入退室できません。

▼

③ 試験開始の合図

開始時刻となると、主監督官が中国語で試験開始を宣言します。

“大家好！欢迎参加HSK六级考试。”

「みなさんこんにちは！　HSK 6級試験へようこそ。」

続いて、携帯電話の電源を切って片付け、身分証明書、受験票などを机の右上へ置くよう指示されます。

④　解答用紙の配布と必要事項の記入、問題用紙の配布

解答用紙が配布され、主監督官が、

“现在请大家填写答题卡。”「ただいまから解答用紙に記入してください」

と言います。この指示を受けて解答用紙に、氏名、受験番号、受験地番号、国籍番号、年齢、性別を記入します。この間に、監督官が受験票と身分証明書を照合し、本人確認を行います。

記入時間が終わると、封をされた問題用紙が配布され、問題用紙の表紙に印刷された注意事項の説明があります。問題用紙は指示があるまで開封できません。

⑤　リスニング音声のチェック　放送の音量などを確認します。

⑥　問題用紙の開封指示、リスニング試験開始

準備が整うと、主監督官から、問題用紙を開封するよう指示が出ます。

“现在请打开试卷密封条，开始听力考试。”

「ただいまから問題用紙を開封してください。リスニング試験を始めます。」

このあと、リスニング試験が放送されます。

⑥　リスニング試験の進行（すべて放送により進行）

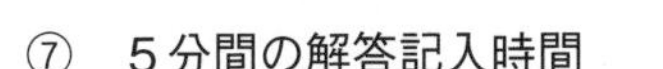

⑦　５分間の解答記入時間

リスニング試験の放送が終わると、主監督官から“现在请把第 1 到 50 题的答案写在答题卡上，时间为 5 分钟。”「ただいまから第１問から50問までの解答を、解答用紙に記入してください。時間は５分間です。」と指示されます。うまくマークできなかった箇所をしっかりマークしましょう。

ここで時間が余っても、勝手に次の読解試験に進むことは許されません。読解試験開始の指示があるまで、そのまま待機します。

⑧　読解試験の開始

５分後、主監督官が読解試験の開始を宣言します。

“现在开始阅读考试。考试时间为 50 分钟。请直接把答案填在答题卡上。”

「ただいまから読解試験を始めます。試験時間は50分間です。解答は解答用紙に直接記入してください。」

この指示を受けてから、読解問題に取り組みます。読解問題を早く解き終わり、時

間が余っても、次の作文問題に取り組むことは許されません。

終了5分前になると、“阅读考试时间还有5分钟。”「読解試験の試験時間は残りあと5分です」と知らされます。

⑨ 読解試験の終了、問題用紙の回収、作文課題文の配布

時間になると、主監督官が“阅读考试结束。请大家立即停笔。”「読解試験を終了します。みなさんただちに回答を終了してください」と言いますので、すぐに回答をやめて、鉛筆を置きます。

その後、監督官が問題用紙を回収します。回収が完了するまで静かに席で待機しましょう。問題用紙の回収が完了すると、作文問題の課題文が配布されます。作文問題の課題文は、指示があるまで読んではいけません。

⑩ 作文課題文を読む、課題文の回収

作文課題文の配布が完了すると、主監督官が“现在开始阅读书写部分的材料。阅读时间为10分钟。阅读时不许抄写和记录。”「ただいまから作文部分の資料を読んでください。時間は10分間です。書き写したりメモをとってはなりません」と指示します。ここから10分間、メモなどをとらずに集中して読み、内容をしっかり記憶しましょう。

10分後、“阅读时间结束，请大家停止阅读。”「読む時間終了です、みなさん読むのをやめてください」と言われ、課題文が回収されます。

⑪ 作文問題回答、試験終了

作文課題文の回収が完了すると、主監督官が“现在开始书写考试。”「ただいまから作文試験を開始します」と言います。ここから35分間で、先に読んだ課題文の内容を400字程度に要約し、回答用紙に記入します。自分の考えなどは挟まずに、課題文の内容だけを書きましょう。また、要約文にはタイトルも自分で付けます。

残り5分になると、読解と同様に知らされ、終了時刻になると、“书写考试结束。请大家立即停笔。”「作文試験を終了します。みなさんただちに鉛筆を置いてください」と指示されます。これ以降、鉛筆を手にして何かを記入することは許されません。

その後、監督官が机上にある回答用紙を回収します。全員の回収が終わるまで、そのまま静かに待ちます。

すべての回収が終わると、“考试现在结束。谢谢大家！再见。”「以上で試験を終了します。みなさんありがとうございました。さようなら」と宣言され、すべての試験が終了です。忘れ物のないように退室します。

本書の使い方・学習の進め方

本書は、HSK 6級「閲読（読解）」および「書写（作文）」部分の対策テキストです。本冊には事項ごとの解説および練習問題を掲載し、解答と解説は別冊に掲載しています。別冊の使い方は、別冊で説明しています。

出題内容と本書の練習問題配列

HSK 6級は、中国語学習の最終段階です。これまでの学習で積み重ねてきた知識を高いレベルで運用し、ネイティブ並みの感覚を持って自分の力で理解し表現することが求められます。出題される問題と、必要とされる力は次のとおりです。

閲読　第一部分：間違いのある文を探す問題
　　　　　　　……総合的な語彙知識、文法知識、語感
　　　第二部分：語句の空欄補充問題
　　　　　　　……語彙知識（類義語弁別力、コロケーション知識）、文法知識
　　　第三部分：フレーズの空欄補充問題
　　　　　　　……文意を的確に捉える力、語彙知識、文法知識
　　　第四部分：総合読解問題
　　　　　　　……読解力、文の要点を素早く正確に捉える力
書写　要約文…………読解力、文の要点を捉えて正確に再現・表現する作文力

本書では、まず全部分に共通する事項として、単語と中国語の常用文型等について復習したあと、演習形式で閲読・書写の各部分をトレーニングします。閲読第一部分および書写部分に関しては、出題傾向と取り組み方を詳しく解説しています。

STEP 0　語彙と文法を確認しよう【全部分共通事項】

全部分に共通して必要となる、単語と文法について復習します。

UNIT 1では、《HSK　考试大纲》に掲載されている6級の単語5,000語をリスト形式で掲載しています。また、単語や文法事項を俯瞰的に捉えるために、本シリーズを通して掲載している中国語品詞MAP、品詞と文成分MAPを掲載しています。ここでまず単語と語順について総括的に復習しましょう。

続くUNIT 2では中国語の常用文型について、UNIT 3では文と文のつながりについて、中国語の表現の特徴を押さえながら解説しています。これらを確認することで、読解・作文に取り組むにあたってより正確に、より効率的に中国語を運用することができるでしょう。UNIT 2では、復習のための練習問題を用意していますので、知識の確認に役立ててください。（解答はUNIT 2の最後に記載しています。）

STEP 1　文が正しいかどうかを見極めよう【閲読 第一部分】

閲読 第一部分の“病句”、つまり間違いのある文を探す問題は、HSK 6級試験の中で受験者が最も困難を感じる部分のひとつでしょう。

ここではUNIT 1として、まずその“病”がどのような形で設定されるのか、出題傾向をもとに3つのパートに分けてその特徴を挙げ、それぞれについて対策のポイントをまとめます。パートごとに文の“病”を指摘する練習問題を用意していますので、“病”がある部分を感覚でつかめるよう、練習しましょう。（解答はそれぞれのパートの最後に記載しています。それぞれ、誤りがある部分の解説に加え、誤りを修正した文例を挙げていますので参考にしてください。）

試験の問題形式での練習はUNIT 2で行います。まず予備練習として二者択一式および三者択一式の問題をそれぞれ10問用意しました。ここで“病”があるかどうかわからない中から“病”を捉える感覚を養いましょう。その後、試験と同じ四者択一式の実践練習問題10問×2セットを用意しました。

STEP 2　単語とフレーズを極めよう【閲読 第二・第三部分】

閲読 第二部分と第三部分は、補充する要素は異なりますが、ともに空欄補充問題です。ここではUNIT 1で閲読 第二部分、UNIT 2で第三部分の実践練習をします。それぞれ練習の前に、問題の特徴と解き方のコツを解説していますので、参考にしてください。実践練習は、第二部分は10題10問×3セット、第三部分は2題10問×5セットを用意しました。

この2部分については、問題を解く「スピード」にも注意して練習に取り組みましょう。閲読部分の50分間という解答時間を無駄なく活用できるかどうかは、解答にあたってはそれほど困難はないであろうこの2部分をいかにスピーディーにクリアするかにかかっています。とはいえ、うっかりミスをすればせっかくの得点源を落としてしまいますので、正確性とスピードのバランスをとれるように練習してください。

STEP 3　文章を読み解く力を磨こう【閲読 第四部分】

閲読 第四部分は、長文読解問題です。ここでもまず、問題の特徴と解き方のコツを説明したあと、実践練習として5題20問×4セットを用意しました。

この部分で出題される課題文は、400字程度～800字程度あります。一字一句を詳細に翻訳しながら読んでいるととても時間が足りませんので、いかに読むスピードを上げるか、問われている内容に関する事柄を効率よく捉えるかがカギになります。これまでの学習経験と試験の受験経験をフル活用して、速く確実に解いていきましょう。

STEP 4　要約文の書き方をマスターしよう【書写部分】

書写部分は、1,000 字程度の課題文を 400 字程度に要約する問題です。

まず UNIT 1 で、文を縮小・拡大する方法について練習します。これにより、文字数を自在に調整できるほか、複雑な文を簡潔に表す、あるいはさまざまな要素を加えて表現の幅を広げることもできるようになります。

UNIT 2 では、要約文への取り組みで特に重要になる、課題文の読み方に重点を置いて説明します。書写部分は、読解するだけでなく、読解したうえで内容を記憶し、再構成しなければなりません。その方法を説明します。

最後に実践練習として、まず試験の半分程度の長さの文５編で要約の練習をし、その後に 1,000 字程度の長さの文の要約を練習しましょう。

STEP 5　実力を試そう【模擬試験】

模擬試験を１回分用意しました。実際に時間を計り、試験本番の時間配分を確認しながら取り組みましょう。

■コラム「学習のヒント」

語彙力と読解力をさらに高める学習のコツを、コラムとしてまとめました。ここにあることを参考に、日々の学習でさらに中国語力を磨いていってください。

音声ダウンロードサービスについて

本書STEP 0で掲載している「HSK 6級単語リスト」について、『合格奪取！新HSK単語トレーニングブック』1～4級編、5級編、6級編の各音声をダウンロードして聞くことができます。下記の要領でご利用ください。

本書では単語のピンインと日本語訳のみ掲載していますが、音声には『合格奪取！新HSK単語トレーニングブック』に掲載の例文も含まれています。

音声ダウンロード方法

PCへのダウンロード **https://www.ask-books.com/**

「カテゴリーから商品&音声ダウンロードを探す」の「中国語」カテゴリーにある『新HSK 1～4級単語トレーニングブック』、『同 5級単語トレーニングブック』『同 6級単語トレーニングブック』の詳細ページからダウンロードしてください。

同カテゴリーにある本書『新HSK 6級トレーニングブック〈読解・作文問題編〉』の詳細ページでは、解答用紙（見本）のPDF、および要約文解答練習用の原稿用紙（見本）のPDFを掲載しています。適宜ダウンロードし、プリントアウトしてご利用ください。
また、誤記を発見次第、正誤表にまとめてこのページで公開いたします。随時更新しますのでご確認ください。スマートフォンからもご覧いただけます。

「Apple Podcast」または「Spotify」のご利用

上記の各書籍の詳細ページに、それぞれ「Apple Podcast」および「Spotify」へのリンクがあり、クリックすると再生リストが開きます。

オンラインで再生する場合、ユーザー登録などは必要なく、そのまま聴きたいファイルをクリックするだけで、ストリーミング再生されます。（オンラインでの再生には、データ容量の問題がございます。Wi-Fi等の環境での再生をおすすめします。）

「Apple Podcast」または「Spotify」のアプリをご利用いただくと、オフラインでの再生も可能です。

●ダウンロード方法、書籍についてのお問合せ

アスク ユーザーサポートセンター　https://www.ask-books.com/support/
メールでのお問合せ：support@ask-digital.co.jp
FAX：03-3267-6868

音声ダウンロードを利用する手段がないという方は、上記「アスク ユーザーサポートセンター」までご連絡ください。

STEP 0

語彙と文法を確認しよう

全部分共通事項

HSK6級はいうまでもなく、これまで身につけてきた語彙力、文法力の総決算です。すべての知識を総合的に運用して読み解き、書く力が求められます。

試験の各部分の練習問題に取り組む前に、ここですべてに共通して必要な、6級の大綱単語と、中国語の文の構成について復習しましょう。

UNIT 1 では大綱単語リスト、および「中国語品詞 MAP」、「品詞と文成分 MAP」を掲載しています。UNIT 2 では常用文型を個々に整理し、UNIT 3 では文と文のつながりについて整理しています。

これまでに学習してきた事柄をここで再整理してください。

UNIT 1 語彙と文成分の確認

HSK 6級 単語リスト

《HSK 考试大纲》に定められている6級の語彙は、1級からの積み重ねで合計5,000語あります。

ここでは、『合格奪取！新 HSK 単語トレーニングブック』1～4級、5級、6級に掲載している5,000語を、掲載順にリストアップします。

音声ダウンロードもご利用いただけます。ダウンロードの方法は P.16 をご覧ください。

名 = 名詞　代 = 代詞　疑 = 疑問詞　方 = 方位詞　数 = 数詞　量 = 量詞　動 = 動詞
動[離] = 離合動詞　形 = 形容詞　形* = 区別詞　助動 = 助動詞　介 = 介詞　副 = 副詞
接 = 接続詞　助 = 助詞　嘆 = 感嘆詞　フ = フレーズ(句)
* = 軽声でも声調付きでもどちらでも読める語

■1～4級

I　人に関する言葉

1. 人の総称・人称代詞

我 wǒ 代 私
你 nǐ 代 あなた
您 nín 代 "你"の尊敬表現
他 tā 代 彼
她 tā 代 彼女
它 tā 代 物や動物などを指す第三人称
我们 wǒmen 代 私たち
咱们 zánmen 代 私たち
大家 dàjiā 代 みんな、全員
自己 zìjǐ 代 自分、自身
别人 biérén* 代 ほかの人、他人
谁 shéi 疑 誰
人 rén 名 人
男人 nánrén 名 男性、男の人
女人 nǚrén 名 女性、女の人
孩子 háizi 名 子、子供
儿童 értóng 名 子供、児童
先生 xiānsheng 名 ～さん、夫
小姐 xiǎojiě 名 ～さん、お嬢さん
名字 míngzi 名 名前
姓 xìng 名 名字 動（名字は）～という
性别 xìngbié 名 性別
生命 shēngmìng 名 生命、命
出生 chūshēng 動 生まれる
个 gè* 量 ～人、～個
位 wèi 量 ～人、～名様
口 kǒu 量 ～人 名 口

2. 家族・親戚・友人・身近な人

爸爸 bàba 名 お父さん
妈妈 māma 名 お母さん
父亲 fùqīn* 名 父親
母亲 mǔqīn* 名 母親
哥哥 gēge 名 兄
弟弟 dìdi 名 弟
姐姐 jiějie 名 姉
妹妹 mèimei 名 妹
爷爷 yéye 名 祖父
奶奶 nǎinai 名 祖母
儿子 érzi 名 息子
女儿 nǚ'ér 名 娘
孙子 sūnzi 名 孫
丈夫 zhàngfu 名 夫
妻子 qīzi 名 妻
叔叔 shūshu 名 おじ
阿姨 āyí 名 おば、お手伝いさん
亲戚 qīnqi 名 親戚
家 jiā 名 家、家庭 量 家や企業などを数える
朋友 péngyou 名 友人

同学 tóngxué 名 クラスメート
同事 tóngshì 名 同僚
邻居 línjū 名 隣人

3. 職業・身分

职业 zhíyè 名 職業
学生 xuésheng* 名 学生、生徒
老师 lǎoshī 名 教師、先生
校长 xiàozhǎng 名 校長、学長
教授 jiàoshòu 名 教授
博士 bóshì 名 博士、ドクター
硕士 shuòshì 名 修士、マスター
研究生 yánjiūshēng 名 大学院生
师傅 shīfu 名 師匠、タクシー運転手などへの呼びかけ
司机 sījī 名 運転手
医生 yīshēng 名 医者
大夫 dàifu 名 医者
护士 hùshi 名 看護師
律师 lǜshī 名 弁護士
警察 jǐngchá 名 警察官
服务员 fúwùyuán 名 店員、サービス係員
售货员 shòuhuòyuán 名 販売員
导游 dǎoyóu 名 ガイド
记者 jìzhě 名 記者、ジャーナリスト
作者 zuòzhě 名 作者、著者
演员 yǎnyuán 名 俳優、役者
客人 kèrén* 名 客
顾客 gùkè 名 顧客
观众 guānzhòng 名 観衆、観客
成为 chéngwéi 動 〜になる、〜となる

4. 身体・外見

身体 shēntǐ 名 身体
脸 liǎn 名 顔
耳朵 ěrduo 名 耳
眼睛 yǎnjing 名 目
鼻子 bízi 名 鼻
嘴 zuǐ 名 口
肚子 dùzi 名 腹
腿 tuǐ 名 足
脚 jiǎo 名 足
头发 tóufa 名 髪
皮肤 pífū 名 肌、皮膚
血 xiě/xuè 名 血液
汗 hàn 名 汗
声音 shēngyīn 名 声、物音
个子 gèzi 名 身長
态度 tàidu* 名 態度、マナー
样子 yàngzi 名 様子、格好、状態
长 zhǎng 動 成長する、生える
漂亮 piàoliang 形 美しい
美丽 měilì 形 美しい
可爱 kě'ài 形 可愛い
帅 shuài 形 ハンサムである
年轻 niánqīng 形 若い
老 lǎo 形 年を取っている、古い、いつもの
矮 ǎi 形 低い
胖 pàng 形 太っている
瘦 shòu 形 痩せている、窮屈である
减肥 jiǎnféi 動 ダイエットする
富 fù 形 富んでいる、金持ちである
穷 qióng 形 貧乏である

5. 病気・身体の状態

健康 jiànkāng 形 健康である、健全である
生病 shēngbìng 動[離] 病気になる
药 yào 名 薬
感冒 gǎnmào 動 風邪をひく 名 風邪
咳嗽 késou 動 咳をする
发烧 fāshāo 動[離] 発熱する
打针 dǎzhēn 動[離] 注射する
疼 téng 形 痛い

6. 人の性格・性質

性格 xìnggé 名 性格、人柄
脾气 píqi 名 気性、かんしゃく
聪明 cōngming* 形 賢い、聡明である
笨 bèn 形 馬鹿である、愚かである
优秀 yōuxiù 形 優秀である、優れている
礼貌 lǐmào 形 礼儀正しい 名 礼儀、マナー
诚实 chéngshí 形 誠実である、まじめである
认真 rènzhēn 形 まじめである、几帳面である
成熟 chéngshú 形 成熟した、分別のある 動 成熟する
活泼 huópō* 形 活発である、イキイキしている
积极 jījí 形 積極的である、ポジティブである
主动 zhǔdòng 形 自発的である、積極的である
勇敢 yǒnggǎn 形 勇敢である
幽默 yōumò 形 ユーモアがある
冷静 lěngjìng 形 冷静である
耐心 nàixīn 名 辛抱、根気 形 辛抱強い

严格 yángé 形 厳格である、厳しい
粗心 cūxīn 形 そそっかしい、大雑把な
马虎 mǎhu 形 いい加減である
懒 lǎn 形 怠惰である、だるい

7. 知覚・認識・才能

知识 zhīshi 名 知識
意思 yìsi 名 意味、気持ち
看法 kànfǎ* 名 見方、見解
意见 yìjiàn 名 意見、不満
主意 zhǔyi 名 しっかりした考え、アイデア
经验 jīngyàn 名 経験
经历 jīnglì 名 経歴、経験
動 経験する、体験する
精神 jīngshén 名 精神
jīngshen 形 元気である
能力 nénglì 名 能力、技量
力气 lìqi 名 力
信心 xìnxīn 名 自信
印象 yìnxiàng 名 印象
认识 rènshi 動 知り合う、認識する
知道 zhīdào* 動 知っている、わかっている
熟悉 shúxi* 動 熟知している、詳しい
了解 liǎojiě 動 わかる、調べる、把握する
理解 lǐjiě 動 理解する、わかる
懂 dǒng 動 わかる、わきまえる
明白 míngbai 動 わかる 形 明白である
清楚 qīngchu 形 はっきりしている
動 よく知っている
误会 wùhuì 動 誤解する 名 誤解
觉得 juéde 動 ～と思う、感じる
认为 rènwéi 動 ～と考える、～と認める
以为 yǐwéi 動 ～と思う、～と思い込む
感觉 gǎnjué 動 感じる、～と思う
名 感じ、感覚
考虑 kǎolǜ 動 考える
记得 jìde 動 覚えている
忘记 wàngjì 動 忘れる、思い出せない
回忆 huíyì 動 思い出す 名 記憶、思い出
成功 chénggōng 動 成功する、成し遂げる
失败 shībài 動 失敗する、負ける
形 満足のいく結果でない
判断 pànduàn 動 判断する
批评 pīpíng 動 批判する、叱る
表扬 biǎoyáng 動 褒める、表彰する

8. 気持ち・心の動き

爱 ài 動 愛する、好む
爱情 àiqíng 名 愛
感情 gǎnqíng 名 感情、気持ち
心情 xīnqíng 名 気持ち、気分
幸福 xìngfú 名 幸せ 形 幸せである
理想 lǐxiǎng 名 将来の夢、理想
形 理想的である
梦 mèng 名 夢 動 夢に見る
笑 xiào 動 笑う
哭 kū 動 泣く
流泪 liúlèi 動[離] 涙を流す
高兴 gāoxìng 形 うれしい、喜ばしい
動 愉快な気持ちで～をする
快乐 kuàilè 形 楽しい、幸せだ
愉快 yúkuài 形 愉快である、感じがよい
有趣 yǒuqù 形 おもしろい、趣がある
无聊 wúliáo 形 退屈である、つまらない
舒服 shūfu 形 気分がよい、体調がよい
方便 fāngbiàn 形 便利である、都合がよい
随便 suíbiàn 形 随意である、勝手である
轻松 qīngsōng 形 気楽である、リラックスしている
紧张 jǐnzhāng 形 緊張する、緊迫している
压力 yālì 名 プレッシャー
难过 nánguò 形 悲しい、つらい
难受 nánshòu 形 つらい、やりきれない
伤心 shāngxīn 形 悲しい、悔しい
受不了 shòubuliǎo フ 耐えられない
孤单 gūdān 形 寂しい、孤独である
害羞 hàixiū 形 恥ずかしい、恥ずかしがる
感动 gǎndòng 動 感動する 形 感動させる
激动 jīdòng 動 興奮する、感動する
形 感激する、平静でいられない
兴奋 xīngfèn 形 興奮している
决定 juédìng 動 決める 名 決定
坚持 jiānchí 動 堅持する、持ちこたえる
放弃 fàngqì 動 断念する、放棄する
后悔 hòuhuǐ 動 後悔する
值得 zhídé* 動 ～する価値がある
担心 dānxīn 動[離] 心配する
着急 zháojí 形 焦る、心配する
放心 fàngxīn 動[離] 安心する
关心 guānxīn 動 関心を持つ、気に掛ける
注意 zhùyì 動 注意する、気づく

小心 xiǎoxīn 動注意する、気をつける
形注意深い

奇怪 qíguài 形奇妙である、おかしい

害怕 hàipà 動怖がる、恐れる

生气 shēngqì 動[離]怒る

相信 xiāngxìn 動信じる、信用する

信任 xìnrèn 動信用する、信じて任せる

吃惊 chījīng 動[離]驚く

讨厌 tǎoyàn 動嫌う、嫌だ

麻烦 máfan 名面倒 動面倒をかける
形煩わしい、面倒である

烦恼 fánnǎo 形悩ましい、煩わしい 名悩み

希望 xīwàng 動希望する、願う 名希望

失望 shīwàng 動失望する
形がっかりしている

要求 yāoqiú 動要求する、必要とする
名要求、条件

满意 mǎnyì 動満足する 形満足している

得意 déyì 形得意になる、満足する

骄傲 jiāo'ào 形驕る、誇りとする 名誇り

支持 zhīchí 動支持する、持ちこたえる

重视 zhòngshì 動重視する

尊重 zūnzhòng 動尊重する

怀疑 huáiyí 動疑う、～かもしれない

拒绝 jùjué 動断る、拒否する

羡慕 xiànmù 動うらやましく思う

同情 tóngqíng 動同情する、共感する

可怜 kělián 形かわいそうである

可惜 kěxī 形惜しい、残念だ

竟然 jìngrán 副意外にも、なんと

难道 nándào 副まさか～ではあるまい

9. 服装・装い

衣服 yīfu 名服

衬衫 chènshān 名シャツ、ブラウス

裤子 kùzi 名ズボン

裙子 qúnzi 名スカート

袜子 wàzi 名靴下

鞋 xié 名靴

帽子 màozi 名帽子

眼镜 yǎnjìng 名メガネ

手表 shǒubiǎo 名腕時計

伞 sǎn 名傘

穿 chuān 動着る、はく、通り抜ける

戴 dài 動身につける

脱 tuō 動脱ぐ、抜ける、逃れる

打扮 dǎban 動装う、着飾る 名装い、身なり

10. 身の回りの物・生活道具

东西 dōngxi 名物

工具 gōngjù 名道具、手段

家具 jiājù 名家具

灯 dēng 名灯り、ライト

冰箱 bīngxiāng 名冷蔵庫

空调 kōngtiáo 名エアコン

洗衣机 xǐyījī 名洗濯機

打电话 dǎ diànhuà フ電話をかける

手机 shǒujī 名携帯電話

传真 chuánzhēn 名 FAX

电视 diànshì 名テレビ

电脑 diànnǎo 名パソコン、コンピュータ

电子邮件 diànzǐ yóujiàn 名電子メール

网站 wǎngzhàn 名ウェブサイト

密码 mìmǎ 名パスワード、暗証番号

游戏 yóuxì 名ゲーム

上网 shàngwǎng 動[離]インターネットをする

照片 zhàopiàn 名写真

照相机 zhàoxiàngjī 名カメラ

桌子 zhuōzi 名机

椅子 yǐzi 名イス

沙发 shāfā 名ソファー

座位 zuòwèi* 名座席

镜子 jìngzi 名鏡

钥匙 yàoshi 名鍵

毛巾 máojīn 名タオル

牙膏 yágāo 名歯磨き粉

垃圾桶 lājītǒng 名ゴミ箱

护照 hùzhào 名パスポート

签证 qiānzhèng 名ビザ

行李箱 xínglixiāng 名スーツケース

塑料袋 sùliàodài 名ビニール袋

盒子 hézi 名箱、容器

11. 食べ物・飲み物・食生活

吃 chī 動食べる

菜 cài 名料理、野菜

米饭 mǐfàn 名コメのご飯

面条（儿）miàntiáo(r) 名麺、麺類

面包 miànbāo 名パン

饺子 jiǎozi 名ギョーザ

鸡蛋 jīdàn 名鶏卵

西红柿 xīhóngshì 名トマト
羊肉 yángròu 名羊の肉
水果 shuǐguǒ 名フルーツ、果物
苹果 píngguǒ 名リンゴ
西瓜 xīguā 名スイカ
香蕉 xiāngjiāo 名バナナ
葡萄 pútao 名ブドウ
糖 táng 名砂糖、キャンデー
蛋糕 dàngāo 名ケーキ
巧克力 qiǎokèlì 名チョコレート
饼干 bǐnggān 名ビスケット
食品 shípǐn 名食品
喝 hē 動飲む
水 shuǐ 名水
茶 chá 名お茶
牛奶 niúnǎi 名牛乳、ミルク
咖啡 kāfēi 名コーヒー
啤酒 píjiǔ 名ビール
果汁 guǒzhī 名フルーツジュース
汤 tāng 名スープ
饮料 yǐnliào 名飲み物
杯子 bēizi 名カップ、グラス
筷子 kuàizi 名箸
碗 wǎn 名お碗 量お碗を数える
盘子 pánzi 名皿
瓶子 píngzi 名ビン
刀 dāo 名刀、ナイフ
菜单 càidān 名メニュー
盐 yán 名塩
尝 cháng 動味見する、味わう
干杯 gānbēi 動乾杯する
味道 wèidào* 名味、匂い
好吃 hǎochī 形おいしい
甜 tián 形甘い
咸 xián 形塩辛い
辣 là 形辛い
苦 kǔ 形苦い
酸 suān 形酸っぱい、だるい
香 xiāng 形よい香りがする、おいしい
饱 bǎo 形満腹である、十分である
饿 è 形お腹がすいている
渴 kě 形喉が渇く

12. 趣味・スポーツ・イベント

喜欢 xǐhuan 動好きである、好む
爱好 àihào 名趣味 動趣味とする、好む
兴趣 xìngqù 名興味、関心
电影 diànyǐng 名映画
音乐 yīnyuè 名音楽
艺术 yìshù 名芸術
京剧 jīngjù 名京劇
旅游 lǚyóu 名旅行する
唱歌 chànggē 動[離]歌を歌う
跳舞 tiàowǔ 動[離]踊る、ダンスをする
爬山 páshān 動[離]山に登る、登山する
弹钢琴 tán gāngqín フピアノを弾く
运动 yùndòng 名運動、スポーツ 動運動する
体育 tǐyù 名体育、スポーツ
游泳 yóuyǒng 動[離]泳ぐ
跑步 pǎobù 動[離]ランニングする
散步 sànbù 動[離]散歩する
打篮球 dǎ lánqiú フバスケットボールをする
踢足球 tī zúqiú フサッカーをする
网球 wǎngqiú 名テニス
乒乓球 pīngpāngqiú 名卓球
羽毛球 yǔmáoqiú 名バドミントン
比赛 bǐsài 名試合 動試合をする
活动 huódòng 名活動、イベント
動体を動かす
生日 shēngrì 名誕生日
礼物 lǐwù 名贈り物、プレゼント
约会 yuēhuì 名デート 動デートをする

13. 人の動作・行動に関する表現

动作 dòngzuò 名動作、動き
去 qù 動行く、去る
来 lái 動来る、やって来る
回 huí 動帰る、戻る、返事をする
进 jìn 動入る、進む
出 chū 動出る、現れる、生じる
走 zǒu 動歩く、行く、離れる
到 dào 動到着する、達する、～へ行く
过 guò 動過ぎる、時間が経つ、生活する
过去 guòqù* 動渡っていく、通り過ぎる
离开 líkāi 動離れる、別れる
出发 chūfā 動出発する
等 děng 動待つ
留 liú 動留まる、残す、滞在する

坐 zuò 動座る、乗る
站 zhàn 動立つ 名駅
躺 tǎng 動寝そべる、横になる
起来 qǐlái* 動立ちあがる、起きあがる、～し始める
搬 bān 動運ぶ、引っ越す
撞 zhuàng 動ぶつける、衝突する
逛 guàng 動ぶらぶら歩く
集合 jíhé 動集まる、集める
看 kàn 動見る、読む、診察する
看见 kànjiàn 動見える
读 dú 動読む、勉強する
听 tīng 動聞く
问 wèn 動問う、尋ねる
玩 wán 動遊ぶ、弄する
做 zuò 動作る、やる・する
干 gàn 動する・やる、従事する
弄 nòng 動やる・する、扱う、いじる
试 shì 動試す、試験する
猜 cāi 動推量する、予測する、勘ぐる
别 bié 副～するな
当然 dāngrán 副もちろん、当然である
必须 bìxū 副必ず～しなければならない
只好 zhǐhǎo 副～するほかない、～せざるをえない
不得不 bùdébù フ～せざるをえない
一定 yídìng 副きっと 形一定の、ある程度の
肯定 kěndìng 副必ず、きっと 形明確である
千万 qiānwàn 副くれぐれも、ぜひとも
顺便 shùnbiàn 副ついでに
故意 gùyì 副わざと、故意に
专门 zhuānmén 副もっぱら、わざわざ
写 xiě 動書く
开 kāi 動開く、起動する
关 guān 動閉める、閉じる
找 zhǎo 動探す、訪ねる、お釣りを出す
洗 xǐ 動洗う
擦 cā 動こする、拭く
用 yòng 動使う
使用 shǐyòng 動使う、使用する
带 dài 動携帯する、連れる 名ベルト、エリア
拿 ná 動持つ、つかむ、握る、捕まえる
取 qǔ 動取る、受け取る、はずす
包 bāo 動包む 名カバン 量包んだ物を数える
画 huà 名絵画 動描く
借 jiè 動借りる、貸す
租 zū 動有料で借りる、貸す
还 huán 動返す、戻す
分 fēn 動分ける、分配する
换 huàn 動交換する、両替する
抱 bào 動抱く、抱える
放 fàng 動置く、放つ
丢 diū 動なくす、捨てる
扔 rēng 動捨てる、投げる
掉 diào 動落ちる、落とす
交 jiāo 動手渡す、支払う、交わる
收 shōu 動収める、受け取る
接受 jiēshòu 動受け取る、受け入れる
拉 lā 動引く、引っ張る
推 tuī 動押す、推し量る
敲 qiāo 動たたく
挂 guà 動掛ける、電話を切る
抬 tái 動上げる、持ち上げる
指 zhǐ 動指す、指摘する
修 xiū 動修理する、整える
断 duàn 動断つ、途切れる
破 pò 動破れる、壊れる 形破れた、ぼろの
握手 wòshǒu 動[離]握手をする
鼓掌 gǔzhǎng 動[離]拍手する
住 zhù 動住む、泊まる、止める
生活 shēnghuó 動生活する 名生活
睡觉 shuìjiào 動[離]眠る
困 kùn 形眠い
起床 qǐchuáng 動[離]起床する
醒 xǐng 動目覚める
休息 xiūxi 動休憩する
刷牙 shuāyá 動[離]歯を磨く
洗澡 xǐzǎo 動[離]入浴する
抽烟 chōuyān 動[離]タバコを吸う
打扫 dǎsǎo 動掃除をする
脏 zāng 形汚い
干净 gānjìng 形きれいである、清潔である
整理 zhěnglǐ 動整理する
乱 luàn 形乱れている 副みだりに
整齐 zhěngqí 形整っている
收拾 shōushi 動片づける
理发 lǐfà 動[離]散髪する
结婚 jiéhūn 動[離]結婚する

准备 zhǔnbèi 動準備する 名準備
开始 kāishǐ 動始める 名始まり
完 wán 動～し終わる、完成する
结束 jiéshù 動終わる
花 huā 動浪費する、費やす
锻炼 duànliàn 動鍛える
出现 chūxiàn 動出現する
发现 fāxiàn 動見つける、発見する、気づく
需要 xūyào 動必要である 名必要、需要
选择 xuǎnzé 動選択する
习惯 xíguàn 動慣れる 名習慣
适应 shìyìng 動適応する、順応する
适合 shìhé 動適合する、ちょうど合う
合适 héshì 形ちょうどよい、ぴったりである
变化 biànhuà 動変化する 名変化
改变 gǎibiàn 動著しく変わる、変化する
禁止 jìnzhǐ 動禁止する
继续 jìxù 動続ける
养成 yǎngchéng 動身につける
获得 huòdé 動獲得する
积累 jīlěi 動積み重ねる 名積み重ね
省 shěng 動節約する、省く

14. 人とのコミュニケーションに関わる行動

叫 jiào 動呼ぶ、叫ぶ、（名前）～という
说话 shuōhuà 動[離]話をする
告诉 gàosu 動言う、知らせる
讲 jiǎng 動語る、説明する
谈 tán 動話す、話し合う
聊天 liáotiān 動[離]しゃべる、雑談する
对话 duìhuà 名対話、会話
笑话 xiàohua 名冗談、笑い話 動あざ笑う
商量 shāngliang 動相談する
讨论 tǎolùn 動討論する
通知 tōngzhī 動知らせる 名通知、知らせ
表示 biǎoshì 動表す、表明する
表达 biǎodá 動表現する
回答 huídá 動答える
介绍 jièshào 動紹介する
联系 liánxì 動連絡する、結びつける
交流 jiāoliú 動交流する
开玩笑 kāi wánxiào フ冗談を言う、からかう
信 xìn 名手紙 動信じる
送 sòng 動送る、届ける、見送る
接 jiē 動受ける、つなぐ、出迎える
发 fā 動発送する、発信する
寄 jì 動郵送する
欢迎 huānyíng 動歓迎する
见面 jiànmiàn 動[離]会う
遇到 yùdào 動出会う、遭遇する
帮助 bāngzhù 動助ける
帮忙 bāngmáng 動[離]手伝う、助ける
照顾 zhàogù 動世話する、気を配る
陪 péi 動付き添う
祝 zhù 動祝う、祈る
祝贺 zhùhè 動祝う
感谢 gǎnxiè 動感謝する
抱歉 bàoqiàn 形すまなく思う
道歉 dàoqiàn 動[離]謝る
原谅 yuánliàng 動許す
打扰 dǎrǎo 動邪魔をする
邀请 yāoqǐng 動招待する
请客 qǐngkè 動[離]ごちそうする
同意 tóngyì 動賛成する
反对 fǎnduì 動反対する
提供 tígōng 動提供する
提醒 tíxǐng 動指摘する、ヒントを与える
鼓励 gǔlì 動励ます
骗 piàn 動だます
输 shū 動負ける
赢 yíng 動勝つ、儲ける
受到 shòudào 動受ける、こうむる
热情 rèqíng 形親切である
互相 hùxiāng 動お互いに

15. 願望・希望・義務

想 xiǎng 動思う、考える 助動～したい
要 yào 動必要とする
助動～したい、～しなければならない
愿意 yuànyì 助動～したいと思う
应该 yīnggāi 助動～でなければならない、
～のはずだ
得 děi 助動～しなければならない
敢 gǎn 助動あえて～する、～する勇気がある
打算 dǎsuan* 助動～するつもりだ
名計画、予定

16. 可能・不可能・可能性

能 néng 助動～できる
会 huì 助動～できる、～する可能性がある 名会議

可以 kěyǐ [助動]～できる、～してもよい
[形]悪くない

可能 kěnéng [名]可能性 [形]可能である
[副]～かもしれない

也许 yěxǔ [副]もしかすると～

17. よく使うあいさつ言葉

谢谢 xièxie [動]感謝する

再见 zàijiàn [動]さようなら

对不起 duìbuqǐ [動]申し訳ない

不客气 bú kèqi [フ]どういたしまして

没关系 méi guānxi [フ]大丈夫だ、問題ない

Ⅱ さまざまな物と事象の表現

1. 数字

一 yī [数]1

二 èr [数]2

三 sān [数]3

四 sì [数]4

五 wǔ [数]5

六 liù [数]6

七 qī [数]7

八 bā [数]8

九 jiǔ [数]9

十 shí [数] 10

零 líng [数]0

百 bǎi [数]百

千 qiān [数]千

万 wàn [数]万

亿 yì [数]億

分之 fēnzhī [フ]○分の○

两 liǎng [数]2 [量]重さの単位

俩 liǎ [数量]2人、2つ

半 bàn [量]半分、不完全である

倍 bèi [量]倍

些 xiē [量]いくつか、いくらか

几 jǐ [疑]いくつ [数]いくつか

多少 duōshao [疑]どのくらい

2. 数字に関することばと表現

岁 suì [量]～歳

年龄 niánlíng [名]年齢

数字 shùzì [名]数字

数量 shùliàng [名]数量

号码 hàomǎ [名]番号

公斤 gōngjīn [量]～キログラム

米 mǐ [量]～メートル [名]コメ

公里 gōnglǐ [量]～キロメートル

年级 niánjí [名]学年、～年生

距离 jùlí [名]距離

速度 sùdù [名]スピード

增加 zēngjiā [動]増加する

增长 zēngzhǎng [動]増大する

减少 jiǎnshǎo [動]減少する

算 suàn [動]計算する、～とみなす

少 shǎo [形]少ない [動]少なくなる、不足する

多 duō [形]多い [副]どれだけ

许多 xǔduō [形]多い、多数の

近 jìn [形]近い

远 yuǎn [形]遠い、隔たっている

大概 dàgài [副]だいたい、たぶん

大约 dàyuē [副]だいたい、およそ

3. お金・金額の表現

钱 qián [名]お金

元 yuán [量]元

角 jiǎo [量]角 [名]かど

人民币 rénmínbì [名]人民元

价格 jiàgé [名]価格、値段

信用卡 xìnyòngkǎ [名]クレジットカード

买 mǎi [動]買う

卖 mài [動]売る

购物 gòuwù [動[離]]買い物をする
[名]ショッピング

打折 dǎzhé [動[離]]割り引く

免费 miǎnfèi [動]無料である

赚 zhuàn [動]儲ける、稼ぐ

节约 jiéyuē [動]節約する

浪费 làngfèi [動]浪費する

贵 guì [形]値段が高い、尊い

便宜 piányi [形]値段が安い

4. いろいろな単位

本 běn [量]本、冊子状の物を数える

块 kuài [量]塊状の物を数える、人民元の単位

件 jiàn [量]服、器物、出来事を数える

张 zhāng [量]紙など表面が平らな物を数える

把 bǎ [量]取っ手のある物、手に関係のある動作を数える

条 tiáo [量]細長い物、犬、魚などを数える

双 shuāng [量]対になった物を数える

只 zhī [量]動物や対になっている物の片方を数える

段 duàn 量長い物の区切り、一定の距離・時間などを数える

种 zhǒng 量種類を数える

层 céng 量重なっている物、階数を数える

楼 lóu 量階数を数える 名ビル、建物

台 tái 量機械を数える 名台、ステージ

辆 liàng 量車を数える

篇 piān 量ひとまとまりの文章などを数える

页 yè 量ページを数える

朵 duǒ 量花や雲などを数える

棵 kē 量樹木、植物を数える

份 fèn 量セットの物や新聞などを数える、省・県や年・月の区分

座 zuò 量ビル、山などを数える

场 chǎng 量スポーツの試合などを数える

场 cháng 量災害や病気などを数える

顿 dùn 量食事、叱責などの回数を数える

群 qún 量グループ、群れを数える

次 cì 量〜回

遍 biàn 量〜回

趟 tàng 量〜往復

5. 時間に関するさまざまな表現

点 diǎn 名点、〜時

分 fēn 量〜分、〜点

小时 xiǎoshí 名〜時間

分钟 fēnzhōng 名〜分間

刻 kè 名 15 分間、時・瞬間

年 nián 名年

月 yuè 名〜月、〜カ月

日 rì 名太陽、〜日

号 hào 名〜日、番号

星期 xīngqī 名週、〜曜日

昨天 zuótiān 名昨日

今天 jīntiān 名今日

明天 míngtiān 名明日

去年 qùnián 名去年

周末 zhōumò 名週末

早上 zǎoshang 名朝

上午 shàngwǔ 名午前

中午 zhōngwǔ 名正午、昼

下午 xiàwǔ 名午後

晚上 wǎnshang 名夜

春 chūn 名春

夏 xià 名夏

秋 qiū 名秋

冬 dōng 名冬

季节 jìjié 名季節

现在 xiànzài 名今、現在

过去 guòqù 名過去

将来 jiānglái 名将来、未来

时候 shíhou 名時間、〜の時

时间 shíjiān 名時間、時刻

节日 jiérì 名祝祭日

世纪 shìjì 名世紀

最近 zuìjìn 名最近、この頃

当时 dāngshí 名当時、その時

平时 píngshí 名ふだん

暂时 zànshí 名しばらく、一時

现代 xiàndài 名現代 形現代的である

快 kuài 形速い、急ぐ
副急いで〜、まもなく

慢 màn 形 遅い 副ゆっくり

久 jiǔ 形長い、久しい

永远 yǒngyuǎn 副永遠に

一会儿 yíhuìr 数量ちょっとの間

以前 yǐqián 名昔、〜以前

以后 yǐhòu 名このあと、〜以後

然后 ránhòu 接それから、そのうえで

后来 hòulái 名その後、それから

顺序 shùnxù 名順序、順番

第一 dì yī 数 1番、第一

首先 shǒuxiān 代第1、初め 副まず

先 xiān 副まず、はじめに

其次 qícì 代その次、それから

最后 zuìhòu 名最後

一直 yìzhí 副まっすぐに、ずっと

总是 zǒngshì 副いつも、しょっちゅう

经常 jīngcháng 副いつも、しょっちゅう

往往 wǎngwǎng 副往々にして

偶尔 ǒu'ěr 副たまに、時々

从来 cónglái 副いままで、かつて、従来から

重新 chóngxīn 副再び、もう一度

就 jiù 副もう、すぐに、とっくに、〜だけ

才 cái 副たった今、ようやく、やっと

再 zài 副再び、それから、さらに、もう

又 yòu 副また、その上、それから

在 zài 副〜している

正在 zhèngzài 副ちょうど〜している

已经 yǐjīng 副すでに、もう
马上 mǎshàng 副すぐ、ただちに
刚才 gāngcái 名先ほど、ついさっき
刚刚 gānggāng 副ちょうど、たった今〜したばかり
逐渐 zhújiàn 副だんだんと
终于 zhōngyú 副ついに、とうとう
突然 tūrán 形突然である 副突然、急に
忽然 hūrán 副突然に、急に、思いがけず
及时 jíshí 形ちょうどよい時
副ただちに、ちょうどよい時に
准时 zhǔnshí 形定刻通りである
按时 ànshí 副時間通りに、期限通りに
来不及 láibují フ間に合わない
来得及 láidejí フ間に合う
了 le 助動作の実現や完了、状態の変化、新たな状況の発生を表す
着 zhe 助動作や状態の持続・継続を表す
过 guo 助過去の経験を表す

6. 物の外見

大 dà 形大きい、年長である
小 xiǎo 形小さい、末の、若い
长 cháng 形長い、長じている 名長さ
短 duǎn 形短い、欠けている
高 gāo 形高い
低 dī 形低い 動低くする
厚 hòu 形厚い
深 shēn 形深い、濃い
圆 yuán 形丸い
像 xiàng 動似ている、〜のようである
好像 hǎoxiàng 動まるで〜のようである
副まるで〜のように

7. 物の状態

好 hǎo 形良い、〜しやすい
副ずいぶん、とても
坏 huài 形悪い、だめになる
新 xīn 形新しい
旧 jiù 形古い
简单 jiǎndān 形簡単である
复杂 fùzá 形複雑である
有名 yǒumíng 形有名である
著名 zhùmíng 形著名な
相同 xiāngtóng 形同じである
相反 xiāngfǎn 形相反している
接逆に、反対に
差 chà 形劣っている、悪い、不足する
新鲜 xīnxiān* 形新鮮である
真 zhēn 形本当の 副本当に
假 jiǎ 形ニセの
软 ruǎn 形柔らかい
硬 yìng 形硬い 副強硬に
轻 qīng 形軽い
满 mǎn 形満ちている、あふれている
光 guāng 名光 形つるつるしている、何も残っていない
行 xíng 形よい、十分である
丰富 fēngfù 形豊富である 動豊かにする
高级 gāojí 形高級である
精彩 jīngcǎi 形精彩を放つ、素晴らしい
浪漫 làngmàn 形ロマンチックである
详细 xiángxì 形詳しい、細かである
真正 zhēnzhèng 形正真正銘の、本物の
正好 zhènghǎo 形ぴったりである
副都合よく
准确 zhǔnquè 形正確である、確かである
够 gòu 動達する、足りる
剩 shèng 動余る、残す
缺少 quēshǎo 動欠けている、足りない

8. さまざまな事象とその状態

事情 shìqing 名こと、事柄、用事
机会 jīhuì* 名機会、チャンス
影响 yǐngxiǎng 名影響 動影響する
作用 zuòyòng 名作用、役割
動作用する、働きかける
效果 xiàoguǒ 名効果、効き目
办法 bànfǎ 名手段、アイデア、方法
方法 fāngfǎ 名方法
好处 hǎochù 名長所、メリット
优点 yōudiǎn 名長所
缺点 quēdiǎn 名欠点、弱点
特点 tèdiǎn 名特徴
重点 zhòngdiǎn 名重点、ポイント
关键 guānjiàn 名キーポイント、鍵
原因 yuányīn 名原因
结果 jiéguǒ 名結果 接結局〜
标准 biāozhǔn 名標準、基準
形標準的である
基础 jīchǔ 名基礎、基盤
目的 mùdì 名目的

内容 nèiróng 名内容
情况 qíngkuàng 名状況、様子、状態
区别 qūbié 名区別、違い
实际 shíjì 名実際 形実際の
条件 tiáojiàn 名条件、規準
限制 xiànzhì 名制限 動制限する
解决 jiějué 動解決する
提高 tígāo 動引き上げる、向上させる
降低 jiàngdī 動下がる、下げる
经过 jīngguò 動～を経る 名経過
通过 tōngguò 動通過する 介～を通じて
超过 chāoguò 動追い越す、超える
发生 fāshēng 動発生する
到底 dàodǐ 動最後まで～する
保护 bǎohù 動守る、保護する
包括 bāokuò 動含む
反映 fǎnyìng 動反映する
符合 fúhé 動一致する
扩大 kuòdà 動拡大する
排列 páiliè 動配列する
吸引 xīyǐn 動引きつける
引起 yǐnqǐ 動引き起こす、もたらす
总结 zǒngjié 動総括する
组成 zǔchéng 動形作る、構成する
响 xiǎng 動鳴る
错 cuò 名間違い 形間違っている
对 duì 形正しい
重要 zhòngyào 形重要である
主要 zhǔyào 形主な
普遍 pǔbiàn 形普遍的である 副まんべんなく
原来 yuánlái 形もとの
副もとは、なんと（～だったのか）
本来 běnlái 副もともと、本来
直接 zhíjiē 形ストレートである 副直接

9. 程度の表現

点（儿）diǎn(r) 量ちょっと、少し
很 hěn 副とても
挺 tǐng 副とても、かなり
非常 fēicháng 副非常に
还 hái 副まだ、もっと、それでも
更 gèng 副もっと、さらに
特别 tèbié 形特別である 副特に
尤其 yóuqí 副特に、とりわけ
极 jí 副極めて、非常に
极其 jíqí 副極めて
十分 shífēn 副十分に、非常に
一样 yíyàng 形同じだ、～のようだ
一般 yìbān 形一般的である 副同じように
几乎 jīhū 副ほとんど、もう少しで
差不多 chàbuduō 形ほとんど同じである
副ほとんど、たいてい
太 tài 副あまりにも～、～すぎる
最 zuì 副最も
比较 bǐjiào 動比較する 副比較的、わりに
多么 duōme 副どれほど、どんなに～ても
死 sǐ 動死ぬ 副程度が甚だしい
厉害 lìhai 形激しい、ひどい、すごい
严重 yánzhòng 形厳重である、深刻である
稍微 shāowēi 副少し、やや
至少 zhìshǎo 副少なくとも
最好 zuìhǎo 副できるだけ～したほうがよい

10. 範囲の表現

范围 fànwéi 名範囲
每 měi 代それぞれ、～ごとに
各 gè 代おのおの、それぞれ
其他 qítā 代その他の
其中 qízhōng 代その中の
部分 bùfen 名部分
全部 quánbù 名全部
一切 yíqiè 代すべて、一切
所有 suǒyǒu 形すべての
任何 rènhé 代いかなる～も
都 dōu 副みんな、すべて
也 yě 副～も、～でも、～さえも
一起 yìqǐ 副一緒に 名同じ場所
一共 yígòng 副全部で
只 zhǐ 副～だけ、ただ～
光 guāng 副ただ～、～だけ

Ⅲ 周辺環境・社会に関する言葉

1. 地名

中国 Zhōngguó 名中国
北京 Běijīng 名北京
省 shěng 名省
首都 shǒudū 名首都
长城 Chángchéng 名万里の長城
长江 Chángjiāng 名長江
国家 guójiā 名国家、国

世界 shìjiè 名世界
亚洲 Yàzhōu 名アジア

2. 場所・施設

地方 dìfang 名場所
饭馆 fànguǎn 名レストラン
火车站 huǒchēzhàn 名駅
商店 shāngdiàn 名商店、お店
医院 yīyuàn 名病院
机场 jīchǎng 名空港
超市 chāoshì 名スーパーマーケット
公园 gōngyuán 名公園
银行 yínháng 名銀行
宾馆 bīnguǎn 名ホテル、旅館
大使馆 dàshǐguǎn 名大使館
加油站 jiāyóuzhàn 名ガソリンスタンド
路 lù 名道、道筋
街道 jiēdào 名道、通り
桥 qiáo 名橋
城市 chéngshì 名都市、街
农村 nóngcūn 名農村、田舎
门 mén 名門、ドア 量教科を数える
入口 rùkǒu 名入口
房间 fángjiān 名部屋
厨房 chúfáng 名台所
洗手间 xǐshǒujiān 名トイレ、手洗い
电梯 diàntī 名エレベーター
窗户 chuānghu 名窓
墙 qiáng 名壁
地图 dìtú 名地図
地址 dìzhǐ 名住所、アドレス
当地 dāngdì 名現地、当地
到处 dàochù 副至る所、あちこち

3. 方向・方位

上 shàng 方〜の上、上の、前
動上がる、登る
下 xià 方〜の下、次の、後 動下りる、降る
里 lǐ 方〜の中
内 nèi 方内側
外 wài 方外
前面 qiánmiàn 方前、前方
后面 hòumiàn 方後ろ、裏側
对面 duìmiàn 方向かい側
右边 yòubian 方右、右側
左边 zuǒbian 方左、左側
旁边 pángbiān 方そば、横
中间 zhōngjiān 方真ん中、間
东 dōng 方東
南 nán 方南
西 xī 方西
北方 běifāng 名北、北方
附近 fùjìn 名付近、近所
周围 zhōuwéi 名周囲
底 dǐ 名底、末、下地
方面 fāngmiàn 名〜方面
方向 fāngxiàng 名方向、方角

4. 場所の状態

安静 ānjìng 形静かである、穏やかだ
热闹 rènao 形にぎやかである
吵 chǎo 形うるさい 動言い争う、騒ぐ
干燥 gānzào 形乾燥している
湿润 shīrùn 形湿っている、潤っている
安全 ānquán 形安全である
危险 wēixiǎn 形危険である
宽 kuān 形広い
窄 zhǎi 形狭い

5. 交通

交通 jiāotōng 名交通
飞机 fēijī 名飛行機
出租车 chūzūchē 名タクシー
公共汽车 gōnggòngqìchē 名バス
自行车 zìxíngchē 名自転車
船 chuán 名船
地铁 dìtiě 名地下鉄
航班 hángbān 名フライトナンバー、航空便
票 piào 名チケット、切符
骑 qí 動（またがって）乗る
乘坐 chéngzuò 動（客として）乗る
起飞 qǐfēi 動離陸する
堵车 dǔchē 動[離]渋滞する

6. 色

颜色 yánsè 名色
白 bái 形白い、明らかである
副無駄に、無料で
黑 hēi 形黒い、暗い、邪悪である
红 hóng 形赤い、人気がある
黄 huáng 形黄色い
绿 lǜ 形緑である
蓝 lán 形青い

7. 動物

动物 dòngwù 名動物
狗 gǒu 名犬
猫 māo 名ネコ
马 mǎ 名馬
熊猫 xióngmāo 名パンダ
猪 zhū 名ブタ
猴子 hóuzi 名サル
狮子 shīzi 名ライオン
老虎 lǎohǔ 名トラ
鱼 yú 名魚
鸟 niǎo 名鳥

8. 天気・気候

天气 tiānqì 名天気、天候
晴 qíng 形晴れている
阴 yīn 形曇っている
下雨 xià yǔ フ雨が降る
刮风 guā fēng フ風が吹く
雪 xuě 名雪
温度 wēndù 名温度
气候 qìhòu 名気候
冷 lěng 形寒い、冷たい
热 rè 形暑い、熱い
凉快 liángkuai 形涼しい
暖和 nuǎnhuo 形暖かい

9. 天・地・自然

太阳 tàiyáng 名太陽
月亮 yuèliang 名（天体の）月
地球 dìqiú 名地球
阳光 yángguāng 名陽光
空气 kōngqì 名空気
云 yún 名雲
河 hé 名河川
海洋 hǎiyáng 名海
森林 sēnlín 名森林
花 huā 名花
花园 huāyuán 名庭園、花園
草 cǎo 名草
树 shù 名木
叶子 yèzi 名葉
植物 zhíwù 名植物
火 huǒ 名火、火災
风景 fēngjǐng 名風景、景色
自然 zìrán 名自然 形自然に、おのずから
环境 huánjìng 名環境、周囲
污染 wūrǎn 動汚染する
亮 liàng 形明るい
暗 àn 形暗い、愚鈍である

10. 学校・学習関係の表現

学校 xuéxiào 名学校
书 shū 名本
字 zì 名文字
字典 zìdiǎn 名字典
词典 cídiǎn 名辞書
铅笔 qiānbǐ 名鉛筆
笔记本 bǐjìběn 名ノート
表格 biǎogé 名表、表組
教室 jiàoshì 名教室
图书馆 túshūguǎn 名図書館
黑板 hēibǎn 名黒板
课 kè 名授業、教科
班 bān 名クラス、職場
量交通機関の便数、人のグループを数える
寒假 hánjià 名冬休み
放暑假 fàng shǔjià フ夏休みになる
迟到 chídào 動遅刻する
参加 cānjiā 動参加する
报名 bàomíng 動[離]申し込む
代表 dàibiǎo 名代表
動代表する、具体的に表す
毕业 bìyè 動[離]卒業する
学习 xuéxí 名学ぶ、習う
汉语 Hànyǔ 名中国語
中文 Zhōngwén 名中国語
普通话 pǔtōnghuà 名中国語の共通語
题 tí 名題、テーマ
问题 wèntí 名問題、質問、トラブル
词语 cíyǔ 名語句、単語
句子 jùzi 名文
语法 yǔfǎ 名文法
语言 yǔyán 名言語、ことば
故事 gùshi 名物語、ストーリー
日记 rìjì 名日記
小说 xiǎoshuō 名小説、フィクション
文章 wénzhāng 名文章、論文、散文
历史 lìshǐ 名歴史
数学 shùxué 名 数学

法律 fǎlǜ 名法律
科学 kēxué 名科学 形科学的である
专业 zhuānyè 名専門、専攻
形専門的である
考试 kǎoshì 動試験する、テストする
成绩 chéngjì 名成績、記録
水平 shuǐpíng 名レベル、水準
答案 dá'àn 名答え、解答
作业 zuòyè 名宿題
练习 liànxí 動練習する 名練習
复习 fùxí 動復習する
预习 yùxí 動予習する
填空 tiánkòng 動[離]空白を埋める
留学 liúxué 動[離]留学する
教 jiāo 動教える
教育 jiàoyù 動教育する 名教育
说明 shuōmíng 動説明する 名説明
解释 jiěshì 動解説する、釈明する
阅读 yuèdú 動読む、読み解く
难 nán 形難しい、〜しにくい
困难 kùnnan 名困難 形難しい、困難である
容易 róngyì 形やさしい、〜しやすい
努力 nǔlì 形一生懸命である 動努力する
流利 liúlì 形流暢である
仔细 zǐxì 形注意深い、綿密である
正确 zhèngquè 形正確である、正しい

11. 会社・仕事に関する表現

工作 gōngzuò 名仕事 動仕事をする、働く
公司 gōngsī 名会社
经理 jīnglǐ 名支配人、経営者
办公室 bàngōngshì 名オフィス、事務室
会议 huìyì 名会議
工资 gōngzī 名給料、賃金
奖金 jiǎngjīn 名賞金、ボーナス
收入 shōurù 名収入、所得
上班 shàngbān 動[離]出勤する
加班 jiābān 動[離]残業する
招聘 zhāopìn 動招聘する、募集する
出差 chūchāi 動[離]出張する
申请 shēnqǐng 動申請する
请假 qǐngjià 動[離]休暇を取る
做生意 zuò shēngyi* フ商売をする
打印 dǎyìn 動プリントする、印刷する
复印 fùyìn 動コピーする
翻译 fānyì 動翻訳する 名翻訳、通訳
技术 jìshù 名技術、テクニック
材料 cáiliào 名材料、資料
质量 zhìliàng 名品質
制造 zhìzào 動製造する
检查 jiǎnchá 動検査する
调查 diàochá 動調査する
管理 guǎnlǐ 動管理する、取り扱う
保证 bǎozhèng 動保証する、請け負う
名保証
证明 zhèngmíng 動証明する 名証明書
任务 rènwu 名任務、仕事
责任 zérèn 名責任、責務
负责 fùzé 動責任を負う、担当する
形責任感がある
当 dāng 動就く、担当する 介〜の時に
参观 cānguān 動見学する、見物する
访问 fǎngwèn 動訪問する
组织 zǔzhī 名組織、団体 動組織する
安排 ānpái 動手配する 名予定
计划 jìhuà 名計画 動計画する
过程 guòchéng 名過程、プロセス
完成 wánchéng 動完成する
估计 gūjì 動見積もる、推定する
提前 tíqián 動繰り上げる、早める
推迟 tuīchí 動遅らせる、延期する
规定 guīdìng 名規定、決まり 動規定する
竞争 jìngzhēng 動競争する 名競争
代替 dàitì 動代わりを務める、取って代わる
允许 yǔnxǔ 動許す、承認する
累 lèi 形疲れる
忙 máng 形忙しい 動忙しくする
正式 zhèngshì 形正式である、公式の
正常 zhèngcháng 形正常である、当たり前である
顺利 shùnlì 形順調である
辛苦 xīnkǔ 形苦労する、骨が折れる
合格 hégé 形規格に合う、合格する

12. メディア・社会・その他の社会的な活動

报纸 bàozhǐ 名新聞
新闻 xīnwén 名ニュース
杂志 zázhì 名雑誌
广播 guǎngbō 名放送、ラジオ 動放送する
广告 guǎnggào 名広告、コマーシャル
报道 bàodào 名報道 動報道する

消息 xiāoxi 名知らせ、メッセージ
节目 jiémù 名演目、プログラム、番組
表演 biǎoyǎn 動演じる
演出 yǎnchū 動上演する
社会 shèhuì 名社会
文化 wénhuà 名文化、教養
民族 mínzú 名民族
经济 jīngjì 名経済 形経済的である
市场 shìchǎng 名マーケット、市場
举行 jǔxíng 動挙行する
举办 jǔbàn 動行う、催す
进行 jìnxíng 動行う、進行する
停止 tíngzhǐ 動停止する
流行 liúxíng 動流行する
发展 fāzhǎn 動発展する
共同 gòngtóng 形共同の、共通の 副共同で～する
国际 guójì 形国際的な
关系 guānxì* 名関係、間柄、関連性
友谊 yǒuyì 名友誼、友好、友情
友好 yǒuhǎo 形友好的である

Ⅳ 全分野に関わる表現

1. 指示代詞・疑問代詞

这 zhè 代これ、それ
这儿 zhèr 代ここ、そこ
那 nà 代あれ、それ 接それでは
那儿 nàr 代あそこ、そこ、
哪 nǎ 疑どれ、どの
哪儿 nǎr 疑どこ
什么 shénme 疑何、何か
怎么 zěnme 疑どう、どうやって
怎么样 zěnmeyàng 疑どう、どのように
为什么 wèi shénme フなぜ、どうして

2. さまざまな場面で使う動詞

是 shì 動～だ、～である
有 yǒu 動ある・いる、持っている
在 zài 動ある・いる、存在する
请 qǐng 動頼む、おごる、～してください
给 gěi 動あげる、くれる
使 shǐ 動～させる
无 wú 動無い

3. 否定を表す副詞

不 bù 副～しない、～ない
没 méi 動持っていない、存在しない、～に及ばない 副～しなかった、～していない

4. その他の副詞

其实 qíshí 副実は、実際には
还是 háishi 副やはり
果然 guǒrán 副案の定、やはり
尽管 jǐnguǎn 副いくらでも、遠慮なく
究竟 jiūjìng 副いったい、結局
到底 dàodǐ 副いったい、とうとう
恐怕 kǒngpà 副おそらく
仍然 réngrán 副依然として
确实 quèshí 副たしかに
实在 shízài 副本当に 形誠実である
完全 wánquán 副完全に、すっかり

5. 介詞

在 zài 介～で、～に
和 hé 介～と、～に 接～と～
跟 gēn 介～と 動ついて行く 名かかと 接～と～
与 yǔ 介～と 接～と～
叫 jiào 介～に（～される）動～させる
让 ràng 介～に（～される） 動譲る、～させる
被 bèi 介～に（～される）
离 lí 介～から、～まで 動離れる、別れる
从 cóng 介～から
由 yóu 介～から、～によって
向 xiàng 介～に向かって
往 wǎng 介～の方へ
给 gěi 介～に
比 bǐ 介～より
把 bǎ 介～を
为 wèi 介～のために
为了 wèile 介～のために
关于 guānyú 介～に関して
根据 gēnjù 介～によれば 名根拠
按照 ànzhào 介～の通りに、～に従って
除了 chúle 介～を除いて
对 duì 介～に対して、～に向かって
连 lián 介～さえも
以 yǐ 介～をもって
随着 suízhe 介～に従って

6. 接続詞・呼応表現

因为 yīnwèi* 接なぜなら～ 介～によって
所以 suǒyǐ 接だから～
由于 yóuyú 介～による 接～なので
因此 yīncǐ 接それゆえ
于是 yúshì 接そこで、そして
既然 jìrán 接～したからには
虽然 suīrán 接～だけれども
尽管 jǐnguǎn 接～だけれども、たとえ～でも
但是 dànshì 接でも、しかし
然而 rán'ér 接しかしながら
可是 kěshì 接しかし、でも
不过 búguò 接しかし、でも
还是 háishi 接それとも
或者 huòzhě 接それとも、あるいは
不但 búdàn 接～だけでなく
不仅 bùjǐn 接～だけでなく
而且 érqiě 接かつ、しかも、その上
而 ér 接そして、しかし
并且 bìngqiě 接しかも、また
如果 rúguǒ 接もし～なら
即使 jíshǐ 接たとえ～としても
否则 fǒuzé 接さもなければ、～でなければ
不管 bùguǎn 接～であろうと、～に係わらず
无论 wúlùn 接～を問わず、～に係わらず
只要 zhǐyào 接～さえすれば
另外 lìngwài 接そのほか 代別の
甚至 shènzhì 接ひいては
副～さえ、～すら
越 yuè 副～であるほどますます～だ
一边 yìbiān 副～しながら～する
却 què 副ところが、却って
例如 lìrú 副たとえば～

7. 助詞

的 de 助～の、連体修飾語を作る
得 de 助補語などを導く
地 de 助連用修飾語を作る
吗 ma 助～か？
呢 ne 助疑問、状態・動作の継続などを表す
吧 ba 助相談、疑問、確認などの語気を表す
之 zhī 助～の～
等 děng 助～など

8. 感嘆詞

喂 wèi/wéi 嘆もしもし、おい
啊 ā/á/ǎ/à 嘆ああ、おや、え
呀 ya 嘆おやっ、あれっ、ああ

『合格奪取！新 HSK 1～4級単語トレーニングブック』は、2009年版の大綱に準拠しており、2015年に改訂された大綱において定められた単語と一部に相違があります。新たに加えられた単語は、5級の中に加えています。

■5級

I　人に関する言葉

1. 人・呼称・属性

外公 wàigōng 名母方の祖父
姥姥 lǎolao 名母方の祖母
舅舅 jiùjiu 名おじ
姑姑 gūgu 名おば
老婆 lǎopo 名女房
太太 tàitai 名奥さん
宝贝 bǎobèi* 名宝物、子供への愛称、恋人
兄弟 xiōngdi* 名兄弟、弟、年下の男性への呼称、男性の謙遜自称
姑娘 gūniang 名女の子、娘
小伙子 xiǎohuǒzi 名若い男子
成人 chéngrén 名成人、大人 動[離]成人する
青少年 qīngshàonián 名青少年
妇女 fùnǚ 名婦人、女性
女士 nǚshì 名女性への敬称
长辈 zhǎngbèi 名目上の人、年上の人
华裔 huáyì 名外国生まれで外国籍を持つ中国系住民
国籍 guójí 名国籍
称呼 chēnghu 名呼び名、呼称 動～という
双方 shuāngfāng 名双方
对方 duìfāng 名相手方
对手 duìshǒu 名ライバル、競争相手
敌人 dírén 名敵

对象 duìxiàng 名対象、パートナー、恋人
伙伴 huǒbàn 名パートナー、相棒
主人 zhǔrén* 名主人、持ち主
嘉宾 jiābīn 名賓客、VIP
房东 fángdōng 名大家、家主
隔壁 gébì 名隣家、隣人
中介 zhōngjiè 名仲介者、仲介物
个人 gèrén 名個人
私人 sīrén 名個人、私人 形* 個人の、私的な
集体 jítǐ 名集団、グループ
家庭 jiātíng 名家庭
家乡 jiāxiāng 名故郷、郷里
家务 jiāwù 名家事
人物 rénwù 名人物
人才 réncái 名才能ある人、人材
人员 rényuán 名人員、要員
人口 rénkǒu 名人口、家族等の人数
人类 rénlèi 名人類
人事 rénshì 名人事、人間関係
影子 yǐngzi 名影、姿
彼此 bǐcǐ 代お互い、あれとこれ、お互い様
各自 gèzì 代めいめい、各自
某 mǒu 代ある～、なにがし
来自 láizì 動～から来る

2. 職業・身分

老板 lǎobǎn 名店主、ボス
秘书 mìshū 名秘書
主任 zhǔrèn 名主任
员工 yuángōng 名従業員
工人 gōngrén 名労働者、従業員
工程师 gōngchéngshī 名エンジニア、技師
教练 jiàoliàn 名コーチ
专家 zhuānjiā 名専門家
作家 zuòjiā 名作家
导演 dǎoyǎn 名監督、演出家 動演出する
角色 juésè 名役柄
模特（儿）mótè(r) 名モデル
明星 míngxīng 名スター、有名人
志愿者 zhìyuànzhě 名ボランティア
主席 zhǔxí 名主席、議長
总统 zǒngtǒng 名大統領、総統
总理 zǒnglǐ 名総理、首相
总裁 zǒngcái 名総裁、責任者、党首
国王 guówáng 名国王
王子 wángzǐ 名王子
公主 gōngzhǔ 名王女、お嬢様
官 guān 名官、役人
老百姓 lǎobǎixìng 名庶民、一般人
农民 nóngmín 名農民
士兵 shìbīng 名兵士
身份 shēnfèn* 名身分、地位
地位 dìwèi 名地位、立場
位置 wèizhì* 名位置、地位、場所

3. 身体・外見

脑袋 nǎodai 名頭、頭脳
眉毛 méimao 名まゆげ
牙齿 yáchǐ 名歯
嗓子 sǎngzi 名ノド、声
脖子 bózi 名首
肩膀 jiānbǎng 名肩
胳膊 gēbo 名腕
手指 shǒuzhǐ 名手の指
后背 hòubèi 名背中
胸 xiōng 名胸、胸の内
胃 wèi 名胃
腰 yāo 名腰、ウエスト
心脏 xīnzàng 名心臓、心臓部
骨头 gǔtou 名骨、気骨
肌肉 jīròu 名筋肉
精力 jīnglì 名気力と体力
身材 shēncái 名体格、スタイル
姿势 zīshì 名姿勢
表情 biǎoqíng 名表情
微笑 wēixiào 名微笑み 動微笑む
苗条 miáotiao 形すらりとしている
丑 chǒu 形醜い、恥ずべき 名（干支の）うし

4. 病気・身体の状態

内科 nèikē 名内科
手术 shǒushù 名手術
急诊 jízhěn 名急診、急患 動救急診療を行う
诊断 zhěnduàn 名診断 動診断する
治疗 zhìliáo 動治療する
预防 yùfáng 動予防する
晕 yūn 動めまいがする、気を失う
着凉 zháoliáng 動離風邪をひく
过敏 guòmǐn 動過敏になる、アレルギーを起こす
名アレルギー、過敏症 形過敏である

失眠 shīmián 動[離]眠れない、不眠になる
受伤 shòushāng 動[離]怪我をする、傷つく
恢复 huīfù 動回復する、立ち直らせる
痒 yǎng 形かゆい、むずむずする

5．服装・装い

服装 fúzhuāng 名服装、ファッション
牛仔裤 niúzǎikù 名ジーンズ
皮鞋 píxié 名革靴
手套 shǒutào 名手袋、グローブ
围巾 wéijīn 名スカーフ、マフラー
项链 xiàngliàn 名ネックレス
耳环 ěrhuán 名イヤリング、ピアス
戒指 jièzhi 名指輪
披 pī 動羽織る、纏う、散らす、裂ける
系领带 jì lǐngdài フネクタイを締める

6．身の回りの物・生活道具

玻璃 bōli 名ガラス
布 bù 名布 動敷く、撒き散らす
丝绸 sīchóu 名絹織物
被子 bèizi 名掛け布団
窗帘 chuānglián 名カーテン
地毯 dìtǎn 名絨毯、カーペット
书架 shūjià 名本棚
抽屉 chōuti 名引き出し
日用品 rìyòngpǐn 名日用品
肥皂 féizào 名石鹸
火柴 huǒchái 名マッチ
扇子 shànzi 名扇、うちわ
梳子 shūzi 名櫛
绳子 shéngzi 名縄、ひも
管子 guǎnzi 名パイプ、管
铃 líng 名鈴、ベル
枪 qiāng 名槍、銃
盆 pén 名鉢、たらい 量鉢等の物を数える
锁 suǒ 名錠、錠前 動鍵をかける、封鎖する
玩具 wánjù 名おもちゃ
乐器 yuèqì 名楽器
麦克风 màikèfēng 名マイク
鞭炮 biānpào 名爆竹
包裹 bāoguǒ 名小包、包み 動包む
文具 wénjù 名文具
橡皮 xiàngpí 名消しゴム、ゴム
信封 xìnfēng 名封筒
剪刀 jiǎndāo 名ハサミ
尺子 chǐzi 名定規
夹子 jiāzi 名物を挟む道具
胶水 jiāoshuǐ 名のり、接着剤
电池 diànchí 名電池
名片 míngpiàn 名名刺
证件 zhèngjiàn 名証明書
执照 zhízhào 名許可証
证据 zhèngjù 名証拠

7．食べ物・飲み物・食生活

食物 shíwù 名食べ物、食物
粮食 liángshi 名食用穀物、食糧
零食 língshí 名おやつ、間食
小吃 xiǎochī 名軽食、おかし、おつまみ
点心 diǎnxin 名おやつ、軽食、点心
包子 bāozi 名（具入り）まんじゅう
馒头 mántou 名（具のない）まんじゅう
小麦 xiǎomài 名小麦
玉米 yùmǐ 名トウモロコシ
烤鸭 kǎoyā 名焼アヒル
香肠 xiāngcháng 名ソーセージ
海鲜 hǎixiān 名海鮮、シーフード
土豆 tǔdòu 名ジャガイモ
蔬菜 shūcài 名野菜
豆腐 dòufu 名豆腐
花生 huāshēng 名ピーナッツ、落花生
橘子 júzi 名ミカン
梨 lí 名ナシ
桃 táo 名桃
果实 guǒshí 名果実、成果
冰激凌 bīngjīlíng 名アイスクリーム
醋 cù 名酢、嫉妬
酱油 jiàngyóu 名醤油
辣椒 làjiāo 名トウガラシ
开水 kāishuǐ 名熱湯、沸騰した湯
矿泉水 kuàngquánshuǐ 名ミネラルウォーター
口味 kǒuwèi 名味、風味、好み
胃口 wèikǒu 名食欲、好み
营养 yíngyǎng 名栄養
勺子 sháozi 名大きめのスプーン、おたま
叉子 chāzi 名フォーク
锅 guō 名鍋
壶 hú 名急須、ポット 量急須等の液体を数える

炒 chǎo 動炒める、投機的取引をする
煮 zhǔ 動煮る、ゆでる、炊く
油炸 yóuzhá 動油で揚げる
醉 zuì 動酔う、心酔する、酒に漬ける
清淡 qīngdàn 形淡白である、あっさりとしている
地道 dìdao 形その土地の、本場の
臭 chòu 形臭い、いやらしい 副ひどく、容赦なく

8. 趣味・スポーツ・イベント

俱乐部 jùlèbù 名クラブ
聚会 jùhuì 名集会、パーティ 動集まる
宴会 yànhuì 名宴会
开幕式 kāimùshì 名開会式、開幕式
决赛 juésài 名決戦、決勝戦 動決戦をする
冠军 guànjūn 名優勝、優勝者
武术 wǔshù 名武術
太极拳 tàijíquán 名太極拳
戏剧 xìjù 名演劇、芝居
象棋 xiàngqí 名将棋
动画片 dònghuàpiàn 名アニメーション映画
美术 měishù 名美術、絵画
作品 zuòpǐn 名作品
字幕 zìmù 名字幕
球迷 qiúmí 名球技のファン
健身 jiànshēn 動フィットネスをする
钓 diào 動釣る

9. 人生

人生 rénshēng 名人生
寿命 shòumìng 名寿命
年纪 niánjì 名年齢
前途 qiántú 名前途、未来
命运 mìngyùn 名運命
运气 yùnqi 名運
一辈子 yíbèizi 名一生、一生涯
简历 jiǎnlì 名略歴、履歴書
婚礼 hūnlǐ 名結婚式
婚姻 hūnyīn 名婚姻、結婚
娶 qǔ 動娶る
嫁 jià 動嫁ぐ、転嫁する
怀孕 huáiyùn 動[離]妊娠する
离婚 líhūn 動[離]離婚する
成长 chéngzhǎng 動成長する、発展する
生长 shēngzhǎng 動育つ、生まれ育つ
去世 qùshì 動死去する、亡くなる

10. 人の性質・認識。才能・考え方

个性 gèxìng 名個性
本领 běnlǐng 名能力、技能
功夫 gōngfu 名能力、技量、時間、カンフー
资格 zīgé 名資格、キャリア
魅力 mèilì 名魅力
形象 xíngxiàng 名イメージ、像
形真に迫っている、生き生きとしている
英雄 yīngxióng 名英雄 形* 雄々しい
勇气 yǒngqì 名勇気
智慧 zhìhuì 名知恵
意义 yìyì 名意義、意味
目标 mùbiāo 名目標
常识 chángshí 名常識
概念 gàiniàn 名概念
观点 guāndiǎn 名観点、主張、見方
观念 guānniàn 名思想、意識、観念
道德 dàodé 名道徳 形* 道徳的な
道理 dàolǐ* 名法則、道理、理屈
理由 lǐyóu 名理由
成果 chéngguǒ 名成果
后果 hòuguǒ 名（悪い）結果
成就 chéngjiù 名成果、業績 動成就する
记忆 jìyì 名記憶 動記憶する、思い出す
梦想 mèngxiǎng 名夢 動渇望する、夢見る
思想 sīxiǎng 名思想、考え 動考える
思考 sīkǎo 動深く考える
掌握 zhǎngwò 動握る、マスターする
把握 bǎwò 動捕まえる 名自信、勝算
善于 shànyú 動～に長じている
属于 shǔyú 動～に属する
在于 zàiyú 動～にある、～によって決められる
确定 quèdìng 動確定する 形確かである
确认 quèrèn 動確認する、はっきりと認める
明确 míngquè 動明確にする 形明確である
体贴 tǐtiē 動親身になって思いやる
温柔 wēnróu 形やさしい、穏やかである
单纯 dānchún 形単純である、純粋である
副ただ単に
天真 tiānzhēn 形無邪気である、単純すぎる
善良 shànliáng 形善良である
诚恳 chéngkěn 形心がこもっている
老实 lǎoshi 形誠実である、従順である
坦率 tǎnshuài 形率直である

谦虚 qiānxū 形謙虚である 動謙遜する
虚心 xūxīn 形虚心である、謙虚である
谨慎 jǐnshèn 形慎み深い、慎重である
勤奋 qínfèn 形勤勉である、精を出している
坚决 jiānjué 形きっぱりとしている、断固としている
坚强 jiānqiáng 形強固である 動強くする
能干 nénggàn 形有能である、仕事ができる
出色 chūsè 形特に優れている
可靠 kěkào 形信頼できる、信用できる
伟大 wěidà 形偉大である
英俊 yīngjùn 形ハンサムである
周到 zhōudào 形行き届いている、周到である
熟练 shúliàn 形熟練している、上手である
大方 dàfang 形気前がよい、おっとりしている
小气 xiǎoqi 形ケチである、器が小さい
胆小鬼 dǎnxiǎoguǐ 名小心者
淘气 táoqì 形やんちゃである
调皮 tiáopí 形腕白である
活跃 huóyuè 形活発である、活動的である 動活発にする、活躍する
生动 shēngdòng 形生き生きとしている
灵活 línghuó 形機敏である、機転が利く
乖 guāi 形おりこうさんである
好客 hàokè 形客好きである、ホスピタリティがある
主观 zhǔguān 形主観的である
客观 kèguān 形客観的である
乐观 lèguān 形楽観的である
悲观 bēiguān 形悲観的である
消极 xiāojí 形消極的である、否定的である
敏感 mǐngǎn 形敏感である
傻 shǎ 形ばかである、ぼうっとしている
呆 dāi 形とろい、呆然とする 動滞在する
狡猾 jiǎohuá 形狡猾である、ずる賢い
恶劣 èliè 形極めて悪い、悪辣である

11. 人の動作・行動に関する表現

移动 yídòng 動移動する、動く
停 tíng 動止まる、停止する、滞在する
冲 chōng 動突進する、衝突する、淹れる、すすぐ
闯 chuǎng 動突き進む、経験を積む、引き起こす
碰 pèng 動ぶつかる、出会う、タッチする
追 zhuī 動追う、追及する、追求する、求愛する
赶 gǎn 動追う、急ぐ、追い払う 介〜になって、〜に乗じて
转 zhuǎn 動変える、渡す、転送する
退 tuì 動退く、返却する、取り消す
逃 táo 動逃げる、逃れる
逃避 táobì 動逃避する、逃げる
避免 bìmiǎn 動避ける、回避する
拐弯 guǎiwān 動[離]角を曲がる、方向転換をする 名曲がり角
到达 dàodá 動到着する、到達する
往返 wǎngfǎn 動往復する
迷路 mílù 動[離]道に迷う
光临 guānglín 動いらっしゃる
行为 xíngwéi 名行為、行い
行动 xíngdòng 動行動する、動く 名行動
搞 gǎo 動する、行う、興す、入手する
轮流 lúnliú 動順番に〜する
劳驾 láojià 動[離]すみませんが
无奈 wúnài 動仕方がない 接いかんせん
无所谓 wúsuǒwèi 動どうでもよい
如何 rúhé 疑どう、どのように、どうして
捡 jiǎn 動拾う
提 tí 動手に提げる、引き上げる、繰り上げる、持ち出す、取り出す、口に出す
举 jǔ 動持ち上げる、行動する、推挙する
抓 zhuā 動つかむ、捕まえる、ひっかく
抓紧 zhuājǐn 動しっかりつかむ、無駄にしない、急いでやる
摆 bǎi 動並べる、見せびらかす、左右に振る
插 chā 動差す、挿入する
拆 chāi 動開封する、ばらばらにする、壊す
撕 sī 動裂く、破る、剥がす
翻 fān 動ひっくり返す、めくる、越える、倍増する、翻訳する、態度を変える
摇 yáo 動揺れる、揺らす、振り動かす
挥 huī 動振る、指揮する、まき散らす
甩 shuǎi 動振り回す、放り投げる、振り捨てる
递 dì 動渡す、手渡す、伝える
扶 fú 動支える、助け起こす、力を貸す
盖 gài 動ふたをする、覆いかぶせる、押印する、圧倒する、建てる 名ふた、覆い
划 huá 動漕ぐ、切り開く、擦る
洒 sǎ 動撒く、こぼす、こぼれる
浇 jiāo 動かける、水をやる、流し込む
摸 mō 動さわる、撫でる、探る
接触 jiēchù 動触れる、接触する

抢 qiǎng 動奪う、先を争う、急いで～する
摘 zhāi 動摘み取る、外す、抜粋する
堆 duī 動堆積する、積み上げる
量物を積み上げた山、多数の人の群れを数える
拍 pāi 動叩く、打つ、撮影する
切 qiē 動切る、裁つ
砍 kǎn 動叩き切る、切り捨てる
出示 chūshì 動提示する、掲示する
交换 jiāohuàn 動交換する
粘贴 zhāntiē 動貼り付ける
拥抱 yōngbào 動抱擁する、抱き合う
射击 shèjī 動射撃する
修理 xiūlǐ 動修理する、整える
维修 wéixiū 動補修する、維持修理をする
修改 xiūgǎi 動改める、手直しする
安装 ānzhuāng 動据え付ける、インストールする
装修 zhuāngxiū 動改修する、取り付け工事をする
装饰 zhuāngshì 動装飾する 名装飾、装飾品
关闭 guānbì 動閉じる、閉める、閉鎖する
踩 cǎi 動踏む、踏みつける
蹲 dūn 動しゃがむ、うずくまる、留まる
靠 kào 動寄りかかる、近づく、頼る
滑 huá 動滑る 形滑らかである
瞧 qiáo 動見る、目を通す、会う
睁 zhēng 動目を見開く
瞎 xiā 動視力を失う、不発に終わる、実りがない
副でたらめに、むやみに
吐 tǔ 動吐く、口に出す
咬 yǎo 動噛む、言いがかりをつける
吻 wěn 動キスする、くちづけする 名キス
闻 wén 動においをかぐ、聞く
吹 chuī 動吹く、ほらを吹く、だめになる
呼吸 hūxī 動呼吸する 名呼吸
打喷嚏 dǎ pēntì フくしゃみをする
伸 shēn 動伸ばす、伸びる
背 bēi 動背負う、担う、しょい込む
倒 dào 動逆さまになる、注ぐ、バックさせる
副反対に、意外にも、催促・詰問の語気
摔倒 shuāidǎo 動転ぶ、転んでひっくり返る
拥挤 yōngjǐ 動ひしめき合う、混雑する
形混み合っている、ひしめいている
发抖 fādǒu 動身震いする、ぶるぶる震える
躲藏 duǒcáng 動身を隠す、隠れる
绕 rào 動ぐるぐる巻く、回る、迂回する
围绕 wéirào 動取り囲む、巡る
搜索 sōusuǒ 動探し回る、捜索する
寻找 xúnzhǎo 動探し求める、見つけ出す
投入 tóurù 動投入する 形全力で取り組んでいる
模仿 mófǎng 動模倣する、真似する
假装 jiǎzhuāng 動～のふりをする、装う
装 zhuāng 動入れる、組み立てる、装う
吓 xià 動脅かす、びっくりさせる、怖がらせる
挣 zhèng 動金を稼ぐ、振り切って逃げ出す
杀 shā 動殺す、戦う、削ぐ、ヒリヒリする
伤害 shānghài 動傷つける、害する
名傷、痛手
度过 dùguò 動過ごす、乗り切る
歇 xiē 動休む、中断する、使われない、眠る
休闲 xiūxián 動のんびりと過ごす、土地を遊ばせておく 形カジュアルな、暇な
干活（儿）gànhuó(r) 動[離]仕事をする
劳动 láodòng 動労働する
熬夜 áoyè 動[離]徹夜する、夜更かしする
占 zhàn 動占める、自分の物にする
占线 zhànxiàn 動[離]話し中である
排队 páiduì 動[離]列に並ぶ、順番に並ぶ
旅行 lǚxíng 動旅行する
游览 yóulǎn 動遊覧する、観光する
记录 jìlù 動記録する 名記録、記録係
纪录 jìlù 名記録 動記録する
录音 lùyīn 動[離]録音する 名録音
摄影 shèyǐng 動写真を撮る、撮影する
合影 héyǐng 動[離]集合写真を撮る
名集合写真
办理 bànlǐ 動事務処理をする、手続きする
处理 chǔlǐ 動処理する、解決する、処分する
手续 shǒuxù 名手続き
预订 yùdìng 動予約する
挂号 guàhào 動[離]受付の手続きをする
注册 zhùcè 動登録する
登记 dēngjì 動[離]登録する、届け出る
取消 qǔxiāo 動取り消す、キャンセルする
删除 shānchú 動削除する

12. 気持ち・心に関する表現

爱心 àixīn 名思いやり
感想 gǎnxiǎng 名感想
感受 gǎnshòu 名印象、影響 動受ける、感じる
情绪 qíngxù 名気持ち、機嫌、不満

心理 xīnlǐ 名心理
愿望 yuànwàng 名願望、望み
疑问 yíwèn 名疑問
遗憾 yíhàn 名遺憾、心残り 形残念である
决心 juéxīn 名決心 動決心する
爱护 àihù 動大切にし守る、いたわる
爱惜 àixī 動大切にする、重んじる
珍惜 zhēnxī 動大切にする、珍重する
舍不得 shěbudé* 動手放しがたい、別れがたい、〜したがらない
操心 cāoxīn 動[離]心を配る、心配する
当心 dāngxīn 動気を付ける、注意する
安慰 ānwèi 動慰める 形慰められる
放松 fàngsōng 動緩める、リラックスさせる
在乎 zàihu 動気にする、〜によって決まる
自觉 zìjué 動自覚する 形自覚している
自愿 zìyuàn 動自ら望んでする
盼望 pànwàng 動待ち焦がれる、待ち望む
期待 qīdài 動期待する、待ち望む
等待 děngdài 動待つ、待ち望む
满足 mǎnzú 動満足する、満足させる
赞成 zànchéng 動賛成する、賛同する
承认 chéngrèn 動認める、肯定する、承認する
否认 fǒurèn 動認めない、否認する
否定 fǒudìng 動否定する 形否定的な
承担 chéngdān 動引き受ける、担う
承受 chéngshòu 動耐える、受け入れる
享受 xiǎngshòu 動享受する、楽しむ、味わう
欣赏 xīnshǎng 動鑑賞する、素晴らしいと思う
娱乐 yúlè 動楽しむ 名娯楽、エンターテインメント
感激 gǎnjī 動感激する、感謝する
佩服 pèifú* 動感心する、感服する
尊敬 zūnjìng 動尊敬する
孝顺 xiàoshùn* 動孝行する 形孝行である
想象 xiǎngxiàng 動想像する 名想像
幻想 huànxiǎng 動空想する 名幻想、空想
想念 xiǎngniàn 動懐かしく思う、恋しく思う
怀念 huáiniàn 動懐かしむ、恋しく思う
纪念 jìniàn 動記念する 名記念、記念品
疼爱 téng'ài 動可愛がる、いたわる
恋爱 liàn'ài 動恋する 名恋愛
热爱 rè'ài 動熱愛する
追求 zhuīqiú 動追求する、求愛する
冒险 màoxiǎn 動[離]危険を犯す、冒険する

尽力 jìnlì 動[離]尽力する、力を尽くす
奋斗 fèndòu 動奮闘する
鼓舞 gǔwǔ 動奮い立たせる 形奮い立っている
克服 kèfú 動克服する、辛抱する
集中 jízhōng 動集中する 形集中している
强调 qiángdiào 動強調する
忽视 hūshì 動無視する、重視しない
轻视 qīngshì 動軽視する、無視する
看不起 kànbuqǐ 動見下す、軽視する
责备 zébèi 動責める、咎める
恨 hèn 動恨む、憎む 名恨み、憎しみ
发愁 fāchóu 動[離]悩む、憂う、気をもむ
吃亏 chīkuī 動[離]損をする、してやられる
抱怨 bàoyuàn 動不満に思う、不平をこぼす
控制 kòngzhì 動支配する、コントロールする
不耐烦 bú nàifán フうんざりする
忍不住 rěnbuzhù フ耐えられない
开心 kāixīn 形うれしい、楽しい 動からかう
痛快 tòngkuài* 形痛快である、思う存分
幸运 xìngyùn 形幸運である 名幸運
自由 zìyóu 形自由である 名自由
自豪 zìháo 形誇らしい、誇りに思っている
自私 zìsī 形利己的である、自分勝手である
自信 zìxìn 形自信がある 動自信がある、自負する 名自信
亲爱 qīn'ài 形* 親愛なる
好奇 hàoqí 形好奇心がある、興味深く感じる
专心 zhuānxīn 形専念している、余念がない
热心 rèxīn 形熱心である、親切である
亲切 qīnqiè 形親しみ深い、心がこもっている
热烈 rèliè 形熱烈である、熱い
平静 píngjìng 形平静である、落ち着いている
冷淡 lěngdàn 形冷淡である、寂れている
了不起 liǎobuqǐ 形素晴らしい、大したものである
不得了 bùdéliǎo 形大変である、甚だしい
不要紧 búyàojǐn 形差し支えない、問題ない
意外 yìwài 形意外である 名アクシデント
不安 bù'ān 形不安である、安定しない
难免 nánmiǎn 形避けられない、免れない
可怕 kěpà 形恐ろしい、怖い
犹豫 yóuyù 形ためらう、躊躇する
委屈 wěiqu 形悔しい、つらい 動つらい思いをさせる、嫌な思いをさせる
惭愧 cánkuì 形恥ずかしい、面目ない

过分 guòfèn 形やり過ぎである、～し過ぎる
寂寞 jìmò 形寂しい、静寂である
痛苦 tòngkǔ 形苦痛である、つらい 名苦痛
灰心 huīxīn 形がっかりする、意気消沈する
倒霉 dǎoméi 形ついてない、運が悪い
動[離]不運な目に合う
糟糕 zāogāo 形ひどい、「しまった！」
居然 jūrán 副なんと、意外にも
依然 yīrán 副依然として 動元の通りである
毕竟 bìjìng 副結局、いずれにせよ
反正 fǎnzheng* 副どうせ、いずれにせよ
未必 wèibì 副必ずしも～、～であるとは限らない
不见得 bújiàndé* 副～とは限らない
说不定 shuōbudìng 副～かもしれない
動はっきり言えない
或许 huòxǔ 副あるいは～かもしれない
何必 hébì 副なぜ～する必要があろうか
干脆 gāncuì 副いっそのこと
形さっぱりしている、きっぱりしている
的确 díquè 副確かに
难怪 nánguài 副どうりで～だ
動～のせいにできない、無理もない
怪不得 guàibude* 副どうりで、なるほど
動咎められない
尽量 jǐnliàng 副できる限り、極力
总算 zǒngsuàn 副やっとのことで
绝对 juéduì 副絶対に、必ず 形絶対の
简直 jiǎnzhí 副まったく、ほとんど
轻易 qīngyì 副安易に、軽率に 形簡単である

13. コミュニケーション活動

话题 huàtí 名話題、トピック
主题 zhǔtí 名主題、テーマ
语气 yǔqì 名話しぶり、語気
借口 jièkǒu 名口実、言い訳 動口実にする
实话 shíhuà 名本当の話、実話
废话 fèihuà 名無駄話 動無駄口をたたく
命令 mìnglìng 名命令 動命令する
报告 bàogào 名報告、レポート 動報告する
沟通 gōutōng 動コミュニケーションをとる
打听 dǎting 動尋ねる、聞く
提问 tíwèn 動質問する、問題を出す
询问 xúnwèn 動質問する、尋ねる
提倡 tíchàng 動提唱する、呼びかける
发表 fābiǎo 動発表する
发言 fāyán 動[離]発言する 名発言
主张 zhǔzhāng 動主張する 名主張
表现 biǎoxiàn 動表現する、表す
名態度、～ぶり
表明 biǎomíng 動はっきり示す、表明する
显示 xiǎnshì 動明らかに示す、はっきり表す、画面に表示する
显得 xiǎnde 動～のように見える、いかにも～に見える、～なのが明らかである
标志 biāozhì 動表示する、示す 名標識、マーク
辩论 biànlùn 動議論する
议论 yìlùn 動取り沙汰する、議論する
争论 zhēnglùn 動言い争う、論争する
谈判 tánpàn 動交渉する、協議する
建议 jiànyì 動提案する 名提案、提言
劝 quàn 動説得する、忠告する、励ます
说服 shuōfú 動説得する、納得させる
请求 qǐngqiú 動請い願う、要求する 名要望
征求 zhēngqiú 動求める、請う、募る
答应 dāying 動返事する、承諾する、約束する
沉默 chénmò 動沈黙する、黙る 形無口である
转告 zhuǎngào 動伝言する
据说 jùshuō 動～だそうである
称 chēng 動～と呼ぶ、重さを測る
称赞 chēngzàn 動称賛する、ほめたたえる
赞美 zànměi 動称える、賛美する
夸 kuā 動褒める、大袈裟に言う
喊 hǎn 動大声で叫ぶ、呼ぶ
骂 mà 動罵る、怒鳴る
逗 dòu 動からかう、あやす 形面白い
胡说 húshuō 動でたらめを言う
告别 gàobié 動[離]別れる、別れを告げる
分手 fēnshǒu 動[離]別れる
分别 fēnbié 動別れる、区別する 副別々に
吵架 chǎojià 動[離]口げんかをする
上当 shàngdàng 動[離]騙される、損をする
形容 xíngróng 動形容する 名容貌、体つき
祝福 zhùfú 動祝福する、祈る
庆祝 qìngzhù 動祝う
恭喜 gōngxǐ 動お祝いを述べる、「おめでとう」
应付 yìngfu 動対処する、あしらう
接近 jiējìn 動接近する、親しくする
对待 duìdài 動遇する、対する、向かい合う
接待 jiēdài 動応対する、接待する

招待 zhāodài 動もてなす
看望 kànwàng 動訪ねる、見舞う
相处 xiāngchǔ 動共にする、付き合う
交际 jiāojì 動交際する
交往 jiāowǎng 動付き合う、交際する
问候 wènhòu 動機嫌を伺う、よろしく伝える
打招呼 dǎ zhāohu フあいさつする
打交道 dǎ jiāodao フ付き合う、交際する

14. その他の人に関わることば

差别 chābié 名違い、差
差距 chājù 名格差、差異、隔たり
秘密 mìmì 名秘密 形秘密である
奇迹 qíjì 名奇跡
毛病 máobìng* 名故障、ミス、欠点、悪い癖
错误 cuòwù 名間違い 形間違っている
矛盾 máodùn 名矛盾、間隙、対立 動 矛盾する、対立する 形矛盾している、対立している
发明 fāmíng 名発明 動発明する
创造 chuàngzào 動創造する、作り出す
补充 bǔchōng 動補充する 名補充、補足
进步 jìnbù 動進歩する 名進歩 形進歩的である
退步 tuìbù 動[離]退歩する 名後退の余地
体验 tǐyàn 動体験する 名体験、経験
体会 tǐhuì 動体得する 名体得した物事
体现 tǐxiàn 動体現する 名体現、具現
实现 shíxiàn 動実現する
达到 dádào 動到達する、達する
刺激 cìjī 動刺激する、ショックを与える
反应 fǎnyìng 動反応する 名反応、反響
发挥 fāhuī 動発揮する
指挥 zhǐhuī 動命令する、指揮する 名指揮者
利用 lìyòng 動利用する、活用する
应用 yìngyòng 動実際に使う、応用する、活用する 形* 実用的な、応用的な
运用 yùnyòng 動運用する
保持 bǎochí 動保つ、維持する
保存 bǎocún 動保存する、保持する
保留 bǎoliú 動留める、残しておく、留保する
对比 duìbǐ 動対比する 名比例、比率
缓解 huǎnjiě 動和らげる、緩和する
使劲（儿） shǐjìn(r) 動[離]力を込める
催 cuī 動催促する、駆り立てる、促す
促进 cùjìn 動促進する、促す
促使 cùshǐ 動～するよう促す

挑战 tiǎozhàn 動[離]挑戦する 名挑戦
胜利 shènglì 動勝利する、成功を収める 名勝利
争取 zhēngqǔ 動勝ち取る、努力する
失去 shīqù 動失う
消失 xiāoshī 動消失する、なくなる
消化 xiāohuà 動消化する、理解する
省略 shěnglüè 動省略する
偷 tōu 動盗む、こっそり行う
挡 dǎng 動遮る、覆う、立ちはだかる
拦 lán 動塞ぐ、行く手を阻む、区切る
妨碍 fáng'ài 動妨げる、邪魔をする 名妨害
阻止 zǔzhǐ 動阻止する、食い止める
戒 jiè 動断つ、警戒する、戒める
危害 wēihài 動危険にさらす 名危害
威胁 wēixié 動威嚇する、脅やかす 名脅威
违反 wéifǎn 動違反する
救 jiù 動救う、助ける
着火 zháohuǒ 動[離]火が付く、火事を起こす
讽刺 fěngcì 動風刺する、あてこする
评价 píngjià 動評価する 名評価
欠 qiàn 動借りがある、不足する
缺乏 quēfá 動欠乏する、不足する
不足 bùzú 動不足する 名不足 形不足している、助動～できない、～するに足りない
棒 bàng 形強い、素晴らしい 名棒
空闲 kòngxián 形手があいている、暇である 名暇、空き時間
光明 guāngmíng 形明るい、希望に満ちている、公明正大である 名光明、希望
平等 píngděng 形平等である、対等である
夸张 kuāzhāng 形誇張している、大袈裟である
巧妙 qiǎomiào 形巧妙である、巧みである
有利 yǒulì 形有利である、都合がよい
陌生 mòshēng 形見知らぬ、よく知らない
糊涂 hútu 形はっきりしない、わけがわからない
模糊 móhu 形ぼやけている、はっきりしない 動ぼかす、曖昧にする
疲劳 píláo 形疲れている 名疲労
艰苦 jiānkǔ 形困難に満ちる、苦しい
艰巨 jiānjù 形極めて困難である
刻苦 kèkǔ 形苦しみに耐える、骨身を惜しまない
严肃 yánsù 形厳粛である 動厳しくする
疯狂 fēngkuáng 形狂気じみている

慌张 huāngzhāng* 形 大いに慌てる

Ⅱ　さまざまな物と事象の表現

1．数字・数量に関することば

重量 zhòngliàng 名 重さ、重量
吨 dūn 量 ～トン
克 kè 量 ～グラム 動 打ち勝つ
厘米 límǐ 量 ～センチメートル
面积 miànjī 名 面積
平方 píngfāng 量 平方～（メートル）名 2乗
比例 bǐlì 名 比率、比例
左右 zuǒyòu 方 左右、～くらい
動 左右する、支配する 名 側近
数 shǔ 動 数える、一番～である
计算 jìsuàn 動 計算する、たくらむ
等于 děngyú 動 ～に等しい、～と変わりない
涨 zhǎng 動 増す、上がる
降落 jiàngluò 動 降下する、下落する
平均 píngjūn 形 均等である 動 平均する
无数 wúshù 形 数知れない、確信が持てない
总共 zǒnggòng 副 総計で、全部で

2．お金に関する表現

银 yín 名 銀、銀色、銀貨
毛 máo 量 角 名 毛、カビ 形 粗い
现金 xiànjīn 名 現金
零钱 língqián 名 小銭
支票 zhīpiào 名 小切手
收据 shōujù 名 レシート、領収書、受取書
发票 fāpiào 名 領収書、インボイス、請求書
股票 gǔpiào 名 株、株券
利润 lìrùn 名 利潤
利息 lìxī 名 利息
利益 lìyì 名 利益
价值 jiàzhí 名 価値
资金 zījīn 名 資金
财产 cáichǎn 名 財産
账户 zhànghù 名 預貯金口座
税 shuì 名 税
押金 yājīn 名 保証金、頭金
汇率 huìlǜ 名 為替レート、為替相場
兑换 duìhuàn 動 両替する
结账 jiézhàng 動[離] 清算する、決済する
付款 fùkuǎn 動[離] お金を払う、決済する
贷款 dàikuǎn 動[離] 貸し付ける、借り入れる
名 借金、貸付金
罚款 fákuǎn 動[離] 罰金を取る 名 罰金
消费 xiāofèi 動 消費する 名 消費
捐 juān 動 寄付する、捧げる
讨价还价 tǎojiàhuánjià フ 値段交渉する
优惠 yōuhuì 形 優遇されている 名 優遇

3．事物を数える単位（量詞）

节 jié 量 区切りに分けられるものを数える
名 祝祭日、記念日 動 節約する、要約する
项 xiàng 量 項目に分けた事物を数える
根 gēn 量 棒状の物を数える 名 根、土台、根拠
支 zhī 量 棒状の物、曲、枝分かれした物を数える
動 支える、持ちこたえる
首 shǒu 量 詩や曲を数える 名 頭、リーダー
幅 fú 量 布や絵画等を数える 名 幅
册 cè 量 ～冊 名 冊子
颗 kē 量 粒状の物や心を数える
滴 dī 量 ～滴 動 滴る 名 雫
匹 pǐ 量 馬や布を数える 動 匹敵する
顶 dǐng 量 頭に載せるものを数える 名 頂、頂上
動 頂く、載せる、支える、逆らう 副 最も
套 tào 量 セットになっている器物等を数える
名 カバー 動 かぶせる、重なり合う
组 zǔ 量 組・セットを数える 名 組、グループ、チーム
動 組み合わせる、組織する
批 pī 量 まとまった量のものを数える
動 打つ、添削する、決裁する、批判する、売買する
片 piàn 量 平たく薄い物を数える、
一面に広がる空間、心情・言葉等
阵 zhèn 量 一定時間続く動作等を数える
届 jiè 量 第～回

4．時刻・時間・暦の表現

秒 miǎo 量 ～秒間
夜 yè 名 夜 量 ～晩
傍晚 bàngwǎn 名 夕方
礼拜天 lǐbàitiān 名 日曜日
中旬 zhōngxún 名 中旬
元旦 Yuándàn 名 元旦
除夕 chúxī 名 大晦日、除夜
国庆节 Guóqìngjié 名 国慶節
公元 gōngyuán 名 紀元
时代 shídài 名 時代
年代 niándài 名 時代、年代
时期 shíqī 名 時期
古代 gǔdài 名 古代、昔

近代 jìndài 名近代
青春 qīngchūn 名青春、青年時代
日历 rìlì 名カレンダー
日期 rìqī 名期日、日付
日子 rìzi 名日、日取り、暮らし、生計
日程 rìchéng 名日程、スケジュール
期间 qījiān 名期間
过期 guòqī 動[離]期限を過ぎる
时差 shíchā 名時差
时刻 shíkè 名時刻、～の時 副いつも、絶えず
最初 zuìchū 名最初、初め 形* 最初の
从前 cóngqián 名以前、昔
目前 mùqián 名目下、現在、今のところ
如今 rújīn 名今、現在、当世、今ごろ
未来 wèilái 名未来、将来 形* 今後の
以来 yǐlái 名～以来、～にわたって
延长 yáncháng 動延長する
缩短 suōduǎn 動短縮する
耽误 dānwu 動遅らせる、支障をきたす
悠久 yōujiǔ 形悠久である

5. 時間・タイミングに関する表現

事先 shìxiān 副事前に、事が起こる前に
曾经 céngjīng 副かつて
迟早 chízǎo 副遅かれ早かれ、そのうちに
至今 zhìjīn 副今になっても
临时 línshí 副臨時に、一時的に 形臨時の
从此 cóngcǐ 副これから、その時から
立即 lìjí 副ただちに、すぐに
立刻 lìkè 副ただちに、即刻
尽快 jǐnkuài 副できるだけ早く
赶快 gǎnkuài 副できるだけ早く、急いで
赶紧 gǎnjǐn 副大急ぎで
连忙 liánmáng 副急いで、ぐずぐずしないで
急忙 jímáng 副あわただしく、急いで
匆忙 cōngmáng 形あわただしい
迅速 xùnsù 形迅速である、素早い
随时 suíshí 副いつでも、その都度
随手 suíshǒu 副ついでに、無造作に
便 biàn 副それで、すぐに、もう
形便利である、都合のよい 名大便・小便

6. 順序・頻度・重複・繰り返し

甲 jiǎ 名甲、第一である、鎧、甲羅、爪
乙 yǐ 名乙、2番め、次点
持续 chíxù 動持続する
连续 liánxù 動連続する
陆续 lùxù 副次々に、断続的に
接着 jiēzhe 副引き続いて、続けて 動続く
不断 búduàn 副絶え間なく 動絶えない
始终 shǐzhōng 副始めから終わりまで
名始めから終わりまでの全部
重复 chóngfù 動重複する、繰り返す
反复 fǎnfù 副何度も、繰り返し
動反復する、ころころ変わる 名繰り返し
一再 yízài 副何度も、しばしば
再三 zàisān 副何度も、再三にわたって
纷纷 fēnfēn 副次から次へと 形入り乱れている
一旦 yídàn 副一旦 名一日、一朝
一律 yílǜ 副例外なく 形一律である
逐步 zhúbù 副一歩一歩、次第に
照常 zhàocháng 副いつもの通り、平常通り
動いつも通りである
通常 tōngcháng 副いつも、通常 形* 通常の
平常 píngcháng 形普通である 名平常、普段
日常 rìcháng 形* 日常の

7. 色

色彩 sècǎi 名色彩、彩り、ニュアンス
青 qīng 形青い、未熟である、若い
紫 zǐ 形紫の
灰 huī 形灰色の 名灰、ホコリ 動気落ちする
淡 dàn 形淡い、希薄である、閑散としている
浓 nóng 形濃い、深い、甚だしい
浅 qiǎn 形浅い、淡い、易しい
透明 tòumíng 形透明である、隠さない
鲜艳 xiānyàn 形あでやかで美しい

8. 動物

龙 lóng 名龍
大象 dàxiàng 名ゾウ
老鼠 lǎoshǔ 名ネズミ
兔子 tùzi 名ウサギ
蛇 shé 名ヘビ
昆虫 kūnchóng 名昆虫
蝴蝶 húdié 名蝶
蜜蜂 mìfēng 名ミツバチ
翅膀 chìbǎng 名羽、翼
尾巴 wěiba 名しっぽ
宠物 chǒngwù 名ペット

9. 天気・気候・自然

雾 wù 名霧

雷 léi 名雷 動驚愕させる
闪电 shǎndiàn 名稲妻、稲光
彩虹 cǎihóng 名虹
黄金 huángjīn 名黄金 形* 黄金の
金属 jīnshǔ 名金属
钢铁 gāngtiě 名鋼鉄 形鋼のようである
煤炭 méitàn 名石炭
石头 shítou 名石
木头 mùtou 名木、木材
竹子 zhúzi 名竹
灰尘 huīchén 名ホコリ、残りカス
天空 tiānkōng 名空、天
土地 tǔdì 名土地、領土
景色 jǐngsè 名景色、風景
空间 kōngjiān 名空間、スペース、余地
能源 néngyuán 名エネルギー
力量 lìliàng* 名力、エネルギー、気力、力量
灾害 zāihài 名災害
地震 dìzhèn 名地震 動地震が起きる
预报 yùbào 動予報する 名予報

10. 自然に関する動き

存在 cúnzài 動存在する 名存在
存 cún 動保存する、残す、預ける、抱く
漏 lòu 動漏れる、穴が開く、抜け落ちる
飘 piāo 動はためく、漂う、ゆらゆらと動く
晒 shài 動照りつける、日に当てる、さらす
照 zhào 動照らす、映る、写す
介〜に向かって、〜に照らして
冻 dòng 動凍る、こごえる、凍らせる
滚 gǔn 動ころころ転がる、転がす、煮え立つ
燃烧 ránshāo 動燃える、燃焼する
充满 chōngmǎn 動満ちる、みなぎる
吸取 xīqǔ 動吸収する、摂取する
吸收 xīshōu 動吸収する、受け入れる
振动 zhèndòng 動振動する、揺れ動く
观察 guānchá 動観察する
测验 cèyàn 動測定する 名検査、テスト
固定 gùdìng 動固定する、定着させる
稳定 wěndìng 動安定させる、落ち着かせる
形安定している、落ち着いている
平衡 pínghéng 動バランスをとる
形バランスがとれている、釣り合っている
结合 jiéhé 動結合する、結び付ける
产生 chǎnshēng 動生み出す、生じる
形成 xíngchéng 動形成する、〜をなす
构成 gòuchéng 動構成する
造成 zàochéng 動引き起こす、もたらす
导致 dǎozhì 動引き起こす、招く
节省 jiéshěng 動節約する、倹約する
传染 chuánrǎn 動伝染する
破坏 pòhuài 動破壊する、台無しにする
名破壊
温暖 wēnnuǎn 形温暖である 動温かくする
舒适 shūshì 形快適である、心地よい
平 píng 形平らである、同等である、安らかである
動平らにする、平定する、抑える
广大 guǎngdà 形広大である
广泛 guǎngfàn 形幅広い、多方面の
充分 chōngfèn 形十分である 副十分に
繁荣 fánróng 形繁栄している 動繁栄させる
潮湿 cháoshī 形湿っぽい、じめじめしている

11. さまざまな事物・事象

事物 shìwù 名事物、さまざまな物・事柄
物质 wùzhì 名物質
本质 běnzhì 名本質
性质 xìngzhì 名性質、性格
成分 chéngfèn 名成分、構成要素
现象 xiànxiàng 名現象
事实 shìshí 名事実
现实 xiànshí 名現実 形現実的である
特征 tèzhēng 名特徴
特色 tèsè 名特色
功能 gōngnéng 名機能、効用
用途 yòngtú 名用途、使い道
效率 xiàolǜ 名効率
领域 lǐngyù 名領域
背景 bèijǐng 名背景、バックグラウンド
情景 qíngjǐng 名情景、ありさま、場面
气氛 qìfēn* 名雰囲気
因素 yīnsù 名要素、要因
状况 zhuàngkuàng 名状況、事情
状态 zhuàngtài 名状態、コンディション
表面 biǎomiàn 名表面、うわべ
内部 nèibù 名内部 形内部の、非公開の
核心 héxīn 名核心、中心
形状 xíngzhuàng 形形状
形式 xíngshì 形式、形態、様式
样式 yàngshì 名様式、スタイル

整体 zhěngtǐ 名全体
细节 xìjié 名細部
风格 fēnggé 名風格、品格、様式
结构 jiégòu 名構造
种类 zhǒnglèi 名種類
类型 lèixíng 名類型、タイプ
团 tuán 名丸い物、団子、団体 動丸める、集まって一緒になる 量団子状の物を数える
角度 jiǎodù 名角度

12. 事物・事象の状態

薄 báo 形薄い、貧弱である、味が薄い
弱 ruò 形弱い、幼い、劣っている
烫 tàng 形熱い 動やけどする、アイロンをかける
重 zhòng 形重い、濃い、深刻である、重要である 名重さ、重量 動重んじる
方 fāng 形四角い
歪 wāi 形ゆがんでいる、邪である 動ゆがめる
斜 xié 形傾いている 動斜めにする、横目で見る
正 zhèng 形垂直である、正しい 動正す 副ちょうど～している、ちょうどよく、まさしく
直 zhí 形まっすぐである、率直である、こわばっている、筋が通っている 動まっすぐに伸ばす 副絶え間なく、直接、～までずっと
嫩 nèn 形柔らかい、若い、みずみずしい
烂 làn 形やわらかい、腐っている
光滑 guānghuá 形つるつるしている
高档 gāodàng 形* 高級な
豪华 háohuá 形派手である、豪華である
古典 gǔdiǎn 形古典的である 名古典
经典 jīngdiǎn 形権威のある、影響力のある 名権威ある古典的な著作、仏教などの経典
宝贵 bǎoguì 形貴重である、大切である
神秘 shénmì 形神秘的である
优美 yōuměi 形優美である、美しい
完美 wánměi 形完璧である
完整 wánzhěng 形すべて揃っている
完善 wánshàn 形完備して優れている、完全である 動完備して優れたものにする、完全にする
结实 jiēshi 形丈夫である、頑丈である
实用 shíyòng 形実用的である 動実際に使う
整个 zhěnggè 形* まるまるの、丸ごと
长途 chángtú 形* 長距離の
大型 dàxíng 形* 大型の
巨大 jùdà 形巨大である
独特 dútè 形独特である、特別である
特殊 tèshū 形特殊である
单调 dāndiào 形単調である、つまらない
粗糙 cūcāo 形きめが粗い、雑である
随身 suíshēn 形* 身に着けている、身の回りの
空 kōng 形空である、空虚である 副むだに
丝毫 sīháo 形* 極めて小さい、ほんの少しの
碎 suì 形ばらばらである、くどくどしい 動砕く、壊す
均匀 jūnyún 形均一である、ムラがない
自动 zìdòng 形* 自動の 副自主的に、自然に
必然 bìrán 形必然的である 副必然的に
偶然 ǒurán 形偶然である 副偶然に、たまに
具体 jùtǐ 形具体的である 動具体化する
抽象 chōuxiàng 形抽象的である 動抽象化する
基本 jīběn 形基本的である、主要である 名基本、基礎 副基本的に、おおよそ
突出 tūchū 形際立っている 動際立たせる
必要 bìyào 形必要である 名必要
次要 cìyào 形* 二次的な、重要でない
多余 duōyú 形余分である、不必要である
唯一 wéiyī 形* 唯一の
明显 míngxiǎn 形明らかである
显然 xiǎnrán 形明白である、顕著である 副はっきりと、明らかに、目立って
真实 zhēnshí 形真実である、本当である
激烈 jīliè 形激烈である、非常に激しい
强烈 qiángliè 形強烈である、鮮明である
深刻 shēnkè 形深い
紧急 jǐnjí 形緊急である
迫切 pòqiè 形切迫している、差し迫っている
彻底 chèdǐ 形徹底している
一致 yízhì 形一致している 副一致して、一斉に

13. 範囲・程度

程度 chéngdù 名程度、レベル
圈 quān 名円輪、範囲 動囲む、丸印を付ける
其余 qíyú 代残り（の）、その他（の）
全面 quánmiàn 形全面的である 名あらゆる面
片面 piànmiàn 形一方的である 名片面

14. 程度その他の副詞、助詞

单独 dāndú 副単独で 形* 単独の
个别 gèbié 副個別に 形* 個別の
格外 géwài 副格別に、ことのほか

相当 xiāngdāng 副かなり、相当 動相当する、匹敵する 形ふさわしい、相当する

根本 gēnběn 副もともと、根本的に 形* 根本的な 名根本、基礎

悄悄 qiāoqiāo 副ひっそりと、こっそりと

亲自 qīnzì 副自ら

似乎 sìhū 副まるで〜のようだ、〜らしい

仿佛 fǎngfú 副どうやら〜、まるで〜

似的 shìde 副〜のようだ、〜みたいだ

非 fēi 副ぜひとも〜、どうしても〜 動〜ではない 名間違い、誤り

所 suǒ 副〜するところの 量家屋や学校・病院等の施設を数える 名○○所

Ⅲ 社会に関する言葉

1. 地名・場所・施設

欧洲 Ōuzhōu 名ヨーロッパ

岸 àn 名岸

陆地 lùdì 名陸地

岛屿 dǎoyǔ 名島、島嶼

沙漠 shāmò 名砂漠

沙滩 shātān 名砂浜

池塘 chítáng 名池、水たまり

洞 dòng 名洞窟、穴

建筑 jiànzhù 名建築物、建造物 動建築する

博物馆 bówùguǎn 名博物館

邮局 yóujú 名郵便局

法院 fǎyuàn 名裁判所

海关 hǎiguān 名税関

幼儿园 yòu'éryuán 名幼稚園

广场 guǎngchǎng 名広場

操场 cāochǎng 名運動場、グラウンド

餐厅 cāntīng 名レストラン

酒吧 jiǔbā 名バー

大厦 dàshà 名ビル

公寓 gōngyù 名アパート、マンション

宿舍 sùshè 名寮、宿舎

胡同 hútòng 名路地、小路、胡同

高速公路 gāosù gōnglù 名高速道路

屋子 wūzi 名部屋、家屋、家

厕所 cèsuǒ 名トイレ

卫生间 wèishēngjiān 名トイレ、バスルーム

客厅 kètīng 名客間、リビング

卧室 wòshì 名寝室

车库 chēkù 名車庫

台阶 táijiē 名階段

阳台 yángtái 名ベランダ、バルコニー

柜台 guìtái 名カウンター

地点 dìdiǎn 名地点、場所

中心 zhōngxīn 名中心、核心、〜センター

地区 dìqū 名地区、地域

县 xiàn 名県

郊区 jiāoqū 名郊外

名胜古迹 míngshènggǔjì 名名所旧跡

位于 wèiyú 動〜に位置する

2. 交通

列车 lièchē 名列車

卡车 kǎchē 名トラック

摩托车 mótuōchē 名オートバイ

救护车 jiùhùchē 名救急車

车厢 chēxiāng 名車両

汽油 qìyóu 名ガソリン

行人 xíngrén 名通行人、歩行者

登机牌 dēngjīpái 名搭乗券

驾驶 jiàshǐ 動操縦する、運転する

3. 情報・IT

键盘 jiànpán 名鍵盤、キーボード

鼠标 shǔbiāo 名マウス

光盘 guāngpán 名ディスク

硬件 yìngjiàn 名ハードウェア、設備機器

软件 ruǎnjiàn 名ソフトウェア、人的資源

充电器 chōngdiànqì 名充電器

短信 duǎnxìn 名ショートメッセージ

互联网 hùliánwǎng 名インターネット

网络 wǎngluò 名ネットワーク、インターネット

系统 xìtǒng 名系統、システム 形体系的である

信号 xìnhào 名シグナル、信号、予兆

信息 xìnxī 名知らせ、情報

病毒 bìngdú 名ウイルス

浏览 liúlǎn 動ざっと目を通す

输入 shūrù 動入力する、送り込む、輸入する

下载 xiàzài 動ダウンロードする

数码 shùmǎ 形* デジタルの 名数、数字

4. 学校・学問・学習に関することば

学历 xuélì 名学歴

学期 xuéqī 名学期

学术 xuéshù 名学術

学问 xuéwen 名学問、学識
本科 běnkē 名本科、学部
系 xì 名～学部、～学科、～系統
動関係する、つなぐ、縛る、吊り下げる
课程 kèchéng 名課程、カリキュラム
讲座 jiǎngzuò 名講座
化学 huàxué 名化学
物理 wùlǐ 名物理、物理学
地理 dìlǐ 名地理
文学 wénxué 名文学
哲学 zhéxué 名哲学
教材 jiàocái 名教材、テキスト
试卷 shìjuàn 名問題用紙、答案用紙
拼音 pīnyīn 名ピンイン
声调 shēngdiào 名声調、言葉の抑揚
文字 wénzì 名文字、文章、言語
字母 zìmǔ 名字母
标点 biāodiǎn 名文章記号 動句読点を打つ
词汇 cíhuì 名語彙
成语 chéngyǔ 名熟語、ことわざ
诗 shī 名詩
论文 lùnwén 名論文
题目 tímù 名タイトル、テーマ、問題
提纲 tígāng 名要点、概略、レジュメ
目录 mùlù 名目録、目次
阶段 jiēduàn 名段階、段落
单元 dānyuán 名単元、区画、ユニット
理论 lǐlùn 名理論 動討議する、議論する
结论 jiélùn 名結論
数据 shùjù 名データ、根拠となる数値
逻辑 luójí* 名論理、ロジック
实验 shíyàn 名実験 動実験する
夏令营 xiàlìngyíng 名サマーキャンプ
念 niàn 動音読する、勉強する、懐かしく思う
朗读 lǎngdú 動朗読する
演讲 yǎnjiǎng 動演説する、講演する
作文 zuòwén 名作文 動[離]文章を書く
写作 xiězuò 動文章を書く、創作する
叙述 xùshù 動叙述する、述べる
描写 miáoxiě 動描写する、描く
归纳 guīnà 動帰納する、要約する
分析 fēnxī 動分析する
综合 zōnghé 動総合する 形総合的な
概括 gàikuò 動要約する 形要を得ている

出席 chūxí 動出席する
抄 chāo 動書き写す、盗作する、近道をする
复制 fùzhì 動複製する
培养 péiyǎng 動育てる、養成する、培養する
培训 péixùn 動育成する、特訓する
训练 xùnliàn 動訓練する、トレーニングする
指导 zhǐdǎo 動指導する
辅导 fǔdǎo 動補習を行う 名補習、指導
教训 jiàoxùn* 動教え諭す、叱る 名教訓
及格 jígé 動[離]合格する、及第する
用功 yònggōng 形熱心である、懸命である
動[離]一生懸命勉強する

5．会社・企業・業種

企业 qǐyè 名企業
行业 hángyè 名業種、業界、職種
商业 shāngyè 名商業
农业 nóngyè 名農業
工业 gōngyè 名工業
工厂 gōngchǎng 名工場
部门 bùmén 名部門、部署
业务 yèwù 名業務、実務
单位 dānwèi 名組織・機関・団体、職場
会计 kuàijì* 名会計、経理
媒体 méitǐ 名メディア、情報媒体
报社 bàoshè 名新聞社
电台 diàntái 名放送局、ラジオ局
频道 píndào 名チャンネル
播放 bōfàng 動放送する、放映する
传播 chuánbō 動広める、広まる
采访 cǎifǎng 動取材する、インタビューする
编辑 biānjí 動編集する 名編集者
出版 chūbǎn 動出版する
印刷 yìnshuā 動印刷する

6．労働・企業活動

商务 shāngwù 名商務、商業事務
经商 jīngshāng 動[離]商売をする
经营 jīngyíng 動経営する、取り扱う
贸易 màoyì 名貿易、取引
出口 chūkǒu 動[離]輸出する、口に出す
名出口
进口 jìnkǒu 動[離]輸入する 名入口
合作 hézuò 動協力する、提携する
配合 pèihé 動協力する、連携する、適応する
合同 hétóng* 名契約

签 qiān 動サインする
产品 chǎnpǐn 名製品
商品 shāngpǐn 名商品
零件 língjiàn 名部品
名牌 míngpái 名有名ブランド、名札、商品札
手工 shǒugōng 名手仕事、手作り
机器 jīqì* 名機器
设备 shèbèi 名設備 動備え付ける
设施 shèshī 名施設、組織
文件 wénjiàn 名文書、書類、ファイル
资料 zīliào 名資材、資料、材料
原料 yuánliào 名原料
资源 zīyuán 名資源
生产 shēngchǎn 動生産する 名生産
制作 zhìzuò 動制作する
设计 shèjì 動設計する、計画する 名デザイン
营业 yíngyè 動営業する
销售 xiāoshòu 動販売する
运输 yùnshū 動運ぶ、輸送する 名輸送
投资 tóuzī 動[離]投資する 名投資
损失 sǔnshī 動失う、損害を受ける 名損失
风险 fēngxiǎn 名リスク
保险 bǎoxiǎn 名保険、安全装置 動保証する、請け合う 形安全である、安心できる
破产 pòchǎn 動[離]破産する、倒産する
赔偿 péicháng 動償う、弁償する
项目 xiàngmù 名項目、種目
方案 fāng'àn 名案、方策、計画、規則
方式 fāngshì 名方式、方法、様式
步骤 bùzhòu 名段取り、順序、ステップ
程序 chéngxù 名手順、段取り、手続き
采取 cǎiqǔ 動講じる、採る、取る
录取 lùqǔ 動採用する
待遇 dàiyù 名待遇、処遇
报到 bàodào 動[離]着任・到着を報告する
从事 cóngshì 動従事する、処理する
应聘 yìngpìn 動招聘に応じる、求人に応募する
打工 dǎgōng 動[離]アルバイトをする
兼职 jiānzhí 動[離]職を兼ねる 名兼職、兼任
辞职 cízhí 動[離]辞職する
退休 tuìxiū 動定年退職する、引退する
失业 shīyè 動[離]失業する
担任 dānrèn 動担当する、受け持つ
参与 cānyù 動参与する、関わる
参考 cānkǎo 動参考にする、参照する
收获 shōuhuò 動収穫する 名収穫、成果
升 shēng 動昇る、昇級する 量～リットル 名穀物を量る枡
派 pài 動派遣する 名派閥、流派、態度 量流派や景色・音・言葉などを数える
迎接 yíngjiē 動出迎える、待ち受ける
研究 yánjiū 動研究する、検討する
讲究 jiǎngjiu 動重んじる、こだわる 形精巧で美しい、凝っている 名深い意味、こだわり
调整 tiáozhěng 動調整する 名調整
实践 shíjiàn 動実践する、履行する 名実践
实习 shíxí 動実習する
咨询 zīxún 動尋ねる、相談する、案内する
推荐 tuījiàn 動推薦する 名推薦
推辞 tuīcí 動辞退する
召开 zhàokāi 動招集する、開く
展览 zhǎnlǎn 動展覧する 名展覧、展示
业余 yèyú 形* 勤務時間外の、アマチュアの

7. 公的活動

政治 zhèngzhì 名政治
政府 zhèngfǔ 名政府
外交 wàijiāo 名外交
军事 jūnshì 名軍事
战争 zhànzhēng 名戦争
和平 hépíng 名平和 形平和である
文明 wénmíng 名文明 形洗練されている
秩序 zhìxù 名秩序
制度 zhìdù 名制度
措施 cuòshī 名措置、施策
原则 yuánzé 名原則、基本
规矩 guīju 名規則 形行儀がよい
规则 guīzé 名規則、きまり 形規則正しい
规律 guīlǜ 名法則、パターン、規律
纪律 jìlǜ 名規律、規則
规模 guīmó 名規模
权力 quánlì 名権力、職権
权利 quánlì 名権利
义务 yìwù 名義務 形* 無報酬の
贡献 gòngxiàn 名貢献 動貢献する
遵守 zūnshǒu 動遵守する
制定 zhìdìng 動制定する
领导 lǐngdǎo 動統率し導く 名リーダー
改革 gǎigé 動改革する

改进 gǎijìn 動改良する
改善 gǎishàn 動改善する
改正 gǎizhèng 動正す、改正する
展开 zhǎnkāi 動開く、広げる、繰り広げる
开放 kāifàng 動開放する 形開放的である
开发 kāifā 動開発する
宣传 xuānchuán 動宣伝する 名宣伝
宣布 xuānbù 動宣言する、発表する
公布 gōngbù 動公布する、公表する
公开 gōngkāi 動公開する 形* 公然の
成立 chénglì 動成立する、創立する
建立 jiànlì 動打ち立てる、設立する
建设 jiànshè 動建設する
联合 liánhé 動連合する、共同で～する
组合 zǔhé 動組み合わせる 名組み合わせ
批准 pīzhǔn 動承認する、批准する
启发 qǐfā 動啓発する 名啓蒙、発見
流传 liúchuán 動伝わる、言い伝えられる
推广 tuīguǎng 動押し広げる、普及させる
分布 fēnbù 動分布する
分配 fēnpèi 動分配する、配属する
移民 yímín 動[離]移民する 名移民

8．社会その他に関することば

风俗 fēngsú 名風俗、風習
传统 chuántǒng 名伝統 形伝統的である
传说 chuánshuō 名伝説 動言い伝える
神话 shénhuà 名神話、荒唐無稽な話
趋势 qūshì 名趨勢、動向
形势 xíngshì 名情勢、局面、地勢
优势 yōushì 名優勢、強み
针对 zhēnduì 動狙いを定める
介～に焦点を合わせて
面对 miànduì 動向かい合う、直面する
面临 miànlín 動～に面する、臨む
独立 dúlì 動独立する、単独でする 名独立
主持 zhǔchí 動取り仕切る、主張する
包含 bāohán 動包含する、含む
具备 jùbèi 動備える、備わる
相关 xiāngguān 動関係している、関係し合う
象征 xiàngzhēng 動象徴する 名象徴
转变 zhuǎnbiàn 動変わる、変える 名転換
假设 jiǎshè 動仮に～とする 名仮説
公平 gōngpíng 形公平である、公正である
发达 fādá 形発達している 動発達する

落后 luòhòu 形立ち遅れている
動[離]遅れる、落ちこぼれる
重大 zhòngdà 形重大である
合法 héfǎ 形合法的である
合理 hélǐ 形合理的である、理に適っている
良好 liánghǎo 形良好である、良い
密切 mìqiè 形密接である 動密接にする
平安 píng'ān 形平安である、無事である
时髦 shímáo 形ファッショナブルである
时尚 shíshàng 形時代に合っている
名時代の流行、トレンド
统一 tǒngyī 形統一している 動統一する
相对 xiāngduì 形相対している、対立している、比較的 動相対する、向かい合う
相似 xiāngsì 形似通っている
初级 chūjí 形* 初級の
超级 chāojí 形* 特級の、スーパー～

Ⅳ 全分野に関わる表現

1．その他の副詞（一部動詞）

勿 wù 副～するな
是否 shìfǒu 副～であるかどうか
反而 fǎn'ér 副反対に、却って
幸亏 xìngkuī 副幸いにも、～のお陰で
多亏 duōkuī 動～のお陰をこうむる

2．介詞（前置詞）

朝 cháo 介～に向いて、～に対して
動向く、面する 名王朝、朝廷
对于 duìyú 介～に対して、～について
至于 zhìyú 介～のことなら、～となると、～については 動に至る、～に達する
趁 chèn 介～のうちに、～に乗じて
凭 píng 介～によって、～に基づいて 動寄りかかる、拠り所とする 接～にせよ、たとえ～でも
自从 zìcóng 介～から、～以来
作为 zuòwéi 介～として 名行い、行為、成果、業績 動～とする、～とみなす

3．接続詞その他と呼応表現

因而 yīn'ér 接それゆえに、したがって
从而 cóng'ér 接したがって～、これにより～
可见 kějiàn 接～であることがわかる
宁可 nìngkě 副たとえ～、むしろ～
与其 yǔqí 接～よりむしろ～
不如 bùrú 動～に及ばない、～のほうがよい

要是 yàoshi 接もし～なら
假如 jiǎrú 接もしも～なら
万一 wànyī 接万が一 名万が一のこと
除非 chúfēi 接～でない限り
哪怕 nǎpà 接たとえ～であっても
不然 bùrán 接そうでなければ フそうではない
要不 yàobù 接さもなければ、なんなら
同时 tóngshí 接それと同時に 名同時
以及 yǐjí 接および、ならびに、また
此外 cǐwài 接これ以外に
总之 zǒngzhī 接要するに、とにかく
何况 hékuàng 接ましてや～、なおさら～
比如 bǐrú 動例える
则 zé 接～すると、～すれば、～は～だが、～のことなら、～こそ

4．感嘆詞

哎 āi 嘆ああ、あら、おい、ねえ
唉 āi/ài 嘆はい、ああ
哈 hā 嘆笑い声「ハハハ」、得意気に「ははぁ」
嗯 ǹ(g) 嘆うん

■6級

I 人に関する言葉

1．人の呼称・属性・身分・職業

本人 běnrén 代本人、自身、自分
本身 běnshēn 代それ自身、それ自体
夫妇 fūfù 名夫婦
配偶 pèi'ǒu 名配偶者
伴侣 bànlǚ 名伴侶、パートナー、仲間
夫人 fūren* 名夫人
祖父 zǔfù 名祖父
伯母 bómǔ 名おば（父の兄の妻）、おばさん
岳母 yuèmǔ 名しゅうとめ（妻の母）
嫂子 sǎozi 名兄嫁、年上の知人の妻への呼びかけ
媳妇 xífù 名息子の妻、嫁、奥さん
侄子 zhízi 名おい、兄弟の息子
婴儿 yīng'ér 名赤ん坊、嬰児
娃娃 wáwa 名赤ん坊、幼子、人形
双胞胎 shuāngbāotāi 名双生児
家属 jiāshǔ 名家族（本人・当事者を含まない）
新郎 xīnláng 名新郎、花婿
新娘 xīnniáng 名新婦、花嫁
领袖 lǐngxiù 名指導者、リーダー
助理 zhùlǐ 名助手、補佐 形助手の、補助の
助手 zhùshǒu 名助手、アシスタント
东道主 dōngdàozhǔ 名主人役、ホスト
保姆 bǎomǔ 名ベビーシッター、家事手伝い
侦探 zhēntàn 名探偵 動偵察する、探偵する
裁判 cáipàn 名審判員 動審判をする、判決を下す
选手 xuǎnshǒu 名選手
向导 xiàngdǎo 名案内人、ガイド 動道案内をする
渔民 yúmín 名漁民、漁師
偶像 ǒuxiàng 名偶像、アイドル
徒弟 túdi* 名弟子
人士 rénshì 名人士、名士、社会的地位を持つ人
人家 rénjia* 代他人、人さま、あの人（たち）、話し手自身 名人家、家柄
诸位 zhūwèi 代各位、みなさま
大伙儿 dàhuǒr 代みんな
祖先 zǔxiān 名祖先、先祖
后代 hòudài 名後代、子孫
籍贯 jíguàn 名原籍、本籍
出身 chūshēn 動～の出身である 名出身
来历 láilì 名来歴、由来
处境 chǔjìng 名境遇、立場
生肖 shēngxiào 名十二支による生まれ年
种族 zhǒngzú 名種族、人種
华侨 huáqiáo 名華僑
居民 jūmín 名住民
群众 qúnzhòng 名民衆、一般大衆、非共産党員
家伙 jiāhuo 名こいつ、やつ、道具、武器
同胞 tóngbāo 名兄弟、同胞
同志 tóngzhì 名同志、～さん
称号 chēnghào 名称号
泰斗 tàidǒu 名泰斗（その道で最も権威のある人）
绅士 shēnshì 名紳士 形紳士的である
骨干 gǔgàn 名中核、中心的な人物
搭档 dādàng 名相棒、協力者 動協力する、仲間になる
媒介 méijiè 名媒介者、メディア

成员 chéngyuán 名メンバー、構成員
当事人 dāngshìrén 名当事者
儒家 Rújiā 名儒家
皇帝 huángdì 名皇帝
皇后 huánghòu 名皇后
大臣 dàchén 名大臣
贵族 guìzú 名貴族
乞丐 qǐgài 名こじき
奴隶 núlì 名奴隷
神仙 shénxian* 名神仙、仙人のように見通しのきく人、悠々自適の生活をする人
武侠 wǔxiá 名侠客
歹徒 dǎitú 名悪人、悪党

2. 人の体・外見

轮廓 lúnkuò 名輪郭、物事のあらまし
嘴唇 zuǐchún 名唇
舌头 shétou 名舌
胡须 húxū 名ひげ
皱纹 zhòuwén 名しわ
口腔 kǒuqiāng 名口腔
喉咙 hóulong* 名のど、咽喉
颈椎 jǐngzhuī 名頸椎
肺 fèi 名肺
胸膛 xiōngtáng 名胸
胸怀 xiōnghuái 名胸のうち 動胸に抱く
屁股 pìgu 名尻、はしくれ
臂 bì 腕
拳头 quántou* 名握りこぶし
指甲 zhǐjia* 名爪
膝盖 xīgài 名ひざ
四肢 sìzhī 名四肢
浑身 húnshēn 名全身、体中
辫子 biànzi 名おさげ、三つ編み、弁髪
器官 qìguān 名器官
脉搏 màibó 名脈拍、(比喩的に)脈動、動き
血压 xuèyā 名血圧
动脉 dòngmài 名動脈、交通幹線
神经 shénjīng 名神経、正常でない精神状態
细胞 xìbāo 名細胞
基因 jīyīn 名遺伝子
遗传 yíchuán 動遺伝する
视力 shìlì 名視力
嗅觉 xiùjué 名嗅覚
外表 wàibiǎo 名表面、上辺、外見
风度 fēngdù 名風格、風采
神态 shéntài 名顔色、そぶり
姿态 zītài 名姿態、態度
模样 múyàng 名顔かたち、身なり、様子、形勢、(数量)～程度
容貌 róngmào 名容貌、顔かたち
面貌 miànmào 名容貌、顔つき、様相
面子 miànzi 名メンツ、物の表
气色 qìsè 名顔色、血色
目光 mùguāng 名視線、眼力、見識
眼光 yǎnguāng 名視線、眼力、見識、観点
眼色 yǎnsè 名目の表情、目くばせ
眼神 yǎnshén 名まなざし、目つき、視力
视线 shìxiàn 名視線、注意
视野 shìyě 名視野
活力 huólì 名活力、元気、スタミナ
化妆 huàzhuāng 動[離]化粧をする
丰满 fēngmǎn 形満ち満ちている、豊満である
性感 xìnggǎn 形セクシーである
体面 tǐmiàn 形体裁がよい、見た目が立派である 名体面、面目
苍白 cāngbái 形蒼白である、生気がない
僵硬 jiāngyìng 形こわばっている、融通のきかない

3. 病気、体の状態

生理 shēnglǐ 名生理
疾病 jíbìng 名疾病
患者 huànzhě 名患者
症状 zhèngzhuàng 名症状
鼻涕 bítì 名鼻水
癌症 áizhèng 名ガン
肿瘤 zhǒngliú 名腫瘍
疙瘩 gēda 名できもの、わだかまり、球状のもの 量塊を数える
疤 bā 名傷跡、瘡の跡
呕吐 ǒutù 動嘔吐する
腹泻 fùxiè 動下痢をする
瘸 qué 動足を引きずる、足が不自由である
麻痹 mábì 動麻痺する、油断させる 形油断している
麻醉 mázuì 動麻酔をかける、麻痺させる
麻木 mámù 形しびれる、感覚が麻痺する、鈍い
残疾 cánji* 名身体に障害がある
瘫痪 tānhuàn 動半身不随になる、麻痺状態になる
聋哑 lóngyǎ 形* 聾唖の、聴覚に障害がある
毒品 dúpǐn 名麻薬

細菌 xìjūn 名細菌
感染 gǎnrǎn 動感染する、影響を与える
发炎 fāyán 動炎症を起こす
消毒 xiāodú 動消毒する、除去する
注射 zhùshè 動注射する
按摩 ànmó 動マッサージする
防治 fángzhì 動予防治療する、災害などを事前防止する、治める
抢救 qiǎngjiù 動応急手当をする、緊急措置をとる
临床 línchuáng 動臨床、患者に直接治療にあたる
免疫 miǎnyì 動免疫になる
分泌 fēnmì 動分泌する
性命 xìngmìng 名生命
生存 shēngcún 動生存する
死亡 sǐwáng 動死亡する
尸体 shītǐ 名死体
昏迷 hūnmí 動人事不省に陥る、意識不明になる
苏醒 sūxǐng 動蘇生する、息を吹き返す
衰老 shuāilǎo 形年老いている、心身が衰えている
颤抖 chàndǒu 動ぶるぶる震える
哆嗦 duōsuo 動震える
折磨 zhémo* 動苦しめる、痛めつける
保重 bǎozhòng 動体を大事にする

4．飲食・食生活

饮食 yǐnshí 名飲食
稻谷 dàogǔ 名もみ
粥 zhōu 名かゆ
馅儿 xiànr 名あん、中身
调料 tiáoliào 名調味料
涮火锅 shuàn huǒguō フしゃぶしゃぶをする
佳肴 jiāyáo 名佳肴、ごちそう
荤 hūn 名生臭物、動物性食物、匂いの強い野菜
腥 xīng 形生臭い
素食 sùshí 名精進料理 動肉類を断つ
烹饪 pēngrèn 動料理する
熬 áo 動長時間煮る、辛抱する
煎 jiān 動焼く、炒める、煎じる
烘 hōng 動火であぶる、乾かす、際立たせる
搅拌 jiǎobàn 動撹拌する
打包 dǎbāo 動[離] 梱包する、梱包を解く、パックに詰める
罐 guàn 名缶 量～缶
酒精 jiǔjīng 名アルコール
酝酿 yùnniàng 動酒を醸造する、下準備をする、たくらむ
酗酒 xùjiǔ 動[離]大酒をむさぼる
品尝 pǐncháng 動味をみる、味わう
舔 tiǎn 動なめる
咀嚼 jǔjué 動咀嚼する、味わう
炊烟 chuīyān 名炊事の煙
炉灶 lúzào 名かまど、コンロ
气味 qìwèi 名におい、雰囲気
可口 kěkǒu 形口に合う、おいしい
油腻 yóunì 形脂っこい 名脂っこい食物
苦涩 kǔsè 形苦くて渋い、苦渋に満ちている
饥饿 jī'è 形餓えている
馋 chán 形舌が肥えている
動食べたがる、ほしがる

5．衣生活・身の回りの物

衣裳 yīshang 名衣服
制服 zhìfú 名制服
羽绒服 yǔróngfú 名ダウンジャケット
旗袍 qípáo 名チャイナドレス
纤维 xiānwéi 名繊維
皮革 pígé 名皮革
玉 yù 名玉（ぎょく）
珍珠 zhēnzhū 名真珠
钻石 zuànshí 名ダイヤモンド
首饰 shǒushi 名アクセサリー
纽扣 niǔkòu 名ボタン
扣 kòu 動（ボタン等を）かける、伏せる、押しつける、留置する、差し押さえる、差し引く、叩きつける、名ボタン、結び目、ねじ山 量ねじ山の一回り分
兜 dōu 名ポケット、袋状の物 動包む、囲む、客を引き寄せる、請け合う、さらけ出す
裁缝 cáifeng* 名仕立て屋 動（服を）仕立てる
绣 xiù 動刺繍する
晾 liàng 動干す、風に当てる、のけものにする
熨 yùn 動アイロンがけをする
拐杖 guǎizhàng 名杖、松葉杖
枕头 zhěntou 名枕
床单 chuángdān 名シーツ
铺 pū 動伸ばす、広げる、敷く
垫 diàn 動敷く、下に当てる、埋め合わせる、立て替える 名敷物、クッション
包袱 bāofu 名ふろしき、ふろしき包み、（精神的な）負担、（漫才の）ネタ、（じゃんけんの）パー
包装 bāozhuāng 動包装する、荷造りする 名包装

便条 biàntiáo 名書き付け、メモ
备忘录 bèiwànglù 名備忘録、覚書、メモ
墨水 mòshuǐ 名墨汁、インク、知識
陶瓷 táocí 名陶磁器、セラミックス
古董 gǔdǒng 名骨董、時代遅れのもの、頑固で保守的な人
工艺品 gōngyìpǐn 名工芸品、手工芸品
玩意儿 wányìr 名おもちゃ、演芸・曲芸、腕前、面白み、代物・野郎（けなし言葉）
秤 chèng 名はかり
锤 chuí 名金槌、(じゃんけんの)グー 動金槌で打つ
钩子 gōuzi 名カギ、フック、カギ状のもの
棍棒 gùnbàng 名棍棒、武術用の棒
容器 róngqì 名容器
筐 kuāng 名かご 量かごを容器として数える
膜 mó 名膜、薄い皮
器材 qìcái 名器材
镜头 jìngtóu 名レンズ、画面、（映像の）カット
屏幕 píngmù 名ディスプレイ、モニター
收音机 shōuyīnjī 名ラジオ
磁带 cídài 名カセットテープ、ビデオテープ
轮胎 lúntāi 名タイヤ
引擎 yǐnqíng 名エンジン
柴油 cháiyóu 名燃料油、ディーゼルオイル
仪器 yíqì 名器械、器具

6．住生活・日常生活

居住 jūzhù 動居住する
住宅 zhùzhái 名住宅
别墅 biéshù 名別荘、一戸建て住宅
亭子 tíngzi 名亭、あずまや
帐篷 zhàngpeng 名テント
走廊 zǒuláng 名廊下、2地域を結ぶ細長い地帯
井 jǐng 名井戸
砖 zhuān 名れんが
屏障 píngzhàng 名障壁 動遮る
把手 bǎshou 名取っ手、ノブ、ハンドル
插座 chāzuò 名コンセント
电源 diànyuán 名電源
话筒 huàtǒng 名受話器、拡声器
水龙头 shuǐlóngtóu 名蛇口
水泥 shuǐní 名セメント
油漆 yóuqī 名ペンキ 動ペンキを塗る
蜡烛 làzhú 名ろうそく
灯笼 dēnglong 名灯籠、ちょうちん
对联 duìlián 名対聯
旗帜 qízhì 名旗、旗印、手本
压岁钱 yāsuìqián 名お年玉
烟花爆竹 yānhuābàozhú 花火や爆竹
吉祥 jíxiáng 形*めでたい
耕地 gēngdì 動[離]田畑を耕す 名耕地
播种 bōzhǒng 動[離]種をまく
种子 zhǒngzi 名種、種子
种植 zhòngzhí 動植える、栽培する
庄稼 zhuāngjia 名農作物
灌溉 guàngài 動灌漑する
畜牧 xùmù 名牧畜
沐浴 mùyù 動入浴する、浴びる、（恩恵を）受ける、ひたる
回收 huíshōu 動回収する、リサイクルする
家常 jiācháng 名日常生活、世間話
惯例 guànlì 名慣例、しきたり
破例 pòlì 動[離]慣例を破る、例外を作る
作息 zuòxī 動仕事をしたり休んだりする
隐私 yǐnsī 名プライバシー

7．人生

诞生 dànshēng 動誕生する
诞辰 dànchén 名お誕生日
逝世 shìshì 動逝去する
坟墓 fénmù 名墓、墳墓
终身 zhōngshēn 名一生、生涯
仪式 yíshì 名儀式
典礼 diǎnlǐ 名式典、儀式
遗产 yíchǎn 名遺産
故乡 gùxiāng 名故郷、郷里
缘故 yuángù 名原因、わけ
孕育 yùnyù 動妊娠して子を産む、生み出す、育む
生育 shēngyù 動出産する
哺乳 bǔrǔ 動授乳する
发育 fāyù 動発育する
培育 péiyù 動育成する、育てる
抚养 fǔyǎng 動扶養する、育てる
出息 chūxi 名前途、見込み 形優れる、進歩する
机遇 jīyù 名よい機会、チャンス、よい境遇
发财 fācái 動[離]金持ちになる、金を儲ける
富裕 fùyù 形裕福である 動豊かにする
贫乏 pínfá 形貧乏である、乏しい
贫困 pínkùn 形貧しい、困窮している

8．人の性質

人格 réngé 名人格
人性 rénxìng 名人間性／（rénxing）人間らしさ
气质 qìzhì 名気質、素質、風格
素质 sùzhì 名本来の性質、素質、素養
心眼儿 xīnyǎnr 名心の底、心根、機転、気遣い、度量
作风 zuòfēng 名やり方、態度、特徴
君子 jūnzǐ 名君子
仁慈 réncí 形慈悲深い
慈善 císhàn 形情け深い、慈善の
慈祥 cíxiáng 形優しい、慈愛に満ちている
和蔼 hé'ǎi 形優しい、穏やかである
和气 héqi 形温和である、穏やかである、仲がよい 名親密な間柄・感情
和睦 hémù 形仲がよい
外向 wàixiàng 形外交的である、対外的な
开朗 kāilǎng 形明るく広々としている、朗らかである
开明 kāimíng 形進歩的で古い思想にとらわれない
明智 míngzhì 形賢明である
理智 lǐzhì 形理知的である、理性的である 名理知、理性
机智 jīzhì 形機知に富む
机灵 jīling 形利口である、賢い
伶俐 língli* 形利発である、はきはきしている
敏锐 mǐnruì 形鋭い、鋭敏である
敏捷 mǐnjié 形敏捷である、すばしこい
灵敏 língmǐn 形敏感である、鋭い
精通 jīngtōng 動精通する
英明 yīngmíng 形英明である、賢明である
英勇 yīngyǒng 形すぐれて勇敢である
杰出 jiéchū 形傑出している、抜きん出る
高明 gāomíng 形優れている、卓越している 名優れた人
高尚 gāoshàng 形気高い、高尚である、上品な
文雅 wényǎ 形上品である、高尚である、優雅である
斯文 sīwen* 形優雅である、上品である
潇洒 xiāosǎ 形あか抜けている、スマートである
贤惠 xiánhuì 形善良でやさしく聡明である
廉洁 liánjié 形清廉潔白である
谦逊 qiānxùn 形謙虚である、謙遜している
勤俭 qínjiǎn 形勤勉で質素である
勤劳 qínláo 形勤勉である、労をいとわず働く
辛勤 xīnqín 形勤勉である、懸命である
慎重 shènzhòng 形慎重である
忠诚 zhōngchéng 形忠実である
忠实 zhōngshí 形忠実である 動忠実に反映する
朴实 pǔshí 形質素である、質朴である、堅実である
朴素 pǔsù 形地味である、質素である、着実である
健全 jiànquán 形健全である、整っている 動整える、健全にする
坦白 tǎnbái 形正直である、素直である 動告白する、白状する
纯洁 chúnjié 形純潔である、汚れのない 動純化する
平庸 píngyōng 形平凡である、凡庸である
娇气 jiāoqi* 形甘えん坊である、我慢や苦労ができない、壊れやすい
任性 rènxìng 形わがままである、勝手気ままである
幼稚 yòuzhì 形幼い、幼稚である
果断 guǒduàn 形断固としている、きっぱりしている
顽固 wángù 形頑固である、頑なである
顽强 wánqiáng 形頑強である、粘り強い、手強い
倔强 juéjiàng 形強情である、意志が強い
固执 gùzhi 形頑固である、強情である
执着 zhízhuó 形執着する、固執する
愚蠢 yúchǔn 形愚かである
愚昧 yúmèi 形愚昧である、愚かで無知である
古怪 gǔguài 形風変わりである、変わっている
卑鄙 bēibǐ 形下劣である、卑劣である
自卑 zìbēi 形卑屈になる、劣等感を持つ
奢侈 shēchǐ 形奢侈である、贅沢である
吝啬 lìnsè 形けちけちしている
贪婪 tānlán 形貪欲である
虚荣 xūróng 名虚栄、見栄
虚伪 xūwěi 形うそ偽りである
霸道 bàdào* 形横暴である、強烈である 名覇道
野心 yěxīn 名野心
狠心 hěnxīn 形冷酷である 動[離]心を鬼にする 名極めて強い決心
冷酷 lěngkù 形冷酷である
羞耻 xiūchǐ 形恥ずかしい
无耻 wúchǐ 形恥知らずである
无赖 wúlài 形無頼である、素行が悪い 名無頼者、ごろつき
野蛮 yěmán 形野蛮である、乱暴である
流氓 liúmáng 名ごろつき、迷惑行為
魔鬼 móguǐ 名魔物、邪悪な人

9．人の能力・才能

本能 běnnéng 名本能 副本能的に
本事 běnshi 名才能、能力、腕前
才干 cáigàn 名才能、腕前
实力 shílì 名実力
天才 tiāncái 名天才、天賦の才能
天赋 tiānfù 名天分
天生 tiānshēng 形生まれつきの
智力 zhìlì 名知力
智商 zhìshāng 名知能指数、IQ
智能 zhìnéng 形知性をもった 名知能
记性 jìxing 名記憶力、物覚え
修养 xiūyǎng 名教養、素養、修練
品德 pǐndé 名人徳、道徳
人道 réndào 名人としての道 形人道的である
灵魂 línghún 名魂、心、人格、物事の中心
心灵 xīnlíng 名心 形頭がよい
心血 xīnxuè 名心血
心得 xīndé 名仕事や学習で得たもの
技巧 jìqiǎo 名技巧、テクニック
手艺 shǒuyì 名技術、腕前
特长 tècháng 名特技、得意分野
专长 zhuāncháng 名専門的知識
弱点 ruòdiǎn 名弱点
擅长 shàncháng 動堪能である、たけている
拿手 náshǒu 形得意である、十八番である 名確信
卓越 zhuóyuè 形卓越している
资深 zīshēn 形仕事のキャリアが長い
钻研 zuānyán 動研鑽する、掘り下げて研究する
上进 shàngjìn 動向上する、進歩する
使命 shǐmìng 名使命
名誉 míngyù 名名誉、名声 形名誉としての
声誉 shēngyù 名名声、誉れ
信誉 xìnyù 名信用と評判
荣誉 róngyù 名栄誉
威望 wēiwàng 名威望、威信、威光
威信 wēixìn 名威信、信望、権威
情理 qínglǐ 名情理、人情と道理
立场 lìchǎng 名立場
榜样 bǎngyàng 名模範、手本
模范 mófàn 形模範的な 名模範、手本
风趣 fēngqù 形ユーモラスである 名特色、風情
得力 délì 形役に立つ、腕利きである、頼りになる 動[離]手助けになる
无知 wúzhī 形無知である

10．人の認識・知覚・思考

知觉 zhījué 名知覚、感覚
信念 xìnniàn 名信念
主义 zhǔyì 名主義、考え方
正义 zhèngyì 形正義にかなう 名正義
灵感 línggǎn 名インスピレーション
觉悟 juéwù 名自覚、意識 動自覚する、目覚める
发觉 fājué 動気がつく、発見する
觉醒 juéxǐng 動目覚める、覚醒する
领会 lǐnghuì 動理解する、把握する、悟る
领悟 lǐngwù 動悟る、わかる
认定 rèndìng 動正しいと認める、確定する、見極める
认可 rènkě 動認可する、同意する、すばらしいと思う
确信 quèxìn 動確信する 名確かな情報
迷信 míxìn 動盲信する、信じる
辨认 biànrèn 動見分ける、識別する、見極める
辨别 biànbié 動見分ける、識別する、見極める
识别 shíbié 動識別する
分辨 fēnbiàn 動見分ける、識別する
鉴别 jiànbié 動鑑別する、識別する
鉴定 jiàndìng 動評定する、鑑定する 名評定、鑑定
算数 suànshù 動[離]有効と認める、言ったことに責任を持つ、～したことになる
感慨 gǎnkǎi 動感慨を覚える、深く感動する
审美 shěnměi 動美醜を見分ける
据悉 jùxī 動知るところでは～である
误解 wùjiě 動誤解する 名誤解
清醒 qīngxǐng 形意識がはっきりしている、頭が冴えている 動はっきりする、はっきりさせる
清晰 qīngxī 形音や形がはっきりしている、明晰である
见闻 jiànwén 名見聞
思维 sīwéi 名思惟、思考 動思考する
思索 sīsuǒ 動思索する、思い巡らす
斟酌 zhēnzhuó 動見はからう、斟酌する、熟慮する
琢磨 zuómo* 動よくよく考える
沉思 chénsī 動深く考え込む、沈思する
反思 fǎnsī 動改めて考える、再考する、反省する
构思 gòusī 動構想する、構想を練る
空想 kōngxiǎng 動空想する 名空想
联想 liánxiǎng 動連想する

设想 shèxiǎng 動想像する、想定する、
～の立場に立って考える
推测 tuīcè 動推測する、推し量る
推理 tuīlǐ 動推理する
推论 tuīlùn 動推論する 名推論
妄想 wàngxiǎng 動妄想する 名実現できない考え
信仰 xìnyǎng 動信仰する 名信仰
宗教 zōngjiào 名宗教
宗旨 zōngzhǐ 名趣旨
清真 qīngzhēn 形* イスラム教の

11. 人の気持ち・意志

心态 xīntài 名心理状態、精神状態
意志 yìzhì 名意志
意识 yìshi* 名意識 動実感する、意識する
意向 yìxiàng 名意向、意図
意图 yìtú 名意図 動～するつもりである
毅力 yìlì 名意志力、気力
魄力 pòlì 名迫力、気迫、度胸
志气 zhìqi* 名気骨、気概
干劲 gànjìn 名意気込み
气概 qìgài 名気概、心意気
气魄 qìpò 名気迫、勇気
气势 qìshì 名勢い、気勢
声势 shēngshì 名気勢、勢い
抱负 bàofù 名抱負
动机 dòngjī 名動機
良心 liángxīn 名良心
盛情 shèngqíng 名厚意、厚情
激情 jīqíng 名激情、情熱
尊严 zūnyán 名尊厳 形荘厳である
福气 fúqi 名幸せ、幸運
生机 shēngjī 名生きる望み、生命力
顾虑 gùlǜ 名気がかり 動心配する、懸念する
悬念 xuánniàn 名スリル 動懸念する
欲望 yùwàng 名欲望、欲求
恩怨 ēnyuàn 名恩と恨み、恨み
反感 fǎngǎn 名反感 形反感を持っている
心疼 xīnténg 動（心から）かわいがる、惜しがる
在意 zàiyì 動[離]意に介する
关怀 guānhuái 動配慮する、気にかける
体谅 tǐliàng 動思いやる、同情する
惦记 diànji* 動気にかける、心配する
关照 guānzhào 動面倒を見る、呼応する、
言いつける

操劳 cāoláo 動あくせく働く、苦労する、世話を焼く
着迷 zháomí 動[離]夢中になる
上瘾 shàngyǐn 動[離]やみつきになる
过瘾 guòyǐn 動[離]（形）堪能する
陶醉 táozuì 動陶酔する
巴不得 bābude* 動～したくてたまらない、
ぜひとも～したい
恨不得 hènbude 動～したくてたまらない、
～できないのが残念である
意料 yìliào 動予想する、予測する
预料 yùliào 動予想する 名予測
预期 yùqī 動予期する、期待する
期望 qīwàng 動期待する、望みをかける 名期待
指望 zhǐwàng* 動一心に期待する 名望み、見込み
渴望 kěwàng 動渇望する
向往 xiàngwǎng 動あこがれる、思いをはせる
崇拜 chóngbài 動崇拝する
崇敬 chóngjìng 動あがめ敬う
信赖 xìnlài 動信頼する
留恋 liúliàn 動離れがたく思う、名残を惜しむ
留念 liúniàn 動記念として残す
思念 sīniàn 動懐かしむ、恋しく思う
注视 zhùshì 動注視する
注重 zhùzhòng 動重要視する
留神 liúshén 動[離]注意する、用心する
出神 chūshén 動[離]ぼんやりする、うっとりする
疏忽 shūhu 動おろそかにする、うっかりする、
粗忽である
亲热 qīnrè 動親しくする 形とても仲がよい
力求 lìqiú 動できるだけ～するようにする
力争 lìzhēng 動できるだけ～するよう努める、
大いに論争する
拼搏 pīnbó 動力いっぱい頑張る、全力で闘う
拼命 pīnmìng 動[離]命がけでやる 副懸命に
振奋 zhènfèn 動奮い立たせる 形奮起する、元気づく
自主 zìzhǔ 動自分の意志で行う
贯彻 guànchè 動貫徹する、やり通す
争气 zhēngqì 動[離]（人に負けないように）頑張る
投机 tóujī 動チャンスを狙う、投機する
形ウマが合う
试图 shìtú 動たくらむ、企図する
企图 qǐtú 動たくらむ、企てる 名たくらみ
倾向 qīngxiàng 動（一方に）傾く、味方する
名傾向、趨勢

意味着 yìwèizhe 動意味している
惊动 jīngdòng 動騒がす、驚かす
震惊 zhènjīng 動驚愕させる 形びっくり仰天する
泄气 xièqì 動気が抜ける、気を落とす
悔恨 huǐhèn 動悔やむ
嫉妒 jídù 動嫉妬する
嫌 xián 動嫌う、嫌がる
厌恶 yànwù 動嫌悪する
忌讳 jìhui* 動忌み嫌う、極力避ける 名タブー
憋 biē 動抑える、こらえる
形気がふさぐ、むしゃくしゃする
忍耐 rěnnài 動忍耐する、我慢する
忍受 rěnshòu 動耐え忍ぶ、辛抱する
克制 kèzhì 動抑える、抑制する
节制 jiézhì 動制限する、控える、指揮する
容忍 róngrěn 動容赦する
容纳 róngnà 動収容する、受け入れる
畏惧 wèijù 動恐れる、おじけづく、ひるむ
恐吓 kǒnghè 動脅迫する
屈服 qūfú 動屈服する
绝望 juéwàng 動[離]絶望する
丢人 diūrén 動[離]恥をかく
受罪 shòuzuì 動[離]難儀する、苦しめられる
吃苦 chīkǔ 動[離]苦労する、苦しい目に遭う
纳闷(儿) nàmèn(r) 動[離]不思議である、
腑に落ちない
疑惑 yíhuò 名疑惑 動疑わしく思う
乐意 lèyì 形気持ちがよい、満足である
動喜んで～する
欢乐 huānlè 形喜んでいる、うれしい
喜悦 xǐyuè 形喜ばしい
快活 kuàihuo 形楽しい、うれしい
踊跃 yǒngyuè 形先を争って、積極的である
動跳びはねる
冲动 chōngdòng 形興奮する、衝動に駆られる
名衝動
舒畅 shūchàng 形のびのびとして気持ちがよい、
心地よく愉快である
爽快 shuǎngkuai 形爽快である、率直である、
ためらわない
欣慰 xīnwèi 形うれしくてほっとしている
精心 jīngxīn 形心がこもっている、念入りである
恳切 kěnqiè 形懇切である、親切で丁寧である
光荣 guāngróng 形光栄である、栄誉ある
名栄誉、誉れ

荣幸 róngxìng 形光栄である、幸運である
侥幸 jiǎoxìng 形僥倖に恵まれる、幸いである
坚定 jiāndìng 形動揺しない、しっかりしている
動かためる、揺るぎないものにする
坚韧 jiānrèn 形強靭である、粘り強い
兢兢业业 jīngjīngyèyè 形まじめにこつこつと、
うまずたゆまず励む様
宽容 kuānróng 形（動）寛容である、大目に見る
迷人 mírén 形うっとりとさせる、魅力的である
拘束 jūshù 形堅苦しい 動制限する、束縛する
悲哀 bēi'āi 形悲しい、痛ましい
惋惜 wǎnxī 形哀惜する、悼む、惜しむ
沮丧 jǔsàng 形気落ちしている、がっかりする
空虚 kōngxū 形空虚である
忧郁 yōuyù 形憂鬱である
难堪 nánkān 動堪え難い 形きまりが悪い
迷惑 míhuo* 形迷う、惑う 動惑わす
迟疑 chíyí 動ためらう、躊躇する
为难 wéinán 形困る、悩む
動困らせる、意地悪をする
恐怖 kǒngbù 形恐ろしい、ぎょっとする
名恐怖、テロ
恐惧 kǒngjù 形（動）恐れる、おじける
胆怯 dǎnqiè 形臆病である、おじけづく
急躁 jízào 形いらだつ、焦る、せっかちである
焦急 jiāojí 形いらいらしている、気をもんでいる
沉闷 chénmèn 形重苦しい、うっとうしい、
気がふさぐ
恼火 nǎohuǒ 形腹を立てている
恶心 ěxin 形吐き気を催す、むかつく
動ぞっとする、嫌がらせする
可恶 kěwù 形憎らしい、癪にさわる
愤怒 fènnù 形怒りに燃える
慷慨 kāngkǎi 形怒り嘆く、気前がよい
尴尬 gāngà 形ばつが悪い、不自然である
狼狈 lángbèi 形窮する、困り果てる
勉强 miǎnqiǎng 形しぶしぶだ、どうにかこうにかだ、嫌々ながらだ 副なんとか頑張って～
動無理強いする
吃力 chīlì 形骨が折れる、疲れる
自满 zìmǎn 形自己満足している
急切 jíqiè 形差し迫っている、にわかに
诧异 chàyì 形不思議である、いぶかしい
惊讶 jīngyà 形いぶかる、不思議がる

惊奇 jīngqí 形（動）意外に思う、不思議に思う
要命 yàomìng 動[離]命を奪う、困ったものだ、たまらない
勇于 yǒngyú 動～に勇敢である
衷心 zhōngxīn 形心から（の）、衷心から（の）
成心 chéngxīn 副故意に
不禁 bùjīn 副～せずにいられない、思わず～する
不由得 bùyóude 副思わず、ひとりでに
動～をさせない、～を許さない
不免 bùmiǎn 副どうしても～になる、～せざるを得ない
不得已 bùdéyǐ 形やむを得ない、どうしようもない
不料 búliào 接思いがけず、意外にも
不顾 búgù 動顧みない、かまわない、頓着しない
不惜 bùxī 動惜しまない、いとわない
不堪 bùkān 動耐えられない、とても～できない
形たまらない、救いようがない
不敢当 bùgǎndāng 動恐れ入ります、どういたしまして
伤脑筋 shāng nǎojīn フ頭を悩ます、頭を抱える

12. 人の状態

威风 wēifēng 名威風、威勢 形威張っている
神气 shénqi* 形元気いっぱいである、威張っている
名表情
豪迈 háomài 形豪胆である、豪放である
充沛 chōngpèi 形満ちあふれている
充实 chōngshí 形充実している
動充実させる、強化する
柔和 róuhé 形柔和である、柔らかい
端正 duānzhèng 形端正である、正しい 動正す
安宁 ānníng 形平穏である、安らかである
安详 ānxiáng 形落ち着いている、おっとりしている
沉着 chénzhuó 形落ち着いている、沈着である
从容 cóngróng 形落ち着き払っている、余裕がある
镇定 zhèndìng 形沈着である 動落ち着かせる
镇静 zhènjìng 形落ち着いている 動落ち着かせる
踏实 tāshi 形着実である、真面目である、安心する
正经 zhèngjing* 形まじめである、正統である、まともな 副本当に、確かに
真挚 zhēnzhì 形真摯である
诚挚 chéngzhì 形真摯である、誠実である
恭敬 gōngjìng 形うやうやしい、礼儀正しい
美满 měimǎn 形円満である、申し分ない
亲密 qīnmì 形親密である
疏远 shūyuǎn 動疎遠にする 形疎遠である
生疏 shēngshū 形疎い、不案内である、腕前がなまっている、疎遠である
融洽 róngqià 形打ち解けている 動打ち解ける
自发 zìfā 形自然発生的である、自発的である
被动 bèidòng 形受動的である、受け身である
随意 suíyì 形随意にする、気の向くままにする
细致 xìzhì 形注意深い、入念である
周密 zhōumì 形綿密である、周密である
严厉 yánlì 形（人に対して）厳しい、厳格である
郑重 zhèngzhòng 形厳かである
壮烈 zhuàngliè 形壮烈である
繁忙 fánmáng 形多忙である
忙碌 mánglù 形忙しい、せわしい
仓促 cāngcù 形慌ただしい
疲惫 píbèi 形疲れ切っている 動疲れさせる
疲倦 píjuàn 形疲れている、くたびれている
迟钝 chídùn 形鈍い、のろい
迟缓 chíhuǎn 形遅い、のろのろしている
大意 dàyi* 形うかつである 名大意、あらまし
草率 cǎoshuài 形いい加減である、ぞんざいである
笨拙 bènzhuō 形不器用である、下手である
过失 guòshī 名過失、うっかりミス
失误 shīwù 名うっかりミス
動ミスをする、誤りを犯す
挫折 cuòzhé 名挫折、失敗
動くじく、抑えつける、挫折する
荒谬 huāngmiù 形でたらめである
荒唐 huāngtang* 形でたらめである、ふしだらである、気ままである
懒惰 lǎnduò 形不精である、ものぐさである
暧昧 àimèi 形曖昧である、（行為、男女関係が）いかがわしい
丑恶 chǒu'è 形醜い、無様である
茫然 mángrán 形さっぱり見当がつかない、茫然としている
盲目 mángmù 形目が見えない、盲目的である
脆弱 cuìruò 形脆弱である、もろくて弱い
薄弱 bóruò 形薄弱である、弱い、手薄である
孤独 gūdú 形孤独である、独りぼっちである、人付き合いをしたがらない
孤立 gūlì 形孤立している 動孤立させる
粗鲁 cūlǔ* 形荒っぽい、がさつである
别扭 bièniu 形ひねくれている、やっかいである、意見が合わない、わかりにくい、堅苦しい、ぎこちない

悲惨 bēicǎn 形悲惨である、痛ましい、惨めである
残酷 cánkù 形残酷である
残忍 cánrěn 形残忍である
庸俗 yōngsú 形俗っぽい、下品である
不像话 búxiànghuà 形話にならない、ひどい
无辜 wúgū 形無辜である、罪がない 名罪のない人
分寸 fēncun 名ちょうどよい程度、程合い
过度 guòdù 形〜しすぎる、過度である
愣 lèng 動ぼんやりする、あきれ返る 形無鉄砲である 副無理やりに
发呆 fādāi 動[離]ぼんやりする、ぽかんとする
丧失 sàngshī 動喪失する
堕落 duòluò 動堕落する、没落する
检讨 jiǎntǎo 動自己批判する、調査研究する 名自己批判、反省
举动 jǔdòng 名動作、行為、振る舞い

13. 人の動作

动身 dòngshēn 動[離]出発する
启程 qǐchéng 動出発する、旅に出る
抵达 dǐdá 動到着する
迈 mài 動足を踏み出す、歩く 量マイル
迁徙 qiānxǐ 動移動する
奔波 bēnbō 動奔走する、苦労する
奔驰 bēnchí 動疾走する 名ベンツ
跟随 gēnsuí 動後についていく 名お供
跟踪 gēnzōng 動追跡する、尾行する
伴随 bànsuí 動伴う、付き従う、〜に伴って(〜する)
徘徊 páihuái 動徘徊する、あてもなくぶらぶらする、躊躇する、揺れ動く
流浪 liúlàng 動流浪する、さすらう
逆行 nìxíng 動逆行する
穿越 chuānyuè 動通り抜ける
超越 chāoyuè 動超越する
靠拢 kàolǒng 動近寄る、密集する
凑合 còuhe 動集まる、寄せ集める、間に合わせる、お茶を濁す、まずまずである
包围 bāowéi 動取り囲む、包囲する 名包囲網
突破 tūpò 動突破する、乗り越える
冲击 chōngjī 動突き当たる、ぶつかる、突撃する、衝撃を与える
冲突 chōngtū 動衝突する、矛盾する
窜 cuàn 動逃げる、逃げ回る、放逐する、書き改める
撤退 chètuì 動撤退する
回避 huíbì 動回避する、避ける
等候 děnghòu 動待つ
失踪 shīzōng 動[離]失踪する
脱离 tuōlí 動離脱する、抜け出す、断つ
滞留 zhìliú 動滞在する、しばらくとどまる
转移 zhuǎnyí 動移る、移す、変える
纵横 zònghéng 動縦横無尽に進む 形縦横の
观光 guānguāng 動観光する
手势 shǒushì 名手まね、ジェスチャー、手話
拨 bō 動動かす、指で回す、分け与える、(方向や意見を)変える 量ひと組
挪 nuó 動動かす、移す
捏 niē 動つまむ、握る、つまんで作る、仲を取り持つ、捏造する
拧 nǐng 動（ネジ等を）ねじる、ひねる 形あべこべである、食い違う
掐 qiā 動押しつける、つねる、摘む、締めつける、喧嘩する 量ひとつまみの量
扒 bā 動かき分ける、剥ぎ取る、つかまる、すがりつく、掘り返す、取り壊す
搀 chān 動体を支える、手を貸す、混ぜる
拄 zhǔ 動（杖を）つく
掏 tāo 動取り出す、ほじくり出す、掘る
捞 lāo 動すくい上げる、(不正な手段で) 手に入れる、手に取る
捧 pěng 動捧げ持つ、すくう、おだて上げる 量両手ひとすくいの量
端 duān 動水平に保つようにして持つ、さらけ出す、徹底的に取り除く
摊 tān 動平らに広げる、並べる、薄くのばして焼く、分担する、割り当てる、身に降りかかる 量かたまりの糊状のものを数える
扛 káng 動担ぐ、担う、我慢する
搁 gē 動置く、預けておく、入れる、放っておく
安置 ānzhì 動（物を）適当な場所に置く、(人をある場所や職業に）落ち着かせる、配属する
布置 bùzhì 動装飾する、しつらえる、手配する、段取りする
布局 bùjú 動布石を打つ、配置する 名配置、レイアウト
陈列 chénliè 動陳列する、展示する
牵 qiān 動引く、引っ張る、関係する、気にかける
拽 zhuài 動力いっぱい引っ張る
掰 bāi 動２つに割る、へし折る、もぎ取る、仲違いする、説く
割 gē 動切る、断つ、切り離す

劈 pī 動 割る、切る、避ける、雷が落ちる 名 くさび
盛 chéng 動 盛る、よそう、収容する
扎 zhā 動 刺す、潜り込む、(点字を)打つ、駐屯する 量 ジョッキに入った生ビールを数える
刺 cì 動 突き刺す、刺激する、暗殺する 名 トゲ
吊 diào 動 吊るす、吊り上げる
悬挂 xuánguà 動 掛ける、掲げる、ぶら下げる
搓 cuō 動 両手で揉む、より合わせる
揉 róu 動 手で揉む、さする、こねる、たわめる
抚摸 fǔmō 動 手でさする、なでる
挎 kuà 動 (物を)腕に掛ける、肩に掛ける、腰にぶら下げる、腕を組む
搂 lǒu 動 抱く
撇 piě 動 投げる、口をへの字に曲げる、傾斜する 名 左払い 量 ヒゲや眉毛などを数える
泼 pō 動 (液体を)撒く、ぶちまける 形 道理に合わない、押しが強い
投掷 tóuzhì 動 投げ飛ばす、投げつける
揍 zòu 動 (人を)殴る、ぶつ
殴打 ōudǎ 動 殴打する
打击 dǎjī 動 打ち叩く、打撃を与える
打架 dǎjià 動[離] (殴り合いの)けんかをする
拾 shí 動 拾う、拾い上げる
拣 jiǎn 動 選ぶ、拾う
削 xuē/xiāo 動 削る、(皮を)むく、切る
砸 zá 動 (重い物で)打つ、突く
折 zhé 動 折る、回る、たたむ 名 値引き、折れ 量 折った回数を数える
搭 dā 動 架け渡す、引っ掛ける、接触する、つながる、付け加える、抱き合わせる、持ち上げる、乗る
操作 cāozuò 動 操作する、仕事をする
操纵 cāozòng 動 操縦する、操る
玩弄 wánnòng 動 もてあそぶ、いじくる、ひけらかす、弄する
捆绑 kǔnbǎng 動 縄で縛る
密封 mìfēng 動 密封する
开采 kāicǎi 動 採掘する
采集 cǎijí 動 採集する、収集する
挖掘 wājué 動 掘り出す、掘り起こす
堆积 duījī 動 積み上げる、積み重なる
装卸 zhuāngxiè 動 積み卸しする、組み立てたり分解したりする
扭转 niǔzhuǎn 動 ねじって回す、向きを変える、ひっくり返す
涂抹 túmǒ 動 塗る、塗りつける、塗りたくる
推翻 tuīfān 動[離] 覆す、ひっくり返す
掀起 xiānqǐ 動 取る、湧き上がる、巻き起こす
抛弃 pāoqì 動 投げ捨てる、捨て去る
捕捉 bǔzhuō 動 逮捕する、捕らえる、捉える
携带 xiédài 動 携帯する、持ち歩く、(家族などを) 伴う
镶嵌 xiāngqiàn 動 象眼する
编织 biānzhī 動 編む、織る
纺织 fǎngzhī 動 糸を紡ぎ布を織る、紡績
加工 jiāgōng 動[離] 加工する、仕上げをする
归还 guīhuán 動 返す、返却する
还原 huányuán 動[離] 還元する、原状回復する
敞开 chǎngkāi 動 大きく広げる 副 思う存分
放大 fàngdà 動 大きくする、拡大する、引き伸ばす、増幅する
蹬 dēng 動 足で踏ん張る、足をかける、(靴やズボンを) 履く、一方が一方を捨てる
跨 kuà 動 またぐ、またがる、乗り越える
跪 guì 動 ひざまずく
跌 diē 動 転ぶ、つまずく、落下する、下落する
蹦 bèng 動 跳ぶ、跳ねる
飞跃 fēiyuè 動 飛び上がる、飛躍する 名 飛躍
跳跃 tiàoyuè 動 跳躍する
攀登 pāndēng 動 よじ登る、到達する
践踏 jiàntà 動 踏む、踏みつける、踏みにじる
摧残 cuīcán 動 打ち壊す、重大な損害を与える
眯 mī 動 目を細める、まどろむ
眨 zhǎ 動 まばたきをする
瞪 dèng 動 目を見張る、じろりと見る
盯 dīng 動 見つめる
凝视 níngshì 動 凝視する
打量 dǎliang 動 じろじろ見る、観察する、～と思う
目睹 mùdǔ 動 目の当たりにする
瞄准 miáozhǔn 動 狙いを定める、狙いをつける
探望 tànwàng 動 (身を乗り出して外を) うかがう、見回す、訪問する
展望 zhǎnwàng 動 (遠くを) 見る、眺める、(将来を) 見通す
俯视 fǔshì 動 俯瞰する、見下ろす
瞻仰 zhānyǎng 動 うやうやしく眺める、仰ぎ見る
回顾 huígù 動 振り返る、回顧する
考察 kǎochá 動 視察する、実地調査する、考察する
叼 diāo 動 くわえる

啃 kěn 動かじる、かじりつく
哼 hēng 動苦しんで唸る、口ずさむ
哄 hǒng 動だます、あやす
吼 hǒu 動吠える、怒鳴る、鳴り響く
呵 hē 動息を吐く、吹きかける、叱る
唠叨 láodao 動ぶつぶつ言う、くどくど言う
呻吟 shēnyín 動うめく、呻吟する
哭泣 kūqì 動しくしく泣く
喘气 chuǎnqì 動[離]呼吸する、ひと息入れる
叹气 tànqì 動[離]ため息をつく
耍 shuǎ 動遊ぶ、戯れる、振り回す、発揮する、からかう
磕 kē 動ぶつかる、たたく、争う
扑 pū 動飛びかかる、全力を注ぐ、真っ向からぶつかる、打つ、羽ばたく、伏せる
翘 qiào 動跳ね上がる
溜 liū 動滑り落ちる、こっそり逃げる、見る、すれすれに歩く 副とても
坠 zhuì 動落ちる、(重いものが) ぶら下がる
晃 huàng 動揺れ動く、ゆらゆら揺れる
摇摆 yáobǎi 動揺れ動く、振り動かす
趴 pā 動腹ばいになる、突っ伏す
折腾 zhēteng 動ごろごろと寝返りを打つ、繰り返す、金銭を湯水のように使う、苦しめる
挣扎 zhēngzhá 動なんとかしようと必死になる
淋 lín 動水をかける、濡らす
浸泡 jìnpào 動液体に浸す
潜水 qiánshuǐ 動潜水する
驱逐 qūzhú 動追い払う、駆逐する
埋伏 máifu* 動待ち伏せする、潜伏する
埋没 máimò 動うずめる、埋もれる
埋葬 máizàng 動埋葬する、葬り去る
扮演 bànyǎn 動扮する、演じる、役割を果たす
歌颂 gēsòng 動 (詩歌や言葉等で) 讃える
奉献 fèngxiàn 動献上する 名貢献
发动 fādòng 動始める、発動する、働きかける、動かす
动手 dòngshǒu 動[離]着手する、手を触れる、手を出す、人を殴る
完毕 wánbì 動終了する、完了する
终止 zhōngzhǐ 動終止する
行列 hángliè 名列、行列
并列 bìngliè 動並列する、横に並ぶ
交叉 jiāochā 動交差する、交錯する、部分的に同じである

濒临 bīnlín 動臨む、接近している、瀕する
染 rǎn 動染める、染まる、感染する
捎 shāo 動ついでに持っていく (持ってくる)、ことづける
挨 ái 動～を受ける、耐え忍ぶ、(時間を) 引き伸ばす
支撑 zhīchēng 動支える、我慢する
寻觅 xúnmì 動探し求める
遗留 yíliú 動残しておく、残す
遗失 yíshī 動 (物を) 失う、紛失する
缠绕 chánrào 動巻きつく、絡みつく、つきまとう、絡まる、まつわりつく
陷入 xiànrù 動陥る、落ちる
搏斗 bódòu 動格闘する
打猎 dǎliè 動[離]猟をする
竖 shù 形* 縦の 動縦にする、立てる 名字画の縦画
横 héng 動横にする 形横の、東西方向の、左右方向の 名字画の横画 副どうせ、たぶん
可行 kěxíng 形実行できる、やっても差し支えない

14. コミュニケーションに関する事柄・動作

口气 kǒuqi* 名語気、口調、言外の意味
口音 kǒuyin* 名発音、なまり、口から発する音
口头 kǒutóu 形口頭の 名口先
母语 mǔyǔ 名母語
俗话 súhuà 名民間で言い慣らされていることわざ、俗語
谜语 míyǔ 名謎、なぞなぞ
闲话 xiánhuà 名無駄話、陰口
贬义 biǎnyì 名けなす意味
请柬 qǐngjiǎn 名招待状
请帖 qǐngtiě 名招待状
寒暄 hánxuān 動時候の挨拶をする
拜访 bàifǎng 動訪問する
拜年 bàinián 動[離]新年の挨拶をする
拜托 bàituō 動お願いする、お頼みします
敬礼 jìnglǐ 動[離]敬礼する 名 (手紙の末尾に付ける) 敬具
联欢 liánhuān 動交歓する、懇親する
应酬 yìngchou 動交際する、(客に) 応対する 名私的な宴会、付き合い
应邀 yìngyāo 動招待に応じる
致辞 zhìcí 動挨拶を述べる
谢绝 xièjué 動謝絶する、断る

断绝 duànjué 動断絶する
陈述 chénshù 動陳述する、述べる
阐述 chǎnshù 動詳しく述べる
倾听 qīngtīng 動傾聴する
请教 qǐngjiào 動教えを請う
请示 qǐngshì 動指示を仰ぐ
联络 liánluò 動連絡する、つながりをつける
转达 zhuǎndá 動伝達する、（話を）取り次ぐ
传达 chuándá 動伝達する、取り次ぐ 名受付係
传授 chuánshòu 動伝授する
交代 jiāodài 動引き継ぐ、言いつける、説明する、釈明する、白状する
吩咐 fēnfu* 動言いつける、申しつける
嘱咐 zhǔfù* 動言いつける、言い聞かせる
叮嘱 dīngzhǔ 動繰り返し言い聞かせる
答复 dáfu* 動回答する、返事する
答辩 dábiàn 動答弁する、弁解する
辩解 biànjiě 動弁解する、申し開きをする
抗议 kàngyì 動抗議する
反抗 fǎnkàng 動反抗する、抵抗する
反驳 fǎnbó 動反駁する、反論する
反馈 fǎnkuì 動フィードバックする
反问 fǎnwèn 動反問する、問い返す 名反語
回报 huíbào 動報いる
汇报 huìbào 動報告する
赞叹 zàntàn 動賛嘆する
表彰 biǎozhāng 動（功績を）ほめたたえる
吹捧 chuīpěng 動おだて上げる、ごまをする
过奖 guòjiǎng 動ほめすぎです、過分です
服气 fúqì 動心服する、納得する
谅解 liàngjiě 動了承する、了解する
协商 xiéshāng 動協議する、相談する、話し合う
协议 xiéyì 名取り決め、合意 動協議する
交涉 jiāoshè 動交渉する
干涉 gānshè 動干渉する、関わりを持つ
干预 gānyù 動関与する、口出しする
过问 guòwèn 動口出しする、関与する
嚷 rǎng 動大声で叫ぶ、わめく、騒ぎ立てる、叱りつける
呼唤 hūhuàn 動呼びかける、叫ぶ
表态 biǎotài 動[離]態度を表明する、立場をはっきり示す
暗示 ànshì 動暗示する、ほのめかす 名暗示
敷衍 fūyǎn* 動いい加減にあしらう、どうにか間に合わせる

断定 duàndìng 動断定する
停顿 tíngdùn 動中断する、停滞する、間（ポーズ）をとる
附和 fùhè 動追随する
警惕 jǐngtì 動警戒する、用心する
警告 jǐnggào 動警告する
告诫 gàojiè 動戒める、たしなめる
干扰 gānrǎo 動邪魔をする、妨害する
牢骚 láosao* 名不平、愚痴 動不満を言う、愚痴をこぼす
埋怨 mányuàn 動恨みごとを言う、愚痴をこぼす
鄙视 bǐshì 動軽蔑する、見下す
讥笑 jīxiào 動あざける、あざ笑う
诽谤 fěibàng 動誹謗する
责怪 zéguài 動とがめる
批判 pīpàn 動批判する、批評する
指责 zhǐzé 動（名指しで）非難する
谴责 qiǎnzé 動厳しく非難する、譴責する
透露 tòulù 動（秘密等を）漏らす、漏れる、（表情等を）表す、現れる
泄露 xièlòu 動（情報などを）漏洩する
走漏 zǒulòu 動（秘密などを）漏らす、（税金などを）ごまかす
流露 liúlù 動流露する、自ずから現れる
揭露 jiēlù 動暴き出す、明るみに出す、指摘する
暴露 bàolù 動暴露する、露見する
隐瞒 yǐnmán 動隠しごまかす
诱惑 yòuhuò 動誘惑する、魅惑する
欺骗 qīpiàn 動騙す、欺く、ごまかす
撒谎 sāhuǎng 動[離]嘘をつく
吹牛 chuīniú 動[離]ほらを吹く
预言 yùyán 動予言する 名予言
比方 bǐfang 動たとえる 名たとえ 接たとえば
比喻 bǐyù 動たとえる 名比喩
活该 huógāi 動当然のことだ、ざまを見ろ
啰唆 luōsuo* 形くどい、くだくだしい、煩わしい
吞吞吐吐 tūntūntǔtǔ 形しどろもどろである

15. 対人行動

动员 dòngyuán 動動員する、～するよう働きかける
派遣 pàiqiǎn 動派遣する
任命 rènmìng 動任命する
伺候 cìhou 動仕える
鞠躬 jūgōng 動[離]お辞儀をする 形敬い慎む
钦佩 qīnpèi 動敬服する、感服する

爱戴 àidài 動敬愛する、尊敬して支持する
逢 féng 動出逢う、出くわす
团圆 tuányuán 動（家族や夫婦が）再会する 形丸い
告辞 gàocí 動[離]いとまを告げる、おいとまする
看待 kàndài 動（人を）待遇する、取り扱う
款待 kuǎndài 動ねんごろにもてなす
亏待 kuīdài 動もてなしが十分でない、義理を欠く
怠慢 dàimàn 動冷淡にあしらう、もてなしが行き届かない
冷落 lěngluò 動冷遇する 形さびれている
理睬 lǐcǎi 動相手にする、かまう
和解 héjiě 動和解する
着想 zhuóxiǎng 動（ある人やあることのために）考える
勉励 miǎnlì 動励ます
激励 jīlì 動激励する
奖励 jiǎnglì 動奨励する、報奨する
奖赏 jiǎngshǎng 動褒賞する、褒美を与える
鼓动 gǔdòng 動扇動する、奮い立たせる、ばたつかせる
熏陶 xūntáo 動薫陶を受ける、よい影響を受ける
许可 xǔkě 動許す、許可する
给予 jǐyǔ 動与える
授予 shòuyǔ 動授与する
赠送 zèngsòng 動贈る、贈呈する
寄托 jìtuō 動預ける、託す
转让 zhuǎnràng 動譲る、譲り渡す
提拔 tíbá 動抜擢する、引き立てる
选拔 xuǎnbá 動（人材を）選抜する
筛选 shāixuǎn 動ふるいにかけて選別する、選び出す
展示 zhǎnshì 動展示する、明らかに示す
提示 tíshì 動ヒントを与える、注意を促す
引导 yǐndǎo 動引率する、案内する、人を導いて～させる
参谋 cānmóu 動相談相手になる、知恵を貸す 名参謀
借鉴 jièjiàn 動参考にする、手本とする
借助 jièzhù 動助けを借りる
辅助 fǔzhù 動協力する、手助けする 形* 補助的な
赞助 zànzhù 動賛助する
包庇 bāobì 動かばう、庇護する
拥护 yōnghù 動擁護する
守护 shǒuhù 動見守る、番をする
慰问 wèiwèn 動（言葉等で）慰問する、見舞う
追悼 zhuīdào 動追悼する
报答 bàodá 動（恩に）報いる、応える
沾光 zhānguāng 動[離]おかげをこうむる
督促 dūcù 動～するよう促す、督促する
鞭策 biāncè 動鞭打つ、励ます
激发 jīfā 動呼び起こす、かき立てる、励起させる
依靠 yīkào 動頼る 名頼り、よりどころ
依托 yītuō 動頼る、～を名目にする
依赖 yīlài 動頼る、依存する
带领 dàilǐng 動引率する、指導する
率领 shuàilǐng 動率いる
较量 jiàoliàng 動勝負する、腕くらべをする
竞赛 jìngsài 動競技する、競争する
争夺 zhēngduó 動争奪する、奪い取る
考核 kǎohé 動審査する、考査する
考验 kǎoyàn 動試練を与える、試す
监督 jiāndū 動監督する 名監督者
监视 jiānshì 動監視する
牵扯 qiānchě 動関わり合う、巻き込む、影響を及ぼす
牵制 qiānzhì 動牽制する
对付 duìfu 動対処する、なんとか間に合わせる
将就 jiāngjiu 動間に合わせる、我慢する
迁就 qiānjiù 動折り合う、妥協する、譲歩する、大目に見る
让步 ràngbù 動[離]譲歩する
饶恕 ráoshù 動許す、大目に見る
对抗 duìkàng 動対立する、敵対する、抵抗する
对立 duìlì 動対立する、対抗する、抵触する
逼迫 bīpò 動強制する、無理強いをする
压抑 yāyì 動抑えつける 形重苦しい
压迫 yāpò 動（権力などで）抑圧する、圧迫する
强制 qiángzhì 動強制する
强迫 qiǎngpò 動無理強いする、強制する
指示 zhǐshì 動指し示す、指示する 名指示、指図
指定 zhǐdìng 動（時間・場所や人を）定める 副きっと、必ず
纠正 jiūzhèng 動是正する、正す
调解 tiáojiě 動仲裁する、調停する
弥补 míbǔ 動補う、繕う、埋め合わせる
报仇 bàochóu 動[離]仇を討つ、恨みを晴らす
报复 bàofu* 動仕返しをする、報復する
出卖 chūmài 動売る、裏切る、売り渡す

背叛 bèipàn 動反逆する、背く、裏切る
辜负 gūfù 動期待に背く、好意を無にする
忽略 hūlüè 動なおざりにする、おろそかにする
冒充 màochōng 動偽称する、なりすます
冒犯 màofàn 動怒らせる、機嫌を損ねる、犯す
得罪 dézuì 動感情を害する、恨みを買う
巴结 bājie 動取り入る、へつらう
讨好 tǎohǎo 動[離]機嫌をとる、気に入られようとする、よい結果を得る
挑拨 tiǎobō 動（仲違いさせるために）けしかける、そそのかす
挑剔 tiāoti 動ケチをつける、あらを探す
挑衅 tiǎoxìn 動挑発する、因縁をつける
陷害 xiànhài 動陥れる
污蔑 wūmiè 動中傷する、汚す
诬陷 wūxiàn 動罪を捏造し人を陥れる、誣告し陥れる
摆脱 bǎituō 動逃れる、抜け出す、脱却する
计较 jìjiào 動細かいことにこだわりとやかく言う、言い争う、目論む
贬低 biǎndī 動（評価を）下げる
侮辱 wǔrǔ 動侮辱する
嘲笑 cháoxiào 動あざ笑う、からかう
偏见 piānjiàn 名偏見
敌视 díshì 動敵視する
歧视 qíshì 動差別視する、差別する
藐视 miǎoshì 動見下げる、蔑視する
蔑视 mièshì 動さげすむ、蔑視する
唾弃 tuòqì 動唾棄する、さげすむ
欺负 qīfu 動いじめる、馬鹿にする
虐待 nüèdài 動虐待する、いじめる
迫害 pòhài 動迫害する
约束 yuēshù 動束縛する、制限する
束缚 shùfù 動束縛する
排斥 páichì 動排斥する、退ける
排除 páichú 動排除する、取り除く
抹杀 mǒshā 動抹殺する、否定する
谋求 móuqiú 動手に入れようとする、図る
炫耀 xuànyào 動光り輝く、ひけらかす、見せびらかす
捣乱 dǎoluàn 動[離]騒動を起こす、わざと迷惑をかける

16. 人のその他の行動・活動

命名 mìngmíng 動[離]命名する
拥有 yōngyǒu 動擁する、持つ
储备 chǔbèi 動備蓄する 名備蓄物
储存 chǔcún 動貯蔵する、蓄える、保存する
攒 zǎn 動ためる、蓄える
收藏 shōucáng 動しまい込む、収蔵する
保管 bǎoguǎn 動保管する、保証する、請け合う 名保管係
保养 bǎoyǎng 動養生する、手入れする、メンテナンスする
改良 gǎiliáng 動改良する
更新 gēngxīn 動更新する
更正 gēngzhèng 動訂正する
尝试 chángshì 動試してみる、試みる
权衡 quánhéng 動量る、比較して考える
检验 jiǎnyàn 動検査する、検証する
把关 bǎguān 動[離]関所を守る、厳格に検査する
摸索 mōsuo* 動手探りで進む、模索する
探索 tànsuǒ 動探索する、探求する
探讨 tàntǎo 動詳細に研究する、詳しく検討する
勘探 kāntàn 動調査する、探査する
调剂 tiáojì 動調整する、（薬を）調剤する
调节 tiáojié 動調節する
重叠 chóngdié 動重複する、幾重にも重なる 名繰り返すこと
夹杂 jiāzá 動入り混じる
简化 jiǎnhuà 動簡略化する、簡素化する
精简 jīngjiǎn 動簡素化する、簡潔にする、節減する
衔接 xiánjiē 動つながる、関連している
搭配 dāpèi 動組み合わせる、抱き合わせる、力を合わせる 形釣り合いがとれる
歪曲 wāiqū 動ゆがめる、歪曲する
岔 chà 動分岐する、（話等を）そらす、ずらす 名分岐、手落ち
修复 xiūfù 動修復する
修建 xiūjiàn 動建造する、修築する
遥控 yáokòng 動遠隔操作する 名リモコン
损坏 sǔnhuài 動壊す、損なう
败坏 bàihuài 動損害を与える、腐らせる 形退廃している
糟蹋 zāota* 動台なしにする、侮辱する、暴行する
遭遇 zāoyù 動出あう、出くわす 名境遇
遭受 zāoshòu 動（損害を）受ける
遭殃 zāoyāng 動[離]災禍を被る
崩溃 bēngkuì 動崩壊する、破綻する

消耗 xiāohào 動消耗する
杜绝 dùjué 動途絶させる
排放 páifàng 動排出する
牺牲 xīshēng 動犠牲にする、犠牲となる 名犠牲
消除 xiāochú 動なくす、除去する、取り除く
解除 jiěchú 動解除する、取り除く
清除 qīngchú 動一掃する、排除する、追放する
清理 qīnglǐ 動徹底的に整理する、片付ける
过渡 guòdù 動移行する 形過渡的である
做主 zuòzhǔ 動[離]決定する、後ろ盾になる
着手 zhuóshǒu 動着手する
着重 zhuózhòng 動重点を置く
呈现 chéngxiàn 動現れる、呈する
涌现 yǒngxiàn 動大量に出現する
相应 xiāngyìng 動呼応する、相応する
对应 duìyìng 動対応する 形相応の
对照 duìzhào 動対照する、照らし合わせる、対比する
阻碍 zǔ'ài 動妨げる、阻む 名阻害
阻拦 zǔlán 動阻止する、食い止める
阻挠 zǔnáo 動邪魔する、妨害する
遮挡 zhēdǎng 動遮る 名遮るもの
人工 réngōng 形人工の、人為的な 名人力、1人の1日の仕事量
人为 rénwéi 形*人為の、人為的な 動人がする

Ⅱ 社会に関する言葉

1. 国家、政治

共和国 gònghéguó 名共和国
州 zhōu 名州、自治州
省会 shěnghuì 名省都
乡镇 xiāngzhèn 名（行政区画の）郷と鎮
公民 gōngmín 名公民
党 dǎng 名政党、徒党
祖国 zǔguó 名祖国
国务院 guówùyuàn 名（中国の）国務院、（アメリカの）国務省
领事馆 lǐngshìguǎn 名領事館
元首 yuánshǒu 名君主、元首
书记 shūjì 名書記（共産党などの各級組織の主な責任者）
委员 wěiyuán 名委員
主权 zhǔquán 名主権
民主 mínzhǔ 形民主的である 名民主的な権利
独裁 dúcái 動独裁する
革命 gémìng 動[離]革命を行う、思い切った改革をする 形革命的である
解放 jiěfàng 動解放する、自由にする 名解放
政权 zhèngquán 名政治上の権力、政権
政策 zhèngcè 名政策
行政 xíngzhèng 動行政を行う 名事務
治安 zhì'ān 名治安
治理 zhìlǐ 動統治する、（河川・砂漠などを）整備する
统治 tǒngzhì 動統治する
民间 mínjiān 名世間、民間
社区 shèqū 名地域コミュニティ、地域社会
宪法 xiànfǎ 名憲法
纲领 gānglǐng 名綱領、原則
条约 tiáoyuē 名条約
条款 tiáokuǎn 名条項
草案 cǎo'àn 名草案
决策 juécè 名（決定済みの）策略、意思決定 動戦略や方策を決める
布告 bùgào 名布告 動布告する
发布 fābù 動公布する、発表する
颁布 bānbù 動（法律等を）発布する、公布する
颁发 bānfā 動（政策、法令等を）発布する、（賞等を）授与する
发扬 fāyáng 動発揚する、奮い起こす、発揮する
公告 gōnggào 動告示する 名公告
公关 gōngguān 名広報活動、渉外
公务 gōngwù 名公務
官方 guānfāng 名政府筋、公式
公认 gōngrèn 動公認する、みんなが認める
公证 gōngzhèng 動公証をする（特定の事実または法律関係の存否を公に証明する）
机构 jīgòu 名機関、内部組織、メカニズム
基地 jīdì 名基地
局势 júshì 名形勢、情勢
联盟 liánméng 名同盟、連盟
会晤 huìwù 動会談する、会見する
表决 biǎojué 動表決する、採決する
否决 fǒujué 動否決する
选举 xuǎnjǔ 動選挙する
候选 hòuxuǎn 動候補になる
竞选 jìngxuǎn 動選挙運動をする、選挙に立つ
投票 tóupiào 動[離]投票する

当选 dāngxuǎn 動当選する
管辖 guǎnxiá 動管轄する
征收 zhēngshōu 動徴収する
赋予 fùyǔ 動付与する、授ける
机密 jīmì 形* 機密の 名機密、極秘事項
公正 gōngzhèng 形公正である
公道 gōngdao* 形公平である、適正である
名公正な道理、正義
公然 gōngrán 副公然と、はばかることなく

2. 軍事

国防 guófáng 名国防
领土 lǐngtǔ 名領土
边疆 biānjiāng 名国境地帯、辺境
边界 biānjiè 名境界
边境 biānjìng 名国境
阵地 zhèndì 名陣地
军队 jūnduì 名軍隊、部隊
队伍 duìwu 名軍隊、集団、隊列
司令 sīlìng 名司令官
将军 jiāngjūn 名将軍
后勤 hòuqín 名後方勤務
间谍 jiàndié 名間諜、スパイ
俘虏 fúlǔ 動捕虜にする 名捕虜
防守 fángshǒu 動守る、守衛する
防御 fángyù 動防御する
保卫 bǎowèi 動防衛する、治安を守る、警備する
捍卫 hànwèi 動守る、守り抜く
中立 zhōnglì 動中立である
争端 zhēngduān 名争いのきっかけ、紛争
打仗 dǎzhàng 動[離]戦争をする
战役 zhànyì 名戦役
战略 zhànlüè 名戦略、大局的な方策
战术 zhànshù 名戦術
战斗 zhàndòu 動戦闘する 名闘い、戦闘
进攻 jìngōng 動進撃する、攻勢に出る
攻击 gōngjī 動攻撃する、非難する
攻克 gōngkè 動攻め落とす、攻略する
袭击 xíjī 動襲撃する
侵犯 qīnfàn 動（権利を）侵害する、（領土を）侵す
侵略 qīnlüè 動侵略する
占据 zhànjù 動占拠する
占领 zhànlǐng 動占領する、占有する
征服 zhēngfú 動征服する、感服させる
驻扎 zhùzhā 動駐留する、駐在する
投降 tóuxiáng 動投降する、降参する
服从 fúcóng 動服従する、従う
瓦解 wǎjiě 動瓦解する、崩す
殖民地 zhímíndì 名植民地
指令 zhǐlìng 名上級機関から与えられる指令
動指令する
操练 cāoliàn 動教練する、訓練する
演习 yǎnxí 動演習する
武器 wǔqì 名武器
武装 wǔzhuāng 動武装する 名武装
剑 jiàn 名剣
子弹 zǐdàn 名銃弾、弾丸
导弹 dǎodàn 名ミサイル
导航 dǎoháng 動（飛行機や船を無線装置などで）誘導する
火箭 huǒjiàn 名ロケット
舰艇 jiàntǐng 名艦艇
发射 fāshè 動発射する
爆发 bàofā 動爆発する、勃発する、巻き起こる
爆炸 bàozhà 動爆発する、数量が激増する

3. 司法、警察、犯罪

司法 sīfǎ 名（動）司法
诉讼 sùsòng 動訴訟を起こす
投诉 tóusù 動訴え出る、クレームをつける
打官司 dǎ guānsi フ訴える、訴訟をする、言い争う
事件 shìjiàn 名事件、大きな出来事
事故 shìgù 名事故
变故 biàngù 名思わぬ出来事、異変
案件 ànjiàn 名事案、裁判・訴訟事件
案例 ànlì 名判例、事例
原告 yuángào 名原告
被告 bèigào 名被告
辩护 biànhù 動弁護する
审理 shěnlǐ 動審理する
审判 shěnpàn 動裁判する
判决 pànjué 動判決を下す、判断する
惩罚 chéngfá 動懲罰する、厳重に処罰する
制裁 zhìcái 動制裁を加える
执行 zhíxíng 動執行する、実施する、
実際に仕事を取りしきる
监狱 jiānyù 名監獄、刑務所
公安局 gōng'ānjú 名公安局、警察署
消防 xiāofáng 動消火する
报警 bàojǐng 動[離]（警察に）通報する、
危急を知らせる、警報を出す

刑事 xíngshì 形 刑事の
巡逻 xúnluó 動 巡邏する
取缔 qǔdì 動 取り締まる
戒备 jièbèi 動 警備する、警戒する、警戒心を持つ
嫌疑 xiányí 名 嫌疑、疑い
逮捕 dàibǔ 動 逮捕する
拘留 jūliú 動 拘置する、逮捕する
通缉 tōngjī 動 指名手配する
释放 shìfàng 動 釈放する、放出する
查获 cháhuò 動 押収する、捕まえる
冤枉 yuānwang 動 無実の罪を着せる 名 無実の罪 形（不当な扱いを受け）無念である
罪犯 zuìfàn 名 犯罪人
贼 zéi 名 どろぼう 形 ずるい、狡猾である 副 やけに、いやに
凶手 xiōngshǒu 名 凶悪犯
触犯 chùfàn 動 犯す、触れる
非法 fēifǎ 形 * 不法な、非合法の
盗窃 dàoqiè 動 かすめ取る、盗む
掠夺 lüèduó 動 略奪する、収奪する
抢劫 qiǎngjié 動 強奪する
绑架 bǎngjià 動[離] 拉致する、縛る
人质 rénzhì 名 人質
伪造 wěizào 動 偽造する
走私 zǒusī 動 密輸をする
诈骗 zhàpiàn 動 だまし取る、詐欺を働く
赌博 dǔbó 動 博打を打つ、ギャンブルをする
贿赂 huìlù 動 賄賂を贈る 名 賄賂
贪污 tānwū 動 横領する、賄賂を取る、汚職行為をする
勾结 gōujié 動 結託する、ぐるになる
暴力 bàolì 名 暴力、武力
示威 shìwēi 動[離] デモをする、示威行為をする、力を見せつける
凶恶 xiōng'è 形（形相が）恐ろしい、凶悪である

4．産業、仕事

产业 chǎnyè 名 産業、工業生産、財産、資産
创业 chuàngyè 動[離] 創業する、事業を興す
敬业 jìngyè 動（仕事や学業に）打ち込む、一心不乱に励む
事业 shìyè 名 事業
物业 wùyè 名 不動産
水利 shuǐlì 名 水利、水利施設、水利工事
法人 fǎrén 名 法人
协会 xiéhuì 名 協会
商标 shāngbiāo 名 商標、ブランド
董事长 dǒngshìzhǎng 名 理事長、取締役会長
股东 gǔdōng 名 株主、出資者
顾问 gùwèn 名 顧問、アドバイザー、コンサルタント
客户 kèhù 名 取引先、顧客、よそ者、小作農
用户 yònghù 名 使用者、ユーザー
上级 shàngjí 名 上司、上級機関
下属 xiàshǔ 名 部下
上任 shàngrèn 動[離] 就任する 名 前任者
职位 zhíwèi 名 職務上の地位
岗位 gǎngwèi 名 持ち場、職場、部署
外行 wàiháng 名 素人 形 経験がない
部署 bùshǔ 動 人員を配置する、手配する
职能 zhínéng 名 機能、働き、職能
职务 zhíwù 名 職務
事务 shìwù 名 仕事、一般事務（総務、庶務）
档案 dàng'àn 名（保存する）文書、書類、人事記録
附件 fùjiàn 名 付属文書、添付書類、付属品
备份 bèifèn 動 バックアップする 名 予備、スペア
栏目 lánmù 名 記事、番組、コラム
机械 jīxiè 名 機械、装置 形 機械的である
次品 cìpǐn 名 二等品、不良品
样品 yàngpǐn 名 サンプル
专利 zhuānlì 名 特許
方针 fāngzhēn 名 方針
策略 cèlüè 名 策略 形 手抜かりがない
策划 cèhuà 動 企画する、画策する
规划 guīhuà 動 計画を立てる、企画する 名 計画
对策 duìcè 名 対策、抜け道 動（科挙の試験で）問題に答える
筹备 chóubèi 動 準備する、段取りする
配备 pèibèi 動 配備する、配置する
处分 chǔfèn 動 処分する、処罰する、処理する 名 処分
处置 chǔzhì 動 処置する、処理する、懲らしめる
合伙 héhuǒ 動[離] 仲間になって行う、共同でする
采纳 cǎinà 動（意見、要求等を）受け入れる、聞き入れる
采购 cǎigòu 動 購入する、仕入れる 名 仕入れ係
贩卖 fànmài 動 仕入れて売る、販売する
问世 wènshì 動（新しい商品や書籍等が）世に出る、発行・発売される
登陆 dēnglù 動[離] 上陸する、市場に出す

推销 tuīxiāo 動販路を広める、売りさばく
畅销 chàngxiāo 動よく売れる
热门 rèmén 名流行しているもの、人気商品、人気分野
淡季 dànjì 名閑散期、シーズンオフ
交易 jiāoyì 動交易する 名公益、取引
洽谈 qiàtán 動折衝する、商談する
磋商 cuōshāng 動意見を交換する、折衝する
成交 chéngjiāo 動[離]取引が成立する、成約する
达成 dáchéng 動（交渉が）成立する、まとまる
拟定 nǐdìng 動制定する、推定する
起草 qǐcǎo 動[離]起草する
签署 qiānshǔ 動署名する
盖章 gàizhāng 動[離]捺印する
落实 luòshí 動着実にする、確かになる、実行する 形落ち着いている
落成 luòchéng 動落成する、完成する
试验 shìyàn 動試験する、実験する、テストをする
验证 yànzhèng 動検証する
审查 shěnchá 動審査する、審議する
验收 yànshōu 動検査して引き取る
合并 hébìng 動合併する、一括する、併発する
倒闭 dǎobì 動破産する、倒産する
剪彩 jiǎncǎi 動[離]テープカットをする
传单 chuándān 名宣伝チラシ
薪水 xīnshui 名給料
结算 jiésuàn 動決算する
报销 bàoxiāo 動清算する、廃棄処分にする、消滅する
撤销 chèxiāo 動取り消す、撤回する
申报 shēnbào 動届け出る、申告する
雇佣 gùyōng 動雇用する
招收 zhāoshōu 動（学生や従業員を）募集する
就业 jiùyè 動[離]就職する、就業する
就职 jiùzhí 動[離]就任する、就職する
晋升 jìnshēng 動昇進する、昇進させる
调动 diàodòng 動異動する、変える、動員する
罢工 bàgōng 動[離]ストライキをする
解雇 jiěgù 動[離]解雇する
开除 kāichú 動除名する、除籍する
裁员 cáiyuán 動リストラする
批发 pīfā 動卸す、卸売をする
评估 pínggū 動見積もる、評価する
缺席 quēxí 動[離]欠席する
设立 shèlì 動設立する、設置する
设置 shèzhì 動設立する、設置する、取り付ける
招标 zhāobiāo 動[離]入札を募集する
分红 fēnhóng 動[離]利益を配当する
值班 zhíbān 動[離]当番に当たる、当直
磨合 móhé 動慣らし運転をする、協議し調整する

5．言論

言论 yánlùn 名言論
舆论 yúlùn 名輿論、世論
论坛 lùntán 名論壇
评论 pínglùn 動評論する、取り沙汰する 名評論
论证 lùnzhèng 動論証する 名論拠
辩证 biànzhèng 形弁証的である 動弁証する
证实 zhèngshí 動実証する、証明する
见解 jiànjiě 名見解、見方
声明 shēngmíng 動表明する 名声明
呼吁 hūyù 動呼びかける、アピールする
号召 hàozhào 動呼びかける 名呼びかけ
宣扬 xuānyáng 動宣揚する、広く宣伝する
倡导 chàngdǎo 動先に立って主張する、提唱する
倡议 chàngyì 動提議する、提案する、呼びかける
提议 tíyì 動提議する、提案する 名提議、提案
争议 zhēngyì 動言い争う、異議
起哄 qǐhòng 動[離]大勢で騒ぐ、野次を飛ばす、冷やかす
喧哗 xuānhuá 動騒ぐ 形がやがやとやかましい、騒がしい
响应 xiǎngyìng 動呼応する、共鳴する、反響する
宣誓 xuānshì 動[離]宣誓する
发誓 fāshì 動[離]誓う
谣言 yáoyán 名デマ、流言
直播 zhíbō 動生放送をする

6．文章、文学、学問

书籍 shūjí 名書籍
著作 zhùzuò 名著作 動著作する
创作 chuàngzuò 動（文芸作品を）創作する 名（文芸）作品
体裁 tǐcái 名（文学作品の）表現様式、ジャンル
散文 sǎnwén 名散文
纪要 jìyào 名紀要、要点を抜き書きしたもの
传记 zhuànjì 名伝記
童话 tónghuà 名童話
寓言 yùyán 名寓言、寓話
稿件 gǎojiàn 名原稿

格式 géshi 名書式、フォーマット
简体字 jiǎntǐzì 名簡体字
繁体字 fántǐzì 名繁体字
符号 fúhào 名記号
标题 biāotí 名見出し、表題
课题 kètí 名テーマ、課題
专题 zhuāntí 名特定のテーマ
题材 tícái 名題材
序言 xùyán 名序言、前書き
要点 yàodiǎn 名要点、ポイント
要素 yàosù 名要素
摘要 zhāiyào 名要点、要旨 動要点にまとめる
注释 zhùshì 動注釈する 名注釈
情节 qíngjié 名いきさつ、(ストーリーの) 筋
刊物 kānwù 名刊行物
版本 bǎnběn 名 (書物の) 版、バージョン
记载 jìzǎi 動記載する 名記載、記録
刊登 kāndēng 動掲載する
发行 fāxíng 動発行する、映画を配給する
演绎 yǎnyì 動演繹する、推し広げる、表現する
列举 lièjǔ 動列挙する
引用 yǐnyòng 動引用する、任用する
参照 cānzhào 動参照する、参考にする
文献 wénxiàn 名文献
文艺 wényì 名文芸、文学、演芸
书法 shūfǎ 名書道、習字
座右铭 zuòyòumíng 名座右の銘
教养 jiàoyǎng 名教養 動教育する、しつける
科目 kēmù 名科目
学说 xuéshuō 名学説
学位 xuéwèi 名学位
文凭 wénpíng 名卒業証書、証書
证书 zhèngshū 名証書、証明書
师范 shīfàn 名師範学校、模範
考古 kǎogǔ 名考古学 動考古学に従事する
方言 fāngyán 名方言
含义 hányì 名含意
派别 pàibié 名流派、派閥
奥秘 àomì 名神秘、奥義、奥深く知り難い謎
书面 shūmiàn 形書面による
通俗 tōngsú 形通俗的でわかりやすい、大衆向きである
背诵 bèisòng 動暗唱する
旷课 kuàngkè 動離授業をさぼる、無断欠席する
作弊 zuòbì 動離不正行為をする、カンニングをする
简要 jiǎnyào 形簡潔で要を得ている

7. 芸術、音楽、スポーツ

文物 wénwù 名文物、文化財
音响 yīnxiǎng 名音響
曲子 qǔzi 名曲、歌
乐谱 yuèpǔ 名楽譜、音符
喇叭 lǎba 名ラッパ、ラッパ状のもの
弦 xián 名 (弓の) つる、弦
摇滚 yáogǔn 名ロックンロール、ロック
旋律 xuánlǜ 名旋律、メロディー
节奏 jiézòu 名リズム、テンポ
演奏 yǎnzòu 動演奏する
响亮 xiǎngliàng 形よく響く、響きわたっている
肖像 xiàoxiàng 名肖像
雕塑 diāosù 名彫刻と塑像 動彫塑する
雕刻 diāokè 動彫刻する 名彫刻
塑造 sùzào 動塑像を作る、(人のイメージを) 描き出す、(目標に達するまで) 育て上げる
描绘 miáohuì 動描く、描写する
剧本 jùběn 名脚本
漫画 mànhuà 名漫画
卡通 kǎtōng 名アニメーション
杂技 zájì 名曲芸、雑技
相声 xiàngsheng 名漫才
魔术 móshù 名手品、マジック
气功 qìgōng 名気功
田径 tiánjìng 名フィールドとトラック
舞蹈 wǔdǎo 名舞踏、舞踊 動踊る
排练 páiliàn 動舞台稽古をする、リハーサルをする
视频 shìpín 名ビデオ、動画
手法 shǒufǎ 名手法、技巧、手立て
乐趣 lèqù 名おもしろみ、喜び、楽しみ
趣味 qùwèi 名おもしろみ
博览会 bólǎnhuì 名博覧会

8. 人の社会的行動

礼节 lǐjié 名礼儀作法
功劳 gōngláo 名功労、功績
启事 qǐshì 名知らせ、公示
启示 qǐshì 動啓発する 名啓発
启蒙 qǐméng 動啓蒙する、入門知識を与える
创新 chuàngxīn 動新しいものを創り出す、新機軸を打ち出す 名創造性、新鮮味
创立 chuànglì 動創立する、打ち立てる

树立 shùlì 動樹立する、打ち立てる
领先 lǐngxiān 動[離]先頭を切る、率先する、リードする
实施 shíshī 動実施する
实行 shíxíng 動実行する
履行 lǚxíng 動履行する、実行する
开展 kāizhǎn 動繰り広げる、展開する、発展する、展覧会が始まる 名発展、展開
扩充 kuòchōng 動拡充する、増強する
扩散 kuòsàn 動拡散する、蔓延する
扩张 kuòzhāng 動拡張する、拡大する
确立 quèlì 動確立する
立足 lìzú 動立脚する、〜に立脚点を置く
委托 wěituō 動委託する、依頼する、任せる
继承 jìchéng 動継承する、受け継ぐ
确保 quèbǎo 動確保する、確実に保証する
保障 bǎozhàng 動保障する 名保障
担保 dānbǎo 動保証する、請け合う
承办 chéngbàn 動請け負う、引き受ける
承包 chéngbāo 動請け負う、引き受ける
承诺 chéngnuò 動承諾する、約束する
负担 fùdān 動負担する、引き受ける 名負担、重荷
充当 chōngdāng 動担当する
代理 dàilǐ 動代理する、代行する
主导 zhǔdǎo 動（形）主導的な、全体を導く 名主導的作用をするもの
主办 zhǔbàn 動主催する
主管 zhǔguǎn 動主管する 名主管者
示范 shìfàn 動模範を示す
示意 shìyì 動意図を示す、合図する
团结 tuánjié 動団結する、結束する 形友好的である、仲がよい
协助 xiézhù 動協力する、助力する
协调 xiétiáo 動（意見を）調整する 形釣り合いがとれている
调和 tiáohé 動調停する、妥協する、調合する 形調和している
致力 zhìlì 動力を尽くす、努力する
妥协 tuǒxié 動妥協する、歩み寄る
优先 yōuxiān 動優先する
遵循 zūnxún 動従う
防止 fángzhǐ 動防止する
保守 bǎoshǒu 動守る 形保守的である、控えめである
保密 bǎomì 動[離]秘密を守る
维持 wéichí 動維持する、支える、保護する
维护 wéihù 動守る、擁護する
掩护 yǎnhù 動援護する 名遮蔽物、目隠し
挽救 wǎnjiù 動救い出す、助ける
挽回 wǎnhuí 動挽回する、取り戻す
补救 bǔjiù 動挽回する、取り返す、埋め合わせる
补偿 bǔcháng 動補償する、埋め合わせる
救济 jiùjì 動救済する
支援 zhīyuán 動支援する、助成する
掩盖 yǎngài 動覆う、隠す
掩饰 yǎnshì 動ごまかす
隐蔽 yǐnbì 動隠れる 形外からわかりにくい
追究 zhuījiū 動（責任を）追及する、（原因を）突き止める
曝光 bàoguāng 動[離]（写真）露出する、（醜聞を）暴露する
施展 shīzhǎn 動（能力や威力を）発揮する、ふるう
施加 shījiā 動（圧力や影響等を）加える
支配 zhīpèi* 動割り振る、支配する
垄断 lǒngduàn 動独占する
压制 yāzhì 動抑圧する
严禁 yánjìn 動厳禁する
制约 zhìyuē 動制約する
制止 zhìzhǐ 動制止する、阻止する
抵制 dǐzhì 動拒む、制止する、排斥する
抵抗 dǐkàng 動抵抗する
斗争 dòuzhēng 動闘争する、対立する、やっつける、奮闘する
扰乱 rǎoluàn 動かき乱す、妨害する
骚扰 sāorǎo 動騒がす、撹乱する
惹祸 rěhuò 動[離]災いを招く、トラブルを起こす
违背 wéibèi 動背く、違反する
淘汰 táotài 動淘汰する、ふるい落とす、失格させる
整顿 zhěngdùn 動立て直す、整える、正す
耗费 hàofèi 動費やす、無駄にする
登录 dēnglù 動登録する、ログインする

9．社会に関するその他の言葉

人间 rénjiān 名世間、この世
习俗 xísú 名風俗習慣
集团 jítuán 名集団、グループ
个体 gètǐ 名個体、個人
团体 tuántǐ 名団体
需求 xūqiú 名需要

供给 gōngjǐ 動（物資、資金等を）供給する、提供する
利害 lìhài 名利害、損得
情报 qíngbào 名情報
通讯 tōngxùn 名通信 動通信する
规章 guīzhāng 名規則、定款
章程 zhāngchéng* 名規約、定款
规格 guīgé 名規格、規準
准则 zhǔnzé 名原則、規範
须知 xūzhī 名心得、注意事項
動心得ていなければならない
事态 shìtài 名事態
事迹 shìjì 名事績
事项 shìxiàng 名事項
势力 shìlì 名勢力
动态 dòngtài 名動き、動向、動態
导向 dǎoxiàng 名動向
動導く、向かわせる、方向づける
主流 zhǔliú 名本流、主流
潮流 cháoliú 名潮流、流れ、時代の趨勢
高潮 gāocháo 名高潮、高まり、クライマックス
高峰 gāofēng 名高峰、ピーク
弊病 bìbìng 名弊害、欠点
弊端 bìduān 名不正行為、弊害
纠纷 jiūfēn 名紛糾、もめごと、もつれ
阴谋 yīnmóu 名陰謀 動企てる、たくらむ
开辟 kāipì 動切り開く、開設する、開拓する
开拓 kāituò 動開拓する、採掘の準備工事をする
普及 pǔjí 動普及する、普及させる
遍布 biànbù 動あらゆる所に分布する
蔓延 mànyán 動蔓延する
便于 biànyú 動簡単に～する、～するのに適する
演变 yǎnbiàn 動進展変化する
变迁 biànqiān 動変遷する、移り変わる
变质 biànzhì 動[離]変質する
循环 xúnhuán 動循環する 名循環
残留 cánliú 動残留する
奠定 diàndìng 動定める、固める、打ち立てる
盛行 shèngxíng 動盛んに行われる
高涨 gāozhǎng 動高騰する、高まる
沸腾 fèiténg 動沸騰する、沸き立つ、たぎる、騒ぎ立てる
震撼 zhènhàn 動震撼する、揺り動かす
轰动 hōngdòng 動沸き立たせる、センセーションを巻き起こす

动荡 dòngdàng 形動揺する、不穏である
動揺らめく
局限 júxiàn 動限定する
遏制 èzhì 動抑制する
中断 zhōngduàn 動中断する
冻结 dòngjié 動凍結する、一時停止する
恶化 èhuà 動悪化する、悪化させる
停滞 tíngzhì 動停滞する、滞る
削弱 xuēruò 動（力を）そぐ、弱める、（力が）弱まる
衰退 shuāituì 動衰退する、衰える
废除 fèichú 動廃棄する、撤廃する
销毁 xiāohuǐ 動（溶かしたり焼いたりして）処分する
作废 zuòfèi 動無効になる、無効にする
复活 fùhuó 動復活する、生き返る
复兴 fùxīng 動復興する
振兴 zhènxīng 動振興する、盛んにする
进展 jìnzhǎn 動進展する、はかどる
覆盖 fùgài 動覆う、上書きする
共鸣 gòngmíng 動共鳴する、共感する
混淆 hùnxiáo 動入り混じる、混淆する
涉及 shèjí 動触れる、関わる
摩擦 mócā 動摩擦する 名摩擦、軋轢
散布 sànbù 動散布する、散らす、散らばる
散发 sànfā 動ばらまく、発散する
剥削 bōxuē 動搾取する
解散 jiěsàn 動解散する
解体 jiětǐ 動解体する、分解する
分裂 fēnliè 動分裂する、分裂させる
统计 tǒngjì 動統計をとる、合計する
通用 tōngyòng 動通用する、共通して用いられる
流通 liútōng 動流れる、通り抜ける、流通する
畅通 chàngtōng 形滞りなく通じる
澄清 chéngqīng 動はっきりさせる、一掃する
形清く澄んでいる
封闭 fēngbì 動密封する、閉鎖する
封建 fēngjiàn 形封建的である、古臭い
名封建、封建制
闭塞 bìsè 形不便である、情報に疎い、閉塞的である
動詰まる、ふさがる
巩固 gǒnggù 動強化する
缓和 huǎnhé 動和らげる
形緩和している、和らいでいる
类似 lèisì 動類似する

相等 xiāngděng 動 等しい、同じである
相差 xiāngchà 名 相違
悬殊 xuánshū 形 非常にかけ離れている、差が大きい
完备 wánbèi 形 完備している、完全である
齐全 qíquán 形 なんでも揃っている、完備している
雄厚 xiónghòu 形（物資や人員などが）十分である
充足 chōngzú 形 十分である、ふんだんにある
丰盛 fēngshèng 形（物が）豊富である
兴隆 xīnglóng 形 盛んである
兴旺 xīngwàng 形 盛んである
昌盛 chāngshèng 形 盛んである、大いに栄える
茂盛 màoshèng 形 繁茂する、繁盛している、繁栄している
隆重 lóngzhòng 形 盛大である、堂々たる
繁华 fánhuá 形 にぎやかである
先进 xiānjìn 形 先進的である、進んでいる 名 先進的な人・事柄
陈旧 chénjiù 形 古い、時代遅れである
平凡 píngfán 形 平凡である、ありふれている
便利 biànlì 形 便利である 動 便利にする 名 便宜
稠密 chóumì 形 密集している
和谐 héxié 形 調和がとれている、釣り合っている、和やかである
优越 yōuyuè 形 優越している
圆满 yuánmǎn 形 円満である、首尾がよい
规范 guīfàn 形 規範に合う 動 規範に合わせる 名 規範
确切 quèqiè 形 適切である、ぴったりである、確実である
切实 qièshí 形 適切である、実際に即している、着実である
妥当 tuǒdang* 形 妥当である、穏当である
妥善 tuǒshàn 形 妥当である、適切である
正当 zhèngdàng* 形 正当な、まともな、（人柄が）よい
正规 zhèngguī 形 正規である
正宗 zhèngzōng 形 正統の、本場の 名 本筋、正統
权威 quánwēi 形 権威のある 名 権威
紧迫 jǐnpò 形 緊迫している
艰难 jiānnán 形 苦しい、苦難に満ちている
严峻 yánjùn 形 おごそかで厳しい、緊迫している
严密 yánmì 形 ぴったりしている、すきまがない、細心である 動 厳しくする
腐败 fǔbài 形 腐敗している、堕落している 動 腐敗する
腐朽 fǔxiǔ 形 腐りきっている 動 朽ちる
多元化 duōyuánhuà 形* 多様な 動 多元化する、多様化する
附属 fùshǔ 形* 付属の 動 帰属する、付属する

Ⅲ さまざまな物と事象の言葉

1. 数字・順序・量

丙 bǐng 名 十干の第三、3番目
丁 dīng 名 十干の第4、4番目、さいの目に切った物
次序 cìxù 名 順序
等级 děngjí 名 等級、ランク、身分
档次 dàngcì 名 等級、ランク
级别 jíbié 名 等級、ランク
阶层 jiēcéng 名 階層、階級
名次 míngcì 名 順位、席順
亚军 yàjūn 名 準優勝者
季军 jìjūn 名 第3位
体积 tǐjī 名 体積
比重 bǐzhòng 名 比率、比重
分量 fènliang* 名 重さ、重み、重要度
幅度 fúdù 名 幅、変動の幅
密度 mìdù 名 密度
若干 ruògān 代（数）若干の、いくらかの
共计 gòngjì 動 合計で～である、共に話し合う
总和 zǒnghé 名 総額
运算 yùnsuàn 動 演算する
除 chú 動 除く、取り除く、除する 介 ～を除いて
公式 gōngshì 名 公式
数额 shù'é 名 定額、一定の数
名额 míng'é 名 定員、人数
额外 éwài 形* 定数・定員・定額を超えた
测量 cèliáng 動 測量する、測定する
增添 zēngtiān 動 増やす、加える
递增 dìzēng 動 少しずつ増える
将近 jiāngjìn 動（数が）～に近い
延伸 yánshēn 動 延びる、延ばす
平行 píngxíng 形 同等である、同時に進める 動 平行する

2. 量詞

磅 bàng 量（重さの単位）ポンド 名 台秤 動 台秤で量る
毫米 háomǐ 量 ミリメートル

立方 lìfāng 量立方メートル 名立方、立方体
摄氏度 shèshìdù 量摂氏～度（℃）
枝 zhī 量枝、棒状の物を数える 枝
粒 lì 量粒状のものを数える 名粒、粒状のもの
束 shù 量束ねたものを数える 動縛る、束ねる
串 chuàn 量つながっている物を数える 名連なったもの 動つなげる、こんがらがる、歩き回る、貫く
卷 juǎn 量巻いたものを数える 名巻いたもの 動巻く
枚 méi 量形の小さい物を数える（メダル、硬貨など）、ミサイルやロケットを数える
株 zhū 量樹木や草などを数える
栋 dòng 量家屋を数える
幢 zhuàng 量建物を数える
艘 sōu 量船を数える
副 fù 量セットになっているもの、表情を数える 形* 副次的な
丛 cóng 量群生する草木を数える 名草むら、茂み
番 fān 量一種、～回、倍

3．金銭・経済

货币 huòbì 名貨幣
钞票 chāopiào 名紙幣
股份 gǔfèn 名株式、出資の単位
债券 zhàiquàn 名債券
金融 jīnróng 名金融
通货膨胀 tōnghuò péngzhàng 名インフレーション
财政 cáizhèng 名財政
财务 cáiwù 名財務
财富 cáifù 名富、財産
基金 jījīn 名基金、投資ファンド
本钱 běnqián 名元金、資本金、元手
资本 zīběn 名資本、資本金
资产 zīchǎn 名財産、資産
经费 jīngfèi 名経費、経常支出
预算 yùsuàn 名予算
成本 chéngběn 名原価、コスト
支出 zhīchū 動支出する 名支出
开支 kāizhī 名費用、支出 動（金銭を）支払う、支出する
兑现 duìxiàn 動（小切手等を）現金に換える、約束を果たす
储蓄 chǔxù 名貯蓄 動貯蓄する、貯金する
收益 shōuyì 名収益
效益 xiàoyì 名効果と利益
盈利 yínglì 名利潤 動利潤が上がる
实惠 shíhuì 名実益、実利 形実用的である
福利 fúlì 名福利、福祉 動福利を図る
报酬 bàochou 名報酬、謝礼
彩票 cǎipiào 名宝くじ
代价 dàijià 名代金、代価
赤字 chìzì 名赤字
亏损 kuīsǔn 動欠損する、体が衰弱する
周转 zhōuzhuǎn 動（資金などが）回転する、やりくりする
资助 zīzhù 動経済的に援助する
补贴 bǔtiē 動助成する、補助する 名補助金
索取 suǒqǔ 動請求する、取り立てる
偿还 chánghuán 動返済する、償還する
缴纳 jiǎonà 動納める
挥霍 huīhuò 動（金銭・時間等を）浪費する、ばらまく 形敏捷である
租赁 zūlìn 動（賃料を払って）借りる、賃貸しする
无偿 wúcháng 形* 無償の、無料の
昂贵 ángguì 形高価である、値段が非常に高い
合算 hésuàn 形勘定に合う、引き合う 動計算する、見積もる

4．暦・時間・タイミング

农历 nónglì 名旧暦、農業暦
正月 zhēngyuè 名（旧暦の）正月
元宵节 Yuánxiāojié 名元宵節
端午节 Duānwǔjié 名端午の節句
凌晨 língchén 名早朝、明け方
黎明 límíng 名黎明、夜明け
清晨 qīngchén 名早朝、明け方
黄昏 huánghūn 名たそがれ
成天 chéngtiān 副一日中
昼夜 zhòuyè 名昼夜、日夜
年度 niándù 名年度
季度 jìdù 名四半期
周年 zhōunián 名～周年、満 1 年
周期 zhōuqī 名周期、サイクル
朝代 cháodài 名王朝の年代
历代 lìdài 名歴代、過去の世代 動いろいろな時期を経る
世代 shìdài 名長い間、代々
当代 dāngdài 名現代、当世、今の時代
岁月 suìyuè 名歳月

时光 shíguāng 名時間、年月、時期、暮らし向き
昔日 xīrì 名昔
当初 dāngchū 名最初
起初 qǐchū 名最初
先前 xiānqián 名以前
当前 dāngqián 名目下、現段階
動目の前にある・いる
近来 jìnlái 名近頃
以往 yǐwǎng 名以前、昔、これまで
往事 wǎngshì 名昔のこと
时机 shíjī 名時機、頃合い
时事 shíshì 名時事
原始 yuánshǐ 形最初の、原始的な
起源 qǐyuán 名起源 動～を起源とする
瞬间 shùnjiān 名瞬間
刹那 chànà 名刹那、瞬間
之际 zhījì ～の際、～に際して
片刻 piànkè 名片時、ごく短い時間
短促 duǎncù 形（時間が）短い
永恒 yǒnghéng 形永久不変である
期限 qīxiàn 名期限
延期 yánqī 動[離]延期する
拖延 tuōyán 動引き延ばす、遅らせる
截止 jiézhǐ 動締め切る、打ち切る
截至 jiézhì 動～までで締め切る、期限を切る
为期 wéiqī 動期間を～とする 名期日、その日
定期 dìngqī 形*定期の 動期日を決める
预先 yùxiān 副あらかじめ
暂且 zànqiě 副しばらく、ひとまず
姑且 gūqiě 副ひとまず、しばらく
恰巧 qiàqiǎo 副折よく、運良く、あいにく
顿时 dùnshí 副ただちに、にわかに
随即 suíjí 副すぐさま、ただちに
当场 dāngchǎng 副その場で、現場で
及早 jízǎo 副早いうちに、早めに
即将 jíjiāng 副まもなく～する
接连 jiēlián 副引き続いて、続けざまに
日益 rìyì 副日に日に、日増しに
逐年 zhúnián 副年一年と、年を追って
一向 yíxiàng 副いままでずっと、その後
名～のころ、あのころ
向来 xiànglái 副いままでずっと、従来
历来 lìlái 副これまでずっと、一貫して
连年 liánnián 動何年も続く
延续 yánxù 動（状況などが）引き続く、延長する

5. 頻度

频率 pínlǜ 名頻度、周波数
往常 wǎngcháng 名平素、普段
频繁 pínfán 形頻繁である
屡次 lǚcì 副何度も、しばしば
时常 shícháng 副しょっちゅう
时而 shí'ér 副時々、～たり～たりする
不时 bùshí 副たびたび、折につけ
名思いがけない時
一度 yídù 副一時 数量一度

6. 範囲、程度

范畴 fànchóu 名範疇、カテゴリー、類型、範囲
境界 jìngjiè 名境界、境地
界限 jièxiàn 名けじめ、境界線、限度
局面 júmiàn 名局面、情勢、規模
全局 quánjú 名全体の局面
侧面 cèmiàn 名側面
环节 huánjié 名部分、段階、環節
首要 shǒuyào 形*最も重要な、主要な
特定 tèdìng 形*特定の
统统 tǒngtǒng 副すべて、一切合切
任意 rènyì 副自由に、勝手に 形*任意の
皆 jiē 副みな、すべて
极限 jíxiàn 名極限、最高限度
极端 jíduān 名極端 形極端である 副極度に
恰当 qiàdàng 形適当である、適切である
适宜 shìyí 形程よい、適する
十足 shízú 形十分である、満ちている、
純度100%である
优异 yōuyì 形ずば抜けている、特にすぐれている
起码 qǐmǎ 形*最低限度の 副少なくとも、せめて
大不了 dàbuliǎo 副せいぜい、たかだか
形重大である、たいへんである
大致 dàzhì 形おおよその、だいたいの
副だいたい、ほぼ
大体 dàtǐ 副だいたい 名大切な道理
大肆 dàsì 副はばかりなく、おおっぴらに、
ほしいままに
过于 guòyú 副～すぎる
颇 pō 副すこぶる、かなり
万分 wànfēn 副甚だしい、きわめて、最高に
唯独 wéidú 副ただ、～だけ
未免 wèimiǎn 副いささか～のようである、
～と言わざるを得ない、～を免れない

7．場所、施設、建築物

场所 chǎngsuǒ 名場所
区域 qūyù 名地域、区域
方圆 fāngyuán 名付近、周り、周囲の長さ、面積、方形と円形
周边 zhōubiān 名周辺、まわり
跟前 gēnqián 名側、近く、間近
中央 zhōngyāng 名真ん中、中央
终点 zhōngdiǎn 名終点、（トラック競技で）ゴール
角落 jiǎoluò 名隅、辺鄙な所
港口 gǎngkǒu 名港、港湾
港湾 gǎngwān 名港、港湾
码头 mǎtou* 名埠頭、貿易港、商業地
桥梁 qiáoliáng 名橋梁（大型の橋）、橋渡し
立交桥 lìjiāoqiáo 名立体交差橋
隧道 suìdào 名トンネル
渠道 qúdào 名用水路、（関係をつなぐ）ルート
巷 xiàng 名路地、横町
寺庙 sìmiào 名寺院、寺や廟
塔 tǎ 名塔
园林 yuánlín 名庭園、園林
宫殿 gōngdiàn 名宮殿
城堡 chéngbǎo 名城、砦
仓库 cāngkù 名倉庫
巢穴 cháoxué 名巣、巣窟
废墟 fèixū 名廃墟
边缘 biānyuán 名縁、へり、境目 形境界付近の
偏僻 piānpì 形辺鄙である
就近 jiùjìn 副近所で

8．交通・運輸関係

船舶 chuánbó 名船舶
轮船 lúnchuán 名汽船
舟 zhōu 名舟
舱 cāng 名（船、飛行機の）客室、キャビン
桨 jiǎng 名船の櫂、オール
雷达 léidá 名レーダー
指南针 zhǐnánzhēn 名羅針盤、指針
里程碑 lǐchéngbēi 名道標、里程標
轨道 guǐdào 名レール、軌道、路線
途径 tújìng 名道程、ルート
航空 hángkōng 動飛行する
航天 hángtiān 動宇宙飛行する
航行 hángxíng 動航行する
运行 yùnxíng 動運行する 名実行
乘 chéng 動乗る、かける 介～に乗じて
刹车 shāchē 動[離]ブレーキをかける、機械を止める、制止する 名ブレーキ
停泊 tíngbó 動停泊する
托运 tuōyùn 動託送する
堵塞 dǔsè 動ふさぐ、詰まる
封锁 fēngsuǒ 動封鎖する、交通を遮断する
失事 shīshì 動[離]（船・飛行機が）事故を起こす

9．気象、地形、地球・宇宙

气象 qìxiàng 名気象、状況、情景、気勢
气压 qìyā 名気圧
风暴 fēngbào 名暴風雨、嵐、すさまじい事件・現象
台风 táifēng 名台風
冰雹 bīngbáo 名ひょう
洪水 hóngshuǐ 名洪水
温带 wēndài 名温帯
温和 wēnhé 形温暖である、温和である
晴朗 qínglǎng 形晴れ渡っている
严寒 yánhán 形寒さが厳しい
炎热 yánrè 形ひどく暑い
地势 dìshì 名地勢、地形
地质 dìzhì 名地質
海拔 hǎibá 名海抜
海滨 hǎibīn 名海辺
湖泊 húpō 名湖
沼泽 zhǎozé 名沼沢、湿地
畔 pàn (名) ほとり、岸、傍、（田畑の）畔
沿海 yánhǎi 名沿海
瀑布 pùbù 名滝
峡谷 xiágǔ 名峡谷
溪 xī 名谷川、小川
上游 shàngyóu 名上流、先進的な地位、高い目標
支流 zhīliú 名支流
堤坝 dībà 名堤防
山脉 shānmài 名山脈
悬崖峭壁 xuányáqiàobì 断崖絶壁
丘陵 qiūlíng 名丘陵
平原 píngyuán 名平原
盆地 péndì 名盆地
田野 tiányě 名田野（田畑と野原）、野外
坡 pō 名坂、坂道 形傾斜している
坑 kēng 名穴、くぼみ 動陥れる
孔 kǒng 名穴 量洞穴を数える
起伏 qǐfú 動起伏する、上下する、変動する

倾斜 qīngxié 動傾斜する、偏向する
耸 sǒng 動そびえる、そびえ立つ、そばだてる、注意を引く
陡峭 dǒuqiào 形（山が）切り立っている、険しい
平坦 píngtǎn 形平坦である
曲折 qūzhé 形曲がりくねっている、込み入っている 名込み入った事情
赤道 chìdào 名赤道
北极 běijí 名北極
经纬 jīngwěi 名縦糸と横糸、緯度と経度、経緯
太空 tàikōng 名宇宙、天空
天堂 tiāntáng 名天国、楽園
天文 tiānwén 名天文
夕阳 xīyáng 名夕日
卫星 wèixīng 名衛星
宇宙 yǔzhòu 名宇宙

10. 生物、物質、その他自然界のもの

生物 shēngwù 名生物
生态 shēngtài 名生態
鸽子 gēzi 名ハト
蚂蚁 mǎyǐ 名アリ
贝壳 bèiké 名貝殻
犬 quǎn 名犬
牲畜 shēngchù 名家畜
雌雄 cíxióng 名雌と雄、勝負、優劣
翼 yì 名翼、羽
棉花 miánhua* 名綿花、綿
橙 chéng 名（植物名）だいだい
茎 jīng 名茎 量細長い茎状の物を数える
梢 shāo 名梢、枝の先、先端
花瓣 huābàn 名花びら
花蕾 huālěi 名つぼみ
化肥 huàféi 名化学肥料
品种 pǐnzhǒng 名品種、銘柄
新陈代谢 xīnchéndàixiè 新陳代謝
窝 wō 名巣、巣窟、くぼみ 動縮こまる、たまる、曲げる
枯萎 kūwěi 動枯れしぼむ
枯燥 kūzào 形無味乾燥である、味気ない
元素 yuánsù 名要素、元素
氧气 yǎngqì 名酸素
二氧化碳 èryǎnghuàtàn 名二酸化炭素
蛋白质 dànbáizhì 名タンパク質
维生素 wéishēngsù 名ビタミン
钙 gài 名カルシウム
脂肪 zhīfáng 名脂肪
矿产 kuàngchǎn 名鉱物
铜 tóng 名銅
石油 shíyóu 名石油
天然气 tiānránqì 名天然ガス
火药 huǒyào 名火薬
结晶 jiéjīng 名結晶 動結晶する
固体 gùtǐ 名固体
液体 yètǐ 名液体
土壤 tǔrǎng 名土壌
岩石 yánshí 名岩石
霞 xiá 名朝焼け、夕焼け
波浪 bōlàng 名波
波涛 bōtāo 名波濤、大波
泡沫 pàomò 名泡沫、バブル
淡水 dànshuǐ 名淡水
风光 fēngguāng* 名風光、風景 形光栄である、面目が立つ
光芒 guāngmáng 名光芒、光線
光彩 guāngcǎi 名色つや、彩り 形光栄である
化石 huàshí 名化石
火焰 huǒyàn 名火炎
肥沃 féiwò 形肥沃である
干旱 gānhàn 形乾燥している、日照り
荒凉 huāngliáng 形荒涼としている
秃 tū 形はげている、すり減っている、不完全である
粉色 fěnsè 名ピンク色
棕色 zōngsè 名茶褐色
斑 bān 名斑点、まだら模様
蔚蓝 wèilán 形* 紺碧の
乌黑 wūhēi 形真っ黒い、真っ暗である
方位 fāngwèi 名方位
外界 wàijiè 名外界、外部
能量 néngliàng 名エネルギー、人が発揮できる力
动力 dònglì 名動力、原動力
动静 dòngjing 名物音、様子、動静
噪音 zàoyīn 名雑音、騒音
粉末 fěnmò 名粉末
功效 gōngxiào 名効果、効き目
弹性 tánxìng 名弾性、弾力性、融通性
椭圆 tuǒyuán 名楕円、楕円形
直径 zhíjìng 名直径
杠杆 gànggǎn 名てこ、レバー

11. 生物・自然・科学・場所に関する動き、状態

饲养 sìyǎng 動飼育する
喂 wèi 動餌をやる、飼う、食べさせる
宰 zǎi 動（家畜を)殺す、つぶす、法外な値段を取る
繁殖 fánzhí 動繁殖する、繁殖させる
飞翔 fēixiáng 動飛び回る
盘旋 pánxuán 動旋回する、(比喩的に）駆け巡る
旋转 xuánzhuǎn 動回転する、ぐるぐる回る
进化 jìnhuà 動進化する
萌芽 méngyá 動芽生える 名芽生え
丰收 fēngshōu 動豊作になる
盛产 shèngchǎn 動豊富に産出する
盛开 shèngkāi 動満開になる、満開である
杂交 zájiāo 動交雑、雑交
栽培 zāipéi 動栽培する、育成する
腐烂 fǔlàn 動腐乱する
形腐り果てている、堕落している
腐蚀 fǔshí 動腐食する、堕落させる、むしばむ
展现 zhǎnxiàn 動（目の前に）現れる
滋润 zīrùn 動潤す 形潤いがある、気持ちがいい
泛滥 fànlàn 動（川が）氾濫する、悪事がはびこる
淹没 yānmò 動水浸しになる、埋もれる
汹涌 xiōngyǒng 動（水や波が）沸き返る
溅 jiàn 動（液体が）跳ね上がる、飛び散る
迸发 bèngfā 動飛び散る、沸き上がる
笼罩 lǒngzhào 動すっぽり覆う、立ちこめる
弥漫 mímàn 動充満する、立ちこめる
漂浮 piāofú 動漂う、浮かぶ
形浮ついている、着実でない
飘扬 piāoyáng 動はためく
照耀 zhàoyào 動照り輝く、照らす
闪烁 shǎnshuò 動ちらちらと光る、言葉を濁す
呼啸 hūxiào 動鋭く長い音を立てる
砍伐 kǎnfá 動伐採する
塌 tā 動崩れる、倒れる、へこむ、落ち着ける
蕴藏 yùncáng 動埋蔵する、～が隠されている
蒸发 zhēngfā 動蒸発する、行方不明になる
融化 rónghuà 動（雪、氷等が）解ける
溶解 róngjiě 動溶解する
凝固 nínggù 動凝固する、硬化する
凝聚 níngjù 動（気体が）液化する、凝集する
收缩 shōusuō 動収縮する、集中させる
沉淀 chéndiàn 動沈殿する、蓄積する 名沈殿物
饱和 bǎohé 動飽和する、限度に達する
放射 fàngshè 動放射する、放出する
反射 fǎnshè 動反射する
辐射 fúshè 動放射する
过滤 guòlǜ 動ろ過する
合成 héchéng 動合成する、合わさって～になる
混合 hùnhé 動混合する
压缩 yāsuō 動圧縮する、(人員·経費などを）削る、減らす 名圧縮
压榨 yāzhà 動圧搾する、搾取する
铸造 zhùzào 動鋳造する
提炼 tíliàn 動抽出する、精製する、練り上げる
探测 tàncè 動探査する、探測する
化验 huàyàn 動化学検査をする、化学分析をする
解剖 jiěpōu 動解剖する、細かく分析する
渗透 shèntòu 動浸透する、しみ込む、しみ渡る
成效 chéngxiào 名効果
生效 shēngxiào 動[離]効力を発する
生锈 shēngxiù 動[離]錆びる、錆びつく
冷却 lěngquè 動冷却する
衬托 chèntuō 動際立たせる、引き立てる
点缀 diǎnzhuì 動飾りつける、間に合わせる
垂直 chuízhí 動垂直になる
颠簸 diānbǒ 動上下に揺れる
颠倒 diāndǎo 動逆さまになる、狂う
加剧 jiājù 動激化する
降临 jiànglín 動訪れる、来る
熄灭 xīmiè 動（火を）消す、消える
消灭 xiāomiè 動消滅させる、滅ぼす、消滅する、消えてなくなる
毁灭 huǐmiè 動壊滅する、破壊する
灭亡 mièwáng 動滅亡する、滅ぼす
凹凸 āotū 形でこぼこである
扁 biǎn 形扁平である、ぺしゃんこである
庞大 pángdà 形非常に大きい、膨大である
渺小 miǎoxiǎo 形ちっぽけである、小さい
雄伟 xióngwěi 形雄壮である、壮大である
宏伟 hóngwěi 形雄大である、壮大である
广阔 guǎngkuò 形広大である
辽阔 liáokuò 形果てしなく広い
开阔 kāikuò 形広々としている、明るい 動広める
宽敞 kuānchang 形（建物のスペース等が）広々としている
茫茫 mángmáng 形広々と果てしない、(遠く広すぎて）見通せない

遥远 yáoyuǎn 形はるかに遠い
壮观 zhuàngguān 形眺めが壮大である 名雄大な景観
壮丽 zhuànglì 形厳かで美しい
美观 měiguān 形美しい 名美観
美妙 měimiào 形麗しい、すばらしい
奇妙 qímiào 形珍しく面白い、絶妙である、不思議である
神奇 shénqí 形たいへん不思議である、非常に珍しい
挺拔 tǐngbá 形まっすぐにそびえている、力強い
耀眼 yàoyǎn 形まぶしい
华丽 huálì 形華麗である
灿烂 cànlàn 形きらきらと輝いている
辉煌 huīhuáng 形光り輝いている、卓越している
光辉 guānghuī 形輝かしい、光り輝いている 名光、輝き
可观 kěguān 形見るに値する、たいしたものである
清洁 qīngjié 形清潔である
清澈 qīngchè 形透き通っている、澄み切っている
混浊 hùnzhuó 形濁っている、混濁している
狭隘 xiá'ài 形狭い
狭窄 xiázhǎi 形狭い
寂静 jìjìng 形ひっそりと静まり返る
凄凉 qīliáng 形物寂しい、わびしい、悲惨である
嘈杂 cáozá 形がやがやと騒がしい
简陋 jiǎnlòu 形粗末である、貧弱である
深奥 shēn'ào 形奥深い、難解である
浓厚 nónghòu 形濃厚である、非常に濃い、深い
深沉 shēnchén 形深い、低く重々しい、(考えや感情を) 表に出さない
沉重 chénzhòng 形重い、甚だしい
空洞 kōngdòng 形空洞である、中身がない 名空洞
正负 zhèngfù 正負、プラスマイナス
宏观 hóngguān 形巨視的な、マクロの
微观 wēiguān 形* 微視的な、ミクロの

12. その他のさまざまな事物・事象

尖端 jiānduān 名先端 形* 最も進んだ、先端の
模式 móshì 名モデル、模式
模型 móxíng 名模型、鋳型、モデル
典型 diǎnxíng 形典型的である 名典型、モデル、手本
造型 zàoxíng 名造形 動形作る、型をつくる
款式 kuǎnshì 名様式、デザイン
标本 biāoběn 名標本、サンプル、典型、根本と末節
标记 biāojì 名標識、記号
平面 píngmiàn 名平面、水平面
图案 tú'àn 名図案、模様
物资 wùzī 名物資
体系 tǐxì 名システム、体系
系列 xìliè 名系列、シリーズ
阵容 zhènróng 名陣容、顔ぶれ
痕迹 hénjì 名跡、痕跡
踪迹 zōngjì 名 (行動によって残る) 跡、痕跡
迹象 jìxiàng 名兆し
预兆 yùzhào 名前兆、兆し 動前兆を示す
空隙 kòngxì 名隙間、隙
故障 gùzhàng 名故障、バグ
丸 wán 名球状のもの、丸薬 量丸薬を数える
渣 zhā 名かす、くず
屑 xiè 名くず
反面 fǎnmiàn 名裏面、他の側面 形* マイナス面の
局部 júbù 名局部、一部分
片断 piànduàn 名一部分 形* 断片的な、まとまりがない
部位 bùwèi 名部位
空白 kòngbái 名空白、余白
例外 lìwài 名例外 動例外にする
情形 qíngxing 名状態、事情、事実、ありさま
场面 chǎngmiàn 名場面、その場の情景、体裁
场合 chǎnghé 名場合、場所
现场 xiànchǎng 名現場、現地
现状 xiànzhuàng 名現状
地步 dìbù 名状況、境地、程度、余地、立場
品质 pǐnzhì 名本質、資質、品質
实质 shízhì 名実質、本質
形态 xíngtài 名形態、形状
性能 xìngnéng 名性能、特性
前景 qiánjǐng 名前景、見通し、先行き
前提 qiántí 名前提、前提条件
源泉 yuánquán 名源泉、源
原先 yuánxiān 名はじめ、以前 副最初は
来源 láiyuán 名源、出所 動～から出てくる
根源 gēnyuán 名根源 動～に起因する
依据 yījù 名根拠、よりどころ 動根拠にする 介～に基づいて
定义 dìngyì 名定義 動定義を下す
条理 tiáolǐ 名条理、筋道

层次 céngcì 名順序、筋道、段階、レベル、グラデーション

原理 yuánlǐ 名原理

真理 zhēnlǐ 名真理

格局 géjú 名組み立て、構造

框架 kuàngjià 名骨組み、枠組み、物事の構成・構造

步伐 bùfá 名歩調、歩み

结局 jiéjú 名結果、結末、結局

真相 zhēnxiàng 名真相

正气 zhèngqì 名正しい気風

支柱 zhīzhù 名支柱、支え

指标 zhǐbiāo 名指標

装备 zhuāngbèi 名設備、装備 動整備する、装備する

风气 fēngqì 名気風、風習

风味 fēngwèi 名特色、味わい

滋味 zīwèi 名味、味わい

精华 jīnghuá 名精華、精髄、輝き

重心 zhòngxīn 名重心、重点、ポイント

焦点 jiāodiǎn 名焦点

内涵 nèihán 名内包、内面の修養、内に含まれる意味

内幕 nèimù 名内幕、裏

潜力 qiánlì 名潜在力

窍门 qiàomén 名コツ、秘訣、妙案

线索 xiànsuǒ 名手がかり、糸口

出路 chūlù 名出口、活路、販路

分歧 fēnqí 名相違、不一致 形食い違っている

偏差 piānchā 名偏り、偏向、ずれ

误差 wùchā 名誤差

缺口 quēkǒu 名割れ目、突破口、不足分

缺陷 quēxiàn 名欠陥、不備

胜负 shèngfù 名勝ち負け

圈套 quāntào 名わな、計略

陷阱 xiànjǐng 名落とし穴、わな

是非 shìfēi 名是非、いざこざ

隔阂 géhé 名わだかまり、みぞ

周折 zhōuzhé 名紆余曲折、手数

危机 wēijī 名危機、恐慌

威力 wēilì 名威力

隐患 yǐnhuàn 名まだ表面に現れない危険

灾难 zāinàn 名災難

障碍 zhàng'ài 動妨げる、妨害する 名障害、妨げ

哨 shào 名偵察の人・任務・場所、呼び子 動（鳥が）さえずる、話をする、偵察する 量隊伍を数える

13. さまざまな事物・事象に関する動き、状態

区分 qūfēn 動区別する、選り分ける

划分 huàfēn 動区分する、区別する

分解 fēnjiě 動分解する、調停する、ばらばらになる、弁解する、詳しく話す

分散 fēnsàn 動分散する、分け与える 形まばらである

隔离 gélí 動引き離す、隔離する

间隔 jiàngé 動隔絶する、途絶える 名間隔

粉碎 fěnsuì 動粉砕する、打ち負かす 形粉々である

转折 zhuǎnzhé 動転換する、転じる

配套 pèitào 動[離]組み合わせてセットにする、付帯する

足以 zúyǐ 動（～するに）十分足りる

神圣 shénshèng 形神聖である

高超 gāochāo 形一段と優れている、ずば抜けている

崇高 chónggāo 形崇高である、立派である

精密 jīngmì 形精密である

精确 jīngquè 形精密で正確である

精致 jīngzhì 形精緻である、精巧で手が込んでいる

别致 biézhì 形ユニークである、奇抜である、趣がある

新颖 xīnyǐng 形斬新である

崭新 zhǎnxīn 形真新しい

珍贵 zhēnguì 形貴重である

珍稀 zhēnxī 形希少である

罕见 hǎnjiàn 形まれに見る、めったにない

难得 nándé 形得難い、めったにない

机动 jīdòng 形機動性がある、融通がきく、機械で動く

锋利 fēnglì 形よく切れる、鋭い

尖锐 jiānruì 形鋭利である、鋭敏である、甲高い、厳しい

坚硬 jiānyìng 形硬い

坚固 jiāngù 形堅固である、丈夫である

坚实 jiānshí 形堅固である、固くて丈夫である

扎实 zhāshi 形丈夫である、（仕事が）着実である

牢固 láogù 形堅固である、頑丈である

耐用 nàiyòng 形丈夫である、長持ちする

鲜明 xiānmíng 形鮮やかである、鮮明である

显著 xiǎnzhù 形顕著である

隐约 yǐnyuē 形かすかである、はっきりしない

含糊 hánhu 形あいまいである、いいかげんである、尻込みする

内在 nèizài 形内在している、内に秘めて表さない
反常 fǎncháng 形普段と違う、異常である
异常 yìcháng 形尋常でない 副非常に、ことのほか
漫长 màncháng 形果てしなく長い
慢性 mànxìng 形慢性の、のんびりした
名のんびりした人
持久 chíjiǔ 形長い間持ちこたえる、長持ちする
急剧 jíjù 形急である、急遽である
猛烈 měngliè 形猛烈である、急激である
剧烈 jùliè 形激烈である、激しい
现成 xiànchéng 形既成の
一贯 yíguàn 形これまでずっと変わらない
一流 yīliú 形一流の
庄严 zhuāngyán 形荘厳である
庄重 zhuāngzhòng 形（言動が）まじめで慎重である
虚假 xūjiǎ 形うそである、偽りである
混乱 hùnluàn 形混乱している
对称 duìchèn 形対称的である、対称になっている
立体 lìtǐ 形立体感のある、さまざまな角度・分野を包括している、多角的である 名立体
零星 língxīng 形こまごましている、断片的である、ばらばらの
初步 chūbù 形* 初歩の、初歩的な、一応の
固有 gùyǒu 形* 固有の
连锁 liánsuǒ 形* 連鎖した
间接 jiànjiē 形* 間接的な
效应 xiàoyìng 名効果、反応

Ⅳ　全分野に関わる表現

1．語気・否定・その他の副詞

不妨 bùfáng 副かまわない、差し支えない、～するのも悪くない
不止 bùzhǐ 動（副）やまない、～にとどまらない
不愧 búkuì 副～に恥じない、さすが～だけのことはある
胡乱 húluàn 副いいかげんに、そそくさと、みだりに、勝手に
纯粹 chúncuì 副ただ、単に 形純粋である
明明 míngmíng 副明らかに、まぎれもなく
默默 mòmò 副黙々と、黙って
偏偏 piānpiān 副わざと、どうしても、あいにく、～だけ
擅自 shànzì 副勝手に、無断で
势必 shìbì 副きっと～するにちがいない、必然的に
私自 sīzì 副ひそかに、勝手に
索性 suǒxìng 副いっそのこと、思い切って
特意 tèyì 副わざわざ、特別に
专程 zhuānchéng 副わざわざ（赴く）
无非 wúfēi 副～にほかならない、どうせ～にすぎない
务必 wùbì 副ぜひ、必ず
仍旧 réngjiù 副依然として、いまなお
動元のままにする
依旧 yījiù 副依然として 副元のままである
毅然 yìrán 副毅然として
当面 dāngmiàn 副面と向かって 動[離]面と向かう
迎面 yíngmiàn 副真正面から
照样 zhàoyàng 副相変わらず
動[離]見本どおりにする
终究 zhōngjiū 副結局のところ、最後には
分明 fēnmíng 副明らかに、確かに
形明らかである、はっきりしている
甭 béng 副～する必要はない、～するな
毫无 háowú フ少しも～ない

2．介詞、接続詞、接続詞的な意味を持つ副詞・動詞

鉴于 jiànyú 介～に鑑みて、～という見地から
接～であることに鑑みて
凡是 fánshì 副（接）すべて、おしなべて
反之 fǎnzhī 接反対に、これに反して
固然 gùrán 接もとより、無論、もちろん
即便 jíbiàn 接よしんば～であろうと、たとえ～としても
进而 jìn'ér 接その上、さらには、さらに進んで
况且 kuàngqiě 接その上、それに
连同 liántóng 接～と合わせて、～と一緒に
免得 miǎnde 接～しないように、～しないですむように
尚且 shàngqiě 接～でさえ
倘若 tǎngruò 接もし～ならば
以便 yǐbiàn 接～するために
以免 yǐmiǎn 接～をしないように
以至 yǐzhì 接～に至るまで、～の結果となる
以致 yǐzhì 接～の結果になる
宁肯 nìngkěn 接（副）むしろ～しても
宁愿 nìngyuàn 副～するよりむしろ～したい、～してでも～したい／しない
亦 yì 副～もまた
愈 yù 副～すればするほど

并非 bìngfēi 動まったく～ではない、決して～ではない

譬如 pìrú 接（動）例えば

无比 wúbǐ 動（形）比類のない、並ぶもののない

犹如 yóurú 動～と同じようである

致使 zhìshǐ 動～の結果になる

3．代詞、助詞、感嘆詞

啥 shá 疑＝什么

咋 zǎ 疑＝怎么

啦 la 助＝“了”＋“啊”

嘛 ma 助～じゃないか（事実はこうだ、本来こうあるべきだという語気）、～しろよ（奨励または阻止の語気）、注意を促す語気

哇 wa* 助＝啊 嘆わぁ、わーっ、げーっ

嗨 hāi 嘆おい、ほら、へぇ、おや

嘿 hēi 嘆おい、ほら、へぇ、おや

哦 ò 嘆ああ、ええ（「そうだったのか」と思い当たる、同意する）

而已 éryǐ 助～に過ぎない、～だけである

4．四字成語

爱不释手 àibúshìshǒu 大好きで手放せない、大事に取っておきたい

拔苗助长 bámiáozhùzhǎng せいては事を仕損じる

半途而废 bàntú'érfèi 途中で投げ出す

饱经沧桑 bǎojīngcāngsāng 世の移り変わりを嫌と言うほど経験する

博大精深 bódàjīngshēn（知識、学問、思想等が）広く深い

不可思议 bùkěsīyì 不思議である、理解できない

不相上下 bùxiāngshàngxià 優劣がない、似たり寄ったり

不屑一顾 búxièyígù 一顧だに値しない、見向きもしない

不言而喻 bùyán'éryù 言うまでもない、言わずと知れたこと

不择手段 bùzéshǒuduàn 手段を選ばない

层出不穷 céngchūbùqióng 次々と現れる、次々現れてきりがない

称心如意 chènxīn rúyì 意のままである、思い通りになって満足する

川流不息 chuānliúbùxī（人や車が川の流れのように）ひっきりなしに続く

当务之急 dāngwùzhījí 当面の急務

得不偿失 débùchángshī 得よりも損のほうが大きい

得天独厚 détiāndúhòu とりわけ恵まれている

丢三落四 diūsānlàsì 忘れっぽい、そそっかしい

东张西望 dōngzhāngxīwàng きょろきょろ見回す

飞禽走兽 fēiqínzǒushòu 鳥獣類の総称

废寝忘食 fèiqǐnwàngshí 寝食を忘れる

风土人情 fēngtǔ rénqíng 風土と人情

各抒己见 gèshūjǐjiàn おのおの自分の意見を述べる

根深蒂固 gēnshēndìgù（悪い考えや習慣等の）根が深く容易に動かない、根強い

供不应求 gōngbúyìngqiú 供給が需要に追いつかない、供給不足

归根到底 guīgēndàodǐ 結局、とどのつまり

后顾之忧 hòugù zhī yōu 後顧の憂い

画蛇添足 huàshétiānzú 蛇足を加える

恍然大悟 huǎngrándàwù はっと悟る、目から鱗が落ちる

急功近利 jígōngjìnlì 目先の成功や利益を性急に求める

急于求成 jíyúqiúchéng 功を焦る

家喻户晓 jiāyùhùxiǎo 誰もがよく知っている

见多识广 jiànduōshíguǎng 経験豊富で知識が広い

见义勇为 jiànyìyǒngwéi 正義のために勇敢に行動する

竭尽全力 jiéjìnquánlì 全力を尽くす

津津有味 jīnjīn yǒuwèi 興味津々である、とてもおいしそう

锦上添花 jǐnshàngtiānhuā 錦上に花を添える

精打细算 jīngdǎxìsuàn 細かくそろばんをはじく、綿密に計算する

精益求精 jīngyìqiújīng 優れている上にさらに磨きをかける

举世瞩目 jǔshìzhǔmù 世界的に注目を集める

举足轻重 jǔzúqīngzhòng 重要な地位にあり一挙手一投足が全体に影響する

聚精会神 jùjīnghuìshén 精神を集中する、一心不乱に～する

侃侃而谈 kǎnkǎn ér tán 臆することなく堂々と語る

刻不容缓 kèbùrónghuǎn 一刻も猶予できない

空前绝后 kōngqiánjuéhòu 空前絶後である

苦尽甘来 kǔjìngānlái 苦しみ尽きて楽あり、苦しみの日々が終わり幸せな日が来る

狼吞虎咽 lángtūnhǔyàn がつがつ食べる、かきこむ

礼尚往来 lǐshàngwǎnglái 礼を受ければ礼を返す、相手の出方によって対応する

理所当然 lǐsuǒdāngrán 理の当然である
理直气壮 lǐzhíqìzhuàng 筋が通っていて堂々としている
力所能及 lìsuǒnéngjí 力の及ぶ限り
络绎不绝 luòyìbùjué 人や車などの流れが絶え間なく続く、往来が激しい
名副其实 míngfùqíshí 名実相伴う、その名に恥じない
莫名其妙 mòmíngqímiào 不思議である、何が何だかさっぱりわからない
南辕北辙 nányuánběizhé（轅を南に向けながら車を北に走らせる）行動と目的が一致しない
难能可贵 nánnéngkěguì 見上げたものである、たいしたものである
迫不及待 pòbùjídài 矢も盾もたまらず
齐心协力 qíxīnxiélì 心を合わせて協力する
岂有此理 qǐyǒucǐlǐ そんな馬鹿なことがあるか、もってのほかである
迄今为止 qìjīnwéizhǐ 今まで
恰到好处 qiàdào hǎochù ちょうどよい頃合いである、ちょうど適切である
千方百计 qiānfāngbǎijì あらゆる手段を講じる
潜移默化 qiányímòhuà 感化されて知らず知らずのうちに考えや性格が変わる
锲而不舍 qiè'érbùshě 途中で諦めずにやり遂げる、（休まずに彫刻する）粘り強く物事を行う
全力以赴 quánlìyǐfù 全力を尽くして事に当たる
热泪盈眶 rèlèiyíngkuàng 非常に感動する、感情が高ぶり熱い涙があふれる、非常に悲しい
任重道远 rènzhòngdàoyuǎn 責任は重大で前途は遠い
日新月异 rìxīnyuèyì 日進月歩、めざましく進歩する
深情厚谊 shēnqínghòuyì 厚く深い情誼
实事求是 shíshìqiúshì 事実に基づき真実を求める、実際に即して正しく処理する
肆无忌惮 sìwújìdàn 恣に振る舞いはばからない、したい放題をする
滔滔不绝 tāotāobùjué 絶え間なく滔々と流れるように話す
天伦之乐 tiānlún zhī lè 一家団欒の楽しみ
统筹兼顾 tǒngchóujiāngù 統一して計画し各方面に配慮する
微不足道 wēibùzúdào 小さくて取るに足りない、ほんのわずかである
无动于衷 wúdòngyúzhōng まったく無関心である、まったく心を動かされない
无精打采 wújīngdǎcǎi うちしおれて元気がない、しょんぼりしている
无理取闹 wúlǐqǔnào 理由もなく悶着を起こす、言いがかりをつける
无能为力 wúnéngwéilì 無力である、どうすることもできない
无穷无尽 wúqióngwújìn 尽きることがない、無尽蔵の
无微不至 wúwēibúzhì 至れり尽くせりである、すべて行き届いている
无忧无虑 wúyōuwúlǜ 何の心配もない
物美价廉 wùměijiàlián 品もよくて値段も安い
喜闻乐见 xǐwénlèjiàn 喜んで聞いたり見たりする、人々に人気がある
相辅相成 xiāngfǔxiāngchéng 互いに助け合い補完する
想方设法 xiǎngfāngshèfǎ 八方手を尽くす、いろいろと思案をめぐらす
小心翼翼 xiǎoxīnyìyì（言動が）慎重である、注意深い
心甘情愿 xīn'gānqíngyuàn 心から願う、喜んで甘んじる
欣欣向荣 xīnxīnxiàngróng 草木がすくすくと伸びる、（事業などが）勢いよく発展し繁栄する
兴高采烈 xìnggāocǎiliè 上機嫌である、大喜びである
兴致勃勃 xìngzhìbóbó 興味津々である
雪上加霜 xuěshàngjiāshuāng 雪の上に霜が降りる、災難が重なる
循序渐进 xúnxùjiànjìn（学習や仕事などを）一歩一歩順を追って進める
鸦雀无声 yāquèwúshēng カラスもすずめも声なし、ひっそりと静まり返っている
一帆风顺 yìfānfēngshùn 物事が何事もなく順調である
一举两得 yìjǔliǎngdé 一挙両得
一目了然 yímùliǎorán 一目瞭然
一如既往 yìrújìwǎng これまでと少しも変わらない
一丝不苟 yìsībùgǒu 少しもいい加減なところがない
优胜劣汰 yōushèngliètài 優れたものが勝ち残り、だめなものが淘汰される
有条不紊 yǒutiáobùwěn 筋道が立って乱れたところがない
与日俱增 yǔrìjùzēng 日増しに増える
再接再厉 zàijiēzàilì 努力を重ねる

斩钉截铁 zhǎndīngjiétiě 決断力があり言動がてきぱきしている

朝气蓬勃 zhāoqìpéngbó 元気はつらつとしている

争先恐后 zhēngxiānkǒnghòu 遅れまいと先を争う

知足常乐 zhīzúchánglè 足るを知れば常に楽しい

众所周知 zhòngsuǒzhōuzhī 皆に知れ渡っている

自力更生 zìlìgēngshēng 自力更生する、他の力に頼らずに自らの力で行う

总而言之 zǒng'éryánzhī 要するに、概して言えば

中国語の単語は、表す意味内容に加え、文の中でどの成分になり、どのような働きをするかによって分類されています。

確認しながら学習を進めましょう。

中国語品詞MAP

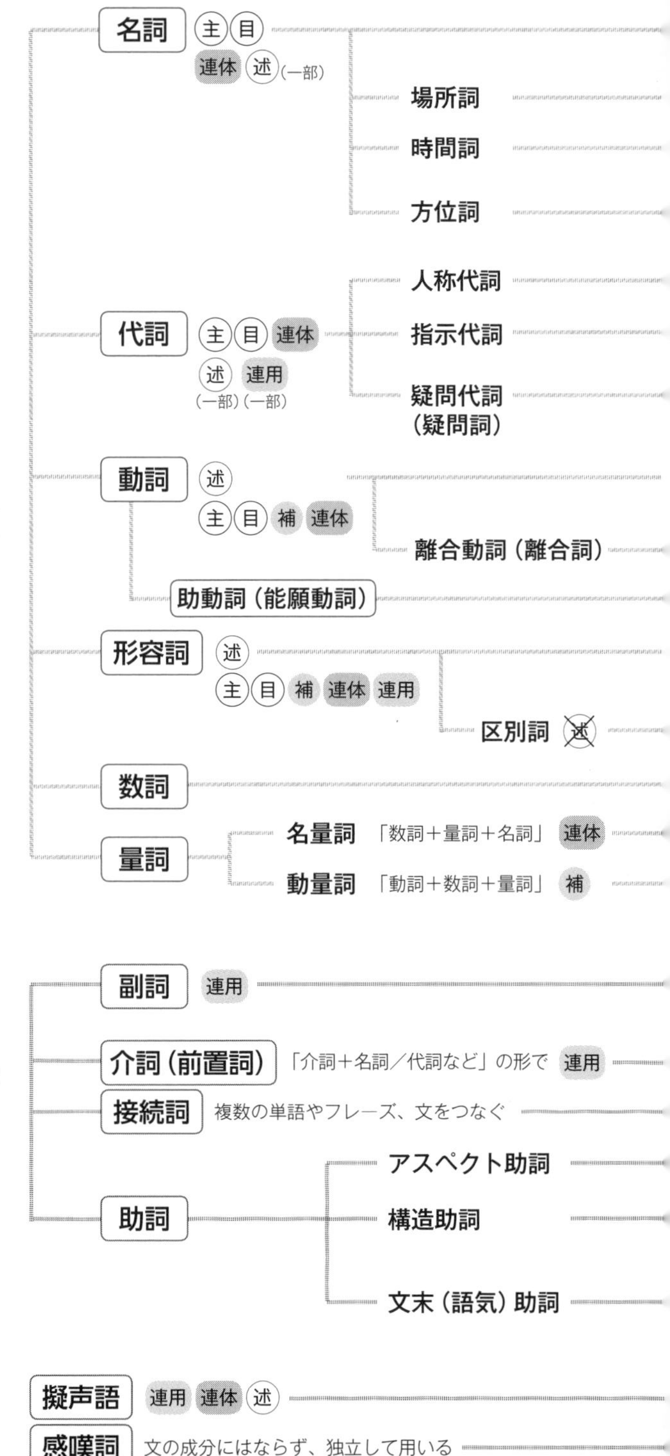

実詞

実質的な概念を表し、一般的に文のどの成分にもなれるもの

虚詞

主に文法的な役割を果たすもの

【文成分マーク】

- 主 主語
- 述 述語
- 目 目的語
- 連体 連体修飾語
- 連用 連用修飾語
- 補 補語

中国、北京、毛泽东”（固有名詞）、“书、词典、饺子、肚子、地球”（一般名詞）、
“情况、感情、内容”（抽象名詞）など

“学校、医院、北京”など（場所を表す固有名詞としての地名、一般名詞としての場所・施設名など）

“去年、今天、上午、刚才”など

“上、下、左、右、东、南、里、外、旁边”など　※“-边(儿)／面”を付け、単独で主語や目的語になる。また、一般名詞の後ろに付けて場所を表すことができる。例：桌子上（机の上）、冰箱里（冷蔵庫の中）

“我、你、您、他、她、它、我们、咱们、大家、自己、别人”など

“这／这个、那／那个、这儿／这里、那儿／那里”など（“这、那”は目的語になれない）

“哪／哪个、哪儿／哪里、谁、什么、怎么、怎么样、几、多少”“什么时候、什么地方、为什么”など（“哪”は目的語になれない）

“有、在、看、学习、告诉、飞、去、来、开”、
“喜欢、想、觉得、认为、担心、希望”（心理的な動きや知覚を表すもの）など

“跑步、爬山、跳舞、唱歌、抽烟、旅游、游泳、生气”など

“能、会、可以、想、要、得、愿意、应该”など

“大、小、热、冷、安静、高兴、漂亮”（性質形容詞）“雪白、冰凉”（状態形容詞）など
※述語にのみなるもの（“行”“对”）もある

“男、女、黑白、彩色”など　※述語にはならない

“一、二、三、一百、一千、百分之十、两、零”（数字）、第一、第二”（序数）など

“一个人、两张票、三件衬衫、五双袜子”など

“说一次、去一趟、看两遍”など

※“两个”を表す“俩”のように、数詞＋量詞を１語で表す語もあり、「数量詞」という。

“不、没（有）、别”（否定副詞（否定詞））、
“就、才、正在”（時間副詞）、“很、非常、有点儿”（程度副詞）、“全、都、一起”（範囲副詞）、
“再、又、还”（重複・頻度副詞）、“突然”（様態副詞）、“大概、一定”（語気副詞）など

“在、从、离、和、对、给、比、把、被、随着、关于、为了、根据、通过”など

“因为、所以、虽然、但是、不但、而且、还是、如果、即使”など

“了”、“过”、“着”

“的”（連体修飾語を作る）、“地”（連用修飾語を作る）、“得”（補語を導く）

“吗”（疑問を表す）、“了”（新事態の発生、状態の変化）、“吧”（推測、依頼、命令、勧誘、提案など）、
“的”（強調、肯定、断定など）、“呢”（語気を和らげる、省略疑問文を作るなど）、
“啊”（感嘆、語気を和らげるなど）など

“汪汪”（ワンワン）、“喵喵”（ニャーニャー）、“咕噜咕噜”（グウグウ）、“哈哈”（ハハハ）など

“啊、呀、哎呀、诶、噢、喂、嗯、哼”など　呼びかけや応答に用いたり、喜怒哀楽の感情を表す

一般的なイメージとして、中国語の基本となる文成分「主語」「述語」「目的語」、および「連用・連体修飾語」に、どの品詞を用いるかを記しました。

品詞と文成分MAP

主部

名詞・名詞フレーズ、代詞
数量フレーズ
主述フレーズ
（動詞・動詞フレーズ）
（動詞＋目的語フレーズ）
（形容詞・形容詞フレーズ）
※一定の条件を満たす必要あり

連体修飾語
“定语” dìngyǔ

主語
“主语” zhǔyǔ

形容詞・形容詞フレーズ（＋“的”）
〈数量〉 数詞＋量詞
〈時間〉 時間詞＋（“的”）
〈場所〉 場所詞＋方位詞＋“的”
〈所属〉 名詞／代詞（＋“的”）
動詞・動詞フレーズ＋“的”
動詞＋目的語フレーズ＋“的”
介詞フレーズ＋“的”
主述フレーズ＋“的”　など

述部

動詞・動詞フレーズ
（動詞述語文）
形容詞・形容詞フレーズ
（形容詞述語文）
※動詞の一部である助動詞は、動詞の前に置く

連用修飾語
“状语” zhuàngyǔ

述
“谓 wèi

副詞
介詞＋名詞／代詞など
（介詞フレーズ）
時間
（時点“今天／下午／三点”など）
場所（介詞“在”＋場所）
形容詞＋（“地”）
“怎么／这么／那么”
など

接続詞、感嘆詞、語気副詞（一部）
（時間、場所、目的語、介詞フレーズなど）※強調したい場合

基本規則

1. 主部 ‖ 述部	你 好　我 学汉语　她 很漂亮
2. 動詞 ➡ 目的語	说 汉语　吃 苹果
3. 修飾語 ＋ 被修飾語	好 朋友　没 来

名詞・名詞フレーズ・数詞
（日時、年齢、価格、天候など
…名詞述語文）

主述フレーズ（主述述語文）

など

名詞・名詞フレーズ、代詞
数量フレーズ
主述フレーズ
（動詞・動詞フレーズ）
（動詞＋目的語フレーズ）
（形容詞・形容詞フレーズ）

※一定の条件を満たす必要あり

語
语”
yǔ

付加要素

連体修飾語
“定语”

目的語
“宾语”
bīnyǔ

語気

アスペクト助詞“了”“过”“着”

補語
- **結果補語**（動詞／形容詞）
- **方向補語**（“去／来／上／下／进／出／回／开／过／起”およびこの組み合わせ）
- **様態補語**（“得”＋形容詞／フレーズ）
- **程度補語**（“得”＋“很／不得了”）（“极了／死了／多了”など）
- **可能補語**（“得／不”＋結果補語／方向補語）（“得了／不了”）
- **数量補語**
  - **動量補語**（数詞＋量詞）
  - **時量補語**（時量“一天／两个小时”など）

※述語の一部になるものと、述語とは別に補語として分けられるものがある。

形容詞・形容詞フレーズ（＋“的”）
〈数量〉数詞＋量詞
〈時間〉時間詞＋（“的”）
〈場所〉場所詞＋方位詞＋“的”
〈所属〉名詞／代詞（＋“的”）
動詞・動詞フレーズ＋“的”
動詞＋目的語フレーズ＋“的”
介詞フレーズ＋“的”
主述フレーズ＋“的”　　など

文末（語気）助詞

UNIT 2 中国語の常用文型

「この中国語からどうしてこの日本語になるの？」、「この日本語から絶対この中国語にはならないよ…」というような場面によく遭遇しませんか？　それは日本語と中国語の表現の仕方が違うからです。ですから、中国語の文を読み解くにも、中国語で作文するにも、日本語と中国語の違いを理解した上で、それぞれの表現の特徴を押さえておくことがとても大切です。

中国語に限らず、言葉の単位は大きい順から並べると、文章→段落→文→節→単語となります。文章を内容ごとに区切るといくつかの段落になり、段落は複数の文から構成されます。中国語の文は、P.86の「品詞と文成分MAP」にあるように、主語、述語、目的語、連体修飾語、連用修飾語、補語（付加要素）の６つの文成分から構成され、それぞれの文成分は単語と単語の組み合わせで成り立っています。

ここでは、６級試験の各部分に共通して必要となる中国語の常用文型について復習し、文と文のつながり方を整理します。基本文法の要点を復習しながら、日本語と中国語の観点、表現の違いを確認しましょう。中国語の常用文型を駆使できると、より中国語らしい表現に近づけます。

「今日は日曜日だ」…名詞述語文と動詞述語文

形式１：名詞述語文

主語	述語		
今天	星期天 。		〈否定〉今天不是星期天。

形式２：動詞述語文

主語	述語	目的語	
今天	是	星期天 。	〈否定〉今天不是星期天。

◎名詞述語文は、口語での肯定文でよく使われる。作文する際は、会話文に使うとよい。

◎書き言葉では一般的に動詞述語文が使われる。また、叙述や描写、説明の場面でも、具体的な動詞を用いた動詞述語文がよく使われる。

形式１（名詞述語文）で表現できる場合とは

①時間や天候について述べたいとき

名詞述語文	動詞述語文
一年365天。（1年は365日だ。）	一年有365天。（1年は365日ある。）
我的生日12月25号。（私の誕生日は12月25日だ。）	我的生日是12月25号。（私の誕生日は12月25日だ。）
今天晴天。（今日は晴れだ。）	今天是晴天。（今日は晴れだ。）

②金額、数量について述べたいとき

名詞述語文	動詞述語文
这套房子八百万元。 （この物件は 800 万元だ。）	这套房子值八百万元。／ 这套房子要八百万元。 （この物件は 800 万元する。）
他家四口人。（彼の家は 4 人家族だ。）	他家有四口人。（彼の家は 4 人家族だ。）
一天两杯咖啡。 （1 日 2 杯のコーヒー。）	一天喝两杯咖啡。 （1 日にコーヒーを 2 杯飲む。）

☞日中異表現：「今日は雨だ。」≠“今天（是）雨。”

日本語の「今日は雨だ。」は、①「これから雨が降る」場面と、②「今まさに雨が降っている」場面の２つの捉え方ができる。
①の場合、中国語では“今天下雨。”または“今天有雨。”になる。
②の場合、中国語では“(今天) 外面在下雨。”となる。
英語では、①の場合は、“It is rainy today.”、②の場合は“It is raining today.”になるわけで、この表現では中国語は英語に近いといえよう。

ドリル 1　次の日本語をそれぞれ中国語の名詞述語文と動詞述語文に訳してみましょう。
（解答例は P.101）

1．明日は土曜日だ。
2．今日は曇りだ。
3．この本は 20 元だ。
4．彼女は 40kg だ。

「彼女は目が大きい」…主述述語文

形式：

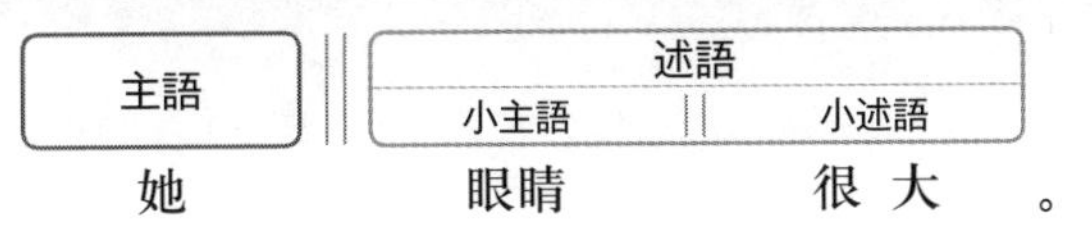

日本語で「AはBが～である」のように言うとき、多くは「～は」の部分を大主語、「～が」の部分を小主語とする主述述語文の構造をしている。日本人の中国語学習者が中国語の主述述語文を日本語に訳す場合は、その構造に気がつきさえすれば「AはBが～である」と訳すことができるが、中国語を使って表現する場合は逆に、日本語母語話者はこの構造を普段あまり意識して使っていないことから、主述述語文を使うべき場合を見極められないことがある。中国語では、次のような場合には主述述語文を使うと覚えておこう。

どういうときに主述述語文で表現するのか

①「私は頭が痛い」：あるテーマについて述べるとき

主語	述語：小主語	述語：小述語	
テーマ（人 or 事物）	大主語の一部 or 大主語に属するもの	副詞＋形容詞	
我	头	很 疼	。
那个女孩子	头发	很 长	。（あの女の子は髪が長い。）
他	工作	很 认真	。（彼は仕事が真面目だ＝真面目に仕事をする。）

②「ボーナスは１年２万元だ」：テーマに関わる数量について述べるとき

主語	述語：小主語	述語：小述語	
テーマ（人 or 事物）	大主語の数量 or 大主語の一部	数量構造	
奖金	一年	两万元	。
草莓	一公斤	70 块钱	。（イチゴは 1 kg70 元だ。）
房子	一套	800 万元	。（家は 1 軒 800 万元だ。）

③「恋愛について私はよくわからない」：あるテーマについて説明するとき

主語	述語：小主語	述語：小述語	
テーマ（対象 or 範囲 or 関連事物）	主体	説明部分	
恋爱方面	我	不太懂	。
孩子们的想法	父母	不能理解	。（子供たちの考え方について親は理解できない。）

ドリル２　次の日本語を中国語の主述述語文に訳してみましょう。（解答例は P.101）

1．彼女はスタイルが良い。
2．私はちょっと悲しい。
3．彼女は身長が 170 cm だ。
4．この件に関して私はとても残念に思う。
5．今回の試験に関して彼はあまりできなかった。

「彼女は私よりずっときれいだ」…比較文

比較文には大きく分けて、①「XはYより～」、②「XはYと同じくらい～」、③「XはYほど～ない」という３つの形式がある。日本語の語順と比較しながら、それぞれの文型と注意点を確認しよう。

1.「XはYより～」

形式1： X ‖ 比 ➡ Y ＋（“还／更”＋）形容詞／一部の動詞（＋目的語）

今天	比	昨天		暖和。	（今日は昨日より暖かい。）
笑	比	哭		好。	（笑うのは泣くより良い。）
我	比	你	更	爱 她。	（僕は君よりもっと彼女を愛している。）
他家	比	你家	还	有 钱。	（彼の家は君の家よりさらに金持ちである。）

◎述語となる形容詞の前に、“很”や“非常”、“有点儿”などは用いない。

形式2： X ‖ 比 ➡ Y ＋ 形容詞／一部の動詞 ＋ 差量補語

她	比	你	温柔	一点儿。	（彼女は君よりちょっとだけ優しい。）
这个房间	比	那个房间	大	一些。	（この部屋はあの部屋より少し広い。）
这里的空气	比	以前	好	多了。	（ここの空気は前よりだいぶ良くなった。）
今天的气温	比	昨天	上升了	5度。	（今日の気温は昨日より5度上がった。）

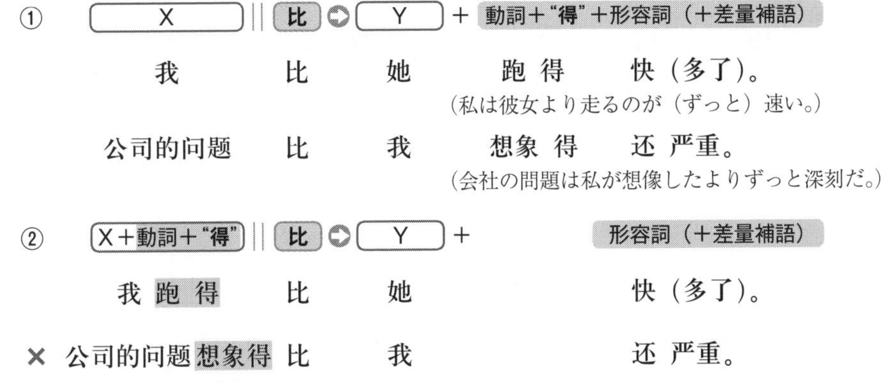

※下の例の場合、“想象”の主体は“公司的问题”ではなく“我”であるため、②の形式では表現できない。

2.「XはYと同じくらい～」

形式１： X ‖ 跟/和/与 ➡ Y ＋ "一样"＋（形容詞や心理動詞など）

我的想法	和	你	一样。		（私の考え方はあなたと同じだ。）
家庭	与	工作	一样	重要。	（家庭は仕事と同じくらい大事だ。）
她	跟	你	一样	不爱表现。	（彼女は君と同じくらい自分をひけらかすのが嫌いだ。）

◎"跟"は口語でよく使う。

◎否定形式は下記の２種類ある。

- 我的想法和你不一样。（私の考え方はあなたと違う。）→"一样"を否定
- 我和你一样不喜欢他。（私はあなたと同じように彼が嫌いだ。）→"喜欢他"を否定

形式２： X ‖ 像 ➡ Y ＋ "一样"（＋形容詞や心理動詞など）

孩子的脸	像	红苹果	一样。		（子供の顔は赤いリンゴのようだ。）
她的心胸	像	大海	一样	宽广。	（彼女の心は海のように広い。）

形式３： X ‖ 有 ➡ Y ＋ （"这么／那么"）＋形容詞

她的书房	有	我家的客厅	（这么）	大。	（彼女の書斎は我が家の応接間くらい広い。）
他	有	你说的	那么	完美 吗？	（彼は君が言うほど完璧なのか？）

3.「XはYほど～ない」

形式１： X ‖ 没有 ➡ Y ＋ （"这么／那么"）＋形容詞

她	没有	你		漂亮。	（彼女は君ほどきれいではない。）
你	没有	他	（那么）	风趣。	（あなたは彼ほどユーモアはない。）

形式２： X ‖ 不比 ➡ Y ＋ 形容詞

他	不比	你	聪明。	（彼は君より賢いということはない。）
我做的菜	不比	餐厅做的	差。	（私が作った料理はレストランよりまずいことはない。）

◎形式１はXとYに明らかな差がある場合に使い、
形式２は、XはYと同じ、または、XがYより下である場合に使う。

形式３：［X］‖［不如/不及］➡［Y］＋（形容詞）

她工作 不如/不及 你 。（彼女は仕事では君に及ばない。）

我 不如/不及 她 幸运。（私は彼女ほどラッキーではない。）

◎“不如”が接続詞の場合、“X, 不如Y”の形で「XよりYの方がましだ」の意味。

他去，不如我去。（彼が行くより、私が行く方がましだ。）→×“不及”

等别人来帮助自己，不如自己努力成为强者。
（他人の助けを待つより、自分が頑張って強くなった方がましだ。）→×“不及”

◎“不及”は「～に至らない」という意味もある。

今年的雨水不及去年的一半。（今年の降水量は去年の半分にも達しない。）→×“不如”

☞日中異表現：「コーヒーより紅茶のほうが好きだ。」≠“比咖啡喜欢红茶。”
この文のように、日本語で「XよりYが～である」という文を中国語で表すには、
“**和 X（相）比，Y～**”の形を使う。
「コーヒーより紅茶のほうが好きだ。」 → “和咖啡（相）比，我喜欢喝红茶。”
「黒より白のほうが君にもっと似合う。」→ “和黑色（相）比，白色更适合你。”
または“和黑色（相）比，你更适合穿白色。”

ドリル３ 次の日本語を中国語に訳してみましょう。（解答例はP.101）

1．このレストランはあのレストランより安い。
2．言うことは行うことより簡単だ。
3．彼女は僕よりも読書が好きだ。
4．彼は私よりもっと有能だ。
5．私の悩みは彼よりちょっとだけ少ない。
6．彼の仕事のプレッシャーは私よりいくらか大きい。
7．今買い物は昔よりだいぶ便利になった。
8．今日の気温は昨日より４度下がった。
9．彼のテニスは私より上手い。
10．彼女は誰よりも多く仕事をしている。
11．私はあなたと同じくらい焦っている。
12．彼女の心はガラスのように脆い。
13．娘の身長は私くらいに（高く）なった。
14．この映画は私が想像したほど面白くない。
15．私はあなたが言ったほどいい人ではない。
16．国内のブランドは外国のより品質が劣るということはない。
17．我が家は彼女の家より裕福ということはない。

18. 如何なる物も時間ほど貴重ではない。
19. 彼女は今は前ほど明るくなくなった。
20. どんなに美しい花も君の美しさには及ばない。

「木の下にカップルが座っている」…描写には存現文

人や事物の存在や出現・消失を描写するには存現文を使う。

存在·出現·消失する 場所／時間	存在·出現·消失する 形式	➡ 存在·出現·消失する 人／事物
树下	坐着	一对恋人。

1.「テーブルの上にコーヒーが1杯置いてある」…存在文

存在する場所	(副詞/助動詞＋) 存在方式＋"了/着"	➡ 存在する人/物
桌子上	放　着	一杯咖啡。
院子里	种　了	两棵桃树。

(庭に桃の木が2本植えてある。)

衬衫上	绣　着	一朵粉红色的小花。

(ブラウスに薄いピンク色の小さな花が刺繍してある。)

◎存在文に使える動詞：放 / 挂 / 摆 / 种 / 写 / 画 / 绣 / 站 / 睡 / 坐 / 住 など

2.「前からきれいな女の子が歩いてきた」…出現文

出現場所/時間	(副詞/助動詞＋) 出現方式＋"了"/補語	➡ 出現物 / 人
前面	走　过来	一个漂亮的女孩儿。
昨天	来　了	几个客人。

(昨日お客さんが数人来た。)

公司	有　了	很大的变化。

(会社は大きな変化があった。)

◎出現文に使える動詞：有 / 走 / 来 / 生 / 下（雨 / 雪） / 刮 / 飞 / 出现 / 盖 など

3.「財布の中から100元が消えた」…消失文

存在場所/時間	(副詞/助動詞＋) 消失方式＋"了"/補語	➡ 消失物 / 人
钱包里	少　了	一百块钱。
楼下	开　走了	一辆车。

(階下から車が1台出ていった。)

公司　走　了　好几个职员。
（会社から何人もの社員が去っていった。）

◎消失文に使える動詞：死 / 失去 / 丢 / 掉 / 走 / 少 など

ドリル４　次の日本語を中国語の存現文に訳してみましょう。（解答例は P.101）
1．壁に“再見”という２文字が書いてある。
2．彼の本棚にはたくさんのマンガが並べてある。
3．上の階に４人家族と犬１匹が住んでいる。
4．我が家の向かい側に高いビルが建った。
5．部屋に冷たい風がひとしきり吹き込んできた。
6．私の前にあなたが現れた。
7．家から物がいくつか無くなった。
8．昨日髪の毛が何本か抜けた。
9．彼の顔から笑顔が消えた。

「私は自分の誕生日を忘れてしまった」…“把”構文

形式１： 動作主（主語）｜｜（副詞/助動詞＋） 把 ＋ 処置を受ける事物 / 人（目的語）＋動詞＋α（動詞＋“了”/ 補語 または動詞重ね型）

我　把　自己的生日　忘了。

你　把　头上的汗　擦擦。
（頭の汗を拭いてください。）

她　没　把　鲜花　插在花瓶里。
（彼女は花を花瓶に差さなかった。）

◎主語の人称によって、“把”構文の用法や意味に違いが出てくる。
主語が第一人称または第三人称の場合：過去の事実や未来に用いる。

- **我把电脑弄坏了。**（私はパソコンを壊してしまった。）→過去
- **我想把这件事情说清楚。**（私はこの事についてはっきり述べたい。）→未来
- **她把机票买好了。**（彼女は航空券を買っておいた。）→過去
- **他要把那辆车买下来。**（彼はあの車を買っておこうと思っている。）→未来

主語が第二人称の場合：要求や禁止の命令文となる。

- **你把窗户打开。**（（あなたは）窓を開けてください。）→要求
- **你不要把责任推给其他人。**（（あなたは）責任を他人に押し付けないで。）→禁止

形式２：**使役の意味を表す**

主語 ‖（副詞/助動詞＋）把 ＋ 動作主＋使役の意味の動詞＋α

動詞＋“了”/ 補語 または動詞重ね型

她的话　把　他　弄糊涂了。

（彼女の言葉は彼をわけがわからなくさせた。）

这件事　把　我　难住了。

（このことは私を困らせた。／このことに私はお手上げだ。）

你　快要　把　她　气疯了。

（あなたは彼女をひどく怒らせて彼女はどうにかなりそうだ。）

◎この形式に用いる使役の意味を持つ動詞：

饿 / 急 / 累 / 苦 / 忙 / 暖 / 平 / 气 / 热 など

ドリル５　次の日本語を中国語の“把”構文に訳してみましょう。（解答例は P.101）

1．彼女は部屋をきれいに掃除した。

2．私は仕事をちゃんとこなしたい。

3．言いたいことを心の中に閉じ込めないでください。

4．彼の件で私たちはいらいらしておかしくなりそうだ。

5．今回の出張は私をひどく疲れさせた。

6．この質問は彼を返答に詰まらせた。

「彼は（上司に）叱られた」…受身文

形式１：**受け身を表す介詞を用いて表現できる文**

行為の受け手 ‖（副詞/助動詞＋）被/让/叫 ＋（行為者）＋動詞＋α

“了 / 着 / 过”/ 補語

他　被　（领导）批评了一顿。

我的自行车　让　我姐姐 骑走了。

（私の自転車は姉に乗って行かれた。）

房间　叫　孩子们 弄得乱七八糟。

（部屋は子供たちにめちゃくちゃにされた。）

◎書き言葉の場合、主に“被”を使う。

◎（行為者を言う必要がない場合、言いたくない場合）“被”を使った文は後の行為者を省略できる。

◎受け身の“让 / 叫”は口語でよく使われる。

◎“让 / 叫”は使役動詞でもある。

形式2：受身を表す介詞＋“给”の形で表す文…口語で使う

行為の受け手 ‖（副詞/助動詞＋）被/让/叫 ＋ 行為者 ＋ 给 ＋ 動詞＋α

钱包 叫 小偷 给 偷了。
（財布はスリに盗まれた。）

形式3：“［被／为］～ 所～”の形で表す文…書き言葉で使う

行為の受け手 ‖（副詞/助動詞＋）被／为 ＋ 行為者 ＋ 所 ＋ 動詞

她 ［被/为］他的甜言蜜语 所 打动。
（彼女は彼の甘い言葉に心を動かされた。）

◎“所”の後に来る動詞：
吸引／鼓舞／感动／克服／控制／证明／发现／误会／理解／迫／动／害 など

形式4：介詞を使わない受身文

行為の受け手 ‖ 動詞＋α

他的书 卖光了。 （彼の本は売り切れた。）

早饭 做好了。 （朝ごはんは出来上がった。）

ドリル6 次の日本語を中国語に訳してみましょう。（解答例は P.101）

1．彼女の髪は雨で濡れた。
2．彼は会社の最高経営責任者に任命された。
3．この都市の空気はひどく汚染された。
4．多くの人は彼女の歌声に引かれている。
5．皆さんは表面的なことに惑わされないように。
6．彼女の言動は全くみんなに理解されない。
7．家の引越しは終わった。
8．シャツはアイロンをかけておいた。
9．面接は合格した。

「私はあなたにコーヒーをご馳走する」…兼語文

形式： 主語 ‖ 動詞 1 ➡ 目的語 1 ‖ 動詞 2 ➡ 目的語 2
兼語（動詞 1 の目的語であり、動詞 2 の主語でもある）

我 请 你 喝 咖啡。

◎否定副詞“不”“没(有)”、助動詞、時間詞は、動詞 1 の前に置く。

兼語文で表現できる文

① 「○○させる」「○○をするように言った」という文
→使役動詞“使／让／叫／令”を使う

- 谦虚使人进步，骄傲使人落后。（謙虚さは人を進歩させ、傲慢さは人を落後させる。）
- 老板让我先熟悉业务。（社長は私にまず業務について把握するよう言った。）
- 医生叫她注意休息。（医者は彼女によく休むように言った。）
- 她不会令我们失望的。（彼女は私たちを失望させたりしない。）

◎“使／叫／让／令”の違い：
“使”…主語は非動態的なもの（例えば事物、感情、抽象的な概念など）であることが多い。
“让”…目上の人が目下の人に対して許可、放任を示すニュアンスがある。
“叫”…命令または指示に用いる。
“令”…主語が目的語１に与えた感情の変化に用いる。

② 「依頼、要求、派遣」の意味を表す文 →動詞“请／求／派”を使う

- 很多企业请他去做法律顾问。（多くの企業は彼を顧問弁護士として招いている。）
- 她想求她的同学帮忙。（彼女はクラスメートに助けを求めたがっている。）
- 公司派小张去美国进修。（会社は張さんをアメリカ研修に派遣した。）

③ 「称する、認定する、選出する」の意味を表す文 →動詞“称／认／选”を使う

- 中国人称黄河为母亲河。（中国人は黄河を母なる川と呼んでいる。）
- 她想认你做老师。（彼女はあなたを先生として仰ぎたがっている。）
- 领导选小王当组长。（上司は王さんをチームリーダーとして選出した。）

④ 「○○という××がある」「○○という××がいる」という文 →動詞“有”を使う

- 日本有一个作家叫村上春树。（日本には村上春樹という作家がいる。）
- 我有一个朋友在西班牙工作。（私にはスペインで仕事をしている友人がいる。）

ドリル７　次の日本語を中国語に訳してみましょう。（解答例はP.102）
1．彼の物語は非常に私を感動させた。
2．私は彼女を悲しませたくない。
3．母は私に仕事に励むよう言った。
4．このホテルのサービスはお客様をとても満足させた。
5．監督は彼女をヒロインとして招いた。

6．私は彼にこの件をお願いしたい。
7．彼は張さんを香港に派遣してこの提携プロジェクトについて話し合ってもらいたい。
8．みんなは彼女を女神と呼んでいる。
9．子供はあなたを彼の英語の先生として仰ぎたがっている。
10．私はこの会社を私たちのパートナーとして選ばなかった。
11．この世界には手放すという（形の）愛がある。
12．私には俳優をしている大学の同級生がいる。

「この事を見て見ぬ振りをするわけにはいかない」…二重否定の文

二重否定により肯定の意味を強調する文型を確認しよう。

形式1： 主語 || 不 ＋ 助動詞 ＋ 不 ＋ 動詞（➡目的語）
能／会／敢／该／可／好

我　不　能　不　管　这件事。

- 他不会不爱你的。（彼が君を愛さないはずがない。）
- 我不敢不听老婆的话。（私は妻の言うことを聞かないことなどできない。）
- 你不该不告诉他。（あなたは彼に教えなくてはいけない。）
- 骗子太多，我们不可不提高警惕。（詐欺師が多すぎるので、警戒を高めないといけない。）
- 她邀请我，我不好不去。（彼女に招待されたので、行かないのは好ましくない。）

形式2：“非Ａ不Ｂ”の形

主語 || 非 ＋ 名詞（フレーズ）＋ 不 ＋ 動詞

他　非　你　不　娶。（彼は君以外の人と結婚しない。）

- 她说她这辈子非你不爱。（彼女は一生あなた以外の人を愛さないと言っている。）
- 这里非工作人员不得进入。（ここはスタッフ以外の人は入ってはいけない。）

主語 || 非 ＋ 動詞（フレーズ）＋ 不可

有几句话　我　非　说　不可。
（私には言わないといけないことが少しある。）

- 这几本书他非买不可。（彼はこの数冊の本をどうしても買いたい。）

形式3：**否定連語文**

主語 || **不无** ＋ 名詞

你的话　不无　道理。

（あなたの言葉は道理がないわけではない＝道理にかなっている。）

他的性格与他的成长环境不无关系。
（彼の性格は彼が育った環境と関係がないわけではない＝関係がある。）

主語 || **无不／无非** ＋（連用修飾語）＋ 述語＋～

大家　无不　为他的歌声所　感动。

（彼の歌声に感動させられない人はいない＝皆彼の歌声に感動している。）

我们谈的无非是工作上的事情。
（私たちが話したのは仕事のことでないものはない＝すべて仕事のことだ。）

ドリル8　次の日本語を二重否定を使って肯定を強調する中国語文に訳してみましょう。
（解答例はP.102）

1．彼女は私の親友なので、助けないわけにはいかない。
2．私は私たちの友情を大切にしないはずがない。
3．医者にタバコをやめるよう言われたので、やめないという勇気がない。
4．私は彼女の言葉を信じなくてはいけなかった。
5．ここは治安があまり良くないので、私たちは気をつけないといけない。
6．彼女は滅多に私にお願いをしないので、承諾しないことは好ましくない。
7．私はこの店の餃子以外は食べない。
8．自分の能力を証明するために、私は成功しないといけない。
9．世論は企業に対して影響がないわけではない。
10．この映画が賞を取れなかったことに、残念と思わない人は一人もいない。
11．彼がこれらのことをするのは、君の好感を得たいからである。

ドリルの解答例

ドリル1

1．（名詞述語文）明天星期六。
（動詞述語文）明天是星期六。

2．（名詞述語文）今天阴天。
（動詞述語文）今天是阴天。

3．（名詞述語文）这本书二十元。
（動詞述語文）这本书是二十元。 /
这本书要二十元。
（“元”は“块钱”も可）

4．（名詞述語文）她四十公斤。
（動詞述語文）她有四十公斤。

ドリル2

1．她身材很好。

2．我心里有些难过。 /
我心里有点儿难过。
（主述述語文に訳すという指定がなければ、“心里”はなくてもよい）

3．她身高一百七十公分。 /
她身高一米七十。

4．这件事我很遗憾。

5．这次考试他考得不太好。

ドリル3

1．这家餐厅比那家餐厅便宜。

2．说比做容易。 / 说比做简单。

3．她比我还喜欢读书。 /
她比我还喜欢看书。

4．他比我更有能力。

5．我的烦恼比他少一点儿。

6．他的工作压力比我大一些。

7．现在买东西比过去方便多了。

8．今天的气温比昨天下降了 4 度。

9．他网球比我打得好。 /
他网球打得比我好。

10．她工作比谁做得都多。 /
她工作做得比谁都多。

11．我和你一样着急。
（“和”は“跟”“与”も可）

12．她的心像玻璃一样脆弱。

13．女儿的个子有我这么高了。

14．这部电影没有我想象的那么好看。 /
这部电影没有我想象的那么有意思。
（“部”は“个”も可）

15．我没有你说的那么好。

16．国内的品牌质量不比国外的差。

17．我家不比她家富裕。

18．任何东西都不如时间宝贵。 /
任何东西都不及时间宝贵。

19．她现在不如从前开朗了。 /
她现在不及从前开朗了。
（“从前”は“以前”も可）

20．再美的花也不如你美。 /
再美的花也不及你美。

ドリル4

1．墙上写着“再见”两个字。

2．他的书架上摆着很多漫画（书）。

3．楼上住着一家四口和一只狗。

4．我家对面盖了一座高楼。 /
我家对面建了一座高楼。

5．房间里刮进来一阵冷风。

6．我的面前出现了你。

7．家里丢了几件东西。 /
家里少了几件东西。

8．昨天掉了几根头发。

9．他的脸上失去了笑容。

ドリル5

1．她把房间打扫得干干净净（的）。

2．我想把工作做好。

3．你别把话憋在心里。

4．他的事情快把我们急死了。

5．这次出差把我累坏了。

6．这个问题把他问住了。

ドリル6

1．她的头发被雨（给）淋湿了。/
她的头发让雨（给）淋湿了。/
她的头发叫雨（给）淋湿了。

2. 他被任命为公司的首席执行官。
3. 这座城市的空气被污染得很严重。
4. 很多人被她的歌声所吸引。/
很多人为她的歌声所吸引。/
很多人被她的歌声吸引了。
5. 大家不要被表面现象所迷惑。/
大家不要为表面现象所迷惑。
6. 她的言行丝毫不被大家所理解。/
她的言行丝毫不为大家所理解。/
她的言行一点儿也不为大家所理解。
7. 家搬完了。
8. 衬衫熨好了。
9. 面试通过了。

ドリル7

1. 他的故事使我非常感动。/
他的故事令我非常感动。
2. 我不想让她难过。/ 我不想叫她难过。
（“难过”は“伤心”も可）
3. 妈妈叫我努力工作。/
妈妈让我努力工作。
4. 这家酒店的服务令客人十分满意。/
这家酒店的服务让客人十分满意。
5. 导演请她扮演女主角。
6. 我想求他办这件事情。
7. 他想派小张去香港谈这个合作项目。
8. 大家称她为女神。
9. 孩子想认你做他的英语老师。
10. 我没有选这家公司做我们的合作伙伴。
11. 这个世界上有一种爱叫放手。
12. 我有一个大学同学是演员。

ドリル8

1. 她是我的好朋友，我不能不帮她。
2. 我不会不珍惜我们的友谊的。
3. 医生让我戒烟，我不敢不戒。
4. 我不该不相信她说的话。
5. 这里治安不太好，我们不可不小心。
6. 她难得求我，我不好不答应。
7. 我非这家店的饺子不吃。
8. 为了证明自己的能力，我非成功不可。
9. 社会舆论对一个企业不无影响。
10. 这部电影没有得奖，人们无不为之感到遗憾。（“得奖”は“获奖”も可）
（“为之”はなくてもよいが、“无不为之”というセットでよく使う）
11. 他做这些事情，无非是想得到你的好感。

UNIT 3 文と文のつながり

文章の構成要素である段落は、2つ以上の文が論理的につなげられ、ひとつのまとまった意味を有するものです。2つ以上の文をつなぐ際、次のような方法があります。

1. 代詞を用いて代替する
2. 時間詞を用いる
3. 論理的につなげる
4. 省略する
5. 接続詞と副詞を多用する

代詞を用いて代替する

文と文をつなげる際、前文に出ている語やフレーズ、単文や複文を、代詞などを用いて代替すると、重複を避け、前文と明確なつながりを持たせることができる。

名詞性成分の代替

名詞または名詞フレーズ（名詞性成分）を代替する場合、主に、“他、她、它、他们、她们、它们”といった第三人称代詞を用いる。

例1 随着年龄的增长，我发现自己的言行举止和父母有很多相似的地方。我不得不承认，我从他们那里继承了很多东西。

（年を重ねるにつれて、私は自分の言動が両親に似ているところが多くあることに気づいた。私は両親から多くのものを引き継いだことを認めざるを得ない。）

> **☞ 日中異表現**
> 日本語では両親のことについて「彼ら」という指示語をあまり使わないが、中国語では、父親を“他”、母親を“她”と代替して使うのは普通である。

例2 我一直觉得困惑，狗睡觉的时候是不是也会做梦，因为它睡着了以后也会叫，就像人在说梦话一样。

（犬も寝ている時に夢を見るのだろうかと、私はずっと疑問に思っている。なぜなら犬も眠りに入ったら、人が寝言を言うのと同じように鳴くからだ。）

例3 我们经常在电影电视中看到四叶草，它有吉祥幸运的含义。

（私たちはよく映画やテレビの中で四葉のクローバーを見るが、それには縁起が良い、幸運という意味が含まれている。）

例4 德国的宝马车被誉为高级豪华轿车的典范，世界各地的车迷都对它情有独钟，爱不释手。

（ドイツのBMWは超高級車の代表としてたたえられ、世界各地の車愛好家は皆これを何よりも愛し、大事にしている。）

☞ 日中異表現
日本語では犬などに対して「それ」という指示語を使わないが、中国語では“它”を用いて動植物や物など、人間以外のすべてを代替することができる。

動詞性成分の代替

動詞または動詞フレーズ（動詞性成分）を代替する場合、“这么、那么、这样、那样”などを用いる。

例1 有人说，90后这个群体的大多数人以自我为中心，比较缺乏社会责任感。我也这么认为。
（1990年代生まれの大多数の人は自己中心的であり、比較的社会的責任感が乏しいと指摘している人がいる。私もそう思っている。）

例2 他起初还想再叮嘱几句，但为了不引起她紧张，就没有那么做。
（彼は最初はもう一言念を押したかったが、彼女を緊張させないようにそうはしなかった。）

例3 张彬今天跟大家有说有笑的，以前他从来不这样。
（張彬は今日皆と楽しく談笑しているが、昔彼はこうではなかった。）

例4 贺明想抛开眼前所有的工作，独自一人去世界各地旅游，但是理智告诉他不能那样。
（賀明は目の前のすべての仕事をかなぐり捨てて、一人で世界各地を旅行したいと思ったが、理性は彼にそうしてはならないと言った。）

単文、複文の代替

単文や複文を代替する場合、“这、那、这样、那样”などを用いる。

例1 这么重要的事你瞒着大家，这有些不妥当吧？
（これほど大事なことをあなたは皆に隠している。これはいささか妥当ではないだろう。）

例2 这个时候我不尽力去帮助他，那也太不像话了。
（こんな時に私が全力を尽くして彼を助けないなんて、それはあまりにひどい話だ。）

例3 因为他没帮过我，所以我也不帮他，我不想这样。
（彼が私を助けたことがないから、私も彼を助けない。私はそんなふうにしたくない。）

例4 我们即使分手了，今后也是朋友，我希望那样。
（私たちは別れても、これからは友達だ。私はそうでありたいと願う。）

part 2 時間詞を用いる

中国語は典型的な時間型言語と言われており、複数の動作や事態は、それらの発生する順序に則って表現するという特徴がある。したがって、動作や事態の発生について描写する際、時間詞を前後の文に配置すれば文と文の時間的なつながりが明確になる。時間詞を活用することは、動作や事態の発生についての描写や叙述が多い物語文を読んだり要約する際、非常に役に立つ。

時間詞は以下の３つのタイプがある。

①先発型時間詞：　事態の発生が先であることを表す時間詞
②同時発型時間詞：事態 A と事態 B が同時に発生することを表す時間詞
③後発型時間詞：　事態 A の後に事態 B が発生することを表す時間詞

先発型時間詞を活用する

先発型時間詞は、前文の文頭または主語のすぐ後に置き、前文が表す事態が先に発生していることを表すものである。後文には対照的な時間詞または対照的な時間を意味する語句で対応させることが多い。

例1　**从前**这里只是一个小小的村庄，**现在**已成为一个繁华的都市。
（昔、ここは単なる小さな村にすぎなかったが、今はすでに賑やかな都市となった。）

例2　方晨**原先**以为服装设计师这个工作高薪、轻松，**一入行**才知道完全不是自己想的那样。
（方晨は最初、ファッションデザイナーという仕事は給料が高く、楽であると思っていたが、業界に入ってからやっと自分が思ったのと全く違うことがわかった。）

例3　**起初**我对她并不了解，**随着时间的推移**，慢慢发现她是一个非常敬业的人。
（最初私は彼女のことについてよく知らなかったが、時間が推移するにつれて徐々に彼女が仕事にとても一生懸命な人であることがわかった。）

これらのほかに、“过去”、“以前”、“先前”などもよく使う。

同時発型時間詞を活用する

同時発型時間詞は、同時に発生する事態 A と事態 B をつなぐものである。

例1　会议室里大家正在热烈地进行讨论。**此时**，门外突然传来一阵叫嚷声。
（会議室で皆は活発に議論していた。この時、外から突然大きな騒ぎ声が聞こえてきた。）

例2 丽珠听着听着，眼泪夺眶而出。这时她的眼前也开始模糊起来了。
（麗珠は聞いているうちに涙があふれ出てきた。この時、彼女の目の前もぼんやりしてきた。）

例3 老林很同情小陈，另一方面也觉得他确实有责任。
（林さんはとても陳さんに同情しているが、もう一方では確かに彼にも責任があると思っている。）

これらのほかに、"当时"、"（与此）同时"、"那时" などもよく使う。

後発型時間詞を活用する

後発型時間詞は、事態 A が先に発生した後、事態 B が発生したことを表すために、事態 B の前に置くものである。

例1 芳芳和玲玲在同一家公司一起工作了三年。后来芳芳去了法国，玲玲去了意大利。
（芳芳と玲玲は同じ会社で3年間一緒に仕事をしていた。その後芳芳はフランスに行き、玲玲はイタリアに行った。）

例2 他在我身边坐了下来，之后开始给我讲述他经历过的一段冒险故事。
（彼は私の隣に座った。その後、彼が経験した冒険物語を私に語り始めた。）

例3 小英在客厅里的长沙发上躺下，不一会儿就睡着了。
（小英はリビングにある長いソファに横になり、間もなく寝てしまった。）

これらのほかに、"以后"、"此后"、"过了一会儿" などもよく使う。

part 3 論理的につなげる

中国語では、文と文の論理的展開、つまりはっきりと筋道が立っているかどうかということがとても重要視される。そして、これを明確に示すための語やフレーズも実に豊富に存在する。これらを活用すると、中国語の文章を読んだり書いたりする際に、その筋道がより鮮明になる。

列挙を表す語またはフレーズ：明確に伝える

述べようとする物事や事態をひとつひとつ列挙する際に用いる表現。

例1 我觉得我有必要澄清几个事实：首先我是今天才看到这个方案的，其次我不同意这个方案，最后我要求的是技术创新。
（私が思うに、いくつかの事実をはっきりさせる必要がある。最初に、私は今日初めてこの案を見たこと。それから、私はこの案に反対であること。最後に、私が求めているのはイノベーションであることだ。)

"首先…，其次…，最后…"と列挙することで、整理された情報を読み手に伝えることができる。4つ以上を並べるには"首先…，其次…，再次…，最后…"とすればよい。

例2　**有些人读书读得比较慢，我认为有以下原因：其一，遇到不认识的字或词就停顿下来；其二，读书的时候喜欢一个字一个字地读；其三，读书的时候一行一行往下看，不会跳读。**

有些人读书读得比较慢，我认为有以下原因：遇到不认识的字或词就停顿下来，这是其一；读书的时候喜欢一个字一个字地读，这是其二；读书的时候一行一行往下看，不会跳读，这是其三。

(一部の人は読書の速度が比較的遅いが、私は以下の原因があると考える。その1、知らない字や単語にぶつかるとすぐ止まってしまう。その2、本を読む時、一字一字を追って読みたがる。その3、本を読む時、一行一行読み進め、飛ばして先へ読み進めることができない。)

"其一…，其二…，其三…"を用いて列挙することで、論理的に分析した内容を読み手に明確に伝えることができる。2つめの文のように表現することもできる。

ほかに、"一…，二…，三…"、"第一…，第二…，第三…"などもよく使う。

また、こうした語句のほかに、語句の並列・列挙を表す記号"、"(顿号)と、文の並列・列挙を表す記号"；"(分号)にも注意しよう。

例を挙げて説明する時に使う語やフレーズ：具体的に伝える

前に述べた内容に対し、具体例を挙げて説明を加えたり、描写したりする時に使う。

例1　**团队的每个成员都有各自的担当。以我们人的脸为例，眼睛和嘴不同，所以它们不会有相同的功能。**

(チームメンバーの一人一人にそれぞれの担当がある。私たち人間の顔を例にすると、目と口は異なるため、同じ働きをするはずがない。)

"以我们人的脸为例…"によって、前文の事柄について具体的な説明をする。

例2　**领导力指的是一种影响力，它与性格无关。也就是说，即使一个非常内向、容易害羞的人，如果能为他人带来正面影响，那他就具备这种能力。**

(リーダーシップはある種の影響力を指し、それは性格とは無関係である。すなわち、たとえ非常に内向的で、恥ずかしがり屋な人であっても、他人にポジティブな影響を与えることができるなら、その人はリーダーシップを備えていると言える。

具体的な説明を"也就是说"を使ってつなぐ。

ほかに、"例如"、"比如（说）"、"比方说"、"拿…来说"などもよく使う。

前述の内容について総括する時に使う語やフレーズ：最後にまとめる

前に述べた内容に対し、要約や総括をする時に使う。

例1 **现在社会上出现一种教育焦虑现象。比如，孩子“识字要趁早”，“报兴趣班要趁早”，“出国要趁早”，总之“凡事都要趁早”。**

（今社会ではある種の教育不安現象が起きている。例えば、子供は「早いうちに字を覚えるべきだ」、「早いうちに習い事を始めるべきだ」、「早いうちに外国へ行くべきだ」など、要するに「何事も早いうちにするべきだ」ということである。）

最後に“总之”を用いて締めくくる。

例2 **我们组长不是那种高高在上的人。他平易近人、对人很宽容，概括起来说，就好像邻家的大哥哥一样。**

（うちのチームリーダーはお高くとまっている人ではない。彼は親しみやすいし、人に寛容である。要するに隣の家の兄さんのような人である。）

“概括起来说”を用いてまとめる。

ほかに、“总的来说”、“总的来看”、“总而言之”などもよく使う。

前後の内容を対照させる時に使う語やフレーズ：比較する

例1 **我喜欢拍摄，将来会以电影导演为终身的职业，相比之下，你更适合写作，可以为我的电影写剧本。**

（私は写真を撮るのが好きなので、将来は映画監督を生涯の職業とするだろう。それと比べて君は文章の創作がもっと適しているので、私の映画の脚本を書けばよい。）

“我”と“你”の適性と将来の職業について“相比之下”を用いて対照的に述べる。

例2 **我觉得家境好的学生学习不那么刻苦，只想着毕业以后找到一个不错的工作就满足了。比较而言，那些家庭条件差一些的学生都很用功，懂得珍惜学习的机会。**

（私が思うには、裕福な家庭の学生は勉強をあまり頑張らず、ただ卒業後良い仕事が見つかればそれで満足だと思っているようだ。比較して言うと、家庭環境がやや悪い学生は皆一生懸命頑張っていて、勉強の機会を大事にしている。）

“家境好的学生”と“家庭条件差一些的学生”の勉強面での違いについて、“比较而言”を用いて比較して述べる。

ほかに、“两相比较”、“跟…比起来”、“与…相比”などもよく使う。

話題を変える時に使う語やフレーズ：話題と視点をチェンジする

それまでの話題とは異なる新しい話題、または、それまでの叙述の視点や角度と違う別の視点や角度を導入する際に使う。

例1 **留守儿童带来的社会问题有目共睹，然而解决这个问题并不是一朝一夕就能做到的。换一个角度，如果留守儿童在父母的就业地能与当地的孩子一样享有义务教育，就能减少留守儿童的数量。**

（留守児童（両親または父か母のいずれかが出稼ぎに出て、祖父母や親戚に預けられている児童）がもたらした社会問題は衆目の認めるところである。しかし、この問題は一朝一夕に解決できることではない。角度を変えて考えると、もし留守児童が親の出稼ぎ先で現地の子供たちと同様に義務教育を受けられれば、留守児童の数を減らせるかもしれない。）

"换一个角度"を用いて、異なる角度からの考え方を述べる。

例2 **很多人即便有很高的成就，也常常不为人所知。不过，从另一个角度看，人的知名度的高低，除了依赖于其本身的业绩外，很大程度上与宣传大有关系。**

（多くの人はたとえ素晴らしい業績があっても、ほぼ人々に知られていない。しかし、別の角度から見れば、人の知名度の高さは、その人自身の業績に依るほかに、相当な部分が宣伝と大きく関係している。）

視点を変えて述べるには、"从另一个角度看"以外に、"从另一个角度分析""从另一个角度说"とすることもできる。

例3 **我很欣赏这部电影呈现出来的那种浪漫和温暖。顺便提一下，影片里的音乐时而悲伤，时而欢快，与电影画面搭配格外动人。**

（私はこの映画が醸し出しているロマンチックな雰囲気や温かさがとても素晴らしいと思う。ちなみに、劇中の音楽は時には悲しく、時には明るくて、映画のシーンとのコンビネーションはいっそう人々の胸を打つものである。）

"顺便提一下"によって"这部电影呈现出来的那种浪漫和温暖"という全体の感想から"影片里的音乐"の話題へと転換している。

補足する時に使う語やフレーズ：情報を補足提供する

前文の状況に加えて、さらに情報を補って説明する際に使う。

例1 **她先后六次在台湾举办了个人演唱会。此外，她还在新加坡和香港等地举办过签名活动。**

（彼女は前後計6回台湾でソロコンサートを行った。この他に、彼女はシンガポールや香港などでサイン会も行なったことがある。）

"此外"を用いて情報を補う。

例2 **真正的朋友之间要讲真话。再补充一句，要做长久的朋友讲信用是非常重要的。**

（真の友の間では嘘を言ってはいけない。もう１つ補足すると、長く友人関係を保つ上で、信用を守ることは非常に重要だ。）

“再补充一句”を用いて補足説明する。“再补充一点”を使う場合もある。

ほかに、“另外”、“再说”、“除此之外”などもよく使う。

反対事実を導入する時に使う語やフレーズ：正反情報を提供する

前文と相反する、または予想外の内容を後文につなげる際に使う。

例1 **虚心听取别人的意见，可以及时纠正工作中的失误，所以从长远的眼光看，只会有益而无害。相反，不许别人提意见或不接受别人的意见，可能会带来更大的错误，只会有害而无利。**

（他人の意見に謙虚に耳を傾けると、仕事上のミスをすぐに正すことができる。したがって、長い目で見ると有益であって害はない。逆に、他人に意見を言わせない、または他人の意見を受け入れないと、もっと大きなミスをもたらし、害はあっても利益はない。）

まったく反対の事柄を、“相反”を用いてつなぐ。

例2 **一般来讲，患者对医生的最大误解就是把医生当成了神。事实上，一名医生无论多么精通医术，都不能保证可以治愈所有的疾病。**

（一般的に言うと、患者の医者に対する最大の誤解は医者を神と見なすことにある。実際には、医者がどんなに医術に精通していても、すべての病気を治せる保証はない。）

相反する事実を、“事实上”を用いてつなぐ。

例3 **她一开始点了四个菜，吃到中途的时候，因为赶时间，就让服务员退掉了两个菜。岂料，服务员微笑着答应了，还连连道歉说上菜上得慢，耽误她用餐了。**

（彼女は最初に料理を４品頼んだが、食べている途中で、急いでいるので２品キャンセルするとお店の人に言った。思いもよらず、お店の人は微笑みながら承諾し、料理を出すのが遅くなって彼女の食事に支障をきたしたと何度も謝った。）

予想と相反する結果を、“岂料”を用いてつなぐ。“岂料”の“岂”は“怎么”“哪里”にあたり、“岂料”＝“哪里料到”＝“没料到”の意味である。

ほかに、“反过来”、“其实”、“不料”、“没想到 / 没料到”、“反之”、“以此相反”などもよく使う。

推論する時に使う語やフレーズ：根拠に基づいて推論する

前文で述べた事実をもとにして、ある推論を導く際に使う。

例1 **这个房间不大，但是收拾得干干净净，房间里还有两个书架，上面摆满了书。显然，房间的主人是一个爱干净、爱读书的人。**

（この部屋は広くはないが、綺麗に片付けられている。また、部屋の中には本棚が2つあり、そこには本がいっぱい並べられている。明らかに、この部屋に住んでいる人は綺麗好きで、読書好きな人である。）

部屋の状態から導き出された結論を“显然”を用いてつなぐ。

例2 **如何让学生乐于学习、主动而自觉地学习是二十一世纪的教育必须解决的问题。显而易见，“快乐学习”和“自主学习”已经成为信息时代教育的关键词。**

（いかにして学生に勉強を楽しんでもらうか、能動的かつ自主的に勉強してもらうかは21世紀の教育において必ず解決しなければならない問題である。明らかに、「楽しく勉強すること」と「自主的に勉強すること」はすでに情報化時代の教育のキーワードになっている。）

“显而易见”を用いて、現状から話し手の推論を導く。

例3 **他从二十三岁开始创业，一路走来经历了很多磨难。尽管如此，毫无疑问，这种磨难将来还会继续。**

（彼は23歳の時から事業を始め、これまで多くの苦難を経験してきた。それにも関わらず、間違いなく、このような苦難はこれからも続くはずだ。）

話し手の推測を、“毫无疑问”でつなぐ。

ほかに、“由此可见”、“这么一来”などもよく使う。

part 4 省略する

省略は、文が表す主要な情報を引き立てるために重複を避ける方法で、以下の2つがある。

前文の文成分を後文で省略する

前文に一度登場している文成分を、後文で省略する。省略できる文成分には、主語、目的語、連体修飾語の被修飾語がある。

例1 **主語を省略する**

孙丽从沙发上站起来慢慢地走到落地窗前,(孙丽／她) 出神地看着窗外。

(孫麗はソファから立ち上がり、ゆっくりと掃き出し窓の前まで行き、ぼんやりと窓の外を眺めていた。)

前文に主語の“孙丽”が登場しているため、“出神地…”の前には“孙丽”または“她”を置かなくてもよい。

例2 **目的語を省略する**

我需要时间，你也需要 (时间)。(私には時間が必要だ。君にも必要だ。)

前文に“需要”の目的語である“时间”が出ているので、後文の“需要”の後には同じ目的語を重複させない。

他们可以用一个月的时间开发新产品，我们也可以 (用一个月的时间开发新产品)。(彼らは1か月で新商品を開発できる。われわれもできる。)

“可以”の目的語である“用一个月的时间开发新产品”を、後文では重複させなくてもよい。

例3 **連体修飾語の被修飾語を省略する**

成为优秀的钢琴演奏家是她的梦想，也是我的 (梦想)。

(優れたピアニストになることは彼女の夢であり、私の夢でもある。)

“她的梦想”は“是”の目的語であり、“她的”は連体修飾語で“梦想”を修飾している。後文で“我的”の修飾を受ける語も“梦想”であるため、省略してよい。

後文で登場する文成分を前文で省略する

前文と後文の主語が同じである場合、後文の文頭に主語を登場させ、前文では省略できる。

例 (你) 经常去旅游，你就会发现原来自己的世界如此狭小。

(たびたび旅行に行くと、あなたは自分の世界がこれほど狭くて小さかったということに気づくだろう。)

前文の主語“你”が後文でも登場する場合、前文では省略してもよい。

part 5 接続詞と副詞を多用する

接続詞と副詞は、文と文、文と節、節と節をつなげる役割をする。
使い方は5級までに学んできた呼応関係と共通するので、もう一度復習しておこう。

関係	呼応表現・注意点
因果	**因为**A，**所以**B。Aだから B。 ・"因为"と"所以"のどちらかを省略してもよい。 ・前後の主語が同じ場合、"因为"は主語の前後どちらに置いてもよい。 ・前後で主語が異なる場合は、"因为"は主語の前に置く。 ・B を先に述べ、「B，因为A」とすることもできる。
	由于A，［**因此**/**因而**/**从而**］B。Aだから B。Aであるゆえに B。 ・"由于"は"因为"と置き換えできるが、「B，由于A」という使い方はできない。 ・"因此"は、前文が終結した後に、新たな文の文頭に置いて「A……。因此 B……」（～。従って～）という使い方ができる。
	之所以A，**是因为**B。Aであるわけは Bだからである。Aなのは Bだからである。 ・前文の"之所以"を省略し、「A，是因为／是由于 B」ともできる。
	既然A，［**就**/**那么**/**也**/**还**］B。Aしたからには Bする。Aであるから Bである。 ・後文には反語文も使える。
逆接	**虽然**A，［**但是**/**可是**/**然而**/**可**/**却**］B。Aだけれども B。 ・"虽然"は省略してもよい。 ・前後の主語が同じ場合、"虽然"は前文の主語の前後どちらに置いてもよい。主語が異なる場合は、前文の主語の前に置く。 ・「A，虽然 B」とすると、「A である、B だけれども。」という意味で使える。
	尽管A，［**但是**/**可是**/**然而**/**可**/**却**］B。Aだけれども B。たとえ Aであっても B。 ・逆接に譲歩を加えた表現。Aには確定した事実を置き、「事実はこうだがそれでも～」という意味を表す。 ・前後の主語が同じ場合、"尽管"は前文の主語の前後どちらに置いてもよい。主語が異なる場合は、前文の主語の前に置く。
並列	**（一）边**A，**（一）边**B。Aしながら Bする。 ・A、Bはいずれも動詞（フレーズ）で、2つ以上の動作が同時に進行することを表す。 ・"一"を省略すると、主語は1つだけ。
	①**又**A**又**B。／②**既**A［**又**/**也**］B。Aでもあり Bでもある。 ・"又"を使う①は、2つの動作、または2つの性質や状態が同時にあることを表す。 ・"既"を使う②は、2つの性質や状態、または事柄が同時にあることを表す。 ・A、Bにはいずれも、同じ構造の動詞（フレーズ）または形容詞（フレーズ）を置く。

並列	A［**而且/并且**］B。Aであり、それに（そして）Bでもある。 ・“而且”は“而”に置き換えることも可能だが、“而”は逆接「AだけれどもB」という意味にもなる。
連続・前後	**一**A，**就**B。AするとすぐB。AしたとたんB。Aすると必ずB。 ・動作や事態が続いて起こる、またはAが起こると必ずBが起こることを表す。
	［**先/首先**］A，［**然后/再/又/还**］B。まずAして、それからBする。 ・後文は“然后”と“再／又／还”を組み合わせて“然后再…”のようにもできる。
累進	［**不但/不仅**］A，［**而且/并且/还/也/都**］B。AばかりでなくB（さらに）B。 ［**不但/不仅＋不/没有**］A，［**反而/反倒**］B。A（でない）ばかりか、かえってB。 ［**不但/不仅**］A，**甚至**B**也**……。AばかりでなくBさえも～。 ・“不但／不仅”は、前後の主語が同じ場合は主語の後に、前後の主語が異なる場合は文頭に置く。 ・“不仅”は“是”の前に置いて“**不仅是…**”とすることが多い。“**不仅仅…**”とすることもある。
	A，**并且**［**也/还/又**］B。Aで、しかも（また）B。
仮定	［**要是/如果/假如／倘若**］A（**的话**），（**那么/就**）B。もしAならばB。 ・話し言葉では“要是”、書き言葉では“假如／倘若”をよく使う。“如果”はどちらでも使う。 ・「B，如果A（的话）。」の形でも使える。
	［**幸亏/多亏**］A，［**不然/否则/要不**］B。幸いAのおかげで、さもなくばB。
	万一A，（**就**）B。万が一AならB。 ・熟語的に使える表現：“**不怕一万，只怕万一**”（一万の出来事は怖くないが、万一の出来事だけは怖い。備えあれば憂いなし）“**预防万一／以防万一**”（万が一に備える）“**不会有万一**”（万が一のことは起こらないだろう）
譲歩	［**哪怕/就是/即使/即便**］A，［**也/总/又/还是/仍然**］B。たとえAでもB。
	［**宁可/宁肯/宁愿**］A，**也要**B。たとえAしてでもBする。 ［**宁可/宁肯/宁愿**］A，**也不**B。たとえAしてでもBしない。 ［**宁可/宁肯**］**不**A，**也**B。たとえAしなくてもBする。 **与其**A，［（**还/倒**）**不如/宁可**］B。AよりむしろB。AするくらいならBする。
条件	**只要**A，**就**B。AでさえあればB。 ・後文に“只要”を置き、「B，只要A」も可。このときBには“**就**”を置かない。
	只有A，**才**B。AしてはじめてB。AなければBない。 ・後文に“只有”を置き、「B，只有A」も可。このときBには“**才**”を置かない。

条件	**[不管/无论]** A，… **[也/都]** B。Aであろうと B する。Aにかかわらず B する。 ・Aには不確定なことを置くため、“**怎么／谁／什么／多么**”などの疑問詞を使った疑問フレーズ、または“**还是／或者**”を使った二者択一のフレーズを置く。 ・“**无论**”は書き言葉に使うことが多く、そのときAでは“**如何／是否／与否**”などを使うことが多い。“**不管**”は話し言葉で使うことが多く、“**怎么样／是不是**”なども使う。 ・“**不管**”の後には、形容詞の反復疑問形…“**好不好、开（心）不开心**”などを置けるが、“**无论**”の後は“**好还是不好、开心与不开心**”といった形にする。
	除非 A，**[不然/否则]** B。Aでない限り B。 **除非** A，**才** B。A してはじめて B。A しない限り B しない。
相関	**…越来越** A…。ますます A である。
	越 A **越** B。A すればするほど B である。 ・AとBの主語が同じ場合は、「主語＋越A越B」の形。 ・AとBの主語が異なる場合は、「主語＋越A，主語＋越B」の形。
選択	A **还是** B**？** Aそれとも B ？
	A **或者** B。A または B。
	不是 A，**而是** B。A ではなく B。
	不是 A，**就是** B。A でなければ B。
	与其 A，**不如** B。A よりむしろ B。
	A，**[要不/要不然/不然/否则]** B。A、もしそうでなければ B。

類義語を整理しよう

6級の単語にある類義語について、もう一度意味と使い方を確認しよう。

名詞

立场／场合／场所／角度
规律／规则／秩序／顺序
类型／形势／形态／姿态
风气／滋味／风味／气味
面积／性能／款式／体积
势力／生机／气势／效益
体系／体裁／主义／产业
弊病／毛病／疾病／病毒
勇气／气势／欲望／志气
标记／标志／踪迹／痕迹

動詞

削／宰／掏／晾
攒／铺／绣／泼
摆／搁／捎／捧
掐／折／拽／挪
啃／咬／揉／眨
捏／拐／拧／转
转告／传达／传授／转达
参照／依据／对照／参谋
选拔／识别／审查／验证
伴随／发动／加剧／促进
位于／落成／滞留／落实
意味／证实／演变／认定
操纵／操作／扮演／摄影
希望／期待／欺负／盼望
继承／继续／衔接／延续
借鉴／采纳／鉴别／区别
掩护／覆盖／掩盖／掩饰
暴露／透露／揭露／曝光
杜绝／消除／废除／断绝
公证／认定／公认／认可
建设／修复／修建／建立
回顾／回避／避免／逃避
塑造／创新／更新／创造
扩散／分布／散布／遍布
流传／盛产／流通／盛行
写作／记录／记载／陈述
展现／展示／展望／表示
占领／侵犯／占据／占线
镶嵌／衬托／装饰／点缀

形容詞

丑／臭／腥／棒
一流／卓越／畅销／荣幸
永恒／圆满／周密／和谐
频繁／珍贵／别致／迟缓
贫乏／广阔／持久／遥远
剧烈／迅速／猛烈／高速
美观／美满／可观／可口
完美／美妙／迷人／迷惑
陈旧／传统／保守／固执
熟练／熟悉／相似／现成
顽强／坚强／顽固／坚定

副詞、接続詞

颇／极／愈／便
格外／十分／过度／过于
以致／以便／进而／因而
暂且／逐渐／即将／顿时
既然／从而／连同／即便
何况／除非／假如／倘若
固然／务必／何必／必然
随意／随即／随身／随手

混合型

犹如／仿佛／类似／比方
尤其／过于／必然／不堪
当地／现场／当场／场面
神圣／秘密／神秘／神奇
平均／平常／平行／平衡

四字熟語

不言而喻／不可思议／不屑一顾／不择手段
锦上添花／欣欣向荣／络绎不绝／日新月异
任重道远／恰到好处／根深蒂固／归根到底
争先恐后／循序渐进／优胜劣汰／有条不紊
得不偿失／兴高采烈／喜闻乐见／得天独厚
精打细算／博大精深／知足常乐／无精打采
饱经沧桑／一如既往／持之以恒／一丝不苟
南辕北辙／东张西望／统筹兼顾／潜移默化

STEP 1

文が正しいかどうかを見極めよう

● 閲読 第一部分 ●

閲読第一部分は「病句」、すなわち誤りのある文を見つける問題です。４つの文の中から誤りのある文を１つ見つけ選ぶという形式で、合計 10 問出題されます。６級閲読部分で、一番厄介と言われる部分です。

その「厄介さ」はどこにあるのでしょうか。まず、ネイティブ並みの語感がなければわからない要素が多いこと。そして四者択一で迷わせられること。さらに、同じ内容を述べる４つの文から選ぶのではなく、まったく異なる内容を述べる文から選ばなければならず、比較検討できないことが挙げられます。

とは言っても、まったく対策しようがないということでもありません。出題傾向をある程度把握し、練習を重ねれば、得点につながる可能性は十分にあります。

対策として、次の４点を心がけて慣れることが大切です。

1．問題のタイプを把握する

2．練習問題をたくさん解いてみる

3．文法事項を何度も確認しておく

4．中国語の文章を多読、速読し、語感を身につける

この問題の主旨は「誤りを選ぶ」ことではなく、「正しい中国語文を認識する」ことにあります。「誤りを正す」ことではなく、「誤りを見つける、誤りに気づける」ことです。このステップではこの点に重点を置いて練習します。これができるようになることが、４つの中から誤りのある文を１つを選ぶための土台となり、正しい中国語を使いこなす力となるでしょう。

UNIT 1 問題のタイプを把握する

病句対策の第１歩は、文中のどのような点に「病」が設定されているのか、そのタイプを把握することです。そのタイプには大きく分けて次の３つがあります。

1. 文の構造に誤りがある
2. 語と語の組み合わせに誤りがある
3. 文に論理的な誤りがある

ここでは、それぞれについてその特徴と対策のポイントを解説します。その後、「病」つまり誤りの箇所を指摘する練習問題を設けました。練習問題を通して、誤りに気づく力をつけましょう。

文の構造に誤りがあるタイプ

問題の特徴

このタイプの問題は、①語順に誤りがある、②文成分が欠けている、の２種類に分けられる。それぞれの例を見てみよう。

1．語順に誤りがある

例 A 汉字是世界上使用人数最多的一种文字。
B 秋季的千岛湖气候宜人，景色美不胜收，令人流连忘返。
C 啤酒中含有丰富的酵母，适量饮用啤酒可以增加皮肤的弹性。
D 随着增多配戴人数，隐形眼镜的安全性也受到了越来越多的关注。

（《HSK 考试大纲 六级》（人民教育出版社・2015 年発行）より引用）

この中で、誤りがある文はD。“增多配戴人数”ではなく、“配戴人数增多”とすべきである。“增多”は動詞だが、一般的に目的語をとらず、述語として使われる。

2．文成分が欠けている

例 A 立春过后，大地渐渐从沉睡中苏醒过来。
B 赏识不是别有用心的恭维，而是对一种价值的认可。
C 唐高宗时编写的《唐本草》，是世界上首部由国家编订和颁布的。
D 石灰岩的主要成分碳酸钙极易溶蚀，故石灰岩多的地区易形成溶洞。

（《HSK 考试大纲 六级》（人民教育出版社・2015 年発行）より引用）

この中で、誤りがある文はC。“首部由国家编订和颁布的”の被修飾語であると同時に、“是”の目的語となるものが欠けている。“是世界上首部由国家编订和颁布的药典”とすべきである。

対策のポイント

次の2点をしっかりとインプットし、練習問題に取り組んで、このタイプの「病」を指摘できるようになろう。

①中国語の主語、述語、目的語、定語（連体修飾語）、状語（連用修飾語）、補語という6つの成分の位置をしっかりと覚えておく。

シリーズを通して掲載し続けている、P.86の「品詞と文成分MAP」をもう一度よく確認し、中国語の文の構造をしっかり覚えておくこと。

②知らない単語は敢えて無視して文の大筋を把握し、文の骨組みをまず見つける。

この閲読第一部分はスピードも求められる。細かい部分にとらわれず、ポイントとなる文の骨組みを察知できるようになろう。

練習問題

次の1～14のそれぞれについて、誤りがある部分を指摘してください。（答えはこの続きに）

1. 爷爷说他今天没胃口，不吃下饭。
2. 这一箱苹果怎么也得有20斤来重吧。
3. 一缕阳光透过稠密的树叶照进暖洋洋的。
4. 你只要能帮忙，他就一定会度过这次难关的。
5. 幸亏你早上提醒我多穿件衣服，我否则今天会被冻感冒的。
6. 你如果没做什么亏心事，怎么说话起来不那么理直气壮呢？
7. 文学创作源于生活却又高于生活，它不应该受到现实生活的。
8. 朋友遇到困难的时候，他不但没有出手相助，处处反而落井下石。
9. 我看你一直不停地在吃巧克力，小心吃多巧克力，时间长了会发胖的。
10. 中国人发明的古代火药又叫黑火药，是由硫磺、木炭和硝石混合而成的。
11. 你现在面临的事业方面的难题、感情方面的挫折，这些我都经历过，而且比你不少。
12. 汽车是人类的代步工具，它给人们的生活提供了极大的便利，但同时也带了严重的环境问题。

13. 我们不应该太多的精力怀念过去，因为沉迷于过去的事情只能使我们的心智变得越来越迟钝。

14. 有人说，手机放置长时间开不了机的情况可能有两个：一个是电池的电量耗尽了；另一个是手机软件系统的原因。

練習問題解答

赤囲み：誤りのある部分　波線：判断のカギとなる部分　「→」の文：修正した文の例　下線：修正部分

1．爷爷说他今天没胃口，不吃下饭。

“吃下”の可能補語否定形は“吃不下”。ちなみに肯定形は“吃得下”。

→ 爷爷说他今天没胃口，吃不下饭。

2．这一箱苹果怎么也得有 20 斤来重吧。

数詞が表す数に近い意味を表す“来”は、その前の数詞が２桁以上、かつ一の位が「０」の場合、「数詞＋“来”＋量詞＋名詞」の順番。

→ 这一箱苹果怎么也得有 20 来斤重吧。

3．一缕阳光透过稠密的树叶照进暖洋洋的。

この文の主語は“阳光”、述語は“照进”。“照进”は「動詞“照”＋単純方向補語“进”」で、目的語が必須。“暖洋洋的”は連体修飾語であるため、後に目的語となる被修飾語が必要。“照进”の目的語となれる語には、例えば“房间／屋里”がある。また“卧室”や“教室”などでもよい。

→ 一缕阳光透过稠密的树叶照进暖洋洋的房间／屋里。

4．你只要能帮忙，他就一定会度过这次难关的。

これは複文だが、前節の主語は“你”で、後節の主語は“他”である。前後節の主語が異なる場合、接続詞の“只要”は前節の主語“你”の前に置くべきである。

→ 只要你能帮忙，他就一定会度过这次难关的。

5．幸亏你早上提醒我多穿件衣服，我否则今天会被冻感冒的。

“否则”は接続詞であるため、後節の主語（“我”）の前に置くべきである。

→ 幸亏你早上提醒我多穿件衣服，否则我今天会被冻感冒的。

6．你如果没做什么亏心事，怎么说话起来不那么理直气壮呢？

“说话”は「動詞“说”＋名詞“话”」という構造である。複合方向補語の“起来”は動詞“说”の後に置いて“说起来”とし、目的語“话”は“起来”の間に置く。

→ 你如果没做什么亏心事，怎么说起话来不那么理直气壮呢？

7．文学创作源于生活却又高于生活，它不应该受到现实生活的。

述語動詞“受到”の目的語が欠けている。前文の意味から、“受到”の目的語は“制约”が妥当である。

→ 文学创作源于生活却又高于生活，它不应该受到现实生活的制约。

8．朋友遇到困难的时候，他不但没有出手相助，处处反而落井下石。

副詞“反而”は意味的に“处处落井下石”にかかっているため、“处处”の前に置くべきである。

→ 朋友遇到困难的时候，他不但没有出手相助，反而处处落井下石。

9．我看你一直不停地在吃巧克力，小心吃多巧克力，时间长了会发胖的。

「たくさん食べる」は“多吃”。

→ 我看你一直不停地在吃巧克力，小心多吃巧克力，时间长了会发胖的。

10．中国人发明的古代火药又叫黑火药，是由硫磺、木炭和硝石混合而成的。

連体修飾語“古代”を“中国人”の前に置く。“古代火药”ではなく、“古代中国人发明的火药”とすべきである。

→ 古代中国人发明的火药又叫黑火药，是由硫磺、木炭和硝石混合而成的。

11．你现在面临的事业方面的难题、感情方面的挫折，这些我都经历过，而且比你不少。

比較文において、否定副詞は“比”の前に置く。従って、“不比你少”とすべき。

→ 你现在面临的事业方面的难题、感情方面的挫折，这些我都经历过，而且不比你少。

12．汽车是人类的代步工具，它给人们的生活提供了极大的便利，但同时也带了严重的环境问题。

「深刻な環境問題をもたらした」という意味を表すため、動詞“带”の後に方向補語の“来”が必要。

→ 汽车是人类的代步工具，它给人们的生活提供了极大的便利，但同时也带来了严重的环境问题。

13．我们不应该太多的精力怀念过去，因为沉迷于过去的事情只能使我们的心智变得越来越迟钝。

助動詞“应该”の後に動詞が欠けている。“精力”を目的語にできる動詞は“花”または“花费”。

→ 我们不应该花（费）太多的精力怀念过去，因为沉迷于过去的事情只能使我们的心智变得越来越迟钝。

14．有人说，手机放置长时间开不了机的情况可能有两个：一个是电池的电量耗尽了；另一个是手机软件系统的原因。

“长时间”は連用修飾語として述語動詞“放置”を修飾するため、“长时间放置”とする。

→ 有人说，手机长时间放置开不了机的情况可能有两个：一个是电池的电量耗尽了；另一个是手机软件系统的原因。

語と語の組み合わせに誤りがあるタイプ

問題の特徴

このタイプの問題は、①主語と述語の組み合わせに誤りがある、②主語と目的語の組み合わせに誤りがある、③述語と目的語の組み合わせに誤りがある、④修飾語と被修飾語の組み合わせに誤りがある、⑤接続詞と副詞の組み合わせに誤りがある、という5種類に分けられる。それぞれの例を見てみよう。

1．主語と述語の組み合わせに誤りがある

例 × 现如今生活节奏太高，人们的身心都承受着巨大的压力。
　○ 现如今生活节奏太快，人们的身心都承受着巨大的压力。

主語は“节奏”、述語は“高”になっているが、“节奏”の述語として適切なのは“快／慢”である。

2．主語と目的語の組み合わせに誤りがある

例 × 五月前后的洛阳是观赏牡丹的最好的时机。
　○ 五月前后的洛阳是观赏牡丹的最好的地方。

この文の主語、述語、目的語を抽出すると“洛阳是时机”になる。主語の“洛阳”は場所であるため、目的語の“时机”（タイミング）とは組み合わせることができない。正しくは“地方”。

3．述語と目的語の組み合わせに誤りがある

例 × 体育比赛可以促进员工发育团队精神。
　○ 体育比赛可以促进员工发扬团队精神。

この文は兼語文で、“体育比赛 ‖ 可以促进 ➡ 员工 ‖ 发育 ➡ 团队精神。”という形である。誤りがあるのは、“发育团队精神”の部分で、目的語“精神”と動詞“发育”は組み合わせられず、“发扬”とすべきである。

4．修飾語と被修飾語の組み合わせに誤りがある

例 × 未来人工智能与医生的关系成为科技界与医学界热议的讨论。
　○ 未来人工智能与医生的关系成为科技界与医学界热议的话题。

この文の誤りは連体修飾語“热议的”と被修飾語“讨论”の組み合わせにある。“热议”は動詞で「盛んに議論する」意味であるが、「盛んに議論する討論」は意味的におかしい。被修飾語の“讨论”を“话题”に変えるべきである。

5．接続詞と副詞の組み合わせに誤りがある

例　× 一个人要有长远的眼光，既然一时失利，也要坚持到底。
　　○ 一个人要有长远的眼光，即使一时失利，也要坚持到底。

この文は複文で、“既然”を用いるなら“既然…就…”、“也”を残すなら、“即使…也…”を用いることになる。文の意味から考えて、「たとえ～ても、～」の“即使…也…”を使うべきである。

対策のポイント

次の3点をしっかりとインプットし、練習問題に取り組んで、このタイプの「病」を指摘できるようになろう。

①文の骨組みとなるSVO（主語・述語・目的語）を抽出し、三者間の組み合わせが妥当であるかどうか確認する。

欠けていたり重複したりしていないか、論理的に意味が通じるか、語と語の組み合わせは適切か、確認しよう。

②修飾語と被修飾語の組み合わせが妥当であるか確認する。

「定語（連体修飾語）＋被修飾語」、あるいは「状語（連用修飾語）＋被修飾語」のそれぞれの組み合わせが妥当であるかどうかを確認する。

③複文の場合、接続詞と接続詞、または接続詞と副詞の呼応関係をチェックする。

P.113の「呼応関係一覧表」をもう一度確認しよう。

文を読んで「なんだか違和感がある」という感覚を、できるだけ多くの練習問題、多くの中国語文に触れてつかんでいこう。

練習問題

次の1～13のそれぞれについて、誤りがある部分を指摘してください。（答えはこの続きに）

1．浙江省和江苏省是中国稻米的重要产业。

2．因为我不能吃辣的，所以朋友特意照顾厨师少放辣椒。

3．医生叮嘱张奶奶一定要尽早住院治疗，那么情况会越来越差。

4．人情既然美好，不过一旦蒙上功利的色彩，就容易滋生腐败。

5. 笑是一种很好的健身运动，人只有发笑，嘴角和颧骨部位的肌肉便跟着运动。

6. 位于开封市的大相国寺是中国著名的佛教寺院，是历史遗忘下来的佛殿古迹。

7. 我觉得和电子书比，只有纸质书，就能解阅读的渴，而且纸质书散发出来的墨香让人觉得很舒服。

8. 随着经济的快速发展，人们的消费能力已经达到较高水平，企业要抓住这种消费升级带来的新相遇。

9. 尽管我们还处在无人驾驶汽车的早期阶段，因此交通、物流行业的发展正迅速走向自动化的未来。

10. 近年来，维护老年消费群体的合法权益一直是全社会关怀的热点，也是消费者权益保护委员会的工作重点。

11. 在数字洪流的攻势下，磁带早已被人们遗忘在某个角度，但是作为一个时代记忆的载体，它为人们留下了许多美好的回忆。

12. 中国的传统节日中秋节立即到来，全市的各大超市都纷纷推出月饼礼盒，有红豆的、五仁的、双黄的、水果的，真是应有尽有。

13. 春季各类花草树木体内的储存营养非常丰富，修剪后不但不会影响生长，而且会集中养分，使留下来的芽眼发芽整齐，生长健壮。

練習問題解答

赤囲み：誤りのある部分　波線：判断のカギとなる部分　「→」の文：修正した文の例　下線：修正部分

1．浙江省和江苏省是中国稻米的重要产业。

主語の“浙江省和江苏省”と述語の“产业”の組み合わせに誤りがある。“浙江省和江苏省”は場所であることから、“产业”を“产地”にすべきである。

→　浙江省和江苏省是中国稻米的重要产地。

2．因为我不能吃辣的，所以朋友特意照顾厨师少放辣椒。

この文は兼語文である。誤りは“照顾厨师”という動詞1“照顾”と目的語1“厨师”の組み合わせに誤りがある。文全体の意味から、動詞1を“关照”にすべきである。

→　因为我不能吃辣的，所以朋友特意关照厨师少放辣椒。

3．医生叮嘱张奶奶一定要尽早住院治疗，那么情况会越来越差。

後文“情况会越来越差”は、前文の“尽早住院治疗”をしなかった場合の結果であるため、接続詞の“不然”に変えるべきである。

→ 医生叮嘱张奶奶一定要尽早住院治疗，不然情况会越来越差。

4．人情既然美好，不过一旦蒙上功利的色彩，就容易滋生腐败。

接続詞の“既然”と呼応して使うのは同じ接続詞の“那么”か、副詞の“就／也／还”などである。そして接続詞の“不过”は前に述べた内容と違う見方を提示する時に用いるので、よく“虽然／固然”と呼応する。

→ 人情固然美好，不过一旦蒙上功利的色彩，就容易滋生腐败。

5．笑是一种很好的健身运动，人只有发笑，嘴角和颧骨部位的肌肉便跟着运动。

後文にある“便”は副詞で、“就”に相当するため、呼応する接続詞は“只要”である。“人发笑”は“嘴角和颧骨部位的肌肉跟着运动”の充分な条件であり、唯一の条件ではないため、“只有”を“只要”に変えるべきである。

→ 笑是一种很好的健身运动，人只要发笑，嘴角和颧骨部位的肌肉便跟着运动。

6．位于开封市的大相国寺是中国著名的佛教寺院，是历史遗忘下来的佛殿古迹。

連体修飾語“历史遗忘下来的”と中心語“佛殿古迹”の組み合わせに誤りがある。「歴史が残した」は“历史遗留下来的”。また、“遗忘”には方向補語の“下来”がつかない。

→ 位于开封市的大相国寺是中国著名的佛教寺院，是历史遗留下来的佛殿古迹。

7．我觉得和电子书比，只有纸质书，就能解阅读的渴，而且纸质书散发出来的墨香让人觉得很舒服。

接続詞“只有”は副詞の“才”と呼応する。副詞“就”は接続詞“只要”と呼応する。

→ 我觉得和电子书比，只有纸质书，才能解阅读的渴，而且纸质书散发出来的墨香让人觉得很舒服。

8．随着经济的快速发展，人们的消费能力已经达到较高水平，企业要抓住这种消费升级带来的新相遇。

述語動詞“抓住”と目的語“相遇”の組み合わせに誤りがある。「機会やチャンスをつかむ」意味を表すには、“抓住”の目的語を“机遇”にすべきである。

→ 随着经济的快速发展，人们的消费能力已经达到较高水平，企业要抓住这种消费升级带来的新机遇。

9．尽管我们还处在无人驾驶汽车的早期阶段，因此交通、物流行业的发展正迅速走向自动化的未来。

“尽管”と組み合わせが可能な接続詞、副詞は“但是／可是／然而／还是／仍然／却”などである。

→ 尽管我们还处在无人驾驶汽车的早期阶段，但是交通、物流行业的发展正迅速走向自动化的未来。

10．近年来，维护老年消费群体的合法权益一直是全社会关怀的热点，也是消费者权益保护委员会的工作重点。

連体修飾語“关怀的”と中心語の“热点”の組み合わせに誤りがある。「注目する問題」には動詞“关注”を使うべきである。“关怀”は一般的には人に対して使う。

→ 近年来，维护老年消费群体的合法权益一直是全社会关注的热点，也是消费者权益保护委员会的工作重点。

11. 在数字洪流的攻势下，磁带早已被人们遗忘在某个角度，但是作为一个时代记忆的载体，它为人们留下了许多美好的回忆。

動詞＋結果補語の“遗忘在”と目的語の“角度”の組み合わせに誤りがある。“遗忘在”の目的語は場所を表す名詞である必要があるため、“角落”が妥当である。

→ 在数字洪流的攻势下，磁带早已被人们遗忘在某个角落，但是作为一个时代记忆的载体，它为人们留下了许多美好的回忆。

12. 中国的传统节日中秋节立即到来，全市的各大超市都纷纷推出月饼礼盒，有红豆的、五仁的、双黄的、水果的，真是应有尽有。

連用修飾語“立即”と中心語“到来”の組み合わせに誤りがある。“立即”は後に動作を表す動詞がよく来る。また、後文の意味から、“中秋节”が「間もなく到来しようとする」意味が妥当であるため、“即将”に変えるべきである。

→ 中国的传统节日中秋节即将到来，全市的各大超市都纷纷推出月饼礼盒，有红豆的、五仁的、双黄的、水果的，真是应有尽有。

13. 春季各类花草树木体内的储存营养非常丰富，修剪后不但不会影响生长，而且会集中养分，使留下来的芽眼发芽整齐，生长健壮。

“不但不”はよく“反而／反倒／而且／还／更”などと呼応して使う。“会影响生长”と“会集中养分…生长健壮”は相反する内容であることから、“反而”にする。

→ 春季各类花草树木体内的储存营养非常丰富，修剪后不但不会影响生长，反而会集中养分，使留下来的芽眼发芽整齐，生长健壮。

part 3 文に論理的な誤りがあるタイプ

問題の特徴

このタイプの問題は、類義語の重複使用、否定詞の不適切な使用、文全体の意味の矛盾などがある。

例 A 受台风影响，该地区普降暴雨。
B 他为中国早期电影事业的发展做出了杰出的贡献。
C 荸荠肉质洁白，味甜多汁，自古就被称为“地下雪梨”的美誉。
D 科学的本质在于不断探索、揭示真相，用新的认知代替旧的认识。

（《HSK 考试大纲 六级》（人民教育出版社・2015 年発行）より引用）

この中で、誤りがある文はC。“被称为”は、「～と呼ばれる」という意味であり、“美誉”は「美名、名声、素晴らしい評判」の意味。したがって、“自古就被称为‘地下雪梨’的美誉”だと、「古くから『地下で育つ梨』の美名と呼ばれている」になり、意味的に重複している。

対策のポイント

①文中で、意味的に類似している語または文成分を重複使用しているかどうかを見極める。

②並列構造がある場合、論理的につながっているかどうかを確認する。

③否定の意味を表す語が２つまたは３つある場合は要注意。

例えば、“避免／防止／以免／禁止／切忌”などのような否定の意味を含んでいる語と、“不／没有”が共に使われているような場合である。否定の意味を表す語が２つの場合は肯定の意味（二重否定）、３つの場合は否定の意味を表す（三重否定）。

④文全体が意味的におかしくないかを確認する。

①、②、③を見極めるためには、ひとつひとつの語の日本語訳だけでなく、そこに内包された意味、ニュアンスまでをくみ取る必要がある。選択肢が４つあり、疑い始めるとすべてがおかしく感じられることもあるが、冷静に神経を研ぎ澄まし、論理的に破綻しているものを探し出そう。

練習問題

次の１～13のそれぞれについて、誤りがある部分を指摘してください。（答えはこの続きに）

1. 这套房子再贵也不过六千万元以上吧。
2. 难道你能否认员工不应该踏踏实实地工作吗？
3. 政府将对这几家企业加大支持力度，避免防止大规模裁员。
4. 有人说，做一个父亲并不难，难是成为一个父亲不容易。
5. 游戏产业的关键不在技术人员的多少，而是在于能够持续创新。
6. 凡是想做大事的人，不少能做到能屈能伸，因为他们以大局为重。
7. 专家们根据统计的历史数据指出表明，新兴行业一定是最赚钱的行业。

8. 近年来，相较于“购物”，温泉、滑雪等“体验式消费”更受访日游客欢迎多。

9. 据悉，在日本的留学生就职人数近两万，其中中国留学生最多仅达到一万一千人。

10. 此次的线上会议共有来自海内外二十八个国家、地区以及国内十六个省的代表出席并发言。

11. 职场有三忌：一忌把自己的工作推给别人；二忌对人不要小聪明；三忌急于求成，沉不下心。

12. 交通运输部网站刊发文章表示，根据航空公司排班的实际情况，要避免不出现机组连续五天飞行的情况。

13. 一个企业能否形成良好的工作氛围，员工能否尽快适应并融入其中，这对企业的快速发展起着非常重要的作用。

練習問題解答

赤囲み：誤りのある部分　波線：判断のカギとなる部分　「→」の文：修正した文の例　下線：修正部分

1. 这套房子再贵也不过六千万元以上吧。

“不过”は「過ぎない、超えない」、“以上”は「～より上、～以上」なので、同時に使うと意味的に矛盾が生じる。前に“再贵也”とあるので、“不过”を残すのが適切。

→ 这套房子再贵也不过六千万元吧。

2. 难道你能否认员工不应该踏踏实实地工作吗？

“难道你能…吗？”は反語文であるため、文全体の意味は否定、つまり“你不能…”である。そうすると、“你不能否认员工不应该踏踏实实地工作”になり、さらに“你不能否认…”は二重否定で“你应该承认…”に相当するため、文全体の意味が“你应该承认员工不应该踏踏实实地工作”となってしまう。

→ 难道你能否认员工应该踏踏实实地工作吗？（＝你不能否认员工应该踏踏实实地工作。）

3. 政府将对这几家企业加大支持力度，避免防止大规模裁员。

“避免”は「防止する」、「“避免”＋動詞目的語構造」で「～することを防止する」という意味を表すことができる。“防止”と“避免”はどちらも否定の意味を持つため、一緒に使うと肯定の意味、つまり“要大规模裁员”になってしまう。したがって、重複使用を避けてどちらか1つだけを残す。

→ 政府将对这几家企业加大支持力度，避免大规模裁员。／
政府将对这几家企业加大支持力度，防止大规模裁员。

4.有人说，做一个父亲并不难，难是成为一个父亲不容易。

“难”と“不容易”は同じ意味であるため、重複使用となる。そして、述語“是”の目的語“成为一个父亲”は事柄であるため、主語は“难”ではなく“难的”（難しいこと）という名詞構造にすべきである。

→ 有人说，做一个父亲并不难，难的是成为一个父亲。

5.游戏产业的关键不在技术人员的多少，而是在于能够持续创新。

前文に“多少”（多いか少ないか）とあるため、後文では「できるかどうか」で対応させないと論理的に矛盾する。従って“能够”の前に“是否”または“是不是”を加える。

→ 游戏产业的关键不在技术人员的多少，而是在于是否 / 是不是能够持续创新。

6.凡是想做大事的人，不少能做到能屈能伸，因为他们以大局为重。

“凡是”は「すべて」という意味で全体を指し、“不少”は「多い」という意味で部分を指す。全体と部分の矛盾による誤りである。

→ 凡是想做大事的人，都能做到能屈能伸，因为他们以大局为重。

7.专家们根据统计的历史数据指出表明，新兴行业一定是最赚钱的行业。

“指出”は「指し示す、指摘する」、“表明”は「はっきりと示す」という意味で、一部重なるため重複使用となる。この文では連用修飾語が“根据统计的历史数据”であるため、「指摘する」の意味も持つ“指出”が適切である。もし主語が“历史数据”ならば、述語動詞は“表明”になる。

→ 专家们根据统计的历史数据指出，新兴行业一定是最赚钱的行业。

8.近年来，相较于“购物”，温泉、滑雪等“体验式消费”更受访日游客欢迎多。

“更”と“多”の同時使用が誤りの原因であり、“多”を削除すべきである。“更受…欢迎”は「もっと歓迎される」という意味を表し、比較文に用いる。また動詞“欢迎”の後に“多”という補語がつかない。

→ 近年来，相较于“购物”，温泉、滑雪等“体验式消费”更受访日游客欢迎。

9.据悉，在日本的留学生就职人数近两万，其中中国留学生最多仅达到一万一千人。

“最多”と“仅”（わずか）は意味的に相反するため、一緒に使うと論理的に矛盾する。また、“最多”を削って“仅”を残すと、前の文（留学生の就職人数が２万人近くいる）と意味的に矛盾するので、やはり“最多”を残すべきである。

→ 据悉，在日本的留学生就职人数近两万，其中中国留学生最多，达到一万一千人。

10.此次的线上会议共有来自海内外二十八个国家、地区以及国内十六个省的代表出席并发言。

“海内外”は「中国国内＋外国」で、“国内”は「中国国内」を意味している。両者は並列関係ではなく、包含関係である。

STEP 1 UNIT 1

→ 此次的线上会议共有来自海外二十八个国家、地区以及国内十六个省的代表出席并发言。

11. 职场有三忌：一忌把自己的工作推给别人；二忌对人不要小聪明；三忌急于求成，沉不下心。

"忌"は「忌む、避ける」という意味で、すでに否定の意味が含まれている。"忌对人不要小聪明"は「"忌"＋"不"」で二重否定＝肯定となり、"忌对人不要小聪明"＝"对人应该要小聪明"（人に対して小賢しく立ち回るべきだ）の意味になってしまう。

→ 职场有三忌：一忌把自己的工作推给别人；二忌对人要小聪明；三忌急于求成，沉不下心。

12. 交通运输部网站刊发文章表示，根据航空公司排班的实际情况，要避免不出现机组连续五天飞行的情况。

"避免不出现"は二重否定であるため、"出现"の意味になってしまい、"要出现机组连续五天飞行的情况"は客観的事実に合わない。

→ 交通运输部网站刊发文章表示，根据航空公司排班的实际情况，要避免出现机组连续五天飞行的情况。

13. 一个企业能否形成良好的工作氛围，员工能否尽快适应并融入其中，这对企业的快速发展起着非常重要的作用。

前半の２つの文"一个企业能否形成良好的工作氛围""员工能否尽快适应并融入其中"ではいずれも"能否"を使っているため、最後の文においても"能否"で呼応させる必要がある。

→ 一个企业能否形成良好的工作氛围，员工能否尽快适应并融入其中，这对企业能否快速发展起着非常重要的作用。

UNIT 2 実践練習

例題

例題：《HSK 考试大纲 六级》（人民教育出版社・2015 年発行）より引用

閲読第一部分は、次のような形でA～Dの４つの文が提示されており、この中から誤りのある文を１つ選ぶという問題です。合計で 10 問あり、１つの文は短いもので十数字、長いものなら 60 字程度ある場合もあります。

51. A 立春过后，大地渐渐从沉睡中苏醒过来。
    B 赏识不是别有用心的恭维，而是对一种价值的认可。
    C 唐高宗时编写的《唐本草》，是世界上首部由国家编订和颁布的。
    D 石灰岩的主要成分碳酸钙极易溶蚀，故石灰岩的地区易形成溶洞。

ここではＣの文が正しくありません。

ここまでの、あらかじめどこかに誤りがあるとわかっている文について、その誤りは何かを指摘するという練習で、誤りのパターンをつかめたでしょう。

ここからは試験のような、誤りがあるかどうかわからない複数の文から、誤りのある文を見つける練習をします。試験にある四者択一の問題に取り組む前に、予備練習として二者択一および三者択一の 20 問で、問題に慣れましょう。

解き方のコツ

①ここまでの解説と練習で見てきた誤りのパターンを念頭に置いて文を読み、**いずれかのパターンに引っかかる文をピックアップ**しましょう。誤りのパターンに慣れてさえいれば、この第一印象で引っかかる感覚が最終的に一番正しい感覚であることが多いもの。時間的にも、この段階で判断できると楽です！

②１つの問題の中で引っかかる文を複数ピックアップした場合、それぞれを検証して、より引っかかりが大きいと感じるものを選びます。

③迷いだすときりがありません。１問１分以内を目安に、**思い切りよく判断**し進んでいきましょう。

④検証する際には、**何が誤っているのかを深く考えすぎない**ように。理論は置いておいて、感覚的に判断していくことも大切です！

⑤もし迷い始めて袋小路に入ってしまいそうになったら、頭を切り替えるためにも、一旦置いておいて先の問題へ進みましょう。場合によっては、先にこのあとの閲読第二～第四部分を解いてから戻ってきてもかまいません。戻ってきて冷静さを取り戻していれば見えてくることもあるはずです。

予備練習 1（二者択一）　1回目　／10　2回目　／10

第 1 −10 题：请选出有语病的一项。
次の 1 〜 10 について、A と B の 2 つの文のうち、文に誤りがあるほうを選びなさい。

□1.　A　昨天小王在电影院门前等了一下午你，你不应该这样伤害她。
　　　B　一项最新研究显示，养宠物可以促进幼儿的社交情绪的发展。

□2.　A　我很欣赏那种大胆创新精神和他的桀骜不驯的性格。
　　　B　面对孩子之间的冲突，除了涉及到安全问题，家长最好不要过多介入。

□3.　A　他多年来默默地参与推动中国世界遗产的申遗和保护工作。
　　　B　苏绣的主要特点大部分是绣工精巧、细腻，色彩文雅、素洁。

□4.　A　除了你自己，这个世界没有谁不可以阻碍你成长。
　　　B　这个基金项目旨在加快培养有望进入世界科技前沿的优秀学术人才。

□5.　A　越来越多的化妆品企业选择在青山绿水中建立起美丽的工厂。
　　　B　这篇小说非常有名，因为现在很多中小学都把它作为课外读物。

□6.　A　凭借这张照片，他一夜之间成了世界最著名的肖像摄影师。
　　　B　那年的大地震造成了严重的人员伤亡、房屋和各种财产的损失，至今令人不堪回首。

□7.　A　人们通过交换有价值的信息，与他人产生链接，获得一种身份认同感。
　　　B　倘若你周围每一个人的脸上都洋溢着笑容，所以你就会觉得这个世界充满了阳光。

□ 8. A 长期睡眠不足会导致记忆力衰退，进而导致学习能力下降、工作效率低下。

B 金先生有长远的眼光和宽广的胸襟，四十多年来他主动培养提高了一批又一批的年轻学人。

□ 9. A 日本奥委组为了即将迎接到来的 2020 年东京奥运会，为一些参赛国家设计了独特的漫画形象。

B 公司对办公室进行了特殊的设计，为不同部门的员工创造了更多偶遇的机会。

□ 10. A 企业文化所建立的企业内部的文化氛围是一种精神激励，它能够调动与激发员工的积极性、主动性和创造性。

B 这部电视剧以主人公经营婚姻并实现女性的自我成长为主线，探讨什么是真正的幸福。

予備練習2（三者択一）　1回目　／10　2回目　／10

第1−10题：请选出有语病的一项。
次の1～10について、A～Cの3つの文の中から文に誤りがあるものを選びなさい。

□ 1. A 林教授花了毕生的心血撰写了一部关于音韵学方面的。
B 为了回报社会，他常将超市里的生活用品送给孤儿院。
C 由于今年秋季雨天和晴天来回交替，所以树叶尤其多彩多姿。

□ 2. A 中国各地都有不少小吃，几乎每个小吃都有一段传说。
B 当人口出现增长时，很多物品的消耗量也会随之增加。
C 虽然与她第一次见面，却一见如故，而且被她的优雅气质所吸引，对她很有好感。

□ 3. A 科学家们发现，人从思考到行动所需要的时间不到150毫秒。
B 企业频繁变更法定代表人意识到企业的控制权可能发生了频繁变化。
C 德国不仅山区里覆盖着大片森林，大小城市里也有占地面积极大的森林公园。

□ 4. A 父母的潜移默化使小刚对医学产生了浓厚的爱好。
B 我们选择朋友经常会先注意相貌、衣着、地位等，反而忽略了最重要的内在。
C 假如你有什么事想不通的时候，独处是一个有效的方法。

□ 5. A 到了夏天，我们全家都要在屋外度过上半夜，除非下雨，从不改变。
B 即便人力成本上涨，人才流动加剧，企业在招人和用人方面面临诸多困难，因此越来越多的企业正在选择使用人力资源外包服务。
C 拿到博士学位后，他放弃了国外优厚的待遇，投身于祖国的建筑事业。

□ 6. A 很多人都以为他会在家养老，可年过九十的他又开始制定新的创业计划了。

B 我因为在开会，就让快递员把东西放在快递柜里了。

C 澳大利亚山火过后，森林植被开始复苏，然而却科学家们感到十分担忧。

□ 7. A 通常空气净化器像空调一样都是被固定在某个地方使用的。

B 如果有人指责你，不要急着反驳，先寂静地听完，然后反思自己是否真的像对方说的那样。

C 无论从哪个方面看，狗总是乐意成为人类的好伙伴，而猫却以高冷姿态示人。

□ 8. A 踩高跷是中国民间盛行流行的一种群众性技艺表演，早在春秋时期就已经出现。

B 即使会开车的年轻人，他们开车的机会也越来越少，越来越多的人更愿意选择公共交通。

C 在日常生活中，人们遇到麻烦或困惑时，拍一拍脑门有时会产生灵感。

□ 9. A 人与人相处很难不发生矛盾，然而一发生矛盾，就不停地争吵，互相不让步，这其实是一种愚昧的见解。

B 干眼症轻则会引起不适感，影响正常的工作和休息；重则会引起角膜的感染，最后导致失明。

C 哲学是很多文科考生纠结的专业，年年排在最难就业榜的榜首。

□ 10. A 来自世界各地的城市艺术家及插画艺术家把这里变成了世界上最富有创意的旅馆。

B 他经过反复的实验与研发，终于研制成功了这种既美观又能防止紫外线的太阳镜。

C 不要让充满负能量的人在你身边，因为他们无时无刻不忘消耗你的能量。

実践練習1（四者択一）　　1回目　／10　2回目　／10

第1-10题：请选出有语病的一项。
次の1～10について、A～Dの4つの文の中から文に誤りがあるものを選びなさい。

問題：外语教学与研究出版社《新HSK专项突破・六级阅读》より

□1. A 他一个早晨就写了三封信。
B 那个轻率的举动几乎毁了他多年的事业。
C 在得到确凿的证据以前，不要轻易下结论。
D 动完手术以后，他的记忆力越发不如从前了。

□2. A 那一年我度过了在外婆家一生中最美好的时光。
B 任凭那个推销员怎么巧舌如簧地推销，我也不动心。
C 这位老教授已90高龄，却仍然思维敏捷，语言风趣。
D 彗星行如过客，来去匆匆，是太阳系里最为奇异的成员。

□3. A 安徽黄山以其优美的风景和形态各异的松树而著称。
B 我发现在中国的生活很方便，从来没遇到了困难。
C 作家有着丰富的人生体验，所以才能写出如此深刻的作品。
D 谁也没见过爱吃水果而不爱吃鱼的猫，大家都跑到他家去看稀罕。

□4. A 这次反盗版行动战果辉煌，有效地保护了正版市场。
B 双方唇枪舌剑，互不相让，最后使谈判陷入了僵局。
C 打开窗户，一只蝴蝶飘然而至，给我带来了一份激动和惊喜。
D 这个炼钢车间，由十天开一炉，变为五天开一炉，时间缩短了一倍。

□5. A 对一个刚刚解决了温饱的民族来讲，似乎钱比音乐更重要一些。
B 小林细细体会着“不识庐山真面目，只缘身在此山中”这两句诗的含义。
C 在激烈的市场竞争中，我们所缺乏的一是勇气不足，二是谋略不当。

D 那家商店的售货员对顾客的态度一般都很冷淡，难怪他们的顾客日渐稀少。

□6. A 由于忽视道德教育，有些青年出现了自私、冷漠、缺少爱心等人格缺陷。

B 博物馆的防盗系统根本没有起作用，小偷大摇大摆地进来把那幅名画偷走了。

C 人生其实很简单，只要懂得了“珍惜、知足、感恩”，你就拥有了生命的光彩。

D 从教育学角度来看，不仅算盘是一种计算工具，还是一种很好的玩具和教学用具。

□7. A 早上 7 点，教室里一个人也没有，只有班长坐在那里大声地读课文。

B 二十世纪七八十年代中国实行改革开放，随之而来的市场经济给中国带来了新的活力。

C 他的这个研究成果，在今天甚至今后都会对社会的发展和人们的生活产生极大的影响。

D 目前发达国家多采用垃圾回收、分类和综合利用的方法，使垃圾尽可能地变废为宝，得到利用。

□8. A 做一个穷人，最大的乐趣就是嘲笑那些过上好日子的人“累得跟驴似的”。

B 中国人历来重视结婚的仪式，但是在不同的年代，结婚的仪式和费用也有所不同。

C 自 20 世纪 70 年代以来，随着出生率和死亡率的下降，人口老化成了全球性的问题。

D 某些商家违背商业道德，利用中小学生具有的好奇心理和在考试作弊并不鲜见的情况下，为“隐形笔”大做广告。

□9. A 每年的节能减排任务都备受关注，目前虽然取得了一定的成效，但面临的形势依然十分严峻。

B 《全宋文》的出版，对于完善宋代的学术文献、推动传统文化研究的意义特别重大。

C 光速的测定在现代科学技术中有十分重要的意义，比如有了光速，科学家们就能用它来测量星球之间的距离。

D 在现代社会中，妻子的收入已经成为家庭经济的重要组成部分，这为建立平等民主的夫妻关系打下了经济基础。

□10. A 在老家，过年最重要的活动之一就是走亲戚。亲戚亲戚，只有常走动才能显示出"亲"来。

B 表面看来，人们戴手套仿佛只是为了御寒。其实，手套还是一种身份的象征，它能显示出一个人所处的社会阶层。

C 改革开放搞活了经济，农贸市场的货物琳琅满目，除各种应时的新鲜蔬菜外，还有肉类、水产品、鱼、虾、甲鱼、牛蛙及各种调味品。

D 科学家们在不断研究如何使人变得更聪明，他们发现，新的神经元总是在不断地被分裂出来。科学家们也由此找到了合适的方法，来提高孩子甚至成年人的智商。

実践練習２（四者択一）　1回目　／10　2回目　／10

第1－10题：请选出有语病的一项。　（解答・解説）別冊 P.15

問題：外语教学与研究出版社《新 HSK 专项突破・六级阅读》より

□1.　A　世界是一个不停地运动、变化和转化。

B　今日，科学家正在研究如何利用苹果皮制作超级电容器。

C　他表现出一副为难的样子，大家也就不再催他了。

D　我学医、行医加起来前后有二十年，二十年的时间里看到了不少生与死。

□2.　A　你在阅读过程中遇到生词，先忽略它，去抓全局的主要意思，这将不失为一个提高阅读速度的好方法。

B　从小学到研究生，教过我的老师不计其数，其中我永远忘不了的就是她这位人。

C　突破是一个过程，首先经历心智的拘禁，继之是行动的惶惑，最后是成功的喜悦。

D　此项考试的改革方案至今尚未进行讨论，何来开始使用“改革后的新方案”之说？

□3.　A　朋友结婚，送什么礼物，这一直是个让人头疼的问题。

B　在寒冷的季节里，色彩较深的服装能吸收太阳的光和热，使人感到暖和。

C　年轻的父母们在关心孩子的生活和健康的同时，也开始注意对孩子智力的开发。

D　地铁紧张施工时，隧道突然发生塌方，工段长俞秀华奋不顾身，用身体掩护工友的安全，自己却负了重伤。

□4.　A　昨天天气预报说今天天气会转晴，可是你看今天这天，雨不但没停，反而更大了。

B　生活是一幅绚丽多彩的画卷，如果得不到你的欣赏，那不是它缺少美，而是你缺少发现。

C “五一”期间，植物园将展出郁金香、牡丹、栀子花等花卉，并举办民族舞蹈表演和荷兰风车展。

D 小琳的爸爸是医生，妈妈是教师，哥哥是军人，他们分别在自己的岗位上教书育人，救死扶伤，站岗放哨。

□ 5. A 葵花籽油被称为食用油中最好的油之一，因为它凝固点低，易被吸收。

B 离婚是可传染的，你可以从亲人、朋友，甚至同事那里患上这讨厌的“疾病”。

C 刚到中国的第一个星期，我很不适应。但是过了十多天我渐渐开始习惯了这里的生活。

D 克隆羊的诞生在世界各国引起了震惊，原因在于卵细胞中换进去的是体细胞核，而不是胚胎细胞核。

□ 6. A 人往往对得到的东西不珍惜，而一旦要失去了，却又依依不舍。

B 为了避免今后类似事件不再发生，小区的保安采取了切实有效的安全措施。

C 午睡是缓解紧张、舒缓压力的好方法，找个安静舒适的地方躺一会儿，可以使下午的工作效率更高。

D 傣族同胞喝花茶，很有讲究。老年人喝的是桂花茶，年轻人喝的是茉莉花茶，谈恋爱的人喝的是玫瑰花茶。

□ 7. A 本次展览征集了近千幅家庭老照片，这些照片是家庭生活的瞬间定格，却无不刻有时代的痕迹，让人过目难忘。

B 近日新区法院审结了这起案件，违约经营的小张被判令赔偿原告好路缘商贸公司经济损失和诉讼费 3000 多余元。

C 德国专家发现了一种抵抗失眠的自然方法——饮用特殊的“夜牛奶”，它含有的睡眠激素比普通牛奶高出 25 倍。

D 全长 2.4 公里的大型石灰岩洞穴内，钟乳石琳琅满目，质地之纯净，形态之完美，国内少见，很有保护和研究的价值。

□ 8. A 今年春节期间，这个市的 210 辆消防车、3000 多名消防官兵，放弃休假，始终坚守在各自执勤的岗位上。

B 青少年是上网人群中的主力军，但最近几年，在发达国家中 60 岁以上的老年人也纷纷“触网”，“老年网虫”的人数激增。

C 栖息地的缩减以及遍布亚洲的偷猎行为，使得野生虎的数量急剧减少，将来老虎能否在大自然中继续生存还是个未知数。

D 我们说话写文章，在把零散的词语串成一个个可以用来传递信息、完成交际任务的句子的时候，是需要遵循一定的语法规律的。

□ 9. A 艾滋病（AIDS）是一种传染病，其病毒通过性接触、血液或母婴等途径传播，侵入人体后，使人体丧失对病原体的免疫能力。

B 公民美德是社会公民个体在参与社会公共生活实践中，应具备的社会公共伦理品质或实际显示出的具有公共示范性意义的社会美德。

C 考古学家对两千多年前在长沙马王堆一号墓新出土的文物进行了多方面的研究，对墓主所处时代有了进一步的了解。

D 2011 年开始运行的京沪高速铁路，不仅能使东部地区铁路运输结构得到优化，而且有利于铁路运输与其他交通方式形成优势互补。

□ 10. A 中央财政将逐年扩大向义务教育阶段家庭经济困难的学生免费提供教科书，地方财政也将设立助学专项资金。

B 有的人喜欢把成功的希望寄托在诸如命运和星座这些东西或其他人身上，有的人则懂得什么事都要靠自己，积极地寻找机会并努力工作。

C 20 世纪后期，学者们有条件广泛接触西方人文社会科学，尽管在对其介绍和评价等方面有不少值得商榷之处，但他们取得的成绩还是应当肯定的。

D 衰老很重要的标志，就是求稳怕变。所以你想保持年轻吗？你希望自己有活力吗？你期待着清晨能在新生活的憧憬中醒来吗？有一个好办法——每天都冒一点儿险。

「語感」の話

外国語学習でよく聞く「語感を鍛えて○○語力を上げよう」というスローガン。「語感」とは何だろう。「語感」は本当に身につくのだろうか。

「語感」は、一言でいうと、言葉に対する感覚のことである。より具体的に言うと、言葉の使い方が適切であるかどうかを感じ取る感覚、そして、正確かつ適切な言語表現に修正できる力を指す。

母語については、人間が成長する過程において自然に語感が身につく。日本語母語話者が助詞「は」「が」を適切に使うことができるように、中国語母語話者は、例えば動詞"弄"の使い方で、"弄错""弄脏""弄清楚""弄饭""弄钱"をよく用いるが、"弄静""弄难"弄贵"という組み合わせは一般的にはしない。また、"弄醒"と"吵醒"はほぼ同義で置き換えて使うが、"弄钱"と"赚钱"は異なる意味を持った組み合わせとして使い分けている。"弄钱"は"赚钱"以外に"借钱"という意味も持っているからである。こういったことを、ひとつひとつ理由など考えなくても、自然に使いこなせるのである。

この「語感」は６級閲読試験の第一部分「間違い探し問題」と、第二部分「語句の穴埋め問題」を解く際、非常に役に立つ。例えば、次の文を見てみよう。

"她适应新环境的能力比我强烈得多。"

この文について、どこかがおかしいと感じられるだろうか。それを感じ取る感覚が「語感」である。

この文で引っかかるところは"能力"と"强烈"の組み合わせ。"能力"に合うのは"强"だ。"强烈"は"感情""愿望""反响""反应""刺激""印象""对比"などといった名詞と相性が良い。

では、母語でない言語はこのような「語感」をどのようにしたら獲得できるのだろうか。

やはりその言語に「どっぷり浸かる」ことに尽きるだろう。中国語学習について言えば、毎日中国語に触れ、中国語の音声を聞いて真似をする、中国語の文章を読むなどだ。こういったインプット作業を行うことである程度養えるだろう。そして、こういったインプットは内容についての理解ができてはじめて効果が現れるのである。

ニュース番組やドラマを見たり、ニュースサイトの記事や小説を読んだり。そうして日々の暮らしの中で中国語を「楽しむ」ことが一番なのかもしれない。

STEP 2

単語とフレーズを極めよう

● 閲読 第二部分・第三部分 ●

閲読第二部分および第三部分は、“综合填空”（総合穴埋め）問題です。その名の通り、①語彙知識、②文法知識、③テキストの構成に関する知識を総合的に運用する力を測る問題です。

第二部分は語句の穴埋めです。65～130 字程度の文章に３～５か所の空欄があり、そこに当てはまる語句をセットで選ぶ形で、合計 10 問出題されます。穴埋めの内容は、主に単語と四字熟語です。最大のポイントは、言うまでもなく「語彙力」。個々の単語を覚えた上で、類義語や語形が類似している語の弁別、単語と単語の決まった組み合わせをマスターすることが重要です。UNIT 1として、実際の試験と同じ 10 問を１セットとし、計３セット 30問用意しています。

第三部分は、フレーズの穴埋めです。400～500 字程度の文章に５か所の空欄があり、そこに当てはまるフレーズを５つの中から１つずつびます。UNIT 2 として、実際の試験と同じ１題５問×２題を１セットとし、計５セット 10 題 50 問の練習問題を用意しました。

この閲読第二、第三部分については、問題を解くこと自体にはそれほど困難はないと思います。必要なのはスピードです。第一部分と第四部分に余裕をもって取り組めるよう、文意を的確につかみ、素早く判断する力をつけましょう。

UNIT 1　閲読 第二部分

閲読第二部分は語句の穴埋め問題です。130字前後の課題文に、3～5か所の空欄が設定されています。選択肢にはそれぞれの空欄を埋める候補の語句がセットで提示されており、個々の空欄ごとではなく、3～5か所の空欄に当てはまるセットを選ぶ形です。全部で10編の課題文が出題され、合計10問あります。

例題

例題：《HSK考试大纲 六级》（人民教育出版社・2015年）より引用

61．曹雪芹披阅10载、增删5次完成的长篇______《红楼梦》，以其______的思想内容、______的艺术表现手法，______地成为了中国古典小说中最经典的现实主义作品。

A 论文　深奥　精简　得天独厚　B 巨著　深刻　精湛　当之无愧
C 记录　深沉　精密　不言而喻　D 文献　资深　精确　称心如意

このように、A～Dの選択肢にそれぞれ、1つめの空欄、2つめの空欄、3つめの空欄、4つめの空欄に入れる語句が順番に挙げられています。すべての空欄に正しく当てはまる語のセットを、A～Dから1つ選びます。この例題の正解はBです。

問題の特徴

このパートは、語彙の運用力を試すための問題です。一定の語彙量とともに、前後の文脈から正しい語彙を選択し判断する能力が求められます。

そのためには、類義語の弁別、および副詞、介詞、四字熟語などの意味と使い方を覚えることがとても重要となります。

解き方のコツ

1）問題文の前後の文脈から解答の糸口を見つける

意味から絞り込むだけでなく、前後の語彙の品詞との関係、接続詞の呼応などの点から、語句を絞り込みましょう。

2）日頃の学習において、類義語の使い分けを意識する

意味による使い分け、文法規則による使い分けとともに、“搭配”＝2つ以上の単語の慣用的な組み合わせ（コロケーション）から使い分けられるようにします。“搭配”の感覚を身につけるには、日頃からできるだけ多くの中国語の文章に触れ、フレーズごと覚えることです。

3）選択肢が候補の語句の「セット」であることを、最大限に利用する

「セット」となっていることによって、わからない空欄があっても、わかる空欄から答えを絞り込むことができます。

場合によっては、1つの空欄に対して候補に挙げられているうちの複数の語句が当てはまり得ることがあります。その場合でも、すべての空欄に当てはまる「セット」を選ぶわけなので、他の空欄には当てはまらない語句がある選択肢を除外していき、最終的にすべてが適切な選択肢を選び取ります。

解答時間

他の部分にかける時間をできるだけ多くとれるよう、この第二部分にはあまり時間をかけないほうがいいでしょう。

1題1分、合計10分程度を目安に、素早く判断していきましょう。

練習として、空欄に入る語句の品詞で3つに分類し、それぞれ試験と同じ10問ずつ、合計30問の問題を用意しました。選択肢の語句の主な品詞によって、下記のように分類しています。

練習1：名詞、動詞、形容詞の弁別
練習2：副詞、接続詞、介詞の弁別
練習3：四字熟語などを含む総合問題

練習 1　1回目　正答数　／10　所要時間　分　2回目　正答数　／10　所要時間　分

第 1–10 题：选词填空。

課題文の空欄を埋めるのに最も適当な語句のセットを、A～Dの中から選びなさい。

問題：外语教学与研究出版社《新 HSK 专项突破 · 六级阅读》より

□ 1.

这些年，在经济高速发展的同时有一个现象值得______，很多人因为工作、生活、前程、财富往往______出一种焦虑不安、浮躁不定、紧张不已的情绪，这就是社会焦虑，它正在成为当今社会中的一个明显时代______。

A 关爱　表达　特点　　B 关怀　表示　特色
C 关心　表明　特长　　D 关注　表现　特征

□ 2.

你一定听说过夫妻结婚时间长了，______就开始相像起来。现在医学研究人员发现了一个更有趣的______，结婚时间越久的夫妻，血压值也越来越相近。可能是和吃同样的食物，一起承受某些情绪等因素______。因此，如果你做检查的时候发现血压有问题，也应该让你的______去做检查。

A 脸面　情况　相关　妻子　　B 面子　事情　关系　丈夫
C 相貌　现象　有关　配偶　　D 性别　结果　关联　爱人

□ 3.

今年是“汉语桥”世界大学生中文比赛十二周年，大赛______十年来，共吸引了 70 多个国家的 10 多万名大学生______参赛，各国青少年朋友相聚在“汉语桥”，______了汉语水平，______了中华文化，结下了深厚友谊。

A 举办　踊跃　提高　体验　　B 举行　积极　加快　体会
C 组织　消极　增长　体贴　　D 开始　主动　增加　体谅

□ 4.

把电视机的声音______，然后看书，5 分钟后，把书______，看 5 分钟电视，然后再看书，______3 次后，看看你记得多少书上和电视节目的内容。这样每隔两三个星期做一次，能帮助你提高注意力，______去除杂念和抗干扰的能力。

A 关小　扔掉　重要　提高　　B 关掉　合上　重叠　增长
C 放大　打开　重新　增加　　D 调大　放下　重复　增强

□ 5.

欢迎您使用搜狐微门户______资讯。如果您在使用过程中______任何问题或者有什么建议，请您向我们______，我们会在第一时间进行______。

A 获得　碰到　汇报　回答　　B 获取　遇到　反馈　回复
C 取得　看到　反应　答复　　D 得到　感到　反应　答应

□ 6.

金克木是______的文学家、翻译家、学者，被______“燕园四老”之一，但______可不怎么样。他只上过一年中学，论文凭，不过是小学毕业而已。小学生竟能成为一代大家，自然是奇才。不过在金克木自己那里，更看重的，不是所谓的文凭，______自学的精神与动力。

A 有名　叫做　学习　就是　　B 出名　称为　成绩　但是
C 无名　名字　考试　只是　　D 著名　誉为　学历　而是

□ 7.

阳朔是______有 1400 多年历史的漓江边最美的城镇，游人如云。不到 1 公里的阳朔西街，由石板______，呈弯曲的 S 形。街上摆满了各种旅游纪念品。阳朔西街是外国旅客最密集的______，每年来这里居住休闲游的外国人______这里常住人口的三倍。

A 一个　堆成　一个镇　通常　　B 一条　铺成　一条河　往往
C 一座　砌成　一条街　相当于　　D 一所　摆成　一个省　等于

□8.

对孩子来说，______难过的莫过于与父母分离；对父母来说，最牵挂的莫过于不在身边的孩子。长时间的______不仅会妨碍父母与孩子间依恋关系的建立，也会使已有的亲密日渐______。父母们若想修复已疏远的亲子关系，就必须______双倍的耐心与爱心。

A 最　分离　疏远　付出　　　　B 极　离别　遥远　使用
C 很　分开　陌生　得出　　　　D 特　离婚　消失　交出

□9.

俗话说：立春雨水到，早起晚睡觉。意思是说______万物萌生，大自然生机勃勃，人也应该晚睡早起，多到室外走走，______，可以促使身心从自然界汲取力量，保持一种生气。______早春不要急于"晚睡早起"，要有一个逐渐适应的过程。人体应顺应自然环境的变化而______转变自己的睡眠习惯。

A 夏季　放放松松　可是　渐渐　　　　B 春季　放松放松　但是　逐步
C 冬季　放松一下　只要　立刻　　　　D 秋季　一下放松　就是　逐渐

□10.

______关于"我最喜欢的老师"的调查发现：学生______对老师的"严厉"心怀敬畏，但亦有四成以上的学生认为老师适时严厉是负责任的表现，______学生成长。老师的"严厉"是一把双刃剑，如果拿捏适当，会收到良好的教育效果；若没有正确处理，则有可能对学生的心理造成______。

A 一个　不然　有助于　厉害　　　　B 一项　虽然　有利于　伤害
C 一组　自然　不利于　破坏　　　　D 一名　依然　有益于　损害

練習2　1回目　正答数　／10　所要時間　分　2回目　正答数　／10　所要時間　分

第 1−10 题：选词填空。

（解答・解説）別冊 P.25

問題：外语教学与研究出版社《新 HSK 专项突破 · 六级阅读》より

□ 1.

真正的友谊，______花言巧语，而是关键时候拉你的那只手。那些整日围在你身边，让你有些许欣喜的朋友，不一定是真正的朋友。______那些看似远离，实际上时刻关注着你的人，在你得意的时候，不去奉承你；在你需要帮助的时候，却______为你做事，这样的人才是______的朋友。

A 虽然　却　偷偷　真实　　B 不是　而　默默　真正
C 要是　只　暗暗　真挚　　D 既然　仅　悄悄　正确

□ 2.

三十岁以前就尝到失业的______当然是一件不幸的事，______不一定是坏事。三十岁之前就过早地固定在一个______上终此一生也许才是最大的不幸。失业也许会让你想起尘封的梦想，也许会______连你自己都从未知道的潜能。

A 滋味　但　职业　唤醒　　B 味道　也　事业　睡醒
C 口味　却　工作　吵醒　　D 感觉　可　单位　叫醒

□ 3.

绵山是山西省人民政府二十世纪八九年代______的第一批风景名胜区、国家 5A 级旅游景区。中秋小长假，______来绵山旅游赏月，可以住在悬崖上，吃在岩沟边，______一下“危楼高百尺，手可摘星辰”的美妙，堪称激情与______俱佳。

A 公布　不妨　感受　情调　　B 广告　不然　感到　情绪
C 通知　不惜　觉得　情况　　D 公认　不仅　感动　情形

□4.

英国人眼中，这位王太后是优雅、坚强、智慧的代名词，她______是全英国人心中的国母，更是令男人们尊敬的女人和令女人们争相效仿的______。不久前，王室出版了一本厚达1000多页的官方传记，______了这位王太后从一名纯真少女成长为______当之无愧的国母的非凡历程。

A 不管　样子　记载　一个　　　　B 不顾　例子　记性　一名
C 不仅　榜样　记录　一位　　　　D 不愧　明星　记得　一段

□5.

据调查发现，一个人真正睡着的时间______只有两个钟头，______的时间都是在浪费，躺在枕头上做梦。______一醒来觉得自己没有做梦，那是因为忘记了。如此看来，通常一个人睡两个钟头就够了，______有人说人要睡七八个钟头？

A 最少　其他　如果　难道　　　　B 至少　其实　因此　真的
C 最好　其中　所以　怎么　　　　D 最多　其余　至于　为什么

□6.

营养师陈老师说："糙米经过浸泡后，______可以促进营养吸收。大米中______含植酸多，但同时也含有一种可以分解植酸的植酸酶。用温水浸泡大米，可以______植酸酶的产生，能将米中的大部分植酸分解，就不会过多地影响身体对蛋白质和钙、镁等矿物质的______了。"

A 准确　不仅　帮助　获取　　　　B 一定　不然　促使　吸引
C 实在　无论　协助　吸取　　　　D 的确　虽然　促进　吸收

□7.

把歌唱艺术______"美声""民族""通俗"，三种唱法并举，这在我国歌坛还是近二十年来的事。"美声"______唱西洋歌剧、中外艺术歌曲为主，"民族"

主要______民歌和具有民族风格的歌曲，而“通俗”则是对______歌曲唱法的称谓。

A 组成　对　唱歌　盛行　　　　B 分成　于　歌唱　流通
C 分开　凭　表演　流利　　　　D 分为　以　演唱　流行

□ 8.

孔子一生执着于人生与人世，______重视人格的修养，并以“仁”______人格修养的最高准则。一些中国哲人，视古琴音乐为文人修身养性和陶冶人格的艺术，______将音乐放在“六艺”的第二位，更把音乐看成是人的修养的最后完成阶段，______“兴于诗，立于礼，成于乐”。

A 极限　认为　不但　所以　　　　B 积极　以为　无论　称为
C 极端　当作　即使　誉为　　　　D 极其　作为　不仅　所谓

□ 9.

孤儿是社会上最弱小，最困难的______之一，而乡村孤儿的生活境况尤为艰难。______让他们能够身心健康地成长，______保障其基本生活外，还必须______他们更多的关怀，让他们接受充满爱心的教育。

A 人群　要是　通过　提供　　　　B 群众　关于　以免　供给
C 人民　以致　省得　赋予　　　　D 群体　为了　除了　给予

□ 10.

优秀的领导人，不一定要具备很强的能力。只要懂信任、懂放权、懂珍惜，______能团结比自己更强的力量，______创造出更大的价值。______许多能力非常强的人却因为过于完美主义，事必躬亲，以为什么人都不如自己，______成不了优秀的领导人。

A 才　因此　不然　最后　　　　B 就　从而　相反　最终
C 而　而且　但是　终于　　　　D 由　再说　除非　总是

練習3　1回目　正答数　／10　所要時間　分　2回目　正答数　／10　所要時間　分

第1–10题：选词填空。

問題1～9：外语教学与研究出版社《新HSK专项突破・六级阅读》より

□1.

工作会______你人生大部分时间，______获得成就感的重要途径之一就是做你自己认为伟大的工作，而成就一番伟业的重要______就是热爱你的事业。如果你还没有找到让自己热爱的事业，你要继续寻找，不要______，跟随自己的心，总有一天你会找到的。

A 占领　反而　路途　不屑一顾　　B 占有　否则　道路　得不偿失
C 占据　因此　途径　随遇而安　　D 使用　只要　马路　后顾之忧

□2.

相声主要______口头表达的方式进行表演，是扎根民间、源于生活、深受群众______的艺术表现形式。相声用______的话语、尖酸的嘲弄，以达到惹人______的目的。

A 采取　欢喜　严厉　恍然大悟　　B 使用　欢呼　呆板　兴高采烈
C 采用　欢迎　诙谐　捧腹大笑　　D 运用　喜欢　可笑　喜闻乐见

□3.

我国的工艺美术分为欣赏性和实用性两种。欣赏性的工艺美术中______用“巧色”手法创作的玉雕工艺，它是______每一块原材料的天然色彩、花纹、形状来进行个性化构思加工的，所以能做到每一件作品都是______的。而实用性的工艺美术先由创作者完成一件作品，______交给工厂进行批量化生产。

A 包围　依据　物美价廉　最后　　B 包含　根据　独一无二　然后
C 包装　凭借　精益求精　后来　　D 包括　依靠　画蛇添足　以后

□4.

许多学校、家长和学生走入了误区，以为会唱歌、跳舞等就是素质教育，这是对素质教育的______。一名优秀的学生，应______很强的交流沟通能力，能在______之下，完整准确地______自己的思想、观点。

A 误会　拥有　各抒己见　表现　　B 误解　具备　大庭广众　表达
C 误差　具有　见多识广　表示　　D 解释　持有　举世瞩目　表明

□5.

中国人中秋节吃月饼就像美国人感恩节吃火鸡______，是______的。圆圆的月饼中通常包有香甜的莲子馅______红豆馅，馅的中央有时还会加上一个金黄的咸鸭蛋黄来______月亮。

A 一样　必不可少　或是　代表　　B 似的　理所当然　而且　表示
C 相同　津津有味　和　象征　　D 相似　爱不释手　跟　代替

□6.

北京门头沟区精心打造的"旅游山会"活动将______一年四季。其间，门头沟区将______本地区一年四季不同的山中景色，分别以"山之春、山之夏、山之秋、山之冬"为主题，______别具地方特色的旅游活动，为游客创造出各种______的旅游亮点产品，调动广大市民的积极性，使人们参与到生态旅游的活动中来，从而推动该区旅游经济战略的全面实施。

A 一直　依据　举行　日新月异　　B 贯穿　根据　组织　丰富多彩
C 坚持　凭借　安排　欣欣向荣　　D 继续　依靠　布置　名胜古迹

□7.

人生如______，不进则退。安于现状的生活就是不再前行的船，再也无法追上时代前进的______。一定要抓紧每一秒钟的______来学习，要明白学习不是学生的______。小聪明的人最得意的是：自己做过什么？大智慧的人最关心的是：自己还要做什么？

A 实事求是　脚步　时代　专门　　B 滔滔不绝　步骤　年代　专业
C 逆水行舟　步伐　时间　专利　　D 刻舟求剑　步子　时期　专场

□8.

______将至，许多市民已不满足于呆在家中与亲人吃吃饭、聊聊天的老套过节方式，他们更______于外出旅游，异地赏月，来感受时尚中秋的别样情绪。______，海滨赏月在众多旅游产品中格外______。

A 重阳节　希望　因此　一帆风顺　　B 中秋节　倾向　其中　引人注目
C 国庆节　愿意　所以　再接再厉　　D 端午节　选择　比如　供不应求

□9.

当今，中国少数民族正经历的文化______与现代化密不可分，______这是由传统社会______现代化社会转型的一种体现。一些少数民族对其村寨、服饰、风俗进行旅游开发，使得其市场价值得以充分发挥，这也是民族特色延续和______的一种方式。

A 变故　层出不穷　对　保养　　B 更替　不相上下　凭　保守
C 变革　任重道远　于　保卫　　D 变迁　不言而喻　向　保留

□10.

天下所有的父母都希望自己的子女能够成龙、成凤，这种心情可以理解，但是千万不要做______的事情。即使孩子的学习成绩稍微差了一点儿，也不要批评责备，因为这样做会使孩子背上沉重的心理______。每个孩子都是需要被鼓励的，______在理解和尊重的家庭氛围中，孩子才会有成长的______。

A 丢三落四　包庇　只要　行动　　B 称心如意　心态　不仅　动作
C 拔苗助长　包袱　只有　动力　　D 肆无忌惮　包围　要是　劳动

黙読か音読か

中国語は同音字、多音字が多い言語である。また文法構造は語順と副詞、介詞や接続詞などの虚詞をもって表すという特徴がある。

音読のメリットは、発音を矯正することと、文の意味の切れ目を意識することができることである。また、中国語の語感を育てることにも役に立つ。

ただ、必要な情報を迅速にキャッチするには、音読より黙読の方が適している。黙読には以下の通り、いくつかの読み方がある。

①「略し読み」

文章を大まかに読むことを指し、文章の大意を把握したい時に適している。

作者が最も伝えたい中心的な内容は、一般的に文章の冒頭と終わりの部分、段落の冒頭と終わりの部分に書かれているため、そういったところはじっくり読み、それ以外の部分は大まかに読もう。

②「調べ読み」

細かい、必要な情報を得るための読み方、つまり答えを見つけることを目的とした読み方である。

そのためには、速いスピードで文章をさっと見渡し、調べたい情報の範囲を確定することが必要である。

①と②はいずれも「速読」というパターンである。そしてもうひとつ…

③「通し読み」

文章の始めから終わりまで一通り読むことを指す。これは文章の主な内容、作者の意図、重要な細部情報を把握するための読み方である。

作者の意図や文章の中心的内容を理解することが目的である場合、「略し読み」→「通し読み」→「調べ読み」という順番で読むのがいいだろう。一字一句を辿って読まなくても、前後の文脈から語句の意味を推測し、既習の知識をもって作者が意図する内容を汲み取ることは十分可能である。

UNIT 2 閲読 第三部分

閲読第三部分はフレーズの穴埋め問題です。課題文に5つの空欄があり、それぞれに当てはまるフレーズを5つの中から選ぶという形で、課題文2編、合計10問出題されます。与えられた課題文をよく理解し、空欄の前後の文脈情報から該当する答えを選んでいきましょう。

例題：《HSK 考试大纲 六级》（人民教育出版社・2015年）より引用

76–80.

在中国人家里做客，吃饭时，主人总会热情地说一句“趁热吃”。(76)______。可是，从健康的角度来看，“趁热吃”这种观念其实是错误的，饮食过热可能会烫伤口腔和食道黏膜。(77)______，食道癌等多种消化道疾病的发生都与此有密切的关系。

我们的口腔和食道表面都覆盖着柔软的黏膜。一般情况下，食物温度应在10℃到40℃之间。这是因为口腔和食道的温度多在36.5℃到37.2℃之间，能耐受的高温也只有50℃到60℃，(78)______，口腔和食道的黏膜就容易被烫伤。所以，如果吃过热的食物或饮用过热的水，黏膜就会被烫伤。长此以往，黏膜反复地被烫伤、增生、修复，就会发生质变，形成溃疡。另外，过热的食物进入消化道后，(79)______，胃肠道血管扩张，并刺激肠胃，进而导致慢性食管炎、萎缩性胃炎等疾病，严重时甚至会发展成肿瘤。

因此，“趁热吃”只是一种寒暄，(80)______，这种饮食方式对身体其实并无益处。我们吃东西时一定要注意食物的温度，吃和体温相近的食物，才能延年益寿。

A　是主人热情好客的表现
B　一旦超过这个温度
C　越来越多的研究也显示
D　会导致气血过度活跃
E　“趁热吃”似乎一直都是中国人饭桌上传统

(76)～(80)の空欄に当てはまるフレーズを、A～Eの選択肢の中からそれぞれ1つずつ選びます。この例題の答えは、(76) E、(77) C、(78) B、(79) D、(80) Aです。

問題の特徴

この問題を解く際、**前後の文脈情報をよく分析し、最大限に活用する**ことが解答の鍵となります。空欄に入るフレーズは、**前後の文脈を文法的に正しくつなげることができるか、意味の上で合理的につながっているか**について的確に判断できることが求められます。

解き方のコツ

1）あらかじめ接続詞や呼応パターンをインプットしておく

選択肢となるそれぞれの文から、文脈をつなげる語句を見つけます。

例えば、例題の選択肢Bに、"一旦"があるので、"一旦…就…"の呼応パターンが連想でき、(78)の後に"就"があるので、(78)にBを選べます。

2）選択肢から関連情報をキャッチする

選択肢となる文の中から関連語句を探ってみます。

例えば、例題の選択肢Aの文に"表现"があるので、「言葉や表情」などに該当する箇所を見つけます。(80)の前の文に"…一种寒暄"とあるので、ここにAを選べます。

3）選択肢の文の構造からヒントを得る

選択肢となる文の構造を分析し、欠けている文成分は何かを確認します。

例えば、例題の選択肢AとDは述語と目的語で構成され、主語が欠けています。Aは(80)に、Dは(79)に入ります。Cは主語と述語がありますが、目的語が欠けています。(77)は主語と述語が必要であることと、前後の意味からCを選べます。

Eは主語・述語・目的語がそろった完全な一文なので、(76)に入ります。

解答時間

第二部分と同様に、第四部分にかける時間をできるだけ多くとれるよう、この第三部分もできるだけスピーディーに解答したいものです。

課題文1編5分以内、合計10分以内を目安に、素早く判断していきましょう。

練習として、試験と同様に2題10問を1セットとし、合計で5セット10題50問の問題を用意しました。

練習 1

1回目 正答数 ／10 所要時間 分 ┊ 2回目 正答数 ／10 所要時間 分

第 1–10 题：选句填空。

課題文の空欄を埋めるのに最も適当なフレーズを、それぞれ A～E の中から 1 つ選びなさい。

問題：外语教学与研究出版社《新 HSK 专项突破 · 六级阅读》より

□ 1–5.

东汉末年，各路军阀连年征战，民不聊生。士兵们死的死，伤的伤。(1)________________，受伤的士兵在做手术的过程中非常痛苦。有一位大夫，因为抢救伤员累得筋疲力尽，(2)________________，就喝了点儿酒，谁知醉得不省人事。大家吓坏了，对他又拍又打，(3)________________。过了两个时辰，大夫醒了过来，对刚才的事情一无所知。“难道喝醉酒能够让人失去知觉吗？”(4)________________，经过不断的实验，终于制成了一种麻醉药物——麻沸散，有了麻沸散，病人在做手术的时候，就不那么痛苦了。据史书记载，这位大夫曾让病人用酒服麻沸散，做过肿瘤切除的大手术。

这位大夫就是中国著名的医学家——华佗。他的医术很高明，(5)________________，还擅长外科手术，被后世称为“外科始祖”。

A 由于没有麻醉药
B 大夫从这件事情上受到了启发
C 可他竟然没有反应
D 不仅精通内、妇、儿科，针灸疗法
E 为了解除疲劳

□6–10.

夏日艳阳高照，人们受到紫外线的热情“关照”。很多想保护眼睛的人认为，戴上太阳镜就万事大吉了。眼科专家提醒，太阳眼镜“治标”，(6)________________，双管齐下更有效。

研究表明，眼睛是人体对紫外线最敏感的部位，在医学上被形象地称为“靶器官”。银川市中医医院眼科主任李大夫说，眼睛长期受紫外线照射，(7)________________。防止紫外线侵害，除佩戴一款质量上乘的太阳镜外，通过饮食调养也不失为一种好方法。

(8)________________。据李大夫介绍，长叶莴苣、甘蓝、西葫芦、西兰花、猕猴桃等黄绿色果蔬中富含叶黄素和玉米黄素，对眼睛很有好处。这两种色素会在眼睛后部的光敏感组织中累积，这些组织通过过滤蓝光保护眼睛。另外，维生素 C 是抗氧化剂，(9)________________。专家提醒，在日常菜单中可增加富含维生素的西红柿、胡萝卜、红薯、菠菜、土豆等蔬菜，以及甜瓜、木瓜、桃、草莓等水果。高温天气里，(10)________________。李大夫说，可多喝些枸杞、菊花、决明子等配成的药茶，对缓解眼睛疲劳效果不错。

A 会导致提早老化
B 维生素 A 对眼睛也大有裨益
C 喝夏季养生茶可起到降暑明目的效果
D 要想眼睛明亮，就要多加“颜色”
E 饮食养眼“治本”

練習2　1回目　正答数　／10　所要時間　分　2回目　正答数　／10　所要時間　分

第1–10题：选句填空。

問題：外语教学与研究出版社《新 HSK 专项突破・六级阅读》より

□ 1–5.

一家电子商务公司要招聘一名员工，待遇优厚，一时间应聘者如潮。经过笔试，(1)________________。该公司负责招聘的人力资源部王部长通知二人次日早上 9 点去面试。第二天，张先生和李小姐早早地来到了公司，等候面试。

(2)________________。在通往考场的走廊里，李小姐走着走着，突然眼前一亮，发现地上有一张面值为 10 元的人民币。她看了看四周无人，于是欣喜地拾起来，装进了自己的钱包。

过了一会儿，工作人员通知张先生去面试。经过走廊的时候，(3)________________，他左看右看，连个人影也没见到，便捡起这 10 元钱，走进考场，交给了王部长。

王部长没有再说什么，就说张先生被录取了。看着张先生满脸迷惑的样子，王部长告诉他："我们这次面试的试题其实就一道，那丢在走廊上的 10 元钱是我们故意放在那里的，我们就是要看应聘人员对这 10 元钱的处理方式，再做出是否予以录用的决定。"

接着，王部长说："那张放在地上的 10 元钱其实就是一把诚信标尺。(4)________________，恐怕就不太适合我们公司的工作了。"

10 元钱，微不足道。然而，这小小的 10 元钱，竟然成为两名优秀应聘者是否被录用的砝码。一位为了蝇头小利失去了获胜的机会；另一位则恰恰相反，他虽然失去了眼前的小利，(5)________________。10 元钱决定了胜负。相信我们能从中得到一些启示。

A　张先生和李小姐脱颖而出
B　但他却获得了更大的利益
C　张先生也发现一张 10 元人民币"躺"在地上
D　李小姐头一个去面试
E　如果一个人连'路不拾遗'这样的最低要求都做不到

(解答・解説) 別冊 P.38

□ 6−10.

科研人员多年来对锌的研究证明：锌对促进儿童身体及智力发育、增强体质非常重要。最近一项医学研究更是引起广泛关注——(6)________________。在刚出现流鼻涕、咽痛等感冒症状的24小时内，补充糖浆锌制剂，感冒症状会减轻，(7)________________。研究还发现，连续补锌五个月以上的儿童，很少感冒，不易生病。对于妈妈们而言，这项最新研究发现有着重大意义，春季是感冒多发季节，(8)________________，增强孩子抵抗力，让孩子远离感冒困扰。而已经身受感冒侵袭的孩子，补锌可以使感冒好得更快。

如何为孩子补锌呢？

(9)________________：初生—6个月婴儿3毫克；7—12个月婴儿5毫克；1—10岁幼儿10毫克；孕妇20毫克；乳母20毫克；正常成人不低于10—15毫克。根据儿童的生理特点和体质的不同，糖浆类等锌制剂可以针对不同年龄、状况的儿童进行补锌，因此专家建议家长通过选用糖浆类补锌剂来给孩子补锌，(10)________________。

A　年轻妈妈不妨给孩子补补锌
B　而且糖浆类补锌剂更有利于孩子对锌的吸收
C　中国营养学会推荐锌的日需量为
D　补锌具有预防感冒的作用
E　大多数患者在一周内就能康复

練習 3　1回目　正答数　／10　所要時間　分　2回目　正答数　／10　所要時間　分

第 1–10 题：选句填空。

問題：外语教学与研究出版社《新 HSK 专项突破 · 六级阅读》より

□ 1–5.

自古以来，山西的面食以花样多、品质好、影响大而颇为出名。在山西，一般家庭妇女都能以面粉为原料加工出数种面食；许多山西汉子有时在客人面前也会展示一下面食绝活。其中，(1)________________，堪称天下一绝，已有数百年的历史。

传说，蒙古兵入主中原后，建立元朝。(2)________________，将家家户户的金属全部没收，并规定十户用一把菜刀，切菜做饭轮流使用，用完再交回给蒙古人保管。

一天中午，一位老婆婆和好面后，让老汉去取菜刀。(3)________________，老汉只好空着手回家。出门时，脚被一块薄铁皮碰了一下，他顺手就拣起来揣在怀里。回家后，锅里的水都开了，全家人都在等着拿到菜刀切面条煮了吃。可是菜刀没取回来，老汉急得团团转，忽然想起怀里的铁皮，就取出来说："就用这个铁皮切面条吧！"老婆婆一看，这块铁皮又薄又软，嘟囔着说："这么软的东西怎么能切面条。"老汉气愤地说："切不动就砍。"(4)________________，她把面团放在一块木板上，左手端起木板，右手拿起铁片，站在开水锅边"砍"面，一片片面片儿落入锅内，煮熟后捞到碗里，浇上卤汁让老汉先吃，老汉边吃边说："好得很，好得很，以后不用再去取菜刀切面了。"(5)________________。

A　没想到刀被别人取走了

B　"刀削面"是山西最有代表性的面食之一

C　为防止"汉人"造反起义

D　"砍"字提醒了老婆婆

E　"刀削面"就这样一传十，十传百，传遍了晋中大地

□6−10.

著名画家张大千长着飘逸的白胡子，(6)________________。一个朋友见到大师，好奇地问道："张先生，你睡觉时，胡子是放在被子上面，还是搁在里头？"张大千每天上床睡觉，从来没注意过自己的胡子，故而据实道来："这……我也不清楚。是啊，我怎么没在意这个呢？这样吧，明天再告诉你。"

这天晚上，张大千躺在床上，(7)________________，觉得好像有点儿不太对劲，把它捋到被子里头，也感到不像是那么回事。(8)________________，怎么折腾都觉得不妥。大师不由得感到纳闷："以前这根本就不算是什么事，现在怎么成了头痛的问题呢？"

这就是心理学上的"目的颤抖"现象，(9)________________。有时事情就是这样，你目的性越强，越容易把事情搞糟。你越是特别在意什么，它给你带来的困扰就越大。关注会强化人的感觉，忽视会减弱人的感觉。明白了这个道理，就不难做出正确的选择了。在遇到困扰的时候，感到不如意的时候，你要尽可能地忽视它，(10)________________，可你感受到的强烈程度却会大幅度地减弱。在遇到开心事情的时候，感受到时来运转的时候，你要尽可能地关注它，虽然开心和幸运的原因依然如故，可它给你带来的感受，却会因为你的关注而强化，甚至持续相当长的时间。

A　也就是人们通常所说的"穿针心理"
B　将胡子放在被子上面
C　虽然造成困扰和不愉快的因素还在
D　真可谓，里也不是，外也不是
E　看上去颇有点儿仙风道骨的气质

練習4　1回目　正答数　／10　所要時間　分　2回目　正答数　／10　所要時間　分

第1–10题：选句填空。

問題：外语教学与研究出版社《新HSK专项突破・六级阅读》より

□1–5.

谢伟2004年从一所名校的计算机专业毕业时，根本没有预料到自己两年后的生活。(1)________________，收入稳定。现在，他是南京郊区浦口一所小学的数学兼计算机老师。

(2)________________。谢伟的爸爸被诊断为胃癌早期，谢伟第二天就回到了南京。他第一次成为家里真正的男子汉：寻找医院，询问医生，筹集手术费用，协调手术时间……

手术很成功，谢伟在家住了半个多月后就回到北京继续上班。他突然发现，(3)________________。“从上高中住校开始，到离家读大学，到大学毕业后参加工作，我已六七年没有跟爸妈一起真正生活了。”他决定离开北京回家。

现在，谢伟已经结婚并且有了两岁多的儿子，妻子在一家小厂里当会计。2008年初，他们买到了属于自己的小屋。到了周末，(4)________________。“一方面陪爸妈，另一方面也让儿子看看麦子长什么样，水稻长什么样。儿子认识更多的五谷杂粮和花花草草，小伙伴们都很羡慕。周日晚上回县城，我都会带上爸妈种的新鲜蔬菜，还有散养的鸡生的鸡蛋，(5)________________。”“爸爸妈妈有时候觉得，是自己拖累了我的工作。其实他们不晓得，从北京回来后，我才明白生活是什么，责任是什么。”谢伟说，“我很庆幸我在爸妈身边。”

A　自己守着爸妈住的那半个多月那么珍贵
B　既无害，还好吃，对孩子的健康也有好处
C　当时他刚成为北京一家著名电脑公司的技术员
D　谢伟就会带着妻儿住到农村的爸爸妈妈那儿
E　改变发生在2005年11月

□6−10.

80后独生子女是当今社会离婚高发人群。该群体中许多人以自我为中心，社会责任感、家庭责任感淡薄，这跟他们从小受到父母溺爱，凡事由父母拿主意，从而缺少忍让、宽容的性格有直接关系，(6)________________。同时，随着时代的发展，这一代人对婚姻感情质量的要求更高了。对平淡生活的不满，使得他们不愿意凑合，一些由生活琐事引发的"婚姻死亡"现象就越来越多了。

经济不独立、"家务低能"，(7)________________，加之缺乏宽容、理解的个性往往容易成为轻言离婚的导火索。有调查显示，在已结婚的"独生代"家庭中，(8)________________，20%由父母定期为其整理房间，80%的家庭长期在双方父母家里"蹭饭"，30%的夫妇自己的脏衣服要拿到父母家里洗。

值得注意的现象是，在80后离婚案件中当事人大多没有财产分割和子女抚养的问题，(9)________________。"现在离婚也太简单了，咱去吃个饭庆祝一下。"热播电视剧《奋斗》里向南和杨晓芸那对"毕婚族"（指一毕业就结婚的大学生）一直磕磕绊绊，结婚还不到一年，他俩拿着结婚证又把婚离了。(10)________________。

A 有30%的夫妻聘请记时工来做家务
B 是80后婚姻生活中的"软肋"
C 导致了他们的婚姻稳定性下降
D 使得他们离婚时的顾虑少了很多
E 可见现在80后离婚是多么"简单""方便"

練習 5　1回目　正答数　／10　所要時間　分　2回目　正答数　／10　所要時間　分

第 1–10 题：选句填空。

問題 1-5：外语教学与研究出版社《新 HSK 专项突破・六级阅读》より

□ 1–5.

从前有一个小男孩想见上帝。他知道上帝住的地方很远，所以他整理了一个行李箱，放了些面包和饮料上路了。当他走过三个街区时，他遇到一个老妇人。她坐在公园里，看着鸽子。小男孩在她旁边坐了下来，打开他的行李箱。他想喝点儿饮料，他发现老妇人看上去像是饿了，(1)________________。老妇人接受了面包，并对他报以感激的微笑。她的笑容是那样美丽，(2)________________，于是他又给了她一瓶饮料。她再一次向他微笑。小男孩高兴极了！他们在那里坐了一下午，一边吃一边笑，(3)________________。天开始变黑，男孩觉得累了，他起身离开。他又回转身，跑到老妇人面前，拥抱了她。她给了他最灿烂的一个微笑。

当男孩回到家，他妈妈对他脸上洋溢的快乐感到吃惊。她问："你今天做了什么？(4)________________？"他回答道："我和上帝一起吃了午餐。你猜怎么样？她的微笑是我见到的最美的微笑！"

(5)________________，她的儿子惊讶于她脸上安详的神情，他问道："母亲，今天你做了什么事让你如此高兴？"她回答道："今天我在公园和上帝一起吃面包，他要比我想象的年轻！"

A　但他们没有说一句话
B　那个老妇人也满心欢喜地回到家中
C　于是他给了老妇人一块面包
D　为什么你觉得如此快乐
E　以至于男孩想再看她笑

□ 6−10.

有一天，王字满经过一家批发商店时，看见橱窗上贴着一则广告，上面写着："本店招聘世界上最优秀的推销员，将给予其最丰厚的待遇。"

王字满走进商店，找到了老板，说："我就是世界上最优秀的推销员，没有我卖不出去的东西。你就把这个工作交给我吧。"

老板笑着说："我很佩服你的自信，(6)______________？"

王字满回答："你可以考验我嘛。"

老板沉思了一会儿，走到货架上取下了一箱糕点，说："我前几天进了一百箱这种糕点。如果你能在一个星期内把一百箱糕点全都卖出去，(7)______________。"

王字满想："这还不容易！"于是拍了拍胸脯，说："你就等我的好消息吧。"

王字满回到家，(8)______________，然后信心十足地走出了家门。他从这家商店跑到另一家商店，从这个小区跑到另一个小区，每天起早贪黑地跑，跑得(9)______________。然而一个星期下来，他一箱也没卖出去，因为糕点的质量太差，没人要。

一个星期后，王字满去见那家批发商店的老板，说："老板，我承认我不是世界上最优秀的推销员，(10)______________。"

"你知道？是谁？"老板问道。

王字满说："就是把这一百箱糕点推销给你的人啊！"

A　但是我知道谁是

B　腿都快要断了

C　画好了推销路线图

D　但你拿什么来证明你是最优秀的呢

E　我就录用你

リーディングに躓くわけは

ちょっと長い文章だと、最初は頑張って読めるものの、しばらくすると続かない、そこでもう諦めてしまう時はなかろうか。

たいていの場合、リーディングに躓く原因は、次の４つが考えられる。それぞれ解決法を紹介しよう。

1）知らない語彙が多い

初めて見る単語、しかも漢字から意味が読み取れない単語が多いと、そこが気になって辞書を調べたくなる。辞書を調べるたびに中断され、それまで読んだ内容があやふやになるので、何度も読み直すことになる。

⇒解決法：①語彙の量を増やす　②文脈の中で語彙の意味と用法を覚える

2）文法力があともう少し

文章は一定の長さを持つ文の集合体である。そのため、

①長い単文は、文成分を見極めること

②複文は、文と文の意味的・論理的なつながりを見極めること

この２つができて、はじめて内容が理解できるのである。

⇒解決法：①中国語の品詞、文成分など基本事項をしっかりインプットする

②単文は意識的に文成分を分けてみる。複文は前文と後文の意味的関係をしっかり確認してみる。

3）背景知識が欠けている

中国の歴史、文化、社会などといった背景知識があれば、知らない単語があっても、背景知識や経験をもとにある程度推測しながら、内容を概ね理解できる。

⇒解決法：テレビ、映画、書籍などを通じて、中国の歴史や文化などに関する知識を蓄積する。日本語で書かれたもので十分である。

4）読む素材選びの問題

これはモチベーションに関わる問題である。自分が興味を持っている、または得意とする分野の内容は、たいていの場合頑張って読める。逆に、興味がない、またはあまり詳しくない分野の内容は、最初から苦手意識があるため、読み続けることが難しい。

⇒解決法：まずは自分の好きな分野、得意とする分野の素材を選んで読み、モチベーションを上げる。

STEP 3

文章を読み解く力を磨こう

閲読 第四部分

閲読第四部分は、長文読解問題です。短いもので 450 字程度から、長いものでは 800 字以上の、幅広いトピックを取り入れた長文を読み、その内容に対する質問に答える形で、5題 20 問あります。

ここでもやはり必要なのは「スピード」と「問題意識をもって読むこと」です。いかに素早く文全体の意味を捉えられるか、文の要点を捉えられるかがカギになります。

本シリーズでは、４級の対策から「精読」と「多読」により読解力を鍛えてきました。もうこのレベルまで上がってきたら、それらのトレーニングを通じて、自分なりの長文読解のコツが身についているでしょう。取り上げられる話題が専門的になったり、文脈が複雑になったりしている場合もありますが、惑わされずに落ち着いて、文の大意を把握することと、質問に該当する部分を着実に捉えることで答えていきましょう。

練習問題は、試験と同じ5題 20 問を1セットとし、計4セット用意しました。

閲読 第四部分

閲読第四部分は長文読解問題です。課題文は５編あり、それぞれに４つの質問が設定され、合計 20 問出題されます。各質問には４つの選択肢があり、その中から課題文の内容に合うものを１つ選ぶ形です。

例題

例題：《HSK 考试大纲 六级》（人民教育出版社・2015 年）より引用

81–84.

春秋时期，齐桓公通过重用管仲改变了齐国落后的面貌，使齐国国力逐渐强盛，最终成为“春秋五霸”之首。齐桓公也因此意识到了人才的重要性，不过对于该怎样选拔人才，他并不十分清楚。

一天，齐桓公在管仲的陪同下，到马棚视察养马的情况。齐桓公一见到养马人就关切地询问：“你觉得养马最难的是什么？”养马人一时难以回答，因为他心里很清楚，一年 365 天，打草备料、饮马遛马、除粪清栏，哪一件事都不轻松。

站在一旁的管仲看出了养马人的心思，便对齐桓公说……（以下略）

81．养马人为什么没有马上回答齐桓公的问题？

A 害怕说错话

B 不熟悉养马步骤

C 想请管仲替他回答

D 认为整个养马过程都不轻松

この例题では、“因为他心里很清楚，一年 365 天，打草备料、饮马遛马、除粪清栏，哪一件事都不轻松。”とあることから、正解はDです。

問題の特徴

課題文に出される話題は、現在の社会現象、科学知識、伝統文化、人生に関する深い道理を訴える話、歴史物語など、多岐に渡ります。課題文の文章形式は主に、叙事文（物語文）、説明文、論説文の３種類があります。

質問のパターンにはおおよそ、「テーマを問う問題」「語の意味を問う問題」「推測して解く問題」「細かい内容を問う問題」の４つがあります。

学習ポイント

1）単語による障害を最小限にする

課題文の内容を全体的に理解できていることが前提となるため、意味を知らない単語は少なければ少ないほどいいです。したがって、１～６級の単語の意味と使い方をしっかりインプットしておくことが第一です。

2）普段から中国語の文章を読む習慣をつける

課題文の文字数は短いもので 400 字程度から、長いもので 800 字程度あります。解答に必要な時間を 20 分～ 30 分と考えると、読むスピードと内容理解の正確さが求められます。したがって、普段から中国語の文章を読むことに慣れておく必要があります。

課題文の読み方

1）大まかに読む

文章の中心的な内容や、作者が何を一番言いたいのかを把握するための読み方です。例えば次のような点に注目して読みます。

・調査や研究報告に関する内容の場合、調査項目とそれに応じた各数字データに注目して読む。
・複文のパターンによって、作者が言いたいことをキャッチできるようにする。具体的には、逆接関係を表す複文では後文が意味的に重要な役割を担っているため、そこに注目するなど。
・具体例が列挙されている場合、そのうちの１～２項目のみ読んで意味を把握する。会議のタイトルや長い人名、地名などは１字１字読む必要はありません。

2）細かく読む

細かい内容について問う質問に答える読み方です。質問内容と関連のある部分、およびその前後の文脈をよく読んで理解した上で、そこから連想したり、推測したりします。

3）答えを得るために読む

具体的な日時、数字などを問う質問に答えるために、これらの情報が書かれている部分を集中的に読みます。

質問のパターンと質問の具体例

1）テーマを問う問題

課題文の主題・主旨を問うパターンと、タイトルを選択するパターンがあり、主に次のような形で質問されます。

①文章の主な内容を問う

本文的主要观点是：（本文の主な考え方・見方は？）
本文主要介绍了：（本文で主に述べているのは？）
这篇文章主要谈的是：（この文章が主に述べているのは？）
这篇文章主要想告诉我们：（この文章が主に伝えたいことは？）
第三段主要谈的是：（第３段落で主に述べているのは？）
下面哪一句话最接近本文的主题：（次のうち、本文の主題に最も近いものはどれか）

②タイトルになれるものはどれかを問う

最适合做上文标题的是：(この文章のタイトルとして最も適切なものは？)

这段文章的标题应该是：(この文章のタイトルはどうであるべきか)

下面哪一项可以做本文的题目：(次のうち、本文のタイトルとできるものはどれか)

【対策】

- 文章の中心的内容はおおむね初めの段落と最後の段落で述べられる。
- 接続詞、時間詞などから文章の流れを把握する。
- 何度も重複使用されている語句を見落とさない。
- 述べられている内容を問う問題では、問われていることと選択肢にあることが「全体」を指すのか「一部」を指すのかを見極める。例えばA、B、Cという3つの事象について述べた課題文に対し、その内容についての質問が設定され、選択肢にはA、B、Cを個々に挙げたものと、3つを総括したものがあるといった場合である。

2) 語句の意味を問う問題

課題文に出てくる語句の意味や解釈を問うもので、主に次のような形で質問されます。また、課題文中に下線が引かれている部分があり、その部分について問うものもあります。

文章里对～的解释是：(文中で、～をどう説明・解釈しているか)

下面哪一项不是～的表现：(次のうち、～を表していないものはどれか)

上文中～的意思是：(この文章における～の意味は？)

文章中～指的是：(文中で～が指しているのは？)

文章中的划线部分的意思是：(文中の下線の部分の意味は)

文章中划线部分的含义是：(文中の下線の部分が含んでいる意味は)

文中划线词语～是指：(文中の下線の語～が指すのは)

【対策】

- 問われる語句の前後の文脈をよく読んで理解する。
- 課題文にある次の語句が解答の手助けとなる。

  ～也就是说… / ～，即… / ～，换句话说… / ～，比如… /
  ～指的是… / ～，实际上是指… / ～，其实就是… / ～称为…　など

3) 推測して解く問題

まず質問文を読み、何について推測する問題かを把握しましょう。原因や目的を問うパターンが多いです。

①原因について推測する問題

質問文に"为什么"という語句が入っている。

【対策】原因や結果を導く次のような語句を拾い、その前後の文脈から推測する。

因为～所以～／由于～／因～／之所以～是因为～／从而～／因此～／以致～／以至于～／由～引起的／由～引发的／由～造成的／原来～／（主要）原因～／（主要）理由～／导致～／造成～／结果～

②目的について推測する問題

質問文に、"～目的是／主要目的是／这样做是为了～"などの語句が入っている。

【対策】課題文の中から次のような語句を拾い、前後の文脈から推測する。

为～／为了～／以便～／以免～／省得～／以～为目的

4）細かい内容を問う問題

主に次の４点について問うものです。

①様々な数字を問う問題

質問文に"多少"などの疑問詞がよく入る。

【対策】課題文中の数字に注目すればよい。

②「一番」を問う問題

質問文に"最～"という副詞が入る。

【対策】課題文中で"最""第一个""首次／首个"などの語句を探す。

③正しい、または間違っているものを選ぶ問題

質問文に"下面哪一项正确／哪一项不正确"といった表現が入る。

【対策】課題文を読んで、該当しないものからとひつひとつ排除していく。

④「どのような」「どうなるだろう」「どれが」などを問う問題

質問文に"哪种～""什么样的""会怎么样"などの表現が入る。

【対策】質問文の内容に応じて、課題文の該当部分から正解を導き出す。

解答時間

この部分は閲読の最後の部分です。残り時間を確認し、５編の課題文を読み切ることができるよう計算して取り組みましょう。**先に質問に目を通して、何を問われているのかを確認してから**課題文を読み、該当する箇所を集中的に読むのもよいでしょう。

練習として、試験と同様に５題 20 問を１セットとし、合計で４セット 20 題 80 問の問題を用意しました。

練習 1　1回目　正答数　／20　所要時間　分　2回目　正答数　／20　所要時間　分

第 1–20 题：请选出正确答案。

課題文を読み、質問に対する答えとして最も適当なものをそれぞれA～Dの中から選びなさい。

問題 1-4、5-8、9-12：外语教学与研究出版社《新 HSK 专项突破 · 六级阅读》より

1–4.

在如今这样紧张的、快节奏的大环境下，我们往往希望孩子也能高效度过每一天。但是你难道不觉得童年的美好正是因为孩子可以无拘无束、轻松自在地做那些想做的事情吗？无数的心理学研究报告都表明，那些能在自己喜爱的事情上“浪费”时间甚至达到忘我境界的成年人，能过上更加平静和满足的生活。

所以，把追在孩子屁股后面的那个计时器扔掉吧！如果你的孩子上午 10 点学钢琴，下午 2 点练书法，4 点还要做手工，他怎么能觉得快乐呢？虽然孩子确实需要规律的生活，但那只限于最基本的作息规律，除此之外的其他时间都要舍得让孩子“浪费”。

在母亲蓝敏的心目中，女儿琳琳一直是个哲学家，因为她总是静静地坐在那里，盯着一个地方发呆，看来还非常满足，一点儿都不无聊。原来蓝敏一直非常犹豫，要不要阻止琳琳，让她干些更有“意义”的事，但蓝敏最终还是忍住了，没有干涉她。直到琳琳 8 岁时，她的绘画天赋才开始一天天显现出来，大家都觉得她的画不仅想象力丰富，而且对于最细微细节的表达也非常出色。如果当时蓝敏阻止了她这看似无意义的举动，那她某部分的天分可能就在无形中被扼杀了。

□1.　作者认为童年时代美好的原因是：

A 可以高效率地度过每一天　　B 能做自己想做的事情

C 能学弹钢琴　　D 可以练习书法

□2.　文章中的“浪费”的意思是：

A 把很多时间花在自己喜欢的事情上

B 在工作上花很多时间

C 在教育孩子方面花很多精力

D 扔掉孩子的计时器

□3.　文章中划线部分的含义是：

A 家长给孩子安排了很多事情做，是为了不让孩子浪费时间

B 家长应该允许孩子浪费时间
C 要想孩子生活有规律，就不能浪费时间
D 家长不要强迫孩子做他们不喜欢的事情，而应该让孩子轻松自在地做自己想做的事情

□4. 文章中的“她这看似无意义的举动”指的是：
A 母亲蓝敏非常犹豫　　B 母亲没有干涉女儿
C 女儿琳琳经常发呆　　D 女儿琳琳画画

5–8.

法国科学幻想小说家凡尔纳（1828—1905）的第一部小说《气球上的五星期》，描写一位科学家乘气球横贯非洲大陆，完成了探险任务。

据说，小说写成后，先后投寄了十五家出版社，却被一次又一次地退回来。1863年的一天，邮差又送来了一个鼓囊囊的邮包，凡尔纳预感到不妙。他打开邮包一看，果然一份铅印的退稿信又映入眼帘，这已经是第十六次了。凡尔纳一气之下，抓起手稿投进壁炉。正在一旁静观的妻子眼疾手快，把手稿从火中抢了出来。凡尔纳余气未消，又要跟妻子夺回手稿，投进火中去。妻子死死地护住手稿，轻声说：“亲爱的，不要灰心，再试一次吧！”这声音里，哀求、劝慰和鼓励交织在一起，使凡尔纳不得不服从。于是，手稿又寄到了第十七家出版社。

这家出版社的出版商独具慧眼，读过手稿后大为赞赏，不仅同意出版，而且签订了请他长期供稿的合同。《气球上的五星期》出版后，马上成为当时法国最畅销的书，并被译成许多国家的文字出版。凡尔纳一举成名，那时他只有三十五岁。在此后的四十余年中，他共创作了一百多部科学幻想小说，被誉为“科学时代的预言家”。

在那个凡尔纳几乎绝望的冬日里，他的妻子从炉火中挽救的不仅仅是一部到处碰壁的手稿，更是一位杰出作家几十年的创作生涯。

凡尔纳的名声越来越大，受到的赞扬越来越多。但是他说：“对我而言最珍贵的并不是成功后受到的恭维，而是失败时妻子给予我的鼓励。”

□5. 《气球上的五星期》一共投了几家出版社？

A 十五家　　B 十六家
C 十七家　　D 一家

□6. 文中划线词语“独具慧眼”是指：

A 近视眼　　B 目光炯炯
C 势利眼　　D 有眼力

□7. 凡尔纳为什么被称为“科学时代的预言家”？

A 因为他是一名科学家
B 因为他的预言都成为了现实
C 因为他的研究成果被翻译成很多国家的文字
D 因为他写了百余部科学幻想小说

□8. 凡尔纳认为自己最珍贵的东西是：

A 文学创作　　B 妻子给他的鼓励
C 对自己小说的认可　　D 成功

9-12.

有一种价格10美元的特殊药瓶，如果病人忘记按时吃药，这种药瓶就会通过发光、发声、打电话、发短信等方式进行提醒。它还可以咔咔作响，将吃药的情况记录下来，并将该信息发送给医生或病人家属。这个产品名为“GlowCap”，是由Vitality公司生产的。

43岁的蒂姆从2009年开始用GlowCap来提醒自己按时服用降胆固醇的药。

一次，他在后半夜摇摇晃晃地走进洗手间，看见GlowCap药瓶上的指示灯在闪烁。他迷迷糊糊地打开瓶盖，不小心按错了按钮。那是发送信号的按钮，要求再次给药瓶中装药。

他的妻子正在床上睡觉，这时候电话铃响起。来电话的是GlowCap的顾客服务中心。对方打电话来，询问是否需要帮助他将药装进药瓶里。

他说：“老婆当时很不高兴。”

Vitality 的执行长戴维 · 罗斯说，他们公司的理念是“了解人们怎样使用我们身边的日常用品，通过附加服务让这些东西‘活’起来”。

这种药瓶引起了滑稽演员斯蒂芬的注意。他在自己的电视节目里播放了 Vitality 公司拍摄的一段介绍该产品的视频。在视频里，一个女孩讲述了这种产品怎样通过拨打爷爷的手机帮助他记住及时吃药的事情。

斯蒂芬说：“这药瓶是太有才了！因为虽然老年人记性差，但是在上网、识别手机铃声、查看语音邮件方面却在行得很呢。”

Vitality 的总裁乔舒亚 · 瓦克曼说：“有讽刺意味的是，被斯蒂芬嘲讽之后，人们才开始真正购买我们的产品，因此，我们将他的嘲讽看作是对我们的褒扬。”

□ 9. “GlowCap”是：

A 一种特殊的药瓶　　B 一家公司的名字

C 一种药的名字　　D 滑稽演员的名字

□ 10. “GlowCap”不具备的功能是：

A 记录病人吃药的情况　　B 发短信提醒病人吃药

C 打电话提醒病人吃药　　D 通过音乐记录病情

□ 11. 关于文中“通过附加服务让这些东西‘活’起来”的“活”的意思，下面哪一项最接近？

A 病人能够活下来　　B 企业能够活下来

C 日常用品作为产品出现在市场　　D 老年人可以长寿

□ 12. 乔舒亚·瓦克曼为什么说“将他（斯蒂芬）的嘲讽看作是对我们的褒扬”？

A 因为瓦克曼觉得斯蒂芬只是在开玩笑

B 因为很多人看了斯蒂芬的节目后购买了这个产品

C 因为瓦克曼和斯蒂芬是好朋友

D 因为斯蒂芬也使用过这个产品

13−16.

近几年共享经济行业有着爆发式的发展，人们熟悉的共享单车、共享充电宝、共享雨伞等产品相继涌现。其中共享雨伞是指用户为了躲避雨雪或遮阳，在地铁、商场等公共场所内设置的租借点对雨伞进行租借的一种用户行为，租借点一般选在人流量大的公共场所或服务场所，覆盖商场超市、物业、校园、公车站和地铁站等区域。共享雨伞服务的运营模式有两种：一种是有桩模式，另一种是无桩模式。有桩模式需要在地图上寻找固定租借雨伞的点位，因此可以监控雨伞使用情况，约束用户行为，但设备成本比较高。而无桩模式可以随用随取，设备成本也比较低，但因为无法监控，所以雨伞容易丢失。

共享雨伞从其地理分布看，主要集中在东南、华南和西南地区，这些地区的降水可达到 150−200 天 / 年。在有避雨需求的生活场景中，由于没带伞而产生的借、买雨伞需求最大，因此共享雨伞企业投放的选址集中在深圳、上海、广州、重庆等城市，然后再从这些城市辐射到周边的城市。另外根据市场问卷显示，对共享雨伞的接受度在 18−25 岁年龄段最高，26−30 岁的上班族次之，而 40 岁以上的消费者对新事物的接受度较低，因此共享雨伞在该人群的渗透程度较低。

共享雨伞的出现让消费者提高出行生活体验，为不同公共场景下的人群提供了方便，其增长速度与共享单车及共享充电宝的用户规模数据呈高度相似。根据共享雨伞历史用户规模增速，2019 年的用户规模达 700 万人，2020 年将增至 835 万人，其铺设场景预计未来会延伸到学校、医院、各大社区街道，达到 300 万点位。

共享经济行业是当下互联网领域最热的发展方向之一，随着技术的发展，将继续给市场带来更多惊喜。

□13．共享雨伞是指：

A 两个人同时撑同一把雨伞　　B 用户租借雨伞的行为
C 在公共场所打伞的行为　　D 在地铁站买伞的行为

□14．无桩模式的优点是：

A 设备成本高　　B 雨伞容易丢失
C 不受约束　　D 受到监控

□15．共享雨伞企业投放的选址为什么集中在深圳、上海、广州、重庆等城市？
A 因为这些地区经济比较发达
B 因为这些地区年轻人较多
C 因为这些地区雨天比较多
D 因为这些地区的人容易接受新事物

□16．关于共享雨伞，下面哪一项是不正确的？
A 用户规模的增速与共享单车非常像
B 用户将越来越多
C 租借点的覆盖面会继续扩大
D 最受上班族欢迎

17−20．

互联网医疗是网络技术信息在医疗领域的新的应用。如果把传统的医疗方式称为“接触式医疗”，互联网医疗则可以称为“非接触式医疗”。互联网医疗在医疗过程中，医患双方通过文字、图片、语音等方式，在互联网平台上进行非接触性质的信息交流。互联网医疗根据开设主体，可以划分为互联网公司或移动医疗平台自发的在线医疗和公立医院在官方微信公众号或移动 APP 开设的线上医疗。另外，根据服务内容，互联网医疗可以包括健康教育、医疗信息查询、电子健康档案、疾病风险评估、在线疾病咨询、电子处方、远程会诊、远程治疗等服务。

在新冠肺炎疫情期间，武汉市开通的“在线问诊”官方平台截至 2020 年 2 月 7 日 19 时，有 727 名医生志愿者为患者提供了在线问诊 7200 余人次。阿里健康在除夕夜紧急上线的义诊服务截至 2 月 9 日 0 时，问诊页面累计访问用户数接近 1000 万人，累计在线问诊用户超过 93 万人。通过这次疫情，互联网医疗的应用价值和发展潜力受到大众的关注，并且得到了官方的认可。

对于互联网医疗的本质一直以来众说纷纭。有人认为互联网医疗的本质是“医疗”，他们认为包括“导诊、分诊、线上健康咨询”等的非核心诊疗行为也属于医疗行为；而有人认为互联网医疗的本质是“服务”，这些人认为只有涉及到核心诊疗过程行为的才能叫做医疗行为。从现实的医疗资源配置角度看，互联网医疗的本质在于医疗的移动化、信息化。互联网医疗不是简单地将医院搬到网络上，而是通过优化行业产业链的供需关系，来促进医疗资源供应和医疗服务需求之间的供需平衡。互联网医疗可以利用互联网对信息的有效收集和利用，优化医疗过程，提升效率，整合资源，有效地缓解看病难的问题。

然而互联网医疗也存在一些不可忽视的问题，即医疗的质量和安全问题。比如，西医需要视触叩听，中医需要望闻问切，而互联网医疗是一种排除面对面交流的诊疗模式，其诊断结果的准确性是多少？医疗安全性又是多少？

尽管互联网医疗还有许多需要改进和完善之处，但从长远来看仍具有很大的发展潜力，其长期发展的核心在于努力促成医疗机构、医生、互联网公司等多方面联动的发展环境，形成完整且规范的医疗服务闭环，实现真正的“数字健康”。

□17. 传统医疗方式与互联网医疗方式的区别是：

A 医生和患者是否拥有电脑

B 医生对患者是否进行面对面的诊疗

C 传统医疗不包括健康教育

D 互联网医疗只提供医疗信息

□18. 根据上文，互联网医疗的本质是：

A 为患者服务　　B 治疗患者

C 医疗的移动化和信息化　　D 将医院搬到网络上

□19. 互联网医疗存在的问题是：

A 如何保证医疗的质量和安全　　B 如何排除面对面的诊疗方式

C 如何整合资源　　D 如何保证网络的畅通

□20. 这篇文章主要谈的是：

A 医患关系的本质

B 互联网对医疗领域的贡献

C 传统医疗方式的不足

D 互联网医疗的应用价值以及发展潜力

練習2　1回目　正答数　／20　所要時間　分　2回目　正答数　／20　所要時間　分

第 1–20 题：请选出正确答案。 （解答・解説）別冊 P.61

問題 1-4、5-8、9-12：外语教学与研究出版社《新 HSK 专项突破・六级阅读》より

1–4.

日本研究人员表示，牙齿脱落会增加日后中风的危险，原因可能与牙龈疾病有关。当大脑供血受阻的时候，中风就会发生。最常见的是缺血性中风，大脑血管堵塞导致缺血、缺氧以及各种营养不足。另一种中风为出血性中风，是大脑血管破裂所致。无论何种中风，大脑受损部位的神经细胞都会在数分钟内因为缺氧而死亡，导致组织受损。

广岛大学研究人员调查了 358 名患者的牙齿健康状况，结果发现，50 多位中风患者的牙齿数量明显低于同龄的其他被调查者的牙齿数量。研究还发现，与牙齿至少有 25 颗的人相比，牙齿数小于或等于 24 颗（正常成年人应为 32 颗牙齿）的人患中风的危险增加 57%。

研究发现，掉牙与缺血性中风和出血性中风都有很大关系。一些研究发现，牙周病与心脏病有关系。牙周病包括从牙龈炎到牙周边组织和骨骼受损等各种疾病。牙病是 40 岁以上人群牙齿脱落的主要原因之一。

研究人员表示，经常刷牙和使用牙线清洁牙齿，有助于去除牙菌斑。一种理论认为，口腔细菌会因为牙病而乘虚进入人体血液系统，导致血管及大脑组织发炎，进而引起血栓堆积、血管狭窄，增加中风危险。口腔细菌还会增加血管内脂肪物质堆积，形成血管栓塞而导致中风。

□1.　导致大脑受损部位的神经细胞在几分钟内因缺氧而死亡的是：

A 血管破裂
B 血氧和营养
C 心脏供血受到阻碍
D 缺血性中风和出血性中风，两种都有可能

□2.　根据广岛大学的调查与研究：

A 牙齿数量越少，中风的危险就越高
B 牙齿的健康与心脏病无关
C 过了 40 岁，人的牙齿就容易脱落
D 牙周病是牙齿组织的疾病

□3.　使牙齿保持清洁的方法是：

A 刷牙的次数越多越好　　　　　B 保持人体血液的清洁

C 不仅要刷牙，而且还要用牙线　D 减少脂肪物质

□4.　根据上文，下面哪种说法不正确？

A 牙齿数小于或等于 24 颗的人患中风危险性较高

B 掉牙与缺血性中风和出血性中风关系密切

C 出血性中风是最常见的中风

D 广岛大学调查发现 50 多位中风患者的牙齿数量比同龄的其他被调查者的少

5–8.

苦瓜以其苦味博得人们的喜爱。苦瓜的营养保健特点，首先是它含有较多的维生素 C、维生素 B1 以及生物碱，其次是它含有的半乳糖醛酸和果胶也较多。苦瓜中的苦味来源于生物碱中的奎宁。

这些营养物质具有促进食欲、利尿、活血、消炎、退热和提神醒脑等作用。现代科学研究发现，苦瓜中的“多肽 –P”是一种类似胰岛素的物质，有降低血糖的作用。西安医科大学已从苦瓜中提取出口服类胰岛素。美国科学家还发现，苦瓜中含有一种蛋白质类物质，具有刺激和增强动物体内免疫细胞吞食癌细胞的能力，它能同生物碱中的奎宁一起在人体内发挥抗癌作用。

苦瓜虽苦，但食用时味苦性凉，爽口不腻，在夏季食用倍感清爽舒适，有清心开胃的效果。而且它不会把苦味传给“别人”，如用苦瓜烧鱼、焖鱼，鱼块绝不沾苦味，所以苦瓜有“菜中君子”的别称。如将苦瓜泡制成凉茶在夏日饮用，可使人顿觉暑清神逸，烦渴皆消。有的地区将苦瓜切开，用盐稍腌，减少一些苦味，当凉菜吃。有的将苦瓜切成圈，用肉糜、蒜薹、豆豉炖煮，做热菜吃。客家人有首山歌唱道：“人讲苦瓜苦，我说苦瓜甜，甘苦任君择，不苦哪有甜？”这就是说，苦瓜自己是苦的，给人们带来的却是甜——健康和快乐。

□ 5. 关于苦瓜的营养保健特点，下面哪一项是不正确的？

A 降低血糖　　B 促进减肥

C 增进食欲　　D 活血利尿

□ 6. 文中说苦瓜不会把苦味传给“别人”，此处“别人”的意思是：

A 其他的人　　B 做菜的人

C 别的食材　　D 君子

□ 7. 怎样可以使苦瓜的苦味减少？

A 把苦瓜和鱼放在一起　　B 用苦瓜泡制凉茶

C 将苦瓜切成圈状　　D 苦瓜切开后放一些盐浸泡

□ 8. 这篇文章介绍了：

A 苦瓜的营养特点和食用特色　　B 苦瓜的营养保健特点

C 苦瓜具有抗癌的功效　　D 人们都喜欢苦瓜的苦味

9-12.

筷子古称“箸”,后由于“箸”与“住”“蛀”同音,特别是乘船之人更忌讳，人们便取“住”的反义词“快”，将“箸”称为“快子”。因为“快子”多用竹子制成，从而创造了新的汉字“筷子”。

在中国民间，筷子历来被视为吉祥之物出现在各民族的婚庆礼仪中，成双成对的筷子寓意“快生贵子、快快乐乐、和睦相处”等好兆头；筷子外形直而不弯，还被古人视为刚正不阿的象征，文人墨客咏颂筷子的诗歌也不少。

筷子与人们生活关系密切,中国民间流传着许多和筷子有关的谜语。如“姐妹两人一样长，厨房进出总成双，千般苦辣酸甜味，总让她们第一尝”，“身体生来几寸长，竹家村里是家乡，吃进多少辛酸味，终身不得见爹娘”。

在中国几千年“筷子文化”的传承中，对筷子的使用形成了许多约定俗成的禁忌，如不能使用长短不齐的筷子、不能用筷子指人、不能用筷子敲击碗和盘子、不能将筷子竖直插在饭里、不能将筷子颠倒使用等。

通常筷子的正确使用方法是用右手或左手执筷，大拇指和食指捏住筷子的上端，另外三个手指自然弯曲扶住筷子，并且筷子的两端一定要对齐。用餐前，筷子要整齐码放在饭碗的右侧，用餐后，则要整齐地竖向码放在饭碗的正中。

古今中外制作筷子的材料多达200余种，除了常见的竹、木材、兽骨等材料，还有金、银、玉石、水晶、翡翠、寿山石、虬角、犀角、玳瑁、绿孔雀骨、珊瑚等珍贵材料。有的筷子不仅是一种餐具，还是一种艺术品，在筷子上题词、刻诗、绘画、烙画、镶嵌、雕镂等艺术形式多种多样。

筷子的使用在东亚地区影响十分广泛，以至于一些学者将“东亚文化圈”形象地称为“筷子文化圈”。

□9．“筷子”最初被称为：

A 快子　　B 箸

C 住　　D 蛀

□10．关于“筷子”的使用方法，下面哪一项是不正确的？

A 要使用长短一样的筷子　　B 不能用筷子敲饭碗或盘子

C 筷子可以竖着插在饭里　　D 不要用筷子指人

□11．关于“筷子”的描述，符合原文的是：

A 一直以来，在民间被看作是吉祥之物出现在庆祝生日的仪式中

B 民间有很多关于筷子的谜语，这表示筷子与人们的日常生活密切相关

C 吃饭时，筷子可以放在饭碗的左右侧

D“筷子文化圈”指的是使用筷子的东南亚国家

□12．这篇文章的主要内容是：

A 筷子的含义　　B 筷子是生活必需品

C 筷子的影响力很大　　D 筷子文化

13–16．

所谓“低碳经济”，是指在可持续发展理念的指导下，通过技术创新、制度创新、产业转型、新能源开发等多种手段，尽可能地减少煤炭、石油等高碳

能源消耗，减少温室气体排放，达到经济社会发展与生态环境保护双赢的一种经济发展形态。发展低碳经济，一方面要积极承担环境保护的责任，完成国家节能降耗指标的要求；另一方面要调整经济结构，提高能源利用效益，发展新兴工业，建设生态文明。这是摒弃以往先污染后治理、先低端后高端、先粗放后集约的发展模式的现实途径，是实现经济发展与资源环境保护双赢的必然选择。

低碳经济是以低能耗、低污染、低排放为基础的经济模式，是人类社会继农业文明、工业文明之后的又一次重大进步。低碳经济的实质是能源高效利用、清洁能源开发、追求绿色 GDP，核心是能源技术和减排技术创新、产业结构和行业制度创新以及人类生存发展观念的根本性转变。

低碳经济提出的大背景，是全球气候变暖对人类生存和发展所造成的严重威胁。随着全球人口和经济规模的不断增长，能源使用带来的环境问题及其诱因不断地为人们所认识，不只是光化学烟雾和酸雨等的危害，大气中二氧化碳浓度升高带来的全球气候变化也已被确认为不争的事实。

在此背景下，“低碳足迹”“低碳经济”“低碳技术”“低碳发展”“低碳生活方式”“低碳社会”“低碳城市”“低碳世界”等一系列新概念、新政策应运而生。而能源与经济以至价值观发生大变革的结果，可能将为逐步迈向生态文明开辟出一条新路，即摒弃 20 世纪的传统增长模式，直接应用新世纪的创新技术与创新机制，通过低碳经济模式与低碳生活方式，实现社会可持续发展。

□ 13．所谓“低碳经济”是指：

A 既发展社会经济，又保护生态环境的经济发展形态

B 通过各种技术创新等手段，增加高碳能源消耗的经济理念

C 发展新兴工业，建设生态文明的经济模式

D 清洁能源开发，追求绿色 GDP 的发展观念

□ 14．“低碳经济”是人类社会的第几次重大进步？

A 第一次　　B 第二次

C 第三次　　D 第四次

□15．提出“低碳经济”的原因是：

A 由于时代的发展，出现了新概念和新政策

B 全球气候变暖给人类社会带来了严重的危害

C 为了保护 20 世纪的传统增长模式

D 为了应用新世纪的创新技术

□16．这篇文章主要讲的是：

A 低碳经济与环境

B 低碳经济的历史

C 低碳经济与传统发展模式的不同

D 低碳经济的概念、实质与提出背景

17–20．

夸夸群是一种即时聊天群组，以称赞他人为唯一聊天内容。夸夸群最初是由浙江大学、清华大学、西安交通大学、北京大学和复旦大学等中国大学的学生建立的，建立后不久便在校园内流行，人数不断增加。通过新浪微博等社交软件的分享，夸夸群这一形式的群组开始被社会知晓，其他大学也开始效仿创建，后来流行到社会上。很多人将自己的生活、工作、学习中的事情分享到群里求“夸”，静候群友们热情诙谐的称赞。

夸夸群里发布的内容五花八门：有求安慰的，也有求鼓励的。群友们的回复也各有千秋：有的直截了当，有的敷衍了事。北京某高校的一位教授表示，夸夸群符合部分年轻人需要心理关怀的期待。他将这种社交方式称为“轻社交”。他还强调，这是网络时代的特点之一，即一切都具有某种虚拟性，不那么真实，但又无法说它完全虚幻，所以是一种真真假假、虚虚实实的社交，符合这个时代年轻人的人际交往心理，而且渴望被人夸可以说是人的一种本性使然，并非当下青年的个案。另一名上海某高校社会管理学院院长认为，“95 后”这一代高校学生的喜怒哀乐都可以通过网络平台表示，过去人们的表达基本上是在熟人之间进行，而在开放性的信息化时代，新一代青年实际上是在完全陌生的环境中去表达。

虽然建群的初衷是互夸，但是一些夸夸群在逐渐降温后衍生出新的功能与

主题。比如，群里会有一些商业合作、团队合作、公司发展、招聘等方面的信息，因为群里的成员是已经工作或即将参加工作的同学，所以这种校友间的互帮互衬很有必要，会成为群友间维系关系的新纽带。

针对夸夸群，社会上有正负两方面的评价。正面评价是：在夸夸群中求夸的用户常常是生活中遇到不如意的事情，存在精神压力，通过其他成员的称赞后，被称赞者从不如意中看到如意的一面，这样有利于舒缓精神压力，消除负面情绪，同时也有利于营造和谐的社群氛围；负面评价是：由于夸夸群是基于网络，群组成员基本为陌生人，所以有人指出，夸夸群的称赞其实就是拍马屁，过于浮夸和虚伪。

□ 17. 年轻人利用夸夸群主要是：

A 为了分享学习经验　　B 为了分享社交软件

C 为了探讨社会问题　　D 希望被别人关怀

□ 18. “轻社交”的特点是：

A 真假模糊　　B 完全虚幻

C 十分真实　　D 轻松愉快

□ 19. 当下的年轻人在感情表达上：

A 一般来讲都很真实　　B 只对亲近的朋友诉说

C 可以在不熟悉的环境中进行　　D 与校友互相帮衬

□ 20. 关于夸夸群，下面哪一项是不正确的？

A 夸夸群的功能就是互相夸奖

B 夸夸群里的成员一般互相不认识

C 夸夸群是从大学校园流行到社会上的

D 夸夸群的群组成员的回复都很诚恳

練習3　1回目　正答数　／20　所要時間　分　2回目　正答数　／20　所要時間　分

第1–20题：请选出正确答案。

問題1-4、5-8、9-12、13-16：外语教学与研究出版社《新HSK专项突破・六级阅读》より

1–4.

古代的德昂族寨子里有一个叫昆撒乐的小伙子和一个叫欧比木的姑娘，他们从小一起长大，青梅竹马，情投意合。昆撒乐会用树叶、竹叶吹奏出动听的音乐。由于叶片会干枯，难以保存，昆撒乐就用薄薄的铜片代替叶片，并把薄铜片放到细竹筒上吹。后来，竹管被虫蛀出一些小洞，吹奏时他就用手指按住不同的洞眼，竹管会发出不同的声音，再套上葫芦，声音更悠扬了。就这样，昆撒乐发明了"毕格宝"(葫芦丝的德昂语名称)。昆撒乐常常在劳动之余吹起"毕格宝"，欧比木一听到乐声，就会来与他约会。但是，欧比木的父母嫌昆撒乐家境贫寒，不愿将欧比木许配给他。于是他们便悄悄地在深山老林里盖了一间小吊楼，将欧比木藏到小吊楼里，不让她和昆撒乐见面。昆撒乐是个有骨气的小伙子，决心外出去挣钱，再回来娶心爱的姑娘。欧比木一个人住在楼里，天天思念情人，泪水把眼睛都弄花了。一天，欧比木见地面上有脚印，以为是昆撒乐来过，就把梯子放下来，等待心上人的到来。哪知吊楼附近的脚印竟是老虎留下的，晚上饿虎顺着梯子爬上吊楼，把欧比木吃了。

昆撒乐在外地拼命干活，节衣缩食，攒了许多钱。赶回寨子时却得知心上人已不在人间，悲愤不已，于是钻进深山将老虎杀死。每当夜深人静的时候，他就会用"毕格宝"吹起悲怨的乐曲，控诉这人为的悲剧。后来人们为了纪念昆撒乐和欧比木就将"毕格宝"作为"传情"乐器世代传承了下来。"毕格宝"吹奏的曲子就是德昂人用葫芦丝世代传承吹奏的《流泪调》。现在梁河县的河西乡二古城德昂族村寨里，还有人会吹这首曲子。

□1.　昆撒乐用什么来代替树叶吹奏美妙的音乐？

A 铜片　　B 竹叶
C 葫芦丝　　D 竹管

□2.　文章中出现的"毕格宝"是：

A 一首乐曲　　B 人的名字
C 一种乐器　　D 一个民族的名称

□3.　欧比木的父母为什么把女儿藏到小吊楼里？
　　A 因为树林里有很多动物
　　B 因为他们不想让欧比木和昆撒乐交往
　　C 因为昆撒乐外出去挣钱了
　　D 因为欧比木不想嫁给昆撒乐

□4.　文章中提到葫芦丝吹奏的曲子是：
　　A 毕格宝　　　　B 流泪调
　　C 欧比木　　　　D 昆撒乐

5−8.

宁宁的爸爸最近出差比较多，但不管在哪儿，不管多忙，都会抽空给儿子打个电话。可是让他不解的是，4岁的宁宁总是没有耐心和自己说话，随便“嗯”一声就把电话筒塞给妈妈，自己跑一边“玩”去了。但等爸爸出差回来，一进家门，宁宁又总是兴高采烈地迎接他，和电话里表现出来的冷漠判若两人。

娜娜的妈妈每次打电话叮嘱女儿放学后要认真写作业、别看电视、多喝水，没说上几句话娜娜就会很不耐烦，有时甚至挂断妈妈电话，这让娜娜的妈妈又生气又无奈。

高级儿童心理咨询师张教授认为，上面两位父母的困惑都是因为不了解孩子在通话时的心理而造成的。幼儿虽然情感炽热，但非常感性，必须看到、听到、闻到、触摸到父母，才会强烈地表达出对父母的爱。如果父母不在身边，孩子会想念父母，甚至会在电话中哭泣，但他们还没有学会用语言平静地与父母沟通情感。所以，宁宁对爸爸才会有截然不同的表现。而上学期间的孩子一天到晚都在上课，回到家很想见到父母的笑脸，会因父母下班晚或工作忙回不了家而失望。如果父母电话中又对孩子不断催促，孩子会更觉得委屈，容易与父母顶嘴。所以建议父母们对上学期间的孩子以关心交流为主，叮嘱与催促适可而止。

□5.　4岁的宁宁为什么跟爸爸打电话时表现得很冷漠，见到爸爸时却又兴高采烈？

A 宁宁不喜欢听爸爸的声音
B 爸爸出差回来给他买了礼物
C 他还没有学会用语言平静地与父母沟通情感
D 宁宁缺乏耐心

□6. 上学期间的孩子：
A 强烈地希望触摸到父母
B 一般都会在电话中哭泣
C 对父亲的表现与对母亲的表现有所不同
D 不喜欢被父母过多地叮嘱

□7. 根据上文，下面哪一项正确？
A 幼儿与上学期间的孩子具有不同的心理特点
B 对于上学期间的孩子，父母要在学习上经常督促，生活上加强管理
C 父母不应该以电话的方式和孩子们交流
D 孩子们与父母的沟通不需要用语言

□8. 这篇文章主要谈的是：
A 宁宁的家庭情况
B 儿童的心理特征
C 娜娜与妈妈的矛盾
D 父母与孩子的故事

9–12.

入夏以来，多个城市连降暴雨，出现水漫城池的景象，还有路人误入下水道溺水而亡的事件发生。

雨中出行时要保持警惕。路上积水过膝、路面有急水漩涡、行进路线不明确、光线照明不清晰时切勿行进。在户外遭遇雷雨天气时，一定要避开空旷的场地、建筑物顶部和树下。有雷电时也不要接打手机、骑摩托车、撑金属材质的雨伞。

遇到溺水者应积极进行心肺复苏救治，而不要使用传统的控水方法。因为大多数溺水者仅仅是误吸了少量的水，而且水会被快速吸收进入循环。因此不要让溺水者头朝下，也不要用腹部按压法控水。后者会导致胃内物质反流，出

现误吸。传统的拍背倒水法，也不能彻底排出水分，还可能使水更加深入，并因此延误了早期通气呼吸救治和胸外按压等心肺复苏救治措施的展开。

遇到被雷电击中的人时，首先要将其平移脱离险境，转移到能避开雷电的安全地域。其次根据击伤程度迅速对症救治,同时呼叫救护人员。通过一翻（翻眼皮看眼球是否转动）、二摸（触摸颈动脉看搏动是否消失）、三呼（呼唤伤者看有无应答）、四观（观察胸廓看有无呼吸起伏）来判断患者是否心脏骤停。当患者出现心脏骤停时，应立即以 100 次 / 分的频率进行胸外按压，亦可采取胸外按压心脏 30 次、进行两次人工呼吸的心肺复苏措施。

□ 9. 在外面遇到雷雨天气时，不应该做的是哪一项？

A 骑摩托车　　B 避开空旷的场地

C 不要躲在树下　　D 不要到建筑物的最上面

□ 10. 遇到溺水者应该：

A 用拍背倒水法把误吸的控出来

B 马上采取通气呼吸救治和胸外按压等心肺复苏救治措施

C 立即将溺水者的头部朝下，把吸进腹部的水排出来

D 呼叫救护人员

□ 11. 关于患者心脏骤停时应采取的措施，下面哪一项是不正确的？

A 打电话呼叫救护人员

B 可以以 100 次 / 分的频率进行胸外按压

C 可以进行胸外按压心脏 30 次，两次人工呼吸

D 立即采取心肺复苏措施

□ 12. 这篇文章主要谈的是：

A 雷雨天气外出应该注意什么

B 下雨危险不要出门

C 雷雨天气外出的注意事项和一些急救措施

D 如何救治溺水者

13-16.

送餐机器人指的是替代人类服务员，将菜肴从厨房送到就餐者桌边的服务型机器人。餐厅范围内的短途配送要求，从技术层面上讲，对机器人提出了两个考验：一是自主导航定位，将菜品从配送间送到订餐的餐桌附近；二是主动避障，即在配送的路途中，躲避行人和障碍物。

从应用层面上讲，送餐机器人可以解决餐饮行业的两大问题：一是餐厅服务员人手不够、人员流动率高、人力成本昂贵；二是服务员一次配送量低，尤其在面积较大的大型连锁餐厅中尤为突出。首先在人力成本问题上，中国国内普通的服务员人力成本一个月大约在 4000 — 6000 元左右，而送餐机器人的租赁价格大约是每天 99 元，一个月的租赁成本为 3000 元左右。即使加上每个月的维护费用，一个月的使用成本也不到 4000 元，并且每天的工作时间在 10 小时以上。如此看来，送餐机器人每个月确实可以降低 1000 — 2000 元的人力成本费。其次在单次配送量上，普通的服务员一次可以配送一个托盘，而送餐机器人采用多层置物架设计，一次可以传送 3 — 4 个托盘。单次配送量的提高意味着利用送餐机器人可以减少送餐往返的次数。此外，送餐机器人的引入还有另外一个重要功能，即吸引客流。比如海底捞的智慧餐厅从 2018 年 10 月 28 日开始营业后，每天 200 个号源都会被抢购一空。

尽管如此，送餐机器人仍然面临着一些挑战。比如，机器人只能把菜端到餐桌旁，不能完成摆盘，需要顾客自己动手完成，而且机器人送餐缺少像人类员工与就餐者之间的亲切互动，无法和顾客“愉快”聊天，因此从服务体验上会打一些折扣。还有，如果顾客有些非常规性的需求，机器人就无法应对，也就是说送餐机器人的智能化程度有限，虽然有一定的“智商”，却没有“情商”。因此要想使送餐机器人成为贴心的服务生，还要使其具备视觉识别和语音识别能力。然而提升语音技术存在三个难点：一是餐厅的环境非常嘈杂，机器人需要有非常灵敏的“耳朵”能够听到顾客在说什么；二是餐厅里面有各种各样的声源，机器人需要做到能够准确识别点菜信息；三是机器人需要做到顾客点菜时，停止对话，顾客更改菜品时，能够更改菜品信息。一个完整的送餐机器人需要各种技术支持，需要各种技术不断优化和成熟化，这样才能打造出完美的机器人产品。

□ 13．送餐机器人一个月的使用成本：

A 比普通的服务员人力成本高　　B 是普通的服务员人力成本的一半

C 比普通的服务员人力成本低　　D 与普通的服务员人力成本一样

□ 14．利用送餐机器人不仅可以减少送餐的次数，还可以：

A 增加客流量　　B 减少洗托盘的次数

C 减少普通服务员的工作量　　D 减少障碍物

□ 15．文章中的划线部分的意思是：

A 送餐机器人对顾客没有爱心

B 送餐机器人无法满足顾客的非常规性需求

C 送餐机器人可以满足顾客的打折需求

D 送餐机器人不能提供服务体验

□ 16．关于送餐机器人，下面哪一项是不正确的？

A 送餐机器人可以解决餐饮行业人力成本高的问题

B 送餐机器人只能把菜端到餐桌旁边，顾客需要自己动手摆盘

C 送餐机器人不能像普通的服务员一样与顾客交流

D 使送餐机器人拥有表情识别能力有一定的难度

17–20．

设计师安藤忠雄是一位传奇性的人物。据说他年少时家境贫困，童年在木工作坊度过。在成为建筑师之前，曾经做过货车司机、职业拳击手。他曾去世界许多国家旅行，在此过程中观察了各地的独特建筑。安藤忠雄自学建筑成为专业的建筑师，并于1995年荣获建筑界最高荣誉普里兹克奖。他在建筑上追求光与影的变化，其设计的“水之教堂”、“光之教堂”、“风之教堂”充分体现了风、水、空气等自然因素的建筑表达，而这种表达成就了其建筑的永恒。

安藤忠雄与上海有着很深的缘分，他设计的上海明珠美术馆与新华书店成为人们必去的地方。坐落于上海吴中路爱琴海购物公园七层的新华书店，除了是一家书店，还堪称是一个艺术空间。踏入书店后，首先映入眼帘的是有三层

民宅高的巨大环形书架。此书架环绕整个书店，每个书架隔内都有灯光，和头顶的灯光相互辉映。别具一格的是，所有书架为通透性设计，人们可以从这一边一眼望尽书架的另一边。从书店到八层的明珠美术馆有一个蛋形的连接过道，美术馆内有五个展览厅，展现了安藤忠雄的创作历程。

新华书店与明珠美术馆共处于一个蛋形的建筑内，共同组成“光的空间”。这是安藤忠雄首次在商业建筑里将书店和美术馆结合起来，让阅读和艺术充分结合的一次大胆尝试。另外，运用光线是其设计亮点，安藤忠雄曾表示，阅读可以照亮人们的心。

“光的空间”所在的购物公园原为虹桥购物乐园。2015 年，新华发行集团与红星地产邀请安藤忠雄先生建造一个关于阅读和文化的艺术空间，安藤先生提出了“卵”形的概念，他表示“卵，意味着生命，意味着孕育”，因此新华书店与明珠美术馆的核心区域从外观上看形似一颗巨型蛋。

□ 17. 安藤忠雄成为专业建筑师之前：

A 没有学过建筑　　B 开过货车

C 在拳击比赛中得过奖　　D 在很多国家打过工

□ 18. 安藤忠雄在建筑上追求：

A 光和影的变化　　B 自然因素与教堂是否和谐

C 教堂与建筑的永恒　　D 世界各地的水与光

□ 19. 明珠美术馆：

A 有八个展览厅　　B 和书店之间有一个通道

C 其上一层是新华书店　　D 其下一层是餐厅

□ 20. 安藤忠雄设计的上海明珠美术馆与新华书店：

A 是上海的第一个商业建筑　　B 把阅读和艺术结合在一起

C 两个建筑都是蛋形的　　D 通过灯光强调阅读的重要性

第 1–20 题：请选出正确答案。 （解答・解説）別冊 P.81

問題 1-4、5-8、9-12、13-16：外语教学与研究出版社《新 HSK 专项突破・六级阅读》より

1–4.

天津“泥人张”彩塑是一种深得百姓喜爱的民间美术品，它把传统的捏泥人提高到圆塑艺术的水平，又装饰以色彩、道具，形成了独特的风格。它是继元代刘元之后，我国又一个泥塑艺术的高峰。其作品艺术精美，影响远及世界各地，在我国民间美术史上占有重要的地位。

张明山（1826—1906）是“泥人张”的创始人，他自幼随父亲从事泥塑制作，练就了一手绝技。18 岁即得艺名“泥人张”，以家族形式经营泥塑作坊“塑古斋”。

1915 年，张明山创作的《编织女工》彩塑作品获得巴拿马万国博览会一等奖，张玉亭的作品获得荣誉奖。后经张玉亭、张景福、张景禧、张景祜、张铭等人的传承，“泥人张”成了中国北方泥塑艺术的代表。

1949 年后，人民政府对“泥人张”彩塑采取了保护、扶持、发展的政策，安排张家几代艺人到文艺创作、教学等部门工作。第二代传人张玉亭被聘为天津市文史馆馆长；同时民间彩塑艺术步入大学殿堂，第三代传人张景祜先后受聘于中央美院、中央工艺美院，在天津建立“泥人张”彩塑工作室，先后招收五批学员，为国家培养了一大批彩塑艺术专门人才；第四代传人张铭在主持工作室和教学工作的二十多年中，呕心沥血，传授技艺。从此，“泥人张”彩塑艺术从家庭作坊走向社会。郭沫若曾题词“昨日造人只一家，而今桃李满天下”。天津“泥人张”彩塑艺术是近代民间发展起来的著名工艺美术流派，这支数代相传的艺术之花，扎根于古代泥塑艺术的传统土壤中，再经大胆创新，遂成为今日津门艺林一绝。

□1.　18 岁得到“泥人张”这个艺名的是：

A 第二代传人张玉亭　　B 第三代传人张景祜

C 第四代传人张铭　　D 创始人张明山

□2.　“泥人张”彩塑艺术：

A 是中国第一个泥塑艺术的高峰

B 是从最初的家族式作坊逐渐走向社会的

C 是近代民间发展起来的建筑艺术流派

D 在全国各地建立了彩塑工作室

□3. “昨日造人只一家，而今桃李满天下”中的“桃李满天下”的意思是：

A 桃树很多　　B 树上结满了桃子

C 培养的彩塑艺术人才很多　　D 桃花盛开了

□4. 上文主要介绍的是：

A 天津“泥人张”彩塑的特点　　B 天津“泥人张”彩塑的发展历程

C 天津“泥人张”的传说　　D 天津“泥人张”彩塑的传人

5-8.

中国人的好客，在酒席上发挥得淋漓尽致。人与人的感情交流往往在敬酒时得到升华。中国人敬酒时，往往都想让对方多喝点儿酒，以表示自己尽到了地主之谊，客人喝得越多，主人就越高兴，说明客人看得起自己。如果客人不喝酒，主人就会觉得有失面子。为了劝酒，酒席上有许多趣话，如“感情深，一口闷”，“感情厚，喝个够”，“感情浅，舔一舔”。有人总结出劝人饮酒有如下几种方式：文敬、代饮和罚酒。

文敬，是传统酒德的一种体现，即有礼节地劝客人饮酒。酒席开始，主人往往在讲完几句话后，便开始了第一次敬酒。这时，宾主都要起立，主人先将杯中的酒一饮而尽，并将空酒杯口朝下，说明自己已经喝完，以示对客人的尊重。客人一般也要喝完。在席间，主人往往还分别到各桌去敬酒。

代饮，即既不失风度，又不使宾主扫兴的躲避敬酒的方式。本人不会饮酒，或饮酒太多，但是主人或客人又非得敬上以表达敬意，这时，就可请人代饮酒。代饮酒的人一般与被代者有特殊的关系。在婚礼上，伴郎和伴娘往往是代饮的首选人物，故酒量一般比较大。

罚酒，这是中国人敬酒的一种独特方式。罚酒的理由也是五花八门。最为常见的是对赴宴迟到者的“罚酒三杯”。有时也不免带点儿开玩笑的性质。

□5. 上文中划线部分的意思是：

A 客人对当地人的友谊　　B 客人对当地的感谢

C 主人对客人的情谊和接待礼节　　D 主人对家乡的情谊

□6.　主人敬酒时，为了表示对客人的尊敬：
A 要先讲一段话
B 要站起来
C 让客人们都坐着
D 先喝完杯里的酒，然后杯口朝下

□7.　婚礼上伴郎和伴娘一般酒量都比较大的原因是：
A 要向客人们敬酒　　B 可能成为代饮酒的人
C 新郎和新娘不可以喝酒　　D 他们都喜欢喝酒

□8.　这篇文章主要介绍的是：
A 中国人在酒席上表现得很好客　　B 中国人劝人饮酒的方式
C 中国人的饮酒习惯　　D 劝酒要注意的问题

9-12.

最近，职场上涌现了一个新名词"暑歇"，专指那些像学生放假一样，以"炎夏难熬"为借口辞职休息的人。事实上，不只在暑假想歇着，在同一个岗位时间长了，热情被磨去，难免疲惫厌烦，出现"职业倦怠"，开始得过且过，甚至出现跳槽的念头。

职业倦怠到底是因为什么产生的呢？结合意大利心理学家赫苏斯·蒙特罗·马林等人的研究，多数情况下，有三种可能。

第一种，糊里糊涂入行。有些人最初可能是被薪酬等表面因素吸引，内心并不是真正认同和喜爱这一职业，不久之后，就失去兴趣。对这部分人来说，换个选择也许真的是新开始，并不需要太纠结。

第二种，不能胜任工作。因为以自己目前的能力，不太能胜任工作，总是感到困难重重、特别吃力，时间一久，当然劳心费神了。要想解决这一问题，最好多向他人请教，提高职业能力。同时，找到让自己愉快的细节，比如某个领导欣赏你，增强成就感和价值感。

第三种，藏有某种心结。有一些人，因为有某种心结，比如特别不能忍受不爱干净的人等，导致对目前的工作环境产生抵触。对此，最重要的是增强职业认同感，发现这份职业带给你的意义和价值。

职业倦怠并非完全是坏事，从某种意义上说它可能是你迈上新平台的动力，不必过于忧虑。

□9．“暑歇”指的是：

A 学校放暑假　　B 以天气热为理由，不去上班的人

C 因为疲劳而想在家休息的人　　D 职业倦怠

□10．文章中划线部分“吃力”的意思是：

A 花费力气　　B 吃惊

C 有力　　D 花销大

□11．文章中划线部分“藏”应该读作：

A cāng　　B cáng

C zhàng　　D zàng

□12．这篇文章主要谈的是：

A 职业倦怠的表现　　B 产生职业倦怠的原因

C 职业倦怠的表现以及产生的原因　D 职业倦怠的好坏

13–16．

那天坐公交车回家，上来一对男女。男人气鼓鼓的样子，一屁股坐下去。女人却满脸堆笑，挨着男人坐下来。一看就知道，这是一对刚刚吵完架的夫妻。

我无意偷窥，但我在他们座位的后排，一抬头便什么都看得见。只见女人去握男人的手，但男人粗暴地甩开了。看来女人想求和示好，表示歉意，但男人不肯接受。女人并没有怎么样，她用被男人甩开的手顺便捋了一下自己的头发，然后就放了下来。

过了一会儿，女人伸手轻轻拍了拍男人的后背，就像那背上落了尘土，她要掸掉它们。这一次，男人没有动。之后，女人又伸出手去，在男人的头上拿下了一个什么东西，好像是一根细碎的稻草。男人任由女人去做这些，好像与

他没有任何关系。

女人还是什么也不说，可能她觉得在公共场合不方便说出来吧，可是，她却没有停下来。不知什么时候，她离男人更近了。我看不到她的表情，但我想，男人应该知道，这是女人在表达真诚的歉意。

又过了一会儿，女人抬起了头，我便看见了她的笑容。她伸出手臂，挽住了男人的手臂。这一次，男人好像也试图想要抽回，但并不决绝，便任由女人挽着。这样，又过了一会儿，女人把头靠在男人的肩上，男人没有动。最后，女人又去握男人的手，这一次，男人没有抽回。而且，男人笑了，反过来握住了女人的手。

“我们到了。”女人对男人说道。然后，他们手拉手下车了。我看了下表，女人大概用了半个小时却没说一句话，成功与男人重归于好。我想到了自己及身边的很多人，半小时里我们可能流很多的眼泪，说很多伤害的话，甚至可能狠狠打一架，但所有这一切，都没有这个女人做得如此不动声色，做得如此美好。

□ 13．女人去握男人的手，男人为什么粗暴地甩开了？

A 男人不认识这个女人

B 他们吵架了，男人正在生女人的气

C 他们吵架了，女人正在生男人的气

D 他讨厌手被别人握

□ 14．女人拍男人的后背是为了：

A 掸掉男人背上的灰尘　　B 让男人向自己道歉

C 和男人和好　　D 挽住男人的手臂

□ 15．女人再次握男人的手时，男人没有抽回，而且笑了，这表示：

A 男人原谅了女人　　B 男人在嘲笑女人

C 男人在和女人开玩笑　　D 男人看到女人脸上有东西

□ 16．文章中划线的部分的意思是：

A 回到原来的地方　　B 自己的家最好

C 重比轻好　　D 重新和好

17–20.

2014 年 10 月，深圳的一家商场门前出现了一个集装箱。这个集装箱其实是一个健身房，最多六七个人使用。用户可以通过手机在微信公众号上预约，付费以后就可以进入，每次费用为五十元。如果用户是健身新手，扫描健身器械上的二维码，就能播放教学视频。这种健身房 24 小时营业，而且不需要交付年费。

据说开发这种健身房的是一个建筑师。这个建筑师坚持健身多年，她认为健身付出的额外成本太高，每年年卡就要花五六千块钱，锻炼一个小时，路上却要花费两个小时，还要付停车费。于是她就琢磨能否在工作地点附近找一个健身房，而且不用付年费。不久，她从公司离职，和几个创始人一起在深圳创立了名叫“超级猩猩”的公司，试图改变以往的健身房的体验。

超级猩猩的门店没有前台，教练只在上课时到店里，用户提前 30 分钟会收到密码，自动开门进店，而且可以通过移动支付现场购买毛巾、矿泉水等。健身房除了教练与负责清洁工作的猩猩管家以外，没有其他工作人员，都是用户自助服务，因此有效控制了成本开支。

超级猩猩的每个健身房面积约为 200 平米到 300 平米，没有淋浴室。健身房从早到晚设置不同的课程，如果是团体课，每次课为 1 小时左右，而且学员也限制在 15 名至 50 名。在开课前或上课后，都可以添加课程教练的微信，并以教练为节点，构建微信社群，方便相同教练的用户交流健身经验、结伴上课。课程结束后，学员与教练合影，通过建立仪式感，激励用户将合影分享到朋友圈，进行社交传播，通过口碑吸引新用户。超级猩猩的 80% 的用户增长皆来自口碑传播。

超级猩猩在费用方面坚持按次付费、不推年卡，所以用户进入门槛低，退出门槛也低。教练的主要任务为教课，部分教练甚至拥有 MBA 或创业背景，因此教练的个人经历为学员传递很多正能量。公司每年还为每位教练的培训与深造投入三万元。根据 2019 年 6 月超级猩猩官方公众号披露的数据，全职教练为 260 名以上，兼职教练超过 400 名，全职教练的 70% 为外部引入，30% 由公司自主培养，全职教练流失不超过 5 人。

超级猩猩的用户消费力很强，用户到门店锻炼时，往往能带动周边其他店铺消费，比如运动服装、主打健康减肥的轻食餐饮、咖啡馆等。超级猩猩与相关品牌及部分银行的合作可以说指日可待。

□ 17．关于以往的健身房的体验，不符合文章内容的是：

A 需要支付年费

B 健身房离工作地点远

C 健身房附近没有停车场

D 除了健身费用以外，还需要其他费用

□ 18．超级猩猩之所以能够控制成本开支，是因为：

A 卖毛巾、卖矿泉水

B 只有教练和猩猩管家，节省了人力成本

C 用户都很自觉，不需要工作人员的服务

D 教练负责上课和清洁工作

□ 19．关于超级猩猩的教练，符合文章内容的是：

A 每个教练都有接受培训和深造的机会

B 兼职教练都拥有 MBA 或创业背景，他们为公司投入了部分资金

C 课程结束后，教练与学员合影并将合影分享到朋友圈，进行社交传播

D 全体教练中三成是公司自己培养的

□ 20．超级猩猩的用户在消费上有什么特点?

A 消费范围限定在毛巾和矿泉水上

B 可以按次付费，也可以买年卡

C 可以带动周边的餐饮等店铺的消费

D 超级猩猩的健身房没有淋浴室，所以节省了额外消费

“鬼”が否定の目印？

中国語では“**鬼**”はマイナスイメージを持つ名詞である。それが原因なのか、“**鬼**”の後に“**知道**”や“**相信**”から始まる動詞目的語フレーズが続くと、“**谁也不知道…**”“**谁也不相信…**”という否定の意味を表すようになる。例えば、

鬼知道她这些年是怎么过来的。
＝谁也不知道她这些年是怎么过来的。
（彼女がここ数年どのように過ごしてきたか、誰も知らない。）

“**鬼知道**”と同じ意味で、“**鬼晓得**”もよく使われる。

零投资一天还能赚 5000 元，鬼才相信。
＝零投资一天还能赚 5000 元，谁也不相信。
（投資ゼロでも 1 日 5,000 元稼げるなんて、誰も信じない。）

また、「動詞／形容詞＋“**个鬼**”」という形もある。「“**不**”＋動詞／形容詞」とほぼ同じ意味である。

A：**你住的那个小区环境很好。**（君が住んでいる団地は環境がいいね。）
B：**好个鬼。**（何がいいんだ（＝全然良くない）。）≒不好

A：**听说她最近很忙。**（彼女は最近忙しいと聞いた。）
B：**忙个鬼。**（何が忙しいんだ（＝まったく忙しくない）。）≒不忙

A：**她的爱好我知道。**（私は彼女の趣味を知っているよ。）
B：**你知道个鬼。**（何が知っているだ（君はまったく知らない）。）≒你不知道。

STEP 4

要約文の書き方をマスターしよう

● 書写部分 ●

HSK６級の書写部分は、中国語文の要約です。

約 1,000 字ある課題文を 10 分間で読み、内容を把握して記憶したうえで、400 字程度に要約します。４級や５級の書写第二部分では、与えられた素材を元に自分で文章を考えて書くことが課題でしたが、６級の要約では、自分の考えには触れずに、課題文の内容を的確に要約することが求められます。

そのためには、次のことが必要です。

① 課題文の内容を正確に読み取る。

② 要点を把握する。

③ 記憶する。

④ 要約文として論理的に組み立てる。

⑤ 正しい中国語で書く。

正しい中国語で要約文を書くには、文を自在に縮小・拡大すること、そして文をうまくつないでいくことが必要です。

ここでは、まず短文を使って、文を縮小・拡大するトレーニングをします。その後、実際に長文を使って要約するトレーニングをします。

このトレーニングで、文の要約のコツをつかみましょう。

UNIT 1　文の縮小と拡大

中国語の文は、P.86の「品詞と文成分MAP」にあるように、主語、述語、目的語、連体修飾語、連用修飾語、補語（付加要素）の6つの成分から構成され、それぞれの文成分は単語と単語の組み合わせとなります。文の主幹（主要）成分は主語、述語、目的語であり、連体修飾語、連用修飾語、補語は文の付加（二次的）成分と見なされます。

長文の要約に取り組む前に、まず、文単位でそうした文成分を扱うコツをつかみ、文を自在に縮小したり拡大できるよう練習しましょう。

文の縮小と拡大とは

文の縮小とは、文の主幹である主語、述語、目的語を見極め、抽出する（残す）ことを指す。一方、文の拡大とは、主語、述語、目的語に、それぞれ修飾または補完成分である連体修飾語、連用修飾語、補語を加えることを指す。

文の縮小と拡大ができるようになれば、作文において文字数を自由にコントロールすることが可能となる。

文をどのように縮小するか

主語、述語、目的語を探し出し、組み立てることが基本である。

1．動詞述語文、形容詞述語文などの肯定文の場合

例1　那个披着一头长发的女孩儿紧张地看着面试官。
（あの長い髪をしている女の子が緊張した顔で面接官を見ている。）

この例文から、①主語「誰が」、②述語「どうする／どうした」、③目的語「誰を」という3点を考えてみる。動詞述語文を縮小する際には、この3点を見つけることがキーポイントとなる。

この例では、①「誰が」→“女孩儿”、②「どうする」→“看着”、③「誰を」→“面试官”という答えが出る。これを並べると、次のように縮小された文になる。

女孩儿看着面试官。（女の子が面接官を見ている。）

一般的に動詞述語文を縮小する場合には、①主語「誰が／何が」②述語「どうする／どうした／どうしている／どうなる／どうなった」、③目的語「何を／誰を／どこに」の3点を、形容詞述語文を縮小する場合には、①主語「誰が／何が」②述語「どうだ／どうだった」の2点を文から見つければよい。

2．否定文の場合

否定文の場合は、文の意味が変わらないように、否定副詞なども添える。

例2　**她特别不能忍受你的谎言。**（彼女は特に君の嘘が耐えられない。）

文の3つの要素を探すと、①「誰が」→“她”、②「どうした」→“不能忍受”、③「何を」→“谎言”とわかる。これらを並べる。

她不能忍受谎言。（彼女は嘘が耐えられない。）

◎次の8つの要素は、文を縮小する際、肯定文、否定文、疑問文のいずれの場合でも残さなければならない。
①否定副詞
②助動詞
③アスペクト助詞
④補語（結果補語、方向補語、可能補語）
⑤連動文における2つ（または2つ以上）の動詞（フレーズ）
⑥“把”構文や“被”などの受身文において、“把”や“被”を含んだ介詞フレーズ
⑦兼語文における兼語
（例：我让在北京工作的姐姐给我买几本书。→ 我让姐姐买书。）
⑧熟語などの固定的な表現は、その中の一部を省略してはならない
（例：汪洋大海→×汪洋　小女孩儿→×小女）

3．存現文の場合

例3　**我家的院子里种着五颜六色的花。**
（我が家の庭には色とりどりの花が植えてある。）

存現文の場合は、存在・出現・消失する（した）①場所や時間「どこに／どこで／どこから／いつ」、②方式「どうしている／どうなっている／どうなった」、③人や物「何が／誰が」の3点を文中から見つける。

この例では、①「どこに」→“院子里”、②「どうなっている」→“种着”、③「何が」→“花”、だとわかる。これを並べると、次のように縮小された文になる。

院子里种着花。（庭には花が植えてある。）

文の縮小ドリル

次の文を、それぞれに挙げたキーポイントを見つけて縮小しましょう。(解答はP.209)

1．她在作品中揭示了当代女性在职场中面临的各种问题。
①誰が（主語） ②どうした（述語） ③何を（目的語）

2．小张忐忑不安地盯着办公桌上的手机。
①誰が（主語） ②どうしている（述語） ③何を（目的語）

3．黄鹤楼是一座有1700年历史的千古文化建筑。
①何が（主語） ②〜だ（述語） ③何（目的語）

4．在自己喜欢的事情上“浪费”金钱的人都能得到相应的回报。
①誰が（主語） ②どうする・どうなる（述語） ③何を（目的語）

5．孩子们的眼睛里闪耀着智慧而敏锐的光辉。
①どこに（存在場所） ②どのようになっている（存在方式） ③何が（存在物）

6．她不想把自己的负面情绪传给他人。
①誰が（主語） ②どうする（述語） ③誰に（目的語）

7．张总的一席话精辟地概括了公司一贯的经营理念。
①何が（主語） ②どうした（述語） ③何を（目的語）

8．很多人在问卷调查中对自身的咖啡摄入量和摄入频率给出了详细的回答。
①誰が（主語） ②どうした（述語） ③何を（目的語）

9．在演讲比赛拿了第一名的小花高兴得手舞足蹈。
①誰が（主語） ②どうした（述語）

10．一个阳光灿烂的早上发生了一件不可思议的事情。
①いつ ②どうした（述語） ③何が（目的語）

文をどのように拡大するか

文の拡大は、文の主幹成分である主語、述語、目的語に、それぞれ修飾あるいは補完成分である連体修飾語、連用修飾語、補語を加えることである。これにより、文全体の意味がより具体的、描写的になる。以下の３点をポイントとして拡大するとよい。

1．想像力を発揮しよう

すなわち、人や物のイメージを想像してみることである。

例1 她的眼睛又黑又亮。(彼女の目は黒くて光っている。)

この例文を拡大するのに、「彼女の目は『何のように』黒い」かと想像してみよう。

她的眼睛像葡萄一样又黑又亮。(彼女の目は葡萄のように黒くて光っている。)

☞述語“又黑又亮”の前に連用修飾語として“像葡萄一样”を置く。

例2 他走出了办公室。(彼はオフィスから出ていった。)

この例文を拡大するのに、「彼は『どのように』オフィスから出ていった」のか想像してみよう。

他急急忙忙地走出了办公室。(彼は急いでオフィスから出ていった。)

他慢慢地走出了办公室。(彼はゆっくりとオフィスから出ていった。)

他悄悄地走出了办公室。(彼はそっとオフィスから出ていった。)

☞述語“走出了”の前に連用修飾語として“急急忙忙地”“慢慢地”“悄悄地”という形容詞の重ね型を置く。

2. 描写力を発揮しよう

すなわち、人や物の様子を描く、述べることである。

例3 月光照进了她的房间。(月明かりが彼女の部屋に差し込んだ。)

この例文を拡大するのに、「『どのような』月明かりなのか」を描写してみよう。

温柔的月光照进了她的房间。(優しい月明かりが彼女の部屋に差し込んだ。)

明亮的月光照进了她的房间。(明るい月明かりが彼女の部屋に差し込んだ。)

☞“月光”の前に形容詞を置いて、連体修飾語を作る。

例4 他在看足球赛。(彼はサッカーの試合を見ている。)

この例文を拡大するのに、「彼は『どのように』見ているか」を描写してみよう。

他在聚精会神地看着足球赛。(彼はサッカーの試合に見入っている。)

☞“看足球赛”の様子を“聚精会神地”という四字熟語を使った連用修飾語で修飾する。さらに、“在”とアスペクト助詞の“着”を共に加えることで、動作がこのままずっと持続していくことを表すことができる。

3. 説明力を発揮しよう

すなわち、人や物の状況、有様について説明することである。

例5　她是一名歌手。（彼女は歌手である。）

この例文を拡大するのに、「彼女は『どのような』歌手か」を説明してみよう。

她是一名专业歌手。（彼女はプロの歌手である。）

她是一名正在走红的歌手。（彼女は今人気の歌手だ。）

她是一名深受年轻人喜爱的歌手。（彼女は若者に深く愛されている歌手である。）

她是一名多才多艺的歌手。（彼女は多才な歌手である。）

☞“专业”は区別詞なので、構造助詞“的”は省略し、そのまま連体修飾語となる。“正在走红”は副詞＋動詞という「動詞フレーズ」が、“深受年轻人喜爱”は動詞＋目的語という「動目フレーズ」が、“多才多艺”は“多才”と“多艺”が組み合わさった四字熟語が連体修飾語となっており、いずれも構造助詞“的”を添えなければならない。

想像力、描写力、説明力は、それぞれ独立した別個のものではなく、想像力が働いて初めて描写や説明が可能であり、描写と説明のためには想像を働かせる必要がある。

文の拡大ドリル

次の文を、それぞれに挙げたポイントで拡大しましょう。（解答例はP.210）

1．朋友带来了书。
①主語の連体修飾語を補う（誰の友人、どのような友人）
②述語の連用修飾語を補う（誰に、どのように持ってきた、どこから持ってきた）
③目的語の連体修飾語を補う（何冊の本、何の本、どこで買った本）

2．附近有超市。
①主語の連体修飾語を補う（どこの近く）
②述語の連用修飾語を補う（いつある（あった））
③目的語の連体修飾語を補う（何軒のスーパー、どのようなスーパー）

3．天上飘着云。
①主語の連体修飾語を補う（どのような空）
②述語の連用修飾語を補う（どのように漂っているか）
③目的語の連体修飾語を補う（どのような雲、雲の様子）

4．她喜欢思考。
①“喜欢”の連用修飾語を補う（いつから好きなのか）
②“思考”の連用修飾語を補う（どのように考えるか）
③“思考”の目的語を補う（何を考えるのか）

5．声音很好听。

①主語の連体修飾語を補う（誰の声、何の音）

②述語の連用修飾語を補う（何のように（響きが良いか））

6．太阳升起来了。

①述語の連用修飾語を補う（出現のタイミング）

②主語の連体修飾語を補う（どのような太陽）

③述語の連用修飾語を補う（どこから昇ってくるか、どのように昇ってくるか）

7．时光过去了。

①主語の連体修飾語を補う（何の年月、どのような年月）

②述語の連用修飾語を補う（どのように過ぎていったか）

8．我把资料忘了。

①目的語の連体修飾語を補う（何の資料、いつの資料、どんな資料）

②動詞に補語を補う（どこに忘れたか）

③動詞に連用修飾語を補う（どのように忘れたか）

9．她实现了梦想。

①目的語の連体修飾語を補う（誰の夢、どんな夢）

②述語の連用修飾語を補う

（どのように実現したか、どのくらいの時間を使って実現したか）

10．我去机场接客户。

①述語動詞１“去”の連用修飾語を補う（いつ(空港へ)行くか、どのように行くか）

②目的語１“机场”の連体修飾語を補う（どこの空港か）

③目的語２“客户”の連体修飾語を補う

（何人か、どこから来た客か、どのような客か）

文の縮小・文の拡大ドリルの解答例

文の縮小ドリル

1．①誰が：她　②どうした：揭示了　③何を：问题

→　她揭示了问题。【動詞述語文】※アスペクト助詞を忘れずに！

2．①誰が：小张　②どうしている：盯着　③何を：手机

→　小张盯着手机。【動詞述語文】※アスペクト助詞を忘れずに！

3．①何が：黄鹤楼　②～だ：是　③何：建筑

→　黄鹤楼是建筑。【述語が判断動詞“是”の動詞述語文】

4．①誰が：人　②どうする・どうなる：能得到　③何を：回报

→　人能得到回报。【動詞述語文】　※助動詞を忘れずに！

5．①どこに：眼睛里　②どのようになっている：闪耀着　③何が：光辉

→　**眼睛里闪耀着光辉。**【存現文】

※存在を表す存現文は「どこに→どのように存在している→何が」の順番に並べる。

6．①誰が：她　②どうする：不想传给　③誰に：他人

→　**她不想传给他人。**【動詞述語文】　※助動詞と否定副詞を忘れずに！

7．①何が：话　②どうした：概括了　③何を：理念

→　**话概括了理念。**【動詞述語文】　※主語は人ではなく"话"であることに注意！

8．①誰が：人　②どうした：给出了　③誰に：回答

→　**人给出了回答。**【動詞述語文】　※アスペクト助詞を忘れずに！

9．①誰が：小花　②どうした：高兴

→　**小花高兴。**【形容詞述語文】

10．①いつ：早上　②どうした：发生了　③何が：事情

→　**早上发生了事情。**【存現文】

※出現を表す存現文は、「いつ→どうした→何が」という順番に並べる。

文の拡大ドリル（解答例）

1．①主語の連体修飾語を補う：我的朋友；我的好朋友；我大学时候的朋友…

②述語の連用修飾語を補う：给我；马上；热心地；从自己家里…

③目的語の連体修飾語を補う：一本书；一本汉语书；两本英语参考书；在北京的王府井书店买的书…

→　**我大学时的朋友热心地从自己家里给我带来了他在北京的王府井书店买的书。**

2．①主語の連体修飾語を補う：我家附近；我们学校附近；我们公司附近…

②述語の連用修飾語を補う：以前有；原来有；现在有…

③目的語の連体修飾語を補う：一家超市；两家超市；大（型）超市；小（型）超市…

→　**我们公司附近原来有一家大超市。**

3．①主語の連体修飾語を補う：蓝色的天上；蓝蓝的天上…

②述語の連用修飾語を補う：缓缓地；自由自在地…

③目的語の連体修飾語を補う：一朵朵白云；一块一块的浮云；各种形状的云…

→　**蓝蓝的天上缓缓地飘着一朵朵白云。**

4．①"喜欢"の連用修飾語を補う：从小就喜欢；一直；向来…

②"思考"の連用修飾語を補う：一个人；独自；静静地；默默地…

③"思考"の目的語を補う：问题；人生…

→　**她向来喜欢一个人静静地思考人生。**

※"喜欢"は動詞または動詞フレーズを目的語にできる。したがって"喜欢"の前と"思考"の前に、それぞれの動詞にふさわしい連用修飾語を補うことが可能。

5．①主語の連体修飾語を補う：那个演员的声音；她说话的声音；下雨的声音；雪落下的声音…

②述語の連用修飾語を補う：像风铃一样好听；像小鸟一样好听；像溪水一样好听…

→　**她说话的声音像小鸟一样很好听。**

6．①出現のタイミング：清晨…

②主語の連体修飾語を補う：红红的太阳…

②述語の連用修飾語を補う：从东方；慢慢地…

→　**清晨红红的太阳从东方慢慢地升起来了。**

7．①主語の連体修飾語を補う：童年的时光；大学时光；青春时光；最好的时光；美好的时光…

②述語の連用修飾語を補う：不知不觉地；渐渐地；匆匆地；转眼间…

→　**美好的青春时光转眼间匆匆地过去了。**

8．①目的語の連体修飾語を補う：会议资料；公司的资料；今天的会议资料；大家辛辛苦苦收集的资料…

②動詞に補語を補う：忘在了家里；忘在了咖啡厅里；忘在了公司里…

③動詞に連用修飾語を補う：糊里糊涂地…

→　**我糊里糊涂地把大家辛辛苦苦收集的资料忘在了咖啡厅里。**

9．①目的語の連体修飾語を補う：自己的梦想；多年的梦想；小时候的梦想；当歌手的梦想…

②述語の連用修飾語を補う：终于；通过努力；历尽千辛万苦…

→　**她历尽千辛万苦终于实现了多年的梦想。**

10．①述語動詞１“去”の連用修飾語を補う：明天早上；开公司的车；开自己的车…

②目的語１“机场”の連体修飾語を補う：成田机场；北京机场…

③目的語２“客户”の連体修飾語を補う：两位；从纽约来的客户；公司的老客户…

→　**我明天早上开公司的车去成田机场接两位从纽约来的客户。**

UNIT 2 要約文への取り組み方

まず、実際の試験の例題を見てみましょう。

例題

例題：《HSK 考试大纲 六级》（人民教育出版社・2015 年発行）より引用

書写部分では、1,000 字程度の課題文を読み、それを 400 字程度に要約します。冒頭に取り組み方が指示されており、これに従って答えます。

第 101 题：缩写
（1）課題文を 10 分間で読む。この時、書き写したりメモしたりしてはならない。
（2）10 分後、試験監督官が課題文を回収する。
　　その後、400 字程度の要約文を 35 分間で、回答用紙に直接書く。
（3）要約文に自分でタイトルを付ける。
（4）要約文には課題文に書かれていた内容のみを書き、自分の感想や考え方を書いてはならない。

そして、課題文があります。

从前，在一个森林的山洞里住着一只老虎。它的牙齿很尖，爪子像刀一样锋利，走起路来威风凛凛。森林里的其他动物都很害怕这只老虎，每次远远地看见它，都会一溜烟地跑掉。一天，这只老虎肚子饿了，便跑到洞外去寻找食物。走着走着，它忽然看到前面空地上，有只狐狸正在悠闲地晒着太阳。老虎暗暗高兴，心想：今天运气真不错，我可以美美地饱餐一顿了。于是，它纵身一跃，向狐狸扑了过去。狐狸并没有意识到危险，等它发现老虎时，为时已晚。就这样，狐狸被老虎毫不费力地擒了过去。

狐狸想，这下坏了，怎么才能让老虎放了我呢？它的眼睛滴溜溜地转着，心里不断在盘算。就在老虎张大嘴巴，准备把它吃进肚子里的时候，狐狸突然叫道："哼！不要以为你是百兽之王，就可以吃掉我。你还不知道吧？天神已经封我为王中之王，你吃了我，就是违抗天神的命令，将遭到世间最为严厉的惩罚。"老虎听了狐狸的话，心里一惊。看着狐狸那副傲慢镇定的样子，老虎心想：我是百兽之王，天底下任何动物见了我都会害怕，但这个狐狸却毫无惊慌之色，莫非它真是天神派来统治我们的？不行，我要好好问清楚。

这时，狐狸见老虎迟疑着不敢吃自己，就知道它对自己刚才那一番说辞有几分相信，便更加神气了。于是，狐狸挺起胸膛，指着老虎的鼻子说："难道你不相信我说的话吗？"这时，老虎原来那股嚣张的气焰，已被狐狸吓得消失了大半儿。它和颜悦色地问道："那怎么证明你是天神派来的呢？"狐狸说："很简单，你跟在我后面，我们到森林里走一圈儿，看看是不是所有的动物见了我，都吓得魂不附体、抱头鼠窜。”老虎觉得这个主意不错，便放开狐狸，照着它说的去做了。

于是，狐狸大摇大摆地走在前面，而老虎则小心翼翼地跟在后面。它们走了没多久，就看见许多动物在森林深处嬉戏、觅食。当这些动物发现走在狐狸身后的老虎时，它们大惊失色，立刻四处狂奔。老虎不知其中原委，目睹这种情形，也不禁心惊胆战。这时，狐狸很得意地回过头问老虎：“怎么样？这下你该相信我说的话了吧？如果我不是天神派来的，它们怎么会一见到我就逃走了呢？”老虎连忙点头称是，放走了狐狸，但它并不知道，实际上那些动物真正害怕的是它自己，而不是狡猾的狐狸。

狐狸之所以能把那些动物吓得四处逃窜，完全是因为它假借了老虎的威势。这就是成语“狐假虎威”的来历。这个成语比喻倚仗别人的势力欺压人，常用来讽刺那些招摇撞骗的人。

冒頭の取り組み方の指示にあるように、課題文を書き写したり、メモをとったりすることができず、さらには回答前に回収されることから、文を書く力とともに、課題文を効率よく把握し、記憶する力が必要です。

ここでは、このような「課題文を読んで記憶する」方法、そしてそれを「要約文として組み立てる」方法を説明します。その後、試験の半分程度の長さの課題文の要約で練習し、最後に試験と同等の長さの課題文で練習しましょう。

6級試験における要約の概要

“缩写”（要約）とは

書写部分で行う“缩写”とは、長い文章を短い文章に、複雑な文章を簡略な文章に要約することである。言い換えれば「圧縮」であり、原文（課題文）を枝葉が茂る木にたとえるなら、縮写された文章は、その枝葉を削ぎ落とした木の幹とも言える。

要約のための５つのステップ

６級試験での要約は、次の５つのステップで行う。

①課題文を複数回読んで、主な内容を理解する

②読みながら課題文（物語）の起承転結を頭で整理していく

※試験本番では３回読むのがベスト！

③残すべき内容、削除すべき内容を段落ごとに考える
④タイトルを考えて付ける
⑤各段落をつなげて400字程度の文章に仕上げていく

守るべき大原則

要約文を書く際には、守らなければならない6つの大原則がある。

原則1：課題文の主旨、基本内容を変えない。
原則2：課題文の体裁、形式を変えない。（叙事文を論説文や説明文にするといったことは厳禁）
原則3：課題文のプロット、つまり「起因、展開、結末」を変えない。
※登場人物の性格、言動、物語の中での立ち位置、役割などもそのままに
原則4：課題文の段落の順序を変えない。
原則5：課題文の語句はそのまま利用してもよい。場合に応じて簡単な表現に書き換えてもよい。
原則6：自分の意見や感想を入れ込まない。あくまで課題文に書かれていることのみをまとめる。

どこに重きを置くか

要約する際に重視するポイントは、次の3つ。

1）**叙述**に重きを
後述するように、課題文は基本的に叙事文であるので、そこに書かれている事柄を順を追って過不足なく書く。また、登場人物間の会話文はなるべく叙述体に書き換える。

2）**要約**に重きを（削除、抽出を併用する）
登場人物の心理活動や風景に関する描写は、修飾語（連体修飾語、連用修飾語、複雑な補語）の部分を割愛して、簡潔な文にする。→文の縮小 P.204

3）**段落のつなぎ**に重きを
段落と段落のつなぎはスムーズに、論理的に。→文のつながり P.103

part 2 課題文の読み方

要約の対象となる課題文の文体

HSK 6級の要約で出題される課題文は、基本的には“记叙文”（日本語で言う叙事文）である。筆者の主張を述べる論説文や、物事について説明する説明文とは異なり、主観や批評を避け、事実や事件をありのままに述べ記す文章のことで、登場人物の経験や事柄の発展・変化を描くものである。

“记叙文”はその範囲がとても広く、人や事柄を描くものから、伝説、伝記、新聞記事、旅行記、回想録、手紙や小説なども含まれる。課題文となる題材は、日常生活における見聞や歴史物語、有名人の成功体験話などがよく取り上げられるほか、外国人を主人公とする物語も取り上げられることがある。このような物語には、ところどころに筆者の感情や感銘が織り交ぜられている。

課題文の読み方とポイント

課題文を読む時間は10分間あるが、この限られた10分間で、次のポイントに沿って3回読むのが理想である。

1回目：要約に不可欠の6要素を意識して読む
2回目：ストーリーの流れを整理しながら読み、把握する
3回目：2回目で把握したストーリーの流れを、叙述の順番を整理しながら読んで再確認し、タイトルを考える

試験の課題文は1,000字程度あり、10分間はとても短く感じられるかもしれない。そしてメモを取ることができず、10分後に課題文は回収される。この読み方のポイントを拠り所として、課題文の要素とストーリーを確実に記憶していこう。

最重要！　絶対に押さえなければならない6つの要素

課題文の形式である“记叙文”には、欠かせない6つの要素がある。要約する際、この6つの要素をすべて揃える必要がある。

① 時間
② 場所
③ 登場人物
④ 事柄の起因
⑤ 事柄の経過
⑥ 事柄の結末

10分間という短時間で、これらの6要素を頭にしっかりインプットすることが、何よりもまずしなければならないことである。**この6つを把握し記憶してさえいれば、完璧でなくとも、要約文として最低基準を満たした文章を書くことが可能である。**

例題で、6要素を抽出してみよう。

例題1：

> 有一位老妇人，家里非常富有。她非常关心那些失去父母的孩子，经常为孤儿院捐钱捐物，还常去那里探望那些孩子们。孩子们只要见到她，就好像见到了自己的奶奶一样开心。
>
> 有一天，这位老妇人把孤儿院的孩子们带到了自己的家里，告诉他们可以在自己的家里挑选任何一样自己喜欢的东西作为礼物。孩子们一听都高兴得跳了起来，兴奋地跑到每个房间去寻找自己想要的东西。
>
> 然而有一个小女孩儿站在宽敞的客厅中间一直没有动。她那明亮的大眼睛一直盯着老妇人看。老妇人觉得有些奇怪，慢慢地走到她的面前，用慈祥的目光望着她，问："你怎么不去找礼物？这里没有你喜欢的东西吗？"
>
> 小女孩儿摇摇头，突然扑倒了老妇人的怀里，说："奶奶，我喜欢你，你可以做我的奶奶吗？"
>
> 老妇人听了，微笑着点了点头。小女孩儿看了，也开心地笑了。
>
> 世界上最好的礼物就是爱。

この文章から、①時間、②場所、③登場人物、④事柄の起因、⑤事柄の経過、⑥事柄の結末の6要素を抽出すると、次のようになる。ここで使われている語句や文は、まるごと覚えるようにする。

> **①時間**：有一天
> **②場所**：老妇人的家里
> **③人物**：老妇人、孩子们、一个小女孩儿
> **④事柄の起因**：老妇人把孤儿院的孩子们带到了自己的家里，让孩子们挑选礼物。
> **⑤事柄の経過**：孩子们都去寻找自己的礼物。
> 一个小女孩儿没有去找礼物，她希望老妇人做自己的奶奶。
> **⑥事柄の結末**：老妇人答应了小女孩儿的请求。

ストーリーの流れを把握する

2回目に読む際には、6要素を確認しながら、ストーリーの流れ・筋書きを把握しよう。

例題１の筋書きをまとめると、次のようになる。

有一位老妇人，非常富有，经常去孤儿院探望孩子们。
→　有一天老妇人把孤儿院的孩子们带到了自己的家里，让孩子们挑选礼物
→　孩子们都去寻找自己的礼物
→　只有一个小女孩儿没有去找礼物
→　她希望老妇人做自己的奶奶
→　老妇人答应了小女孩儿的请求
→　世界上最好的礼物就是爱。

叙述形式を確認することでストーリーの流れをさらに整理し、記憶する

“记叙文”には、次の４つの叙述形式がある。この形式に沿って流れを整理することで、よりストーリーの流れが明確になり、記憶に役立つ。

書く際にも、ここで確認した流れに沿って書くとスムーズである。

１．時間の流れ（時系列）に沿った叙述

「主人公の経歴」または「事柄の発生」→「展開」→「結末」のように、時間の流れを追って叙述する形式で、例題１もこの形式に当てはまる。文章の中に時間の前後を表す語句がよく現れ、読み手はストーリーの全体像を把握しやすい。

課題文がこのような叙述形式を用いている場合、要約する際にも時間詞や、事柄の発生の前後関係を表す単語やフレーズを使用するとよい。（P.105 参照）

例題２：

王羲之出身于一个书法世家。他七岁那年，拜女书法家卫铄为师学习书法，一直到十二岁，但自己却总觉得不满意。

王羲之十三岁那年，有一天偶然发现他父亲藏有一本《说笔》的书法书，便偷来阅读。他父亲因他年幼，答应待长大成人以后再传授。王羲之听了竟跪下请求父亲允许他马上阅读，他父亲深受感动，终于答应了他的要求。

王羲之练习书法刻苦至极，到了无时无刻不在练习的地步。没有纸笔，他就在身上划写，时间长了，他的衣服都被划破了。有时他练习书法达到忘情的程度。一次，家人把饭菜送到书房，他竟用馍馍就着墨吃起来。当家人发现时，他已经是满嘴黑黑的了。

为了练好书法，王羲之在书房内、院子里、大门边甚至厕所的外面都摆着凳子，并放好笔、墨、纸、砚，只要想到一个结构好的字，就马上写到纸上。他在练字时，达到了废寝忘食的境界。

王羲之几十年来锲而不舍地刻苦练习，终于使他的书法艺术达到了无以伦比的高峰，被世人誉为“书圣”。

叙述の順序：

①王羲之七岁那年，拜女书法家卫铄为师学习书法，一直到十二岁。
②十三岁那年，有一天偶然发现他父亲藏有一本《说笔》的书法书，跪下请求父亲允许他马上阅读，他父亲深受感动，终于答应了他的要求。
③几十年来锲而不舍地刻苦练习，他的书法艺术达到了无以伦比的高峰，被世人誉为“书圣”。

2．結末先出し式叙述

ストーリーの結末、または大事なことを先に語り、その後に事柄の発生から展開へと叙述する形式。このような叙述形式はやや複雑なストーリーによく見られ、読み手を引きつける力がある（2018年の課題文でこのような叙述形式を用いていた）。

例題3：

儿子马上就要高考了，这些日子他房间里的灯到了深夜也一直亮着。

俗话说“父爱如山”，然而对我来说，父爱的含蓄就像一本书，可以读一辈子。这一点，只有当你有了孩子以后，才能深深地体会。

记得我上高中的时候，和父亲说我需要一个台灯，以便晚上复习功课。父亲马上带我去商场挑选台灯，我看中了一个银色的，价格是200元。当时我家在农村，我在城里上学。为了供我念书，父母一边做农活，一边省吃俭用，生活非常拮据。所以尽管我很喜欢那个银色的台灯，但还是把目光移到了另一个比较便宜的，和父亲说就买这个吧。父亲看在眼里，微笑着对我说：“你喜欢那个银色的吧？就买它了。这样你学习的时候也会开开心心的。”

那个银色的台灯，现在还摆在我的书房里。

“早些休息吧。”说完，我轻轻带上了儿子的房门。

叙述の順序：

①对我来说，父爱的含蓄就像一本书，可以读一辈子。这一点，只有当你有了孩子以后，才能深深地体会。
②记得我上高中的时候，和父亲说我需要一个台灯，父亲马上带我去商场买台灯。
③那个银色的台灯，现在还摆在我的书房里。

3．挿入式叙述

ストーリーの展開中、場面を切り替えて、そのストーリーと関連のある回想やエピソードを途中で加える形式。このような叙述形式は、①ストーリーの展開を豊かにするための情報を補足する、②登場人物のキャラクターを引き立てる、③ストーリーの中心内容を際立たせる、といった働きをし、ストーリーの時間的・空間的広がりを豊かにする。

挿入される内容は叙述の主な構成部分ではないが、削除すると内容の深さが感じられなくなることもある。とはいえ、文章全体にはさほど影響がないので要約文に入れ込む必要は必ずしもない。文字数に余裕がある場合は残してもよい。

例題4：

人的生命虽然渺小，但是却非常宝贵。父母给予我们美好的生命，我们应该热爱它，不要轻易放弃自己的生命。

著名的物理学家霍金是一个热爱生活、珍惜生命的人。一次，霍金过马路时，被汽车撞倒，左臂骨折，头也被划破，被缝了13针。然而大约过了48小时后，他又回到办公室投入了工作。虽然身体的残疾日益严重，但是霍金却竭尽全力像普通人一样生活，完成自己力所能及的事情。1985年，霍金动了一次穿气管手术，从此完全丧失了说话能力。他就是在这样的情况下，艰难地写下了著名的《时间简史》。

同样，自强不息的海伦、残而不废的刘侠、双耳失聪的贝多芬，他们都在告诫我们生命的真谛，是生命让他们变得伟大，是生命让他们热爱生活！

生命是短暂的，我们要像霍金一样，将有限的生命活出精彩。

叙述の順序：

①我们应该热爱生命，不能轻易放弃它。

②霍金的故事：是一个热爱生活、珍惜生命的人→一次，霍金过马路时，遇到车祸，左臂骨折，头被划破，被缝了13针→但是过了48小时后，他又回到办公室工作→身体的残疾日益严重，但是却像普通人一样生活，做自己能做的事情→1985年，动了一次穿气管手术，从此丧失了说话能力，但是就是在这样的情况下，写下了著名的《时间简史》。

③【挿入部分】自强不息的海伦、残而不废的刘侠、双耳失聪的贝多芬，他们都在告诫我们生命的真谛。　※この部分は必ずしも要約文に入れなくてもよい。

④我们要像霍金一样，将有限的生命活出精彩。

4．補足式叙述

先に登場した人物または事柄について、文章の中盤または終盤で簡単な補足を加える方式。通常は２～３つのセンテンス、または短い段落で構成される。

補足される内容は、主にストーリーの展開、登場人物の背景や行動の因果関係などに関する内容が中心である。文章構成の一部であり、この部分が欠けるとストーリーの筋に欠陥が生じ、不自然となるため、要約する際にも必ず入れること！

例題５：

22 岁的黄光裕是广东省汕头人,做家用电器批发业务。广东省商行林立，竞争激烈，所以他跑到北方的内蒙古，去开辟更大的空间。

一年左右的时间过去了，黄光裕虽然在内蒙古没有什么大作为，但是却从当地人那里学到了做生意要厚道和诚实。

1987 年春节前，黄光裕回老家汕头过年，他在北京中转的时候，因为春运期间车票紧张，所以不得不在北京停留几天。几天里，他在北京的电器行里逛，认识了几个和气的店员和老板，并慢慢熟悉起来，之后就试着联系了一些业务。

黄光裕本着做生意要厚道和诚实，把利润最大限度地让给了客户。他没想到几天下来，竟然拿到了 100 万元的订单。之后，他当机立断，马上与北京人合资在牛街创办了国美电器商行。

黄光裕做生意可谓是大家风度，他进最好、最走俏的货，卖出的却是全市最低的价格。不久，京津一带的同行们都知道了牛街有一个不“黑”人的黄光裕。

黄光裕凭着厚道和诚实博得了业界的信誉，他的业务从此蒸蒸日上。

叙述の順序：

① 22 岁的黄光裕是广东省汕头人，做家用电器批发业务。广东竞争激烈，于是他跑到内蒙古，去开辟更大的空间。

②【補足１】一年左右的时间过去了，黄光裕在内蒙古没有什么大作为，但是却从当地人那里学到了做生意要厚道和诚实。

③【補足２】1987 年春节前，黄光裕回老家过年，他在北京中转的时候，因为车票紧张，所以在北京停留几天。

④几天里，他在北京的电器行里逛，认识了几个和气的店员和老板，并慢慢熟悉起来，之后就试着联系一些业务。

⑤黄光裕本着做生意要厚道和诚实，把利润最大限度地让给了客户，拿到了 100 万元的订单。

⑥之后，他马上与北京人合资在牛街创办了国美电器商行。
⑦他进最好、最走俏的货，卖出的却是全市最低的价格，凭着厚道和诚实博得了业界的信誉，他的业务从此蒸蒸日上。

要約文を書く

要約文を書く際に守らなければならない６原則を振り返ると、次のとおりである。

原則１：課題文の主旨、基本内容を変えない。

原則２：課題文の体裁、形式を変えない。

原則３：課題文のプロット、つまり「起因、展開、結末」を変えない。

原則４：課題文の段落の順序を変えない。

原則５：課題文の語句はそのまま利用してもよい。場合に応じて簡単な表現に書き換えてもよい。

原則６：自分の意見や感想を入れ込まない。あくまで課題文に書かれていることのみをまとめる。

これらに加えて、当然のことながら、文法に合った正しい文であること、中国語の文章記号を正確に使用し正しい体裁で書くこと、正しい漢字で書くこと、回答文字数が適当であること、という点もクリアする必要がある。

要約文を書くための４つのステップ

読み取った課題文の内容を、要約文としての 400 字程度のまとまった文章とするには、次の４つのステップで進めるとよい。

１．６要素を書き出す

最重要事項の「６要素」、すなわち、①時間、②場所、③登場人物、④事柄の起因、⑤事柄の経過、⑥事柄の結末を、忘れないうちにさっと書き出す。下書き用紙はないが、回答用紙の余白にメモすることは可能で、最後に消せばよい。

そして、「誰が、いつ、どこで、どうした」という基本の文にまとめていこう。

２．ストーリーの流れに沿って並べる

１で書いた基本の文を、ストーリーの流れに沿って並べていく。

３．叙述形式に従ってストーリーを整理し、論理的に通じる文にする

４つの叙述形式に従ってストーリーを整理し、要約文として完成させていく。その際、接続詞などを適切に用い、論理的に通じる文にしなければならない。

また、回答文字数の調整も必要である。回答用紙は1行20字詰めの原稿用紙の体裁をしており、最大520字書くことが可能。回答文字数が少なすぎると減点されるため、1行目のタイトル行を含めて21行（本文だけで20行）程度は書く必要がある。文の縮小・拡大の技術がここで活かされるだろう。

ネット試験であれば、後で言葉を足したり、削除したりするのは簡単だが、回答用紙に実際に手で書いていく試験ではなかなか難しく、2と3のステップをほぼ同時進行で進めなければならない。実際に手書きで効率よくスムーズに書くことができるよう、繰り返し練習しておく必要がある。

なお、1行目にはタイトルを入れるので、本文は2行目から書くように。

4．タイトルを入れ、全体を見直す

内容に合う簡潔なタイトルを考え、1行目に書き込む（タイトルの書き方はP.224、225参照）。

タイトルは、①課題文が最も述べたい内容、②文中で複数回現れるキーワード、③主要な登場人物、④主要な出来事、といったことから考えるとよい。

そして全体を見直し、過不足がないかチェックする。

要約文の実例

Part 2の「課題文を読む」で取り上げた例題1は、次のように要約することができる。

> 最好的礼物
>
> 有一位很有钱的老妇人非常关心那些没有父母的孩子，还经常去孤儿院探望那些孩子们。
>
> 有一天，这位老妇人把孤儿院的孩子们带到了自己的家里，让他们挑选一样喜欢的东西作为礼物。孩子们听了马上跑到每个房间去找，然而有一个小女孩儿却没有动，一直盯着老妇人看。老妇人问她原因，小女孩儿提出希望老妇人做自己的奶奶。
>
> 老妇人微笑着答应了，小女孩儿开心地笑了。
>
> 世界上最好的礼物就是爱。

このように、①ストーリーの流れに沿う、②論理的に通じる、の2点をまず確実にクリアするようにしなければならない。ここでは課題文の“有一天……你可以做我的奶奶吗？”の3つの段落を第二段落にまとめており、このように2つ以上の段落を1つにまとめてもかまわないが、叙述の順序は変えてはいけない。

ほかの例題についても、下記に要約文の例を挙げる。読み取った内容からどのよう

にまとめているか、読み比べて考えてみよう。

例題２：

王羲之的故事

王羲之出身于一个书法世家，七岁拜师学习书法，一直到十二岁，但他自己总不满意。

王羲之十三岁那年，有一天发现父亲藏有一本《说笔》的书法书，于是请求父亲允许他马上阅读。

王羲之非常刻苦。没有纸笔，他就在身上的衣服上划写。有时练习书法到了忘情的程度，竟然用馍馍就着墨吃。他还在屋里屋外都摆了凳子，放了笔、纸等，以便马上把字写到纸上。

通过几十年来的努力，王羲之的书法艺术达到了顶峰，世人称他为“书圣”。

例题３：

父爱

儿子就要高考了，每天都要学习到深夜。

父爱对我来说含蓄得像一本书，这一点，只有有了孩子以后，才能体会到。

我上高中时，和父亲说我需要一个台灯，以便晚上复习功课。父亲马上带我去商场买，我看中了一个银色的，价格是 200 元。当时我家生活非常拮据，所以我说买另一个比较便宜的，然而父亲还是给我买了那个银色的。

现在那个银色的台灯还摆在我的书房里。

例題４：

生命的真谛

人的生命非常宝贵，我们应该热爱它。

著名的物理学家霍金是一个热爱生活、珍惜生命的人。一次，他过马路时，被汽车撞倒，左臂骨折，头也被缝了 13 针。然而两天后，他又投入了工作。虽然身体的残疾日益严重，但他却努力像普通人一样生活。1985 年，他又动了一次穿气管手术，从此丧失了说话能力，但却写下了著名的《时间简史》。

我们要像霍金一样，将有限的生命活出精彩。

例題５：

诚实

22 岁的黄光裕是广东汕头人，做电器批发业务。因为广东竞争激烈，他跑到了内蒙古。

一年过去了，黄光裕虽然没有大作为，但学到了做生意要厚道和诚实。

1987 年黄光裕回老家过年时，不得不在北京停留了几天。那几天他在电器行里逛，认识了几个店员和老板，就联系了一些业务。

黄光裕把利润最大限度地让给了客户，几天下来拿到了 100 万元的订单。之后，他马上与北京人合资创办了国美电器商行。

黄光裕进最好的货，卖最低的价格，凭着厚道和诚实博得了信誉。

原稿用紙の書き方

原稿用紙の書き方は次の通り。

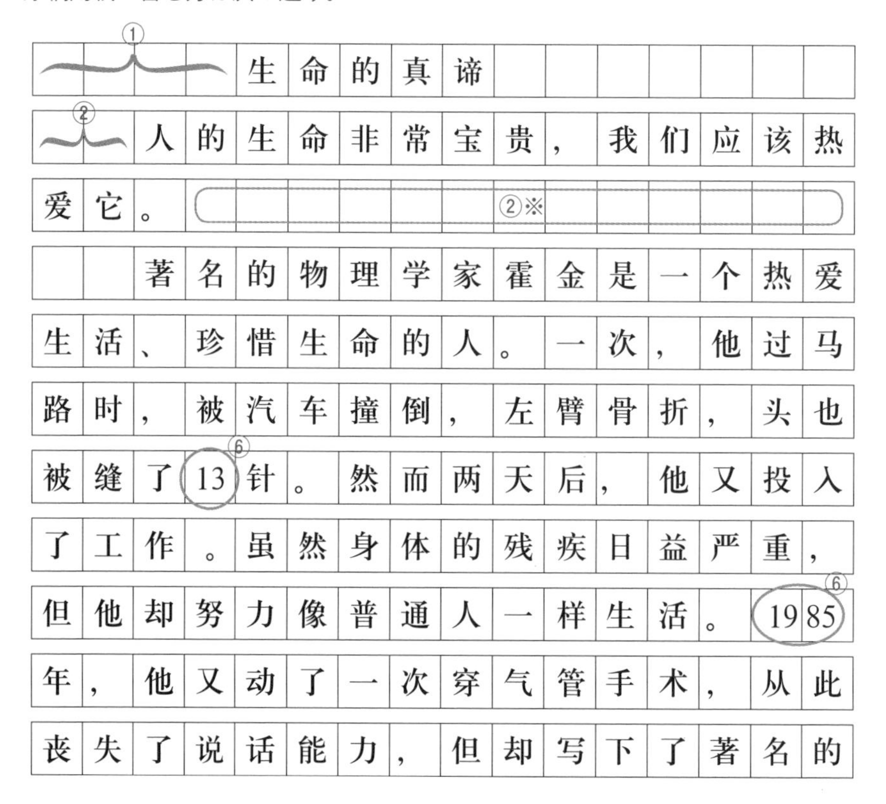

《时间简史》。

　　我们要像霍金一样，将有限的生
命活出精彩。

①タイトルは１行目に４字あけて入れる。または１行目の中央に入れる。

②段落の始めは２字あける。

　※段落を切り替えるために改行した際、その行の残りの文字数は合計文字数として
　　カウントされない。その分を見越して、全体で21行以上書くようにしよう。

③アルファベットや文章記号も、１文字分とる。

④文章記号の 。，？！、；： および括弧の閉じる側 ”）》 は行頭に来てはならず、
　前の行の最後の枠に最後の文字とともに入れる。

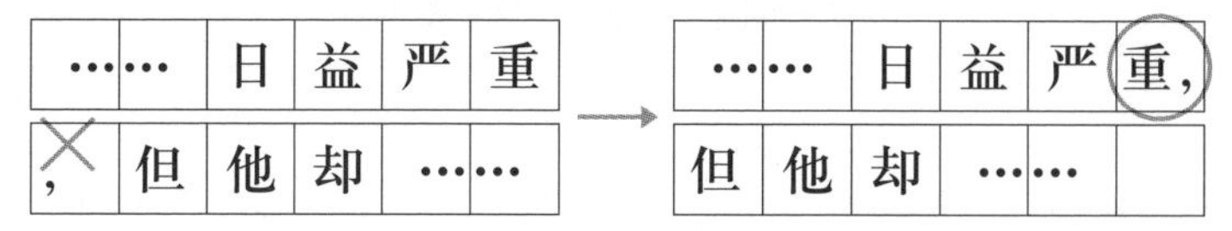

括弧の始め側“（《 は行末に来てはならず、前の行の最後の枠に次の文字とともに入れる。

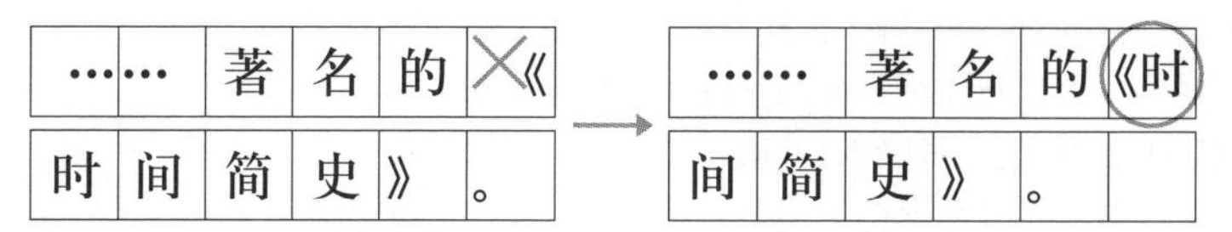

⑤主な文章記号は次の通り。

記号	名称	説明
。	句号	日本語の句点「。」と同じ。平叙文の末尾につけ、文の終結を表す。
，	逗号	日本語の読点「、」にあたる。文中でポーズを入れるところに付ける。また、複文の中で分句（複文を構成する短文）ごとに付ける。
？	问号	疑問文の末尾に付け、疑問を表す。反語文の末尾にも付ける。
！	叹号	感嘆文の末尾に付ける。また、命令文や反語文の末尾に付けて強い語気を表す。
、	顿号	文の中で並列する語句を列挙する際に入れる。“A、B、C和D”というような形で入れる。
；	分号	複文において並列する分句を列挙する際に入れる。箇条書きや項目を列挙する場合に、項目ごとの末尾に付ける。
：	冒号	呼びかけの言葉の後や“…说”の後、箇条書きの項目名の後などに付け、その後に続く説明やセリフを導く。

“ ” ‘ ’	引号	日本語の「　」にあたる。引用した語句や文、特殊な語句、セリフの前後に付ける。重ねる場合、中は ‘　’ にする。
·	间隔号	外国人の名前の区切り、書名と編名の区切りに使う。
《　》	书名号	書籍、新聞などの刊行物の名前を表す。

以下の４つは試験ではあまり使わないが、一緒に覚えておこう。

（　）	括号	日本語の（　）と同じ。注釈部分をくくる。
……	省略号	３点リーダー２文字分の６つの点で、省略する部分に入れる。１文字分の枠に３つの点を入れ、２文字分の枠をとって６つの点を入れる。
—	连接号	日本語の「～」またはハイフンの役割をし、１文字分で入れる。
——	破折号	日本語のダッシュの役割をし、２文字分で入れる。

⑥数字の扱い方

アラビア数字と漢数字のどちらを使うかについては、課題文に使われているものをそのまま使えばよいが、使い分けには次のような原則がある。

【アラビア数字と漢数字の使い分け】

- **世紀、西暦年、月、日、時刻などは、一般的にアラビア数字で書く。**
- **“星期○”“周○”といった曜日の数字は、漢数字で書く。**
- **旧暦（農暦）の日付は、一般的に漢数字で書く。**
- **整数、小数、分数、○%などの数値は、一般的にアラビア数字で書く。**
- **“三五天”“十五六岁”といった連続する数字を書く際、間に「、」を入れない。**

【アラビア数字の原稿用紙への書き方】

- **１桁の場合、１文字分の枠に１文字で書く。**
- **２桁以上の場合、１文字分の枠に２文字書く。**
- **桁数が奇数の場合、最後の枠には１つの数字を入れる。**
- **小数点は 1/2 文字分、「%」は１文字分とる。**

20	20	年	10	月	1	日	星	期	四

15	80	00	00	0

1.	58	亿

80	%	左	右

まず予備練習として、試験の半分程度の長さの課題文を要約してみましょう。500字程度の文章を5編用意しました。これを200字程度に要約してみましょう。

数題は、内容についてメモをとりながら取り組んでかまいません。課題文の読み方と要約の要領を、ここでつかんでください。慣れてきたら、タイマーを用意して5分間の読む時間を測り、一切メモをとらずに読んで記憶し、要約文を書く練習をしていきましょう。

予備練習のあとに、実践練習として、試験と同程度の長さの文章を課題文として1編用意しています。試験と同じように、タイマーで10分間を測って読み、その後本冊を閉じて、35分間で要約文を書いてください。

※ P.232 ～ 233 に、回答練習用の原稿用紙がありますので、適宜ご利用ください。

予備練習

（解答・解説）別冊 P.92

第1－5题：缩写。

次の1～5について、文章を読み、200字程度に要約しなさい。要約文には自分でタイトルも付けること。

□ 1.

六月初夏的一个晚上,天还稍带些凉意。林娜和往常一样加班加到很晚，有些疲惫不堪，于是叫了一辆出租车。

夜晚灯火阑珊，车水马龙，林娜却无心欣赏美丽的夜景，心里还在想着明天的工作。二十多分钟后，出租车开进了她住的小区。下车的时候，林娜忘记了自己的包，直到要休息的时候，才发现包丢在出租车上了。林娜想，丢了就丢了吧，着急也没有用，好在包里也没多少现金，手机也上了锁,一些资料公司里都有备份。林娜走到了客厅的落地窗前,往下看了看，竟然看到了自己刚才坐的那辆出租车。她赶忙跑下楼去。

司机看到林娜，说道："因为您的手机上了锁，没有办法联系您，所以只好在这里等。包里的东西怕您急着用，所以就在这里等了。您看看，东西都在不在？"

一年后，林娜举行了婚礼，新郎就是那天等她的出租车司机。林娜说，那天她看到了他内心的善良。

□ 2.

我的妹妹小红是一个非常内向的女孩子，平时说话声音很小，而且一说话脸就红。

小红大学毕业后进了一家旅行社。因为她在大学学的是图书馆学，父母和我都觉得去图书馆工作更适合她的性格。但是小红对我说："哥，我知道自己不善言辞，所以我才要锻炼自己，挑战自己。在旅行社工作要跟很多游客打交道，需要用语言去交流，我应该试着改变自己。"

听了小红的话，我以为她经过一段时间，她一定会战胜自己的弱点。然而过了两个月我见到小红时，她的身心状态非常不好。因为小红性格内向，而且不擅长与游客沟通，所以尽管她准备工作做得很充分，但却得不到游客的理解。久而久之，小红的自信心被大大挫伤，整个人显得特别沮丧。她对我说："我笨嘴笨舌的，什么都做不好。"

两个月后，我再次见到了小红。这一次，我发现她好像换了一个人，浑身上下充满了自信。她喜滋滋地说："我现在在一家企业的信息部门工作，主要负责信息管理。我觉得这个工作很适合我。"

现在大家都在说，要挑战自我，但是我们不应该用挑战自我去跟自己的弱点较劲，否则就会把自己弄得狼狈不堪。其实生活中更多时候需要我们扬长避短，这样才能如鱼得水，成为最好的自己。

□ 3.

吃过早饭看看窗外，外面又下雨了。这几年每到下雨的季节，我的脑海里就会浮现出那个画面，它已成为我记忆的永恒，无法抹掉。

五年前的一天，外面下着漂泊大雨。我坐在一辆出租车上，往公司的方向赶。路过一个小河边时，我看到一个小男孩蹲在河边，嘴里一边喊着什么，一边用手使劲地想去抓住什么东西。出于好奇与担心，我让司机把车停下来，打开车门向河边跑了过去。走近一看，原来河里有一只小狗在拼命地挣扎。

小狗或许是不小心掉到河里去的，因为太小爬不上来。雨水噼里啪啦地打在小男孩和小狗身上，加上河水有些急，眼看着小狗就要被冲走，小男孩急得大哭起来。我赶紧脱下鞋跑到河里，先抓住了小狗的一只腿，然后顺势抱了起来。小狗浑身微微颤抖，我马上抱到出租车里，用手帕擦了擦，然后交给了那个小男孩。

小男孩抱着小狗，感激地望着我，说："谢谢叔叔！""小狗很可爱，叫什么名字？"我问道。小男孩摇了摇头，说："我也不知道。不过我会想办法让它有个家。"小男孩的眼睛异常地坚定。

看到这一幕，我觉得自己的眼中有泪水在打转。不过当时我因为有一个很重要的会议，所以只好坐车离开了。

那天下班后，我情不自禁地去了那个河边。当然，小男孩和小狗都已经不在那里了。

我现在也时常在想，那只小狗现在在哪里？是不是和那个小男孩在一起？不过我知道，无论怎样，小男孩和那个小狗都会幸福的。

□ 4.

宽容是人生最明智的策略，也是一种巨大的人格魅力。宽容犹如一泓清泉浇灭嫉妒之火，可以化冲突为和祥，化干戈为玉帛，化仇恨为谅解，它能产生强大的凝聚力和感染力使人们愿意团结在你的周围。

当年，蔺相如官拜上卿位居廉颇之上，廉颇很不服气，想要羞辱蔺相如，而蔺相如却常常避开，见到廉颇的车子便绕道而行。他说："诸侯不敢进攻我国，是因为我和将军。现在两虎相争必有一伤，我不是怕他，而是先国后私。"廉颇听后明白了自己的错误，于是向蔺相如负荆请罪，同心协力共同保卫国家。

如果他们两人为了自身的利益而冲突，大动干戈，互相仇恨，赵国就不可能有称霸诸侯之时。蔺相如的宽容，使冲突、仇恨化为祥和、谅解，最终使赵国强大。

相反，一个没有宽容精神的人或社会，无论对内对外都谈不上和平发展。《三国演义》中的周瑜，少年英俊、多谋善断、屡建战功，二十岁当上主帅。可他心地狭窄，对才能胜于他的诸葛亮暗藏杀机，弄巧成拙，最终含恨死去。临终前他还怨恨老天爷：“既生瑜，何生亮？”

蔺相如和廉颇的故事告诉我们，能宽容，则能得人，宽容可以带来和平与发展。

□ 5.

有一条鱼每天生活在大海里，它觉得大海里的生活无味无趣，一心想找个机会离开大海。

一天，一个渔夫去钓鱼，把它钓了上来。它在渔网里高兴得摇头摆尾，说“我总算离开了大海，自由了！”就这样，它被渔夫带回家里，并被放在一个小鱼缸里。

从此，渔夫每天都会往鱼缸里放些鱼虫给它吃。它很高兴，不停地晃动着自己的身子，讨渔夫喜欢。渔夫看了开心极了，又撒下一大把鱼虫。它每天有东西吃，累了则可以打盹。它庆幸自己的运气够好，遇到了好心的渔夫。它心想：“这才是我要的幸福生活。”

日子一天天过去，鱼儿开始抱怨了。它抱怨鱼缸太小，不能自由地游来游去；抱怨渔夫给的鱼虫有时候太少，吃不饱。不过即便如此，它也不想回到海里。

后来有一天，渔夫出海遇难了，只剩下了鱼儿。鱼儿又开始抱怨，抱怨渔夫出海时不注意；甚至抱怨自己离开大海时，其他的伙伴们为什么不阻拦自己，但是唯独它没有抱怨自己，反而幻想有一天会有人收养自己。

过了几天，鱼儿不动了。

鱼儿因为贪图安逸，贪图虚荣而离开了自己的生存空间，最终落下了这样一个可悲的下场。

実践練習

（解答・解説）別冊 P.101

缩写　文章を読み、400字程度に要約しなさい。要約文には自分でタイトルも付けること。

黄伟在国企里做了两年会计，就遭遇了下岗。在很长的一段时间里，他一直非常烦闷，因为他始终没有凭着自己的大专文凭找到一份合适的工作。看到那些条件要求一个比一个高的招聘简章时，他的心总是被那一行“要求大学本科以上文凭”的字句所刺痛。

然而黄伟没有放弃寻找工作。那天中午，他又一次怀里揣着简历从人才市场走出，漫无目的地走在街上。经过一栋高耸的大楼时，他抬头看到了那个世界闻名的公司标志——这是一家世界五百强的外国企业。他暗想：“如果能在这种企业里上班该多好啊！”

就在黄伟要低头从大楼门前走过的时候，忽然看到一群人围着在看门口的一张公告。他好奇地走上前一看，原来这家企业也在招人，他又探头一看，居然是招财务会计，那不正是他所学的专业吗？他顿时兴奋起来。

不过很快，黄伟感到有些沮丧，因为后面紧跟着一条：以上职位需大学本科以上学历。他的心又一次被刺痛了。

黄伟沉默了一会，毅然决定再试一次。他走进了大楼，来到了21楼的招聘办公大厅。等了一个多小时之后，工作人员终于叫到了他的名字。他走进了招聘室，整场面试交谈都比较顺利，他虽然文凭不高，但是两年的工作经验让他能对答如流。

在招聘即将结束的时候，面试官忽然问了黄伟一个问题：“你对薪水有什么要求吗？二十万年薪怎么样？”

黄伟摇头说：“这个薪水可真的有点高了，我担心自己是否能胜任这样的重任。不过，如果你们给我这个机会，我会努力做到最好！”

面试过后的第四天，黄伟接到了录用通知。

报到上班那天，黄伟才知道，他的年薪其实是十万，二十万是财务经理的年薪，不过他已经很满意了。黄伟问起经理自己被录用的理由时，经理说：“我们故意开高年薪是为了考验一下应聘者的心态。那天几乎所有的人都被这个高薪所震撼，几乎所有的人都高兴地接受了这个年薪，惟独你说了一句‘有点高了’，所以我们录用了你。因为我们一直认为过分高估自己的价值其实也是一种贪婪。作为一个财务人员，是永远不能陷入贪婪的。”

两年后，黄伟成了公司的财务总监，他的年薪升到了二十万，但是他依然清醒，而且勤奋，因为他始终记得“高估自己的价值也是一种贪婪”这句话。

要約文回答練習用紙

コピーしてご利用ください。または、アスク出版 HP にある A4 サイズの PDF 版をダウンロードしてもご利用いただけます。

100

200

300

400

500

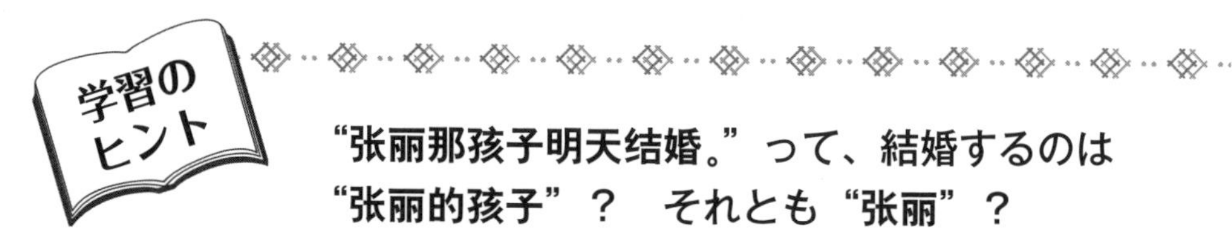

“张丽那孩子明天结婚。”って、結婚するのは“张丽的孩子”？ それとも“张丽”？

中国語では次のように、2つ以上の名詞が同じ文成分の位置に置かれるのをよく見かける。

人家(A) 老李(B) 每个星期六都去打网球。（李さんは毎週土曜日テニスをしに行く。）

老刘(A) 这个人(B) 在工作上特别认真。（劉さんという人は仕事でとても真面目だ。）

玫瑰(A) 这种花(B)，虽然带刺，却很漂亮。（バラという花は、棘はあるけど美しい。）

她会喜欢 我(A) 一个画画的(B) 吗？
（彼女は私という絵描きを好きになってくれるだろうか。）

老村长(A) 王小帅(B) 待人特别亲切。（老村長の王小帥は人にとても親切だ。）

上記の文章ではいずれも、AとBが指すものは同じである。このような「名詞A＋名詞B」構造では、たいていの場合、名詞Aは話し手が先に思い出した、あるいは先に言いたい既知の情報であり、後の名詞Bは、名詞Aの情報をより豊かにするために置かれるものである。

しかし、2つの意味が生じる場合もある。それが“张丽那孩子明天结婚。”のような場合だ。

听说 张丽(A) 那孩子(B) 明天结婚。

→ 听说张丽的孩子明天结婚。（張麗の子供は明日結婚するそうだ。）
→ 听说张丽明天结婚。（張麗（という子）は明日結婚するそうだ。）

これは“张丽”と“那孩子”が所属関係（谁的孩子？张丽的那个孩子。）を表すことが可能だからである。この2つの意味のどちらになるかは、前後の文脈情報を頼りに判断する。

STEP 5

実力を試そう

模擬試験

最後に、模擬試験問題を１回分用意しました。

制限時間は、閲読部分 50 分、書写部分 45 分（課題文を読む時間 10 分＋要約文を書く時間 35 分）です。

実際の試験では、閲読部分の解答時間と書写部分の解答時間は明確に区分されています。閲読部分を早く解き終わって時間が余っても、書写部分に進むことはできず、また、書写部分を早く終えて時間が余っても、閲読部分に戻ることはできません。ですから、この模擬試験を解くにあたって、上記の制限時間を正確に計り、それぞれの時間内に解き終わることができるよう、時間配分、集中力のコントロールも含めて、しっかり練習してください。

※実際の試験の問題番号は、この前に行われるリスニング試験からの通し番号になっており、閲読部分は第 51～100 題、書写部分は第 101 題となります。この模擬試験では、閲読第一部分１問目を第 1 題とする通し番号とし、閲読部分は第 1～50 題、書写部分は第 51 題としています。

第 一 部 分

第 1–10 题：请选出有语病的一项。

（解答・解説）別冊 P.104

問題 1 ～ 7、9、10：外语教学与研究出版社《新 HSK 专项突破 · 六级阅读》より

□1.　A　在那个时候，报纸与我接触的机会很少。
　　B　耳朵眼儿炸糕是受天津人喜爱的小吃。
　　C　茶叶对人体造血机能也有显著的保护作用。
　　D　那些没有独立卫生间的房子住起来特别不方便。

□2.　A　时间过得真快，转眼我就要大学毕业了。
　　B　考试那天，我特意提前一个小时到了考场。
　　C　清明那天，部队派了 800 多人次，参加郊区的植树劳动。
　　D　父母虽然对我的期望比较高，但是从来不提苛刻的要求。

□3.　A　我基本上把不良的学习习惯完全改过来了。
　　B　老师惊奇地发现我的接受能力特别强，记性也特好，一学就会。
　　C　一场演出刚完，全体演员拉着手排着队出来谢幕，但观众却已走了一半。
　　D　事实上，很难用一种方法治愈所有的癌症。

□4.　A　现代人的家，外观看上去都差不多，但是里面的装修却很不一样。
　　B　激光光盘的诞生及其在音响设备上的应用，是音乐史上的一次革命。
　　C　这种新药，使用起来十分方便，而且效果很长，可在体内维持 12 小时。
　　D　如果在秋季频繁洗澡，将会使皮肤的水分大量流失，使皮肤变得粗糙。

□ 5. A 以他的经验应付这些问题，还显得有些能力不足。

B 昔日那条窄窄的街道，现在已经变成了宽阔的大马路。

C 融化的雪水从陡峭断崖上飞泻而下。

D 参加亚运会的中国游泳队，是从二十名集训队员中挑选出的十二名优秀选手组成的。

□ 6. A 他在半路上遇到了两个溺水的小孩，经过奋力相救，使他们转危为安。

B 如果我们心胸开阔的话，就会发现周围有很多值得我们欣赏的东西。

C 尽管我们每天都要看这些同样的面孔，但我们都已经习惯于把自己藏在报纸的后面。

D 对多数年轻人来说，他们比较在原有基础上重视提高，不愿意轻易放弃自己所学的专业。

□ 7. A 他正在阅读一本厚厚的书，大约有一块砖这么厚。

B 古往今来，凡成就事业、对人类有作为的，无不是脚踏实地、艰苦奋斗的结果。

C 面对生活的压力，他没有消极逃避，而是积极面对。

D 如今，运动损伤已经不是运动员的“专利”，年轻白领在健身过程中遭受损伤的情况越来越严重。

□ 8. A 那些在各自的工作岗位上以积极进取对待生活和工作的人，都是我们学习的榜样。

B 保证酒桌上其乐融融的气氛，让客人吃好、心情好，是请客的真正目的。

C 这支足球队今天以二比零获胜，从而取得了六战六胜的好成绩。

D 一个真正的科学工作者应该和与自己学术观点不同的同行精诚合作，坦诚相待。

□9. A 我们怀念的不是拥挤、闷热、三代同室的往日时光，而是相濡以沫、互通有无的人情烟火。

B 学习了新的规章制度之后，对我们进一步开展工作有很大帮助。

C 用耳机听音乐时不要将低音开得过低，因为过于厚重而缺乏细节的低音很容易使耳朵酸痛，头部有满涨感，慢慢就会降低听力水平。

D 牙齿是伴随每个人时间最长的器官之一，也是人体最重要的器官之一，它不仅在消化、语言等方面起到重要作用，而且影响一个人的容貌和气质。

□10. A 不少消费者挑选蔬菜时喜欢买虫眼多的，认为这样的菜没有打过农药，是无公害蔬菜，其实不然。

B 人民文学出版社出版的小说《漂泊》，作者是一位蛰居海外 20 多年的毛里求斯籍华裔作者之手。

C 女性在怀孕和哺乳期间应避免食用金枪鱼和大比目鱼，因为这两种鱼都含有对胎儿和婴儿有害的甲基汞。

D 绿色食品标志图形由三部分构成：上方的太阳、下方的叶片和中间的蓓蕾。标志图形为正圆形，意为保护、安全。

第二部分

第 11-20 题：选词填空。

（解答・解説）別冊 P.107

問題 11 ～ 19：外语教学与研究出版社《新 HSK 专项突破 · 六级阅读》より

□ 11.

把你 80% 的精力用在 20% 最重要的事情______。要记住，你不可能把______放在所有的事情上面，人的精力和时间都是有限的，做事要分清______。

A 上面　精力　轻重缓急　　B 下面　时间　有主有次
C 里面　心思　有条不紊　　D 外面　努力　竭尽全力

□ 12.

对于孩子的______，虽然之前有了一定的心理准备，可当真正面对的时候还是觉得有些手忙脚乱，真是______。或许这就是大家常说的“理想是一回事，而______又是另一回事。”

A 诞生　无动于衷　真实　　B 出生　不可思议　现实
C 降落　无微不至　实在　　D 分娩　恍然大悟　实际

□ 13.

中国有句______：男大当婚，女大当嫁。婚姻是每一个人的终身大事，______是人们进入婚姻的必经途径。所以，我们每一个人在一生中都要______这样的重要决定：与谁结婚，何时结婚。那么，什么才是我们做出决定的标准？决定我们的婚姻是否幸福的______是什么？

A 习俗　结婚　面对　原因　　B 风俗　婚礼　面貌　理由
C 成语　登记　面孔　因果　　D 俗话　恋爱　面临　因素

□ 14.

我自认为是一个对工作一往情深的人。几十年来，______是在国企、外企，还是在民企，也不管是在顺境之中还是在______之下，对待工作，我好像从未有过任何的松弛和懈怠，即使有时忙碌得______吃饭和睡觉，也从未有过丝毫的______。

A 如果　环境　来得及　恩怨　　B 无论　顺境　顾得上　埋怨
C 不管　逆境　顾不上　抱怨　　D 即使　处境　来不及　积怨

□ 15.

现代人______“吃文化”，所以宴请______是为了“吃东西”，更注重吃的环境。要是用餐地点档次过低，环境不佳，即便菜肴再有______，也会______宴请效果大打折扣。因此，在可能的情况下，一定要争取选择清静、幽雅的用餐地点，要让与宴者吃出档次，吃出身份。

A 注重　不但　特征　被　　B 重视　不光　特性　在
C 研究　不是　特点　把　　D 讲究　不仅　特色　令

□ 16.

据调查表明，93.5% 的年轻女性都有过各种各样的非理性______的经历，女性更容易受______、情绪、朋友、广告的______。______男人总是缺什么买什么，女人的随意性更强，是看到什么买什么。

A 消耗　讲价　传染　却　　B 购物　打架　感染　可
C 消费　打折　影响　而　　D 消遣　降价　反响　但

□ 17.

在热闹喧嚣的都市生活中，我们可能有这样一个共同的______：物质生活的质量越来越高，精神______却越来越大；面对的诱惑越来越多，内心的快乐却越来越少；工作中的应酬越来越______，身体状况却令人担忧。______我们的生活好了，心情却不好了？

A 困难　努力　繁忙　难道　　B 疑惑　压力　频繁　为何
C 打扰　压迫　频频　故此　　D 困境　压抑　繁琐　难怪

□ 18.

周末你“______”了吗？这似乎已经成为目前国内诸如北京、上海、广州等一线城市______大龄男、女青年经常被问到的问题。“相亲”的______往往并不是前来见面的男女双方，而是那些为了子女婚姻大事忙碌的______。他们动员了身边所有的资源，以迅雷不及掩耳之势，完成对年龄、家庭背景、学历、工作、收入、住房、汽车等关键指标的“调研”。

A 交往　已婚　主人　亲友　　B 恋爱　离异　双方　长辈
C 见面　独身　男女　家长　　D 相亲　未婚　主角　父母

□ 19.

正定古城是北方建筑保存完好的一个______。这座城池，有着______的历史。不论石雕还是壁画，______惟妙惟肖，大量北方特色的亭台楼榭均保存完好，就连很多塔上的铃铛、城墙的砖的棱角都______。

A 典型　永久　也　苦尽甘来　　B 典范　悠久　都　一如既往
C 榜样　长久　全　举世闻名　　D 样子　久远　却　络绎不绝

□ 20.

对你苛刻的老板，往往才是让你进步最快的人，对这样的老板，你应该心存______。记住，永远不要在现任老板或新同事面前说前任老板的坏话，要______而客观地评价前任老板。这不但有利于______你自己的职业形象，更重要的是，可以维护他的声誉，______有利于你和他再打交道时______良好的关系。

A 感激　公正　树立　进而　建立　　B 感慨　公然　建立　虽然　建设
C 激动　公关　建设　然而　建筑　　D 感觉　真正　立足　时而　造成

第三部分

第21−30题：选句填空。

(解答・解説) 別冊 P.111

問題：外语教学与研究出版社《新HSK专项突破六级・阅读》より

□ 21−25.

她，名牌大学毕业，却找不到工作。好不容易找了份戏剧编剧助理的工作，却发现整个公司除了老板只有她一个员工。累死累活干了三个月，(21)________________，于是炒了老板的鱿鱼，开始游荡，帮人写短剧，写电影，只要按时收到钱就好。前路茫茫，她希冀着奇迹发生。

一次机缘巧合，她应聘到电视台一个节目当了编剧。半年后，在一次制作节目时，制作人不知为什么突然大发雷霆，说了句“不录了！”就走了。(22)________________，主持人看了看四周，对她说：“下面的我们自己录吧！”

(23)________________。3秒钟后，她拿起制作人丢下的耳机和麦克风。那一刻，她在心中对自己说：“这一次如果成功了，就证明你不是一个只会写写小剧本的小编辑，还是一个可以掌控全场的制作人，所以不能出丑！”

慢慢地，她开始做执行制作人。当时，像她那个年纪的女生能做制作人，(24)________________。

几年后，这个小女生成了三度获得金钟奖的王牌制作人，接着一手制作了红得一塌糊涂的电视剧《流星花园》，(25)________________。

回首往事，她爽直地说：机会只有3秒，就是在别人丢下耳机和麦克风的时候，你能捡起它。

A 几十个工作人员全愣在那儿不知怎么办

B 被称为“台湾偶像剧之母”

C 只拿到一个月的工资

D 情形相当罕见

E 机会只有3秒钟

□ 26-30.

据职业病相关数据显示，在办公室常见疾病之中，(26)________________。办公室一族长时间保持弓背、低头、打字，并且目不转睛盯着电脑的姿势，对身体的肩部、背部、颈部都造成了巨大压力，长此以往，就形成了常见的肩周炎。所以很多白领一族早早就贴上了风湿膏。

专家表示，(27)________________。我们坐在电脑前操作的时候，经常会不自觉地凑近电脑，这个时候如果你跳出来回头看看自己，你会发现自己弓着背，坐着肩，伸长脖子，半张着嘴，目不转睛地盯着电脑。这样一个令人不舒服的姿势，(28)________________。

电脑屏幕的位置过高过低、过远过近都会造成头部姿势不当，敲打键盘会让手肘悬空，肩部肌肉紧张。长此以往，我们只有到下班时才发现，自己肩颈酸痛，头颈僵直，都不会动了。这个时候，(29)________________，冻着腿……怎一个"惨"字了得！

除了白领，(30)________________。因为教师在备课或者修改作业的时候，会长时间保持埋头的姿势，因过度专心而僵持不动，这就为肩周炎埋下了隐患。

A 再有空调从上往下吹着脖子
B 肩周炎可得算得上前三甲
C 教师也是肩周炎的常见患者
D 肩周炎的形成与坐姿不当是分不开的
E 不久就会让你腰酸背痛

第 四 部 分

第 31−50 题：请选出正确答案。 （解答・解説）別冊 P.113

問題 31-34、35-38、39-42、43-46：外语教学与研究出版社《新 HSK 专项突破六级 · 阅读》より

31−34.

一位管理专家对听众提出一个问题：一分钟我们能做多少事？答案自然是一分钟能做很多事，比如一分钟可以阅读一篇五六百字的文章，可以浏览一份 40 多纸面的日报，看 5—10 个精彩的广告短片，跑 400 多米，做 20 多个仰卧起坐等等。鼓励人们在一分钟内做更多的事情或者节约每一分钟，自然是件好事。但这一表面上看似积极的问题和答案，实际上掩盖了急功近利的心态，会让大家产生一种急促感，像蚂蚁一样匆匆忙忙地跑来跑去，一心想着尽可能地多做些事情，却不再有从容的心态去做事情，尤其是不再去思考什么才是真正重要的事情。

一个人一辈子如何活得更有意义，并不在于争得每一分钟，而在于生命作为一个整体内涵有多丰富。内涵的丰富来自于对生命的意义的追求，而不是每一分钟能做多少事情的匆忙。如果因为追求每一分钟的充实而迷失了一生，实在是得不偿失的事情。曾经有一个人，因为偶然在地上捡到了一枚金币，从此每天都低头寻找，一辈子过去了，他捡到了几千枚钱币、几万颗钉子，还有数不清的纽扣，这些东西加起来也不值几个钱。等到他老去的时候，背驼了，眼花了，想直起腰来看一看远方的风景都不可能了。很多人对待时间也像这个人一样，争取了每一分钟的忙碌，却错过了一生的风景。

□ 31．下面哪一项不是文中提到的一分钟能做的事情？

A 阅读一篇五六百字的文章　　B 给好朋友打个电话

C 看几个精彩的广告　　D 做 20 多个仰卧起坐

□ 32．鼓励人们尽可能利用每一分钟多做事情，会产生的负面影响是：

A 提高工作效率　　B 变成一只蚂蚁

C 更从容地做事情　　D 加重了急功近利的心态

□ 33．作者认为生活的意义在于：

A 生命的内涵有多丰富　　B 一生做了多少件事情

C 追求每一分钟的充实　　D 做的事情越多生活越有意义

□ 34．这篇文章的观点是：

A 我们要抓紧时间，提高效率，争取在最短的时间做完最多的事情

B 抓住飞逝的时光，让每一分钟都过得充实、有意义

C 不要为了争取每一分钟的忙碌而错过一生的风景

D 一个人的一辈子只有利用好每一分钟才活得有意义

35−38．

有一位先生，非常健忘，他的妻子不得不非常细心，经常提醒他别忘了做这件事，别忘了做那件事。有一天，这位先生要坐火车去另外一个城市办事，妻子让他顺便寄一封挂号信。临走前，妻子反复对他说："这封信很重要，千万别忘了寄出去，一定要记住！""好了好了，我一定记住。"这位先生急急忙忙地赶到火车站，发现火车已经快要开了，就赶紧跳上火车，果然忘了把信寄出去。等他到了另一个城市的大街上，正要坐公共汽车，后面有人拍了拍他的肩膀："先生，你的挂号信寄出去了吗？"他这才想起妻子那封重要的挂号信，连忙道谢，赶快找到一个邮局，把挂号信寄了出去。但是他感到很奇怪："这里怎么会有人知道我要寄挂号信呢？"走出邮局后没多久，后面又有人提醒他："先生，别忘了寄挂号信。"他一边道谢，一边想："怎么又有人知道我要寄挂号信？"上了公共汽车，刚刚坐好，后面一位小姐推了推他，又问："先生，你的挂号信寄了没有？"这位先生终于忍不住了："挂号信我已经寄出去了，可是你是怎么知道我要寄挂号信的呢？"

那位小姐笑着对他说："已经寄出去了吗？那么你可以把衣服背后的纸条拿下来了。"这位先生从自己的衣服背后撕下来一张纸条，上面果然写着："请提醒我先生寄挂号信！"

□ 35．妻子让丈夫做什么？

A 去邮局　　B 去另一个城市寄挂号信

C 去另一个城市办事　　D 顺便寄一封挂号信

□ 36．为什么街上总有人来提醒这位健忘的先生？

A 因为大家都了解他

B 因为他让所有人都提醒他

C 因为妻子在他背后贴了一张纸条，请别人提醒他

D 文中没有提到

□ 37．从文章中可以看出这位先生的妻子：

A 既细心又幽默　　B 很漂亮，但是很厉害

C 好奇心很强　　D 很善良，而且爱笑

□ 38．与文章内容相符的是：

A 这位先生去别的城市办事，顺便寄了一封挂号信

B 这位先生得到两个路人的提醒后，才把挂号信寄出去

C 这位先生在火车里就已经发现了衣服背后的纸条

D 这位先生非常健忘，所以他的妻子经常跟他吵架

39–42．

据说清朝末年，在天津海河西侧，繁华喧闹的小白楼南端，有一条名为十八街的巷子，一个叫刘老八的人在这个巷子里开了一家小小的麻花铺，店名叫“桂发祥”。刘老八又聪明又能干，炸麻花可以说有一手绝活。他炸的麻花真材实料，选用精白面粉、上等清油。每天麻花香味能传遍整条巷子，人们闻到香味纷纷来买他的麻花，因此他的铺子总是顾客盈门。开始生意还挺火，但后来大家越来越觉得麻花味道有些单调，渐渐地生意就不如以往了。店里有个少掌柜的，一次出去游玩，回到家又累又饿，就要点心吃，可恰巧点心没有了，只剩下一些点心渣。又没有别的什么吃的，于是少掌柜的灵机一动，让人把点心渣与麻花面和在一起做成麻花下锅炸。结果炸出的麻花和以前的不一样，酥脆香甜，味道可口。按照这个方法，刘老八尽心研究，在麻花的面里夹进了什锦酥馅。至于配料，更是苦思冥想，颇费了一番脑筋，桂花、闽姜、核桃仁、花生、芝麻，还有青红丝和冰糖等。为了使自己的麻花与众不同，口味独特，放的时间更长，取材也是愈来愈精细，如用精制小麦粉、杭州西湖桂花加工而成的精品桂花等等。

就这样，经过反反复复的精心研究，刘老八终于创造出了金黄油亮、香甜味美、久放不绵的什锦夹馅大麻花，从此“桂发祥”广受欢迎，成为天津赫赫有名的食品“三绝”之首。

□ 39．刘老八是哪个朝代的人？

A 清朝末年　　B 清朝初年

C 明朝末年　　D 唐朝初年

□ 40．刘老八的麻花铺为什么顾客渐渐少了？

A 他炸的麻花偷工减料　　B 麻花涨价了

C 味道单一，人们吃腻了　　D 香甜酥脆，久放不绵

□ 41．经过反复的尝试，刘老八终于创造出了：

A 天津三绝　　B 桂发祥

C 麻花　　D 什锦夹馅大麻花

□ 42．这篇文章主要讲的是：

A 天津桂发祥十八街麻花的历史故事

B 为什么桂发祥十八街麻花酥脆香甜，味道可口

C 天津桂发祥十八街麻花的制作方法

D“桂发祥”这个店名是怎么来的

43-46．

老公每天晚上在俱乐部打完乒乓球回家后，我总会给他一个荷包蛋，皮酥黄嫩的荷包蛋对于饥肠辘辘的老公而言，是一份难得的美味，他狼吞虎咽地吃下去，意犹未尽。他总央求我再给他煎一个，但这个愿望却从未得以实现。

老公见无法撼动我的铁石心肠，又禁不住馋虫的诱惑，就亲自动手，自己再煎上一个；可不是煎煳了，就是蛋黄有些夹生，味道不好。无奈之下，老公就厚着脸皮，要求拜师，让我示范一次。我才不上这个当呢！因为我知道，一旦示范了，这只“示范蛋”便会在几秒钟内被吃得干干净净，这可就坏了我的规矩……

说起我这一手煎蛋的“绝活”，还是跟母亲学的。中学时代，每逢周末回家，母亲总是给我煎一个荷包蛋，而且只有一个。吃完之后，还想吃，就忍不住埋怨母亲吝啬，但母亲却没有因此而改变过。在下一个周末，又给我煎荷包蛋，还是只有一个，如此周而复始。每次吃完一个荷包蛋就没了，只好带着遗憾，期待着下一个周末的到来。

母亲煎荷包蛋用的是平底铁锅。先把锅烧热，再倒入适量的花生油。待油烧开，将鸡蛋打破后慢慢地放入锅底，用小火，两面煎，煎的时间要尽量长一点，液态的蛋黄才能固化。出锅前，再放入一点点水，待热气升腾后，迅速出锅，趁热蘸一点椒盐，入口的那份鲜美柔嫩，让人回味无穷。

很多年以后，我仍依恋着煎蛋的美味。有一天，我问母亲，为什么每次只

给我煎一个荷包蛋，目不识丁的母亲笑嘻嘻地说："这里面'学问'，可大着哩……要是每次都尽着你吃，时间一长，你吃腻了，就不爱吃了！"别说，这"煎蛋原理"还真有那么一点儿"学问"。

领悟了"煎蛋原理"后，我也是每次只给老公煎一个荷包蛋。就像母亲说的，如果煎多了，很快就会吃腻，还不如让他带着意犹未尽的遗憾，期待明晚的那个煎蛋呢。仔细想来，"煎蛋原理"也适用于爱情，特别是婚后的爱情。同样，爱情也不能一次管够、吃饱，否则就腻了。只有那种感觉意犹未尽的爱情，才具有历久弥新的能力，才能永葆婚姻的浪漫和鲜活。

□43. 每次老公吃完我煎的荷包蛋后：

A 我都会再给他煎一个　　B 他都会央求我再煎一个

C 他都嫌不好吃　　D 都会觉得吃得很饱

□44. 老公自己煎的鸡蛋：

A 不熟或者是煳的　　B 鲜美柔嫩

C 皮酥黄嫩　　D 美味可口

□45. 我小的时候，母亲为什么每次只给我一个荷包蛋？

A 家里经济条件不好

B 吃一个就饱了

C 煎鸡蛋的做法太复杂

D 不会吃腻，而且总期待着下一个煎蛋

□46. 作者认为"煎蛋原理"也适用于爱情和婚姻，因为：

A 婚后生活离不开鸡蛋

B 结婚以后除了爱情，更多的是柴米油盐

C 意犹未尽的爱情，可以为婚姻"保鲜"

D 老婆就应该做出美味的食物给老公吃

47-50.

王媛是一家杂志社的女主编，但她无论在工作中，还是在生活里，每次开口说话，就一定被人疏远。为了改变现状，王媛参加了一个有关口才和人际关系方面的成功素质训练班。参加以后，她发现自己过去之所以不受人欢迎，不是说得不好，而是说得太多。王媛不愿意听别人说话，生怕自己处于下风。她的性格弱点在于，她总认为别人应该认可自己，理解自己，肯定自己的才干，而她自己却顾不上去理解别人，承认别人。

王媛参加训练班后，决定按训练的要求，在交谈中多让别人说话，让对方感觉到自己很重要。她一般不再多谈自己了，而是试着运用倾听技巧，除非别人主动邀请。刚开始时，王媛很不习惯，所以有些强迫自己，然而慢慢地，她发现了倾听的益处，并渐渐习惯了倾听。之后，每当她看到有人在谈论什么时，便不声不响地凑过去，认真地听，并积极地融入大家的话题里去。

有时候，王媛通过一些简短的回答来引起大家的兴趣。她惊讶地发现，周围的同事们开始改变了对她的态度，喜欢和她交谈了。

王媛感慨地说："我现在才意识到'倾听'是多么地重要，它给我的帮助实在是太大了！它既让我赢得了人缘，又使我赢得了更多的工作。"

倾听是对别人的尊重和关注，专心听别人讲话是能够给予对方的最有效的鼓励。一个善于倾听的人，无论走到哪里，都会受到欢迎，而一个不善于倾听的人则可能到处<u>碰壁</u>。

□47．王媛不受欢迎，是因为：

A 口才不好　　B 说话难听

C 太多谈论自己　　D 太有才华

□48．参加训练班前后，王媛有了什么变化？

A 参加训练班前，王媛和同事关系非常融洽

B 参加训练班前，王媛强迫自己不说话

C 参加训练班后，王媛不习惯和别人聊天了

D 参加训练班后，王媛学会了多听别人说话

□49．文中划线部分的意思是：

A 行不通　　B 用手摸墙壁

C 不能通行　　D 听不懂别人的话

□50．本文的主要内容是：

A 应该多参加训练班　　B 要用倾听的态度关注对方

C 怎样开展业务　　D 和同事要友好相处

书 写 制限時間：課題文読解 10 分＋要約文作文 35 分

第 51 题：缩写。 （解答・解説）別冊 P.123

（1）仔细阅读下面这篇文章，时间为 10 分钟，阅读时不能抄写、记录。

（2）10 分钟后，监考会收回阅读材料。请将这篇文章缩写成一篇短文，字数为 400 字左右，时间为 35 分钟。

（3）标题自拟。只需复述文章内容，不需加入自己的观点。

（4）请把短文直接写在答题卡上。

战国时期，齐国的齐宣王准备建造一座宫殿，于是去搜寻各地的能工巧匠。有人从鲁国请来了一位很有名的石匠，但齐宣王却不重用他，让他和木匠们一起工作，弄得这位石匠觉得痛苦不堪。

齐宣王问他："你是嫌工钱少了吗？"

石匠说："不是，我只是想打石砌墙。"

齐宣王却说："木匠也是人才，那边也急需要人，你还是去建造房梁吧。"

石匠无奈，只好点点头走了。

孟子听说这件事后，立即上朝去拜见齐宣王，说道："建一座像宫殿一样的大房子，找木料是很重要的事情。如果木师找到了上好的木料，大王肯定会十分高兴，认为他能按自己的意图很出色地完成任务。如果木师把木料由大砍小了，大王就可能会发怒，认为他不会办事，担负不了大王给他的任务。您觉得我说得对吗？"

齐宣王听了，有点摸不着头脑，一时不知如何回答。他正发愣间，孟子又说话了："从出现了社会分工开始，各人都在自己感兴趣的领域钻研，他们勤勤恳恳地学习一门技术，期望将来能在实践中运用。如果有一天您见到一个学有专长的人，却对他说：'把你那些专业技术暂时放到一边，听从我的分配吧。'结果会怎么样呢？这实际上就无法让别人发挥自己的技术专长了。"

孟子又接着说："假如您有一块未经雕饰的玉石，尽管它价值连城，但您还是要请玉匠来雕饰它。然而治理国家却不同了，它不像玉匠雕玉石那样简单，只要按您的意思雕就行了。治理国家需要各方面的人才，而他们如何做，大王只能提出一些原则，却不能代替他们的大脑，更不能不顾别人所学所长，而强行要求他人一定要按自己的意思办。否则，那就和要玉匠依自己的意图雕饰玉石没什么区别了。"

齐宣王感到孟子的话是有针对性的，他意识到自己对石匠的工作安排有些不妥。待孟子走后，他赶忙派人把那位石匠叫来，让他去凿石砌墙。

假如使学有专长者“行其所学”，首先可以避免人才浪费，其次还可以使学有专长者在工作实践中作进一步的探索发展。而学有专长者如果能够“行其所学”，不仅其工作积极性会大大提高，而且还可以加强部下与领导之间的团结合作。

よく使う慣用表現

よく使う慣用表現を、関連する事柄ごとにまとめました。

“下棋”関連

棋逢对手 qí féng duì shǒu　好敵手に巡り合う、実力が伯仲している
（関連）棋逢对手，将遇良才

马前卒 mǎqiánzú　（役人の車の前で露払いをする者）人に使われる者、他人の手先となる者

将一军 jiāng yì jūn　（将を攻める）難題をふっかける、やり込める、相手の弱みを突く
“将你一军”“将了一军”の形で使うことが多い。
（関連）反将一军　圧倒的優勢の状況で逆転される

马后炮 mǎhòupào　（「馬」の後に「砲」で攻める）後の祭り
（関連）无济于事　　事后诸葛亮

交通関連

开夜车 kāi yèchē　徹夜する

开绿灯 kāi lǜdēng　ゴーサインを出す

闯红灯 chuǎng hóngdēng　信号無視をする

软着陆 ruǎnzhuólù　ソフトランディングする

车到山前必有路，船到桥头自然直 chē dào shān qián bì yǒu lù, chuán dào qiáo tóu zì rán zhí
進めば必ず道が開ける、なるようになる

天気関連

大气候 dàqìhòu　広域の気候、政治、経済、世論の状況

滚雪球 gǔn xuěqiú　雪だるま式に増える

天公作美 tiān gōng zuò měi　素晴らしい天気、願いが叶う

干打雷，不下雨 gān dǎ léi, bú xià yǔ　（雷が鳴るだけで雨は降らない）口で言うだけで実行しない

听风就是雨 tīng fēng jiù shì yǔ　（風の音を聞いて雨だと思う）噂を聞いただけで本当だと信じる

万事俱备，只欠东风 wànshì jùbèi, zhǐ qiàn dōngfēng　用意はすべて整ったが、最も重要なものが１つだけ欠けている

（一日不见，）如隔三秋 (yí rì bú jiàn,) rú gé sān qiū　１日会わなければ、まるで３年も会わなかったようだ

天要下雨，娘要嫁人 tiān yào xià yǔ, niáng yào jià rén　必ず発生すること、人の意のままにならず、防ぐことのできないことのたとえ

幸福不是毛毛雨 xìngfú bú shì máomaoyǔ　（幸福は霧雨のようなものではない）幸せは自ずと訪れるものではない、幸せは自分で見つけなければならない

スポーツ関連

种子选手 zhǒngzi xuǎnshǒu　シード選手

打擦边球 dǎ cābiānqiú　（エッジボールを打つ）法の隙間を狙う、ギリギリのところを狙う

亮黄牌 liàng huángpái　イエローカードを出す

走钢丝 zǒu gāngsī　綱渡りをする

踢皮球 tī píqiú　（ボールを蹴る）責任を互いになすりつけ合う

「海」と「山」関連

有眼不识泰山 yǒu yǎn bù shí Tàishān　人を見る目がない、お見逸れしました

山不转水转 shān bú zhuàn shuǐ zhuàn　（山は動かないが水は動く）世界は広くない、ここで逢わなければ別のところできっと逢う

侃大山 kǎn dàshān　とりとめなくおしゃべりをする

人不可貌相，海水不可斗量 rén bù kě mào xiàng, hǎishuǐ bù kě dǒu liáng
人は見かけだけで判断できず、海水は升で量れない

到什么山唱什么歌 dào shénme shān chàng shénme gē　状況に応じて対処する

「人」がいる慣用表現

人在江湖，身不由己 rén zài jiāng hú, shēn bù yóu jǐ　社会で生きている限り思い通りにならないことがある

人怕出名猪怕壮 rén pà chū míng zhū pà zhuàng　人は有名になると名誉を傷つけないために注意深くなる

大红人 dàhóngrén　売れっ子、お気に入りの人

丑媳妇早晚要见公婆 chǒu xífù zǎowǎn yào jiàn gōngpó　都合の悪いこともいずれ白日の下にさらされる

饱汉不知饿汉饥 bǎo hàn bù zhī è hàn jī　恵まれている人には苦しい人の苦しみは理解できない

门外汉 ménwàihàn　門外漢

养兵千日，用兵一时 yǎng bīng qiān rì, yòng bīng yì shí　（軍隊を訓練するのに長い時間がかかるが、使うのは一瞬である）いざという時のために日頃から準備をしておく

“一”がつく慣用表現

一刀切 yì dāo qiē　個々の事情を考慮せず画一的に処理する〈関連〉一刀齐

一锅端 yì guō duān　全部取り除く、全滅させる〈関連〉连锅端

一锅粥 yì guō zhōu　混乱している、ぐちゃぐちゃである

一盘棋 yì pán qí　全体、全体としてひとつにまとまっている

一窝蜂 yì wō fēng　蜂のように群がって～する、大挙して～する、

一把钥匙开一把锁 yì bǎ yàoshi kāi yì bǎ suǒ　（１つの鍵はそれに合う１つの錠前だけを開けられる）それぞれに合った方法で解決する

一锤子买卖 yì chuízi mǎimai　（１回だけの取引）その場限りの対応をする、あとは野となれ山となれ

一亩三分地 yì mǔ sān fēn dì　自分の縄張り

一碗水端平 yì wǎn shuǐ duān píng　えこひいきせずに平等に扱う

“打”がつく慣用表現

打官腔 guānqiāng　役人風を吹かせる、杓子定規なことを言って体よく断る

打水漂 shuǐpiāo　水切り遊びをする、無駄遣いする、浪費する

打退堂鼓 tuìtánggǔ　尻込みして逃げる、途中で約束を破る

打小报告 xiǎobàogào　告げ口をする、密告する

打预防针 yùfángzhēn　予防線を張る

打圆场 yuánchǎng　仲介する、仲裁する

職場でよく使われる慣用表現

香饽饽 xiāngbōbo　（美味しいお菓子）重宝される人、人気者

亡羊补牢 wáng yáng bǔ láo　（羊が逃げてから檻を修繕する）失敗を繰り返さないように手立てを講じる

因小失大 yīn xiǎo shī dà　小事のために大事をしくじる、小さな利益のために大きな損害を招く

集思广益 jí sī guǎng yì　多数の人々から有益な意見を広く集める

通力协作 tōng lì xiézuò　力を合わせて対処する＝**通力合作**

初来乍到 chū lái zhà dào　来たばかりである

行家里手 háng jiā lǐ shǒu　その道のプロ、エキスパート

机不可失，时不再来 jī bù kě shī, shí bú zài lái　チャンスを逃してはならない、チャンスを逃せば二度と来ない

强中自有强中手 qiáng zhōng zì yǒu qiáng zhōng shǒu　知識や技術には終わりはなくうぬぼれてはならない〈関連〉**强中更有强中手**

来而不往非礼也 lái ér bù wǎng fēi lǐ yě　来てくれたのに行かないのは非礼である、お返しをしないのは失礼である

汉语水平考试 HSK（六级）答题卡

HSK の回答用紙の見本です。練習問題や模擬試験の回答記入用に、コピーしてご利用ください。実際の試験では、5問 ×5列で上段に前半25問、下段に後半25問の答案を記入するように配置されています。なお、問題番号はリスニング部分からの通し番号で、閲読部分の第1問が第51題になりますが、ここでは第1題からの通し番号としています。

二、阅读

1. 〔A〕〔B〕〔C〕〔D〕	6. 〔A〕〔B〕〔C〕〔D〕	11. 〔A〕〔B〕〔C〕〔D〕	16. 〔A〕〔B〕〔C〕〔D〕
2. 〔A〕〔B〕〔C〕〔D〕	7. 〔A〕〔B〕〔C〕〔D〕	12. 〔A〕〔B〕〔C〕〔D〕	17. 〔A〕〔B〕〔C〕〔D〕
3. 〔A〕〔B〕〔C〕〔D〕	8. 〔A〕〔B〕〔C〕〔D〕	13. 〔A〕〔B〕〔C〕〔D〕	18. 〔A〕〔B〕〔C〕〔D〕
4. 〔A〕〔B〕〔C〕〔D〕	9. 〔A〕〔B〕〔C〕〔D〕	14. 〔A〕〔B〕〔C〕〔D〕	19. 〔A〕〔B〕〔C〕〔D〕
5. 〔A〕〔B〕〔C〕〔D〕	10. 〔A〕〔B〕〔C〕〔D〕	15. 〔A〕〔B〕〔C〕〔D〕	20. 〔A〕〔B〕〔C〕〔D〕
21. 〔A〕〔B〕〔C〕〔D〕	26. 〔A〕〔B〕〔C〕〔D〕	31. 〔A〕〔B〕〔C〕〔D〕	36. 〔A〕〔B〕〔C〕〔D〕
22. 〔A〕〔B〕〔C〕〔D〕	27. 〔A〕〔B〕〔C〕〔D〕	32. 〔A〕〔B〕〔C〕〔D〕	37. 〔A〕〔B〕〔C〕〔D〕
23. 〔A〕〔B〕〔C〕〔D〕	28. 〔A〕〔B〕〔C〕〔D〕	33. 〔A〕〔B〕〔C〕〔D〕	38. 〔A〕〔B〕〔C〕〔D〕
24. 〔A〕〔B〕〔C〕〔D〕	29. 〔A〕〔B〕〔C〕〔D〕	34. 〔A〕〔B〕〔C〕〔D〕	39. 〔A〕〔B〕〔C〕〔D〕
25. 〔A〕〔B〕〔C〕〔D〕	30. 〔A〕〔B〕〔C〕〔D〕	35. 〔A〕〔B〕〔C〕〔D〕	40. 〔A〕〔B〕〔C〕〔D〕
41. 〔A〕〔B〕〔C〕〔D〕	46. 〔A〕〔B〕〔C〕〔D〕		
42. 〔A〕〔B〕〔C〕〔D〕	47. 〔A〕〔B〕〔C〕〔D〕		
43. 〔A〕〔B〕〔C〕〔D〕	48. 〔A〕〔B〕〔C〕〔D〕		
44. 〔A〕〔B〕〔C〕〔D〕	49. 〔A〕〔B〕〔C〕〔D〕		
45. 〔A〕〔B〕〔C〕〔D〕	50. 〔A〕〔B〕〔C〕〔D〕		

二、阅读

1. 〔A〕〔B〕〔C〕〔D〕	6. 〔A〕〔B〕〔C〕〔D〕	11. 〔A〕〔B〕〔C〕〔D〕	16. 〔A〕〔B〕〔C〕〔D〕
2. 〔A〕〔B〕〔C〕〔D〕	7. 〔A〕〔B〕〔C〕〔D〕	12. 〔A〕〔B〕〔C〕〔D〕	17. 〔A〕〔B〕〔C〕〔D〕
3. 〔A〕〔B〕〔C〕〔D〕	8. 〔A〕〔B〕〔C〕〔D〕	13. 〔A〕〔B〕〔C〕〔D〕	18. 〔A〕〔B〕〔C〕〔D〕
4. 〔A〕〔B〕〔C〕〔D〕	9. 〔A〕〔B〕〔C〕〔D〕	14. 〔A〕〔B〕〔C〕〔D〕	19. 〔A〕〔B〕〔C〕〔D〕
5. 〔A〕〔B〕〔C〕〔D〕	10. 〔A〕〔B〕〔C〕〔D〕	15. 〔A〕〔B〕〔C〕〔D〕	20. 〔A〕〔B〕〔C〕〔D〕
21. 〔A〕〔B〕〔C〕〔D〕	26. 〔A〕〔B〕〔C〕〔D〕	31. 〔A〕〔B〕〔C〕〔D〕	36. 〔A〕〔B〕〔C〕〔D〕
22. 〔A〕〔B〕〔C〕〔D〕	27. 〔A〕〔B〕〔C〕〔D〕	32. 〔A〕〔B〕〔C〕〔D〕	37. 〔A〕〔B〕〔C〕〔D〕
23. 〔A〕〔B〕〔C〕〔D〕	28. 〔A〕〔B〕〔C〕〔D〕	33. 〔A〕〔B〕〔C〕〔D〕	38. 〔A〕〔B〕〔C〕〔D〕
24. 〔A〕〔B〕〔C〕〔D〕	29. 〔A〕〔B〕〔C〕〔D〕	34. 〔A〕〔B〕〔C〕〔D〕	39. 〔A〕〔B〕〔C〕〔D〕
25. 〔A〕〔B〕〔C〕〔D〕	30. 〔A〕〔B〕〔C〕〔D〕	35. 〔A〕〔B〕〔C〕〔D〕	40. 〔A〕〔B〕〔C〕〔D〕
41. 〔A〕〔B〕〔C〕〔D〕	46. 〔A〕〔B〕〔C〕〔D〕		
42. 〔A〕〔B〕〔C〕〔D〕	47. 〔A〕〔B〕〔C〕〔D〕		
43. 〔A〕〔B〕〔C〕〔D〕	48. 〔A〕〔B〕〔C〕〔D〕		
44. 〔A〕〔B〕〔C〕〔D〕	49. 〔A〕〔B〕〔C〕〔D〕		
45. 〔A〕〔B〕〔C〕〔D〕	50. 〔A〕〔B〕〔C〕〔D〕		

書写部分の回答用紙見本は、P. 232～233 にあります。
また、アスク出版公式サイトから、A4サイズでプリントできるPDFをダウンロードいただけます。

◎本書および音声ダウンロードに関するお問合せは下記へどうぞ。
本書に関するご意見、ご感想もぜひお寄せください。

〒162-8558　東京都新宿区下宮比町2-6
アスクユーザーサポートセンター　support@ask-digital.co.jp

アスク 公式サイト「お問い合わせ」「読者アンケート」
https://www.ask-books.com/support/

書籍のお問い合わせ➡  **読者アンケート➡** 

著者紹介

李貞愛（り ていあい）

桜美林大学グローバル・コミュニケーション学群准教授。2008～2011年、桜美林大学孔子学院事務局長。お茶の水女子大学大学院博士課程修了（人文科学博士）。専門分野は中国語文法、中国語教育、言語学。著書に『現代中国語潜在的否定表現の研究』(単著、朝日出版社)、『北京コレクション』(共著、朝日出版社)、『すぐに使える中国語—忘れられない日々』(共著、郁文堂)、『わかる中国語 初級１』(計3冊、共著、アルク)『リアルスコープ現代中国事情』『日中ふれあい“漢語”教室』(単著、朝日出版社)、『中国語リスニングジム』『新 HSK トレーニングブック』シリーズ（アスク出版）など。

合格奪取！新HSK6級トレーニングブック
＜読解・作文問題編＞

2020年12月21日　初版　第1刷　発行
2023年 2月24日　　　　第2刷　発行

著者　李貞愛　©2020 by Zhen'ai Li

閲読練習問題（一部）出典
外语教学与研究出版社《新HSK专项突破・六级阅读》
原著作者　白迪迪
Extract from: [新HSK专项突破・六级阅读], authored/edited by Bai Didi

装丁　アスク出版デザイン部
DTP・印刷・製本　倉敷印刷株式会社

発行　株式会社アスク
〒162-8558　東京都新宿区下宮比町2-6
電話　03-3267-6863（編集） 03-3267-6864（販売）
FAX　03-3267-6867　https://www.ask-books.com/

発行人　天谷修身

　ISBN 978-4-86639-368-1　Printed in Japan

解答解説　もくじ

解答解説の使い方

STEP ごとに、全練習問題の解答および解説を記載しています。

【全 STEP 共通】

1．**文成分の表示**：主語・動詞・目的語の関係を‖と➡の記号で表示。

（例）我 ‖ 写了 ➡ 三封信。
　　　主語　**動詞**　**目的語**

2．**語彙に関する補足説明**：✎…補足説明

　組…単語の組み合わせ（コロケーション）例

3．**「表現力アップメモ」**：問題の中にある語で、特殊な使い方をする例や、表現の応用ができる例などを紹介。

STEP 1　文が正しいかどうかを見極めよう【閲読 第一部分】

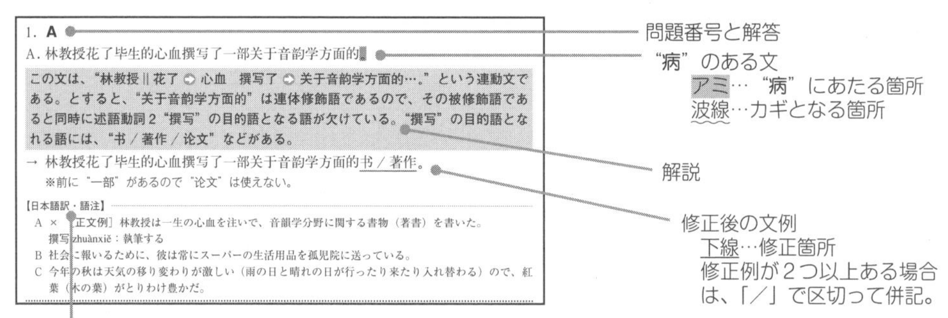

1. **A**

A. 林教授花了毕生的心血撰写了一部关于音韵学方面的。

この文は、"林教授‖花了➡心血　撰写了➡关于音韵学方面的…。"という連動文である。とすると、"关于音韵学方面的"は連体修飾語であるので、その被修飾語であると同時に述語動詞2"撰写"の目的語となる語が欠けている。"撰写"の目的語となれる語には、"书／著作／论文"などがある。

→ 林教授花了毕生的心血撰写了一部关于音韵学方面的书／著作。
　※前に"一部"があるので"论文"は使えない。

【日本語訳・語注】
A ×［正文例］林教授は一生の心血を注いで、音韻学分野に関する書物（著書）を書いた。
　撰写 zhuànxiě：執筆する
B 社会に報いるために、彼は常にスーパーの生活用品を孤児院に送っている。
C 今年の秋は天気の移り変わりが激しい（雨の日と晴れの日が行ったり来たり入れ替わる）ので、紅葉（木の葉）がとりわけ豊かだ。

日本語訳・語注
　"病"のある文は、修正後の文例の日本語訳を記載。
　文中に出ている語で、大綱に出ておらず難易度の高い語はピンインと意味を記載。

STEP 2　単語とフレーズを極めよう【閲読 第二・第三部分】

【UNIT 1　閲読 第二部分】

1. **D**　　　　　　　　　　　　　　　　問題番号と解答

　这些年，在经济高速发展的同时有一个现象值得①关注，很多人因为工作、生活、前程、财富往往②表现出一种焦虑不安、浮躁不定、紧张不已的情绪，这就是社会焦虑，它正在成为当今社会中的一个明显时代③特征。

A 关爱　表达　特点　　　B 关怀　表示　特色
C 关心　表明　特长　　　**D 关注　表现　特征**

問題文と選択肢
　下線…空欄の箇所
　空欄の番号は、解説と対応している。

　ここ数年、経済が急速に発展すると同時に、注目に値する現象が現れており、多くの人が仕事、生活、将来、財産のことにしばしば焦り不安である、気が気ではない、緊張してやまないという感覚を表出している。これがつまり社会的なストレス性障害で、まさに現代社会における明らかな時代的特徴となっている。

浮躁 fúzào 不定：そわそわとして落ち着かない

問題文の日本語訳・語注

①の前にある"现象"と組み合わせることができる動詞はDの"关注"。"关爱"は「気にかけて大切にする」、"关怀"は「人や事業に対し、上に位置する者が下の者に対し配慮する」、"关心"は「人またば事柄に対して気にかける」。②は補語"出"と目的語"情绪"がポイント。これら

解説
　空欄の番号に対応して解説。
　組：コロケーションの例

【UNIT 2　閲読 第三部分】

1–5. **B／C／A／D／E**

自古以来，山西的面食以花样多、品质好、影响大而颇为出名。在山西，一般家庭妇女都能以面粉为原料加工出数种面食；许多山西汉子有时在客人面前也会展示一下面食绝活。其中，[(1)B]“刀削面”是山西最有代表性的面食之一，堪称天下一绝，已有数百年的历史。

(5) 物語の最後のまとめに当たる。“就这样”はそれまでの話をまとめる時によく用いられる。

表現力アップメモ

“颇为出名”：“颇为”＋2音節形容詞の表現

颇为恐惧（非常に恐ろしい）　颇为富裕（たいへん豊かである）
颇为形象（とてもわかりやすい）　颇为不满（すこぶる不満である）

問題番号と
正解（順番に並べて記載）

以下、問題文、日本語訳、語注、
解説の順に記載。

表現力アップメモ

STEP 3　文章を読み解く力を磨こう【閲読 第四部分】

17–20.

互联网医疗是网络技术信息在医疗领域的新的应用。如果把传统的医疗方式称为“接触式医疗”，互联网医疗则可以称为“非接触式医疗”。互联网医疗在医疗过程中，医患双方通过文字、图片、语音等方式，在互联网平台上进行非接触性质的信息交流。互联网医疗根据开设主体，可以划分为互联网公司或移动医疗平台自发的在线医疗和公立医院在官方微信公众号或移动APP开设的线上医疗。另外，根据服务内容，互联网医疗可以包括健康教育、医疗信息查询、电子健康档案、疾病风险评估、在线疾

17. **B** 传统医疗方式与互联网医疗方式的区别是：
（伝統的な医療方式とオンライン診療方式の違いは）

A 医生和患者是否拥有电脑（医師と患者がコンピューターを持っているかどうか）
B 医生对患者是否进行面对面的诊疗（医師が患者に対面式の診療を行うかどうか）
C 传统医疗不包括健康教育（伝統医療は健康教育を含まない）
D 互联网医疗只提供医疗信息（オンライン診療は医療情報を提供するだけである）

“如果把传统的医疗方式称为‘接触式医疗’，互联网医疗则可以称为‘非接触式医疗’。互联网医疗在医疗过程中，医患双方通过文字、图片、语音等方式，在互联网平台上进行非接触性质的信息交流。”より、B。

問題番号
続いて課題文、日本語訳、語注

問いと正解の選択肢
およびそれぞれの日本語訳、
解説

STEP 4　要約文の書き方をマスターしよう【書写部分】

2.【課題文】

我的妹妹小红是一个非常内向的女孩子，平时说话声音很小，而且一说话脸就红。

小红大学毕业后进了一家旅行社。因为她在大学学的是图书馆学，父母和我都觉得去图书馆工作更适合她的性格。但是小红对我说：“哥，我知道自己不善言辞，所以我才要锻炼自己，挑战自己。在旅行社工作要跟很多游客打交道，需要用语言去交流，我应该试着改变自己。”

听了小红的话，我以为她经过一段时间，她一定会战胜自己的弱点。然而过了两

【6要素】

①時間：六月初夏的一个晚上、一年后
②場所：出租车上、林娜住的小区、林娜房间的客厅的落地窗前
③人物：林娜、出租车司机
④事柄の起因：林娜叫了一辆出租车回家
⑤事柄の経過：林娜把包忘在了出租车上、出租车司机一直在楼下等林娜来拿包
⑥事柄の結末：林娜觉得出租车司机很善良、两个人一年后结婚了

【ストーリーの流れ】【叙述形式：時系列】

①六月初夏的一个晚上，林娜加班加到很晚，有些疲惫，于是叫了一辆出租车。
②二十多分钟后，出租车开进了她住的小区。下车的时候，林娜忘记了自己的包。

【要約完成例参考】

善良

六月初夏的一个晚上，林娜加班加到很晚，有些疲惫，于是叫了一辆出租车。二十多分钟后，出租车开进了她住的小区。下车的时候，林娜忘记了自己的包，要休息的时候，才发现包丢在出租车上了。林娜走到客厅的落地窗前，往下看，

それぞれ
課題文とその日本語訳、語注の後、
「6要素」
「ストーリーの流れ」
「叙述形式」
を整理。
最後に要約文の完成例を記載。

閲読第一部分　予備練習 1（二者択一）

本冊 P. 132

1. **A**

A. 昨天小王在电影院门前等了一下午你，你不应该这样伤害她。

数量補語の文で、目的語が代詞の場合、語順は「述語動詞＋目的語（代詞）＋数量補語」となる。したがって、“你”を“等了”の後に置くべきである。

→ 昨天小王在电影院门前等了你一下午，你不应该这样伤害她。

【日本語訳・語注】

A × ［正文例］昨日王さんは映画館の前で午後ずっとあなたを待っていた。あなたはこんなふうに彼女を傷つけるべきではない。

B ある最新の研究によると、ペットを飼うことは幼児の社会的感情の発達を促進できることが明らかになった。

---

2. **A**

A. 我很欣赏那种大胆创新精神和他的桀骜不驯的性格。

“大胆创新精神”と“桀骜不驯的性格”はいずれも“他”が持っているものである。したがって、連体修飾語の“他的”を“那种”の前に置くべきである。

→ 我很欣赏他的那种大胆创新精神和桀骜不驯的性格。

【日本語訳・語注】

A × ［正文例］私は彼の大胆で革新的な精神と何者にも屈しない性格を高く評価している。

桀骜不驯 jié' ào bú xùn：強情である、傲慢で不遜である、何者にも屈しない

B 子供同士の喧嘩に対して、安全面での問題を除いて、親は過度に介入しないほうがよい。

---

3. **B**

B. 苏绣的主要特点大部分是绣工精巧、细腻，色彩文雅、素洁。

“主要特点”の後に“大部分”を置くと、「主な特徴は大部分が～だ」になるので、論理的におかしい。したがって、“大部分”を削除する。

→ 苏绣的主要特点是绣工精巧、细腻，色彩文雅、素洁。

【日本語訳・語注】

A 彼は中国の世界遺産の登録申請・保護活動の推進に長年黙々と参画してきた。

B × ［正文例］蘇州刺繍の主な特徴は、精巧で繊細な技術、上品で清楚な色彩である。

---

4. **A**

A. 除了你自己，这个世界没有谁不可以阻碍你成长。

“没有谁不可以”は二重否定となるため、“谁都可以”と同じ意味になる。そうすると、後文が“谁都可以阻碍你成长”になってしまうため、意味がおかしくなる。

→ 除了你自己，这个世界没有谁可以阻碍你成长。

【日本語訳・語注】

A × ［正文例］あなた以外に、あなたの成長を阻める者はこの世界に誰もいない。
B この基金の主旨は、世界の科学技術の最前線に進出することが期待される優秀な学術人材の育成を加速することにある。

5．**B**

B．这篇小说非常有名，因为现在很多中小学都把它作为课外读物。

この文だと、"现在很多中小学都把它作为课外读物"が原因であり、"这篇小说非常有名"がその結果となっているが、因果関係が強引で筋の通りが悪い。"因为"を"所以"に変えるとよくなる。

→ 这篇小说非常有名，所以现在很多中小学都把它作为课外读物。

【日本語訳・語注】

A ますます多くの化粧品会社が美しい自然の中に美麗な工場を建てることにしている。
青山绿水 qīng shān lǜ shuǐ：美しい山河、美しい自然
B × ［正文例］この小説はたいへん有名なので、今では多くの小中学校が課外読物としている。

6．**B**

B．那年的大地震造成了严重的人员伤亡、房屋和各种财产的损失，至今令人不堪回首。

"房屋"は"各种财产"に含まれるので、両者は並列関係にしてはいけない。"和"を"等"に置き換えるとよい。

→ 那年的大地震造成了严重的人员伤亡、房屋等各种财产的损失，至今令人不堪回首。

【日本語訳・語注】

A この写真によって、彼は一夜にして世界で最も有名な肖像写真家となった。
B × ［正文例］あの年の大地震は人命や家屋等の各種財産に甚大な被害をもたらし、今に至っても振り返って見ることができない思いにさせる。

7．**B**

B．倘若你周围每一个人的脸上都洋溢着笑容，所以你就会觉得这个世界充满了阳光。

接続詞"倘若"は"假如"と同じ意味で、仮定関係を表すので、"那么"で呼応させるべきである。

→ 倘若你周围每一个人的脸上都洋溢着笑容，那么你就会觉得这个世界充满了阳光。

【日本語訳・語注】

A 人々は価値のある情報を交換することで、他人とつながり、一種のアイデンティティを獲得する。
身份认同 shēnfen rèntóng：アイデンティティ
B × ［正文例］もしあなたの周りの誰もがあふれるような笑顔をしていたら、あなたはこの世界が光に満ちていると感じるだろう。
洋溢 yángyì：あふれる、みなぎる

8. **B**

B. 金先生有长远的眼光和宽广的胸襟，四十多年来他主动培养提高了一批又一批的年轻学人。

“提高”と“年轻学人”の動詞目的語の組み合わせに誤りがある。“年轻学人”には“提拔”（抜擢する）という動詞が適切である。

→ 金先生有长远的眼光和宽广的胸襟，四十多年来他主动培养提拔了一批又一批的年轻学人。

【日本語訳・語注】

A 長期に渡る睡眠不足は記憶力の低下をまねき、ひいては学習能力の低下や作業効率の低下をまねく。

B × ［正文例］金さんは先を見通す目と広い心を持っており、40年以上にわたって自ら進んで次々に若い学者たちを養成し抜擢してきた。

9. **A**

A. 日本奥委组为了即将迎接到来的2020年东京奥运会，为一些参赛国家设计了独特的漫画形象。

文の意味から“即将”は“到来”にかかっているので、“即将”は“到来”の修飾語として“到来”の前に置く。

→ 日本奥委组为了迎接即将到来的2020年东京奥运会，为一些参赛国家设计了独特的漫画形象。

【日本語訳・語注】

A × ［正文例］日本オリンピック委員会は、来る2020年東京オリンピックを迎えるために、いくつかの参加国に特別なキャラクターをデザインした。

B 会社はオフィスに特別な設計を施し、異なる部署の社員同士が交流できる機会をより多く作った。

10. **A**

A. 企业文化所建立的企业内部的文化氛围是一种精神激励，它能够调动与激发员工的积极性、主动性和创造性。

連体修飾語“企业文化所建立的”と被修飾語“文化氛围”の組み合わせに誤りがある。“文化氛围”は「形成される」が妥当である。したがって“建立”は“形成”に変えるべきである。

→ 企业文化所形成的企业内部的文化氛围是一种精神激励，它能够调动与激发员工的积极性、主动性和创造性。

【日本語訳・語注】

A × ［正文例］企業文化が形作る企業内の文化的雰囲気は精神的なインセンティブであり、従業員の積極性、主体性、創造性を動かし奮い立たせることができる。

B このテレビドラマは主人公の結婚生活と女性の自我の成長の実現を主軸として、真の幸福とは何かを追究している。

予備練習２（三者択一）

本冊 P. 134

1．A

A. 林教授花了毕生的心血撰写了一部关于音韵学方面的▇。

この文は、"林教授 || 花了 ➡ 心血　撰写了 ➡ 关于音韵学方面的…。"という連動文である。とすると、"关于音韵学方面的"は連体修飾語であるので、その被修飾語であると同時に述語動詞２"撰写"の目的語となる語が欠けている。"撰写"の目的語となれる語には、"书／著作／论文"などがある。

→ 林教授花了毕生的心血撰写了一部关于音韵学方面的书／著作。

※前に"一部"があるので"论文"は使えない。

【日本語訳・語注】

A ×　［正文例］林教授は一生の心血を注いで、音韻学分野に関する書物（著書）を書いた。
撰写 zhuànxiě：執筆する

B 社会に報いるために、彼は常にスーパーの生活用品を孤児院に送っている。

C 今年の秋は天気の移り変わりが激しい（雨の日と晴れの日が行ったり来たり入れ替わる）ので、紅葉（木の葉）がとりわけ豊かだ。

2．C

C. 虽然与她第一次见面，却一见如故，而且被她的优雅气质所吸引，对她很有好感。

文全体の主語が欠けている。

→ 我虽然与她第一次见面，却一见如故，而且被她的优雅气质所吸引，对她很有好感。／虽然我与她第一次见面，却一见如故，而且被她的优雅气质所吸引，对她很有好感。

【日本語訳・語注】

A 中国の各地に多くの食べ物があり、ほとんどどの食べ物にもそれぞれの伝説がある。

B 人口が増加すると、多くの物品の消費量もそれに従って増加する。

C ×　［正文例］私は彼女と初めて会ったが、たちまち旧友のように打ち解け、しかも彼女の優雅な気質に引きつけられ、彼女に対してたいへん好感を持った。

3．B

B. 企业频繁变更法定代表人意识到企业的控制权可能发生了频繁变化。

この文の主語は"法定代表人"ではなく、"企业频繁变更法定代表人"という事柄である。"意识到"の主語は人であるべきなので、この文の述語としては不適切である。述語は"意味着"とするのが妥当である。

→ 企业频繁变更法定代表人意味着企业的控制权可能发生了频繁变化。

【日本語訳・語注】

A 科学者たちは、人が考えてから行動に移すまでに必要な時間は0.15秒未満であることを発見した。

B ×　［正文例］企業が法定代表者を頻繁に変更することは、企業の支配権が頻繁に変化する可能性があることを意味している。

STEP 1

C ドイツは山間部が大森林に覆われているだけでなく、大小の都市にも広大な面積を占める森林公園がある。

4. **A**

A. 父母的潜移默化使小刚对医学产生了浓厚的爱好。

連体修飾語の"浓厚的"と被修飾語の"爱好"の組み合わせに誤りがある。"浓厚的"と組み合わせることができるのは、"兴趣"である。

→ 父母的潜移默化使小刚对医学产生了浓厚的兴趣。

【日本語訳・語注】

A × ［正文例］両親から知らず知らずのうちに受けた感化により、小剛は医学に対して強い興味を持った。
潜移默化 qián yí mò huà：知らず知らずのうちに感化される

B 私たちは友人を選ぶのにまず容貌、身なり、地位等に注意を払い、かえって最も重要な中身は見落としてしまいがちである。

C 何か納得できないことがあるときは、一人でいることが1つの効果的な方法だ。

5. **B**

B. 即便人力成本上涨，人才流动加剧，企业在招人和用人方面面临诸多困难，因此越来越多的企业正在选择使用人力资源外包服务。

接続詞"即便"は"即使"と基本的に意味と用法が同じで、書き言葉によく用いられ、副詞"也"と呼応する。そして接続詞の"因此"は"由于"と呼応して使う。この文では"即便"の後に続く文は意味上、"因此"の後に続く文の原因となるため、"即便"を"由于"に変えるべきである。

→ 由于人力成本上涨，人才流动加剧，企业在招人和用人方面面临诸多困难，因此越来越多的企业正在选择使用人力资源外包服务。

【日本語訳・語注】

A 夏になると、雨でない限り、私たち家族は全員外で夜を過ごす。この習慣ずっと変わらない。

B × ［正文例］人件費の高騰、人材の流動性の高まりによって、企業は求人と雇用の方面で多くの困難に直面している。このため、ますます多くの企業は人材のアウトソーシングサービスを利用することを選んでいる。　外包服务：アウトソーシングサービス

C 博士の学位を得た後、彼は外国の手厚い待遇を捨て、祖国の建築事業に身を投じた。

6. **C**

C. 澳大利亚山火过后，森林植被开始复苏，然而却科学家们感到十分担忧。

副詞"却"は主語の前に置けない。述語動詞の前に置く。

→ 澳大利亚山火过后，森林植被开始复苏，然而科学家们却感到十分担忧。

【日本語訳・語注】

A 多くの人が彼は家で老後の生活を送るだろうと思っていたが、90歳を過ぎた彼はまた新たな起業計画を立て始めた。

B 私は会議中だったので、配達員に荷物を宅配ボックスに置いてもらった。
C × ［正文例］オーストラリアの山火事の後、森林の植生は蘇り始めているが、科学者たちは非常に憂慮している。

---

7. **B**

B. 如果有人指责你，不要急着反驳，先寂静地听完，然后反思自己是否真的像对方说的那样。

連用修飾語“寂静地”と被修飾語“听完”の組み合わせに誤りがある。“寂静”は形容詞であるが、連用修飾語にはならない。同じ形容詞の“静”を重ねた“静静”は連用修飾語になれる。

→ 如果有人指责你，不要急着反驳，先静静地听完，然后反思自己是否真的像对方说的那样。

【日本語訳・語注】

A 空気清浄機はふつうエアコンと同様にある場所に固定されて使われる。
B × ［正文例］誰かに非難されたら、すぐに反論せず、まず静かに相手の言うことを聞き、それから自分が本当に相手の言うようなのかどうかを振り返ってみよう。
C どの方面から考えても、犬はいつも喜んで人類の良きパートナーとなるが、猫は人に対してクールな態度をとる。
高冷：高（お高くとまる）＋冷（クールである、媚びない）

---

8. **A**

A. 踩高跷是中国民间盛行流行的一种群众性技艺表演，早在春秋时期就已经出现。

“盛行”は「盛んに行われる、流行する」意味で、“流行”は「流行する」意味であるため、意味的に類似している動詞の重複使用である。どちらかを残せばよい。

→ 踩高跷是中国民间盛行的一种群众性技艺表演，早在春秋时期就已经出现。／
踩高跷是中国民间流行的一种群众性技艺表演，早在春秋时期就已经出现。

【日本語訳・語注】

A × ［正文例］高足踊りは中国の民間で盛んに行われている（流行している）大衆的な芸で、早くも春秋時代にはすでに出現していた。
踩高跷 cǎigāoqiāo：高足踊り（竹馬のような高い台に足をのせて踊る伝統芸能）
B 車を運転できる若者でも、彼らが車を運転する機会はますます少なくなり、ますます多くの人が公共交通機関をより選びたがる。
C 日常生活で面倒なことや困惑することがあったら、額をちょっと叩けばインスピレーションを得られることがある。

---

9. **A**

A. 人与人相处很难不发生矛盾，然而一发生矛盾，就不停地争吵，互相不让步，这其实是一种愚昧的见解。

“不停地争吵，互相不让步”は、対立が生じた時の行動であり、“见解”（見方、見解）

STEP 1

ではない。"做法"に変えるとよい。概念を混同しているため、誤りになっている。

→ 人与人相处很难不发生矛盾，然而一发生矛盾，就不停地争吵，互相不让步，这其实是一种愚昧的做法。

【日本語訳・語注】

A × ［正文例］人と人が付き合うのに衝突することは避けがたいが、衝突が起きたとたん、とめどなく言い争い、お互いに譲り合わないのは、実は愚かなやり方である。

B ドライアイの症状として、軽症の場合は不快感を感じさせ、正常な仕事と休息に影響を及ぼし、重症の場合は角膜の感染を引き起こし、失明に至る。

C 哲学は多くの文系志願者が悩む専攻で、毎年就職が最も難しい専攻ランキングのワースト１位に置かれている。

10．**C**

C．不要让充满负能量的人在你身边，因为他们无时无刻不忘消耗你的能量。

"无时无刻不"は"时时刻刻都"という意味であり、"无时无刻不忘"は"时时刻刻都忘"になってしまうため、前文と意味が合わない。"时时刻刻"は「いつも、常に」という意味であり、持続、進行の意味を含んでいるため、"在"を使って「消耗させている」という意味を表すとよい。

→ 不要让充满负能量的人在你身边，因为他们无时无刻不在消耗你的能量。

【日本語訳・語注】

A 世界各地からやってきたアーバン・アートのアーティストとイラストアーティストは、ここを世界で最もクリエイティブなホテルに変えた。

B 彼は何度も実験と研究開発を繰り返し、ついにこのような美しく、紫外線防止もできるサングラスの研究開発に成功した。

C × ［正文例］ネガティブなエネルギーに満ちた人をあなたの身近にいさせてはならない。なぜなら彼らは四六時中、あなたのエネルギーを消耗させないことがないからだ。

実践練習 1

本冊 P. 136

1．A

A. 他一个早晨就写了三封信。

副詞“就”にストレスを置いて読むと、“三封信”は少ないという意味になり、“一个早晨”にストレスを置いて読むと、“三封信”は多いという意味になる。したがって、どちらの意味を表したいか不明である。“就”を削除すれば意味がはっきりする。

→ 他一个早晨写了三封信。

【日本語訳・語注】

A × ［正文例］彼は朝手紙を３通書いた。

B その軽率な行動は彼が長い年月を経て成してきた事業をほとんどだめにした。

C 確たる証拠を得る前に、簡単に結論を下してはいけない。

D 手術後、彼の記憶力はますます以前より低下した。

2．A

A. 那一年我度过了在外婆家一生中最美好的时光。

語順に誤りがある。介詞フレーズ“在外婆家”は連用修飾語として述語動詞“度过”の前に置く。

→ 那一年我在外婆家度过了一生中最美好的时光。

【日本語訳・語注】

A × ［正文例］その年私は外祖母の家で一生で最も素晴らしい時を過ごした。

B たとえどんなにその販売員が言葉巧みにセールスしても、私は心を動かさない。
巧舌如簧 qiǎo shé rú huáng：言葉巧みにまくし立てる／任凭 rènpíng：～に関わらず、～であれ

C こちらの老教授はもう 90 歳のご高齢だが、依然として頭が切れ、言葉もユーモアに富んでいる。

D 彗星は通り過ぎゆく旅人のようにあっという間に過ぎ去る、太陽系の最も不思議なメンバーである。

3．B

B. 我发现在中国的生活很方便，从来没遇到了困难。

組み合わせに誤りがある。“从来没”は後に“動詞＋过”で呼応する。“了”を“过”に変えるべきである。

→ 我发现在中国的生活很方便，从来没遇到过困难。

【日本語訳・語注】

A 安徽省の黄山は、その優美な風景とそれぞれ独特の形をした松の木で名高い。
著称 zhùchēng：～で名高い

B × ［正文例］私は中国での生活は便利で、これまで困難に遭遇したことがないことに気づいた。

C 作者は豊富な人生経験を持っているからこそ、このように深みのある作品を書くことができた。

D 誰も果物を食べるのが好きで魚を食べるのが嫌いな猫を見たことがなく、みんな珍しいものを見に彼の家に押しかけた。

4. **D**

D. 这个炼钢车间，由十天开一炉，变为五天开一炉，时间缩短了一倍。

“缩短”と“一倍”の組み合わせに誤りがある。“倍”は「増加する」意味が含まれている動詞（例えば“增加”“延长”など）と組み合わせるのが一般的であり、“缩短”は「減少する」意味を持つため、ここでは“一倍”を“一半”に変えるべきである。ただ、中国の算数の教科書には“缩小～倍”のような文言がよく現れる。

→ 这个炼钢车间，由十天开一炉，变为五天开一炉，时间缩短了一半。

【日本語訳・語注】

A 今回の反海賊版活動は優れた成果を挙げ、効果的に正規版のマーケットを保護した。

B 双方は舌鋒鋭く議論を交わし、お互いに譲らず、結局話し合いは膠着状態に陥った。
唇枪舌剑 chún qiāng shé jiàn：舌鋒鋭く論争する／僵局 jiāngjú：膠着状態

C 窓を開けると、1匹の蝶がひらひらとやってきて、私に驚きと喜びを与えた。

D × ［正文例］この製鋼場は、10日に1度の開炉が5日に1度になり、時間が半分に短縮された。
炼钢 liàn gāng：製鋼する、鉄を精錬し鋼にする／开炉：炉を開ける

5. **C**

C. 在激烈的市场竞争中，我们所缺乏的一是勇气不足，二是谋略不当。

否定の意味を持つ語句の重複使用による誤り。“缺乏”、“不足”、“不当”はいずれも否定の意味を持っているので、“缺乏”の後に“不足”、“不当”が続くことで意味に矛盾が生じている。

→ 在激烈的市场竞争中，我们所缺乏的一是勇气，二是谋略。

【日本語訳・語注】

A 貧困問題が解決したばかりの民族にとっては、お金は音楽よりいくらか重要なようである。
温饱：衣食に事欠かないこと

B 林さんは「廬山の本当の姿を知らないのは、ただ私が山中にいたからである（廬山の真面目・廬山の中に居る者は廬山の全形を見ず）」という2節の詩に込められた意味をじっくりと噛みしめている。

C × ［正文例］激しい市場競争の中で我々に欠けているものは、まずは勇気、次に策略である。

D あの店の販売員は客に対する態度がいつも冷淡だ、どうりであの店の客が日に日に少なくなるわけだ。

6. **D**

D. 从教育学角度来看，不仅算盘是一种计算工具，还是一种很好的玩具和教学用具。

接続詞の位置に誤りがある。接続詞“不仅”は、前文と後文の主語が同じ場合は前文の主語の後に置くが、前文と後文の主語が異なる場合は文頭に置く。Dは前文と後文の主語が“算盘”で同じであるため、“算盘”の後に“不仅”を置くとよい。

→ 从教育学角度来看，算盘不仅是一种计算工具，还是一种很好的玩具和教学用具。

【日本語訳・語注】

A 道徳教育を軽視することにより、一部の青年に利己的で無関心、思いやりに欠けるといった人格的な欠陥が現れた。

B 博物館の防犯システムがまるっきり機能せず、泥棒は大手を振って侵入し、あの名画を盗んでいった。
大摇大摆：大手を振って、肩で風を切って歩く

C 人生は実にシンプルだ。「大切にする、足るを知る、感謝する」をわかりさえすれば、生命の輝きをその手にできる。

D × ［正文例］教育学の観点から見れば、そろばんは計算のための道具であるだけでなく、おもしろいおもちゃであり学習ツールでもある。

7. **A**

A. 早上7点，教室里一个人也没有，只有班长坐在那里大声地读课文。

論理的に誤りがある。"教室里一个人也没有" と "只有班长坐在那里…" は論理的に矛盾が生じる。"一个人也没有" を削って、"教室里只有班长坐在那里…" とするとよい。

→ 早上7点，教室里只有班长坐在那里大声地读课文。

【日本語訳・語注】

A × ［正文例］朝7時、教室では学級長だけがそこに座り、大きな声でテキストを読んでいる。

B 1970～1980年代、中国は改革開放政策を実行し、それに伴って現れた市場経済は中国に新しい活力をもたらした。

C 彼のこの研究成果は、現在、さらには未来において、社会の発展と人々の生活に極めて大きな影響を与えるだろう。

D 現在先進国の多くはゴミの回収、分別、および総合利用方法を取り入れ、できるだけゴミを宝物に変え、利用できるようにしている。

8. **D**

D. 某些商家违背商业道德，利用中小学生具有的好奇心理和在考试作弊并不鲜见的情况下，为"隐形笔"大做广告。

動詞と目的語の組み合わせに誤りがある。この文は "商家" を主語とする連動文の構造をしており、１つめが "违背 ➡ 商业道德"、２つめが "利用 ➡ 中小学生…" である。２つめの目的語に当たるのは "中小学生…" から後の部分だが、接続助詞 "和" を用いているため、"和" の前後がすべて "利用" の目的語と見なされる。しかし、"在考试作弊并不鲜见的情况下" は介詞フレーズであるため、構造的にも意味的にも "利用" の目的語として妥当ではない。"在考试作弊并不鲜见的情况下" を "利用" の前に置いて連用修飾語にすれば自然な文となる。

→ 某些商家违背商业道德，在考试作弊并不鲜见的情况下利用中小学生具有的好奇心理，为"隐形笔"大做广告。

【日本語訳・語注】

A 一人の貧者にとって、最大の楽しみは余裕のある暮らしをしている人たちを「ロバのように疲れている」とあざけることだ。

B 中国人は昔から結婚の儀式を重視してきたが、時代が異なれば結婚の儀式と費用も異なる部分がある。

C 20世紀1970年代以来、出生率と死亡率の低下につれ、高齢化問題は全世界の問題となった。

D × ［正文例］一部の業者は商業道徳に背き、試験でカンニングをするのが珍しくない状況で小中学生が持つ好奇心を利用し、「UVペン」を大々的に宣伝した。

9．**B**

B.《全宋文》的出版，对于完善宋代的学术文献、推动传统文化研究的意义特别重大。

“对于完善宋代的学术文献、推动传统文化研究的意义特别重大”だと“意义”が“推动传统文化研究”だけにかかってしまう“的”を削除することで、“对于完善宋代的学术文献、推动传统文化研究”が連用修飾語として、大述語（主述構造）の“意义特别重大”を修飾するようにしなければならない。

→《全宋文》的出版，对于完善宋代的学术文献、推动传统文化研究意义特别重大。

【日本語訳・語注】

A 毎年行われる省エネ・環境有害物質排出削減事業は注目を浴びており、目下一定の効果は得られているが、直面する情勢は依然として非常に厳しい。

B × ［正文例］『全宋文』の出版は、宋代の学術文献の整備、伝統文化研究の推進に対してとりわけ大きな意義がある。

C 光の速さを測定することは現代の科学技術の中で非常に重要な意義を持っている。例えば光の速さを得られれば、科学者たちはそれを用いて星と星との距離を測定することができる。

D 現代社会において、妻の収入はすでに家庭経済の重要な構成要素となった。これにより平等で民主的な夫婦関係を構築するための経済的基礎が固められた。

10．**C**

C. 改革开放搞活了经济，农贸市场的货物琳琅满目，除各种应时的新鲜蔬菜外，还有肉类、水产品、鱼、虾、甲鱼、牛蛙及各种调味品。

重複成分による誤り。“鱼、虾、甲鱼、牛蛙”はすべて“水产品”のカテゴリーに入るため、“水产品”の後に並列成分として置くべきではない。

→ 改革开放搞活了经济，农贸市场的货物琳琅满目，除各种应时的新鲜蔬菜外，还有肉类、水产品及各种调味品。

【日本語訳・語注】

A 故郷では、正月行事で最も重要な行事の１つは親戚回りである。親戚と言っても、常日頃から付き合いがあってはじめて「親」しみが現れるものである。

B 表面的に見ると、人々が手袋をするのはただ防寒のためだけのように見える。しかし実際は、手袋は一種の身分の象徴でもあり、手袋によってその人が属する社会階層があらわになる。

C × ［正文例］改革開放は経済を活性化し、ファーマーズマーケットの商品は逸品ぞろいで、各種の季節ごとの旬の野菜のほか、肉類、水産物、および各種の調味料もある。
琳琅满目 lín láng mǎn mù：目を奪うばかりの美しいものがいっぱいある

D 科学者たちはどうすれば人をより賢くさせられるかを研究し続けるなかで、新しい神経細胞が常に分裂し続けていることを発見した。科学者たちはここから適切な方法も見出し、子供、ひいては成人の知能指数を高めた。
神经元：神経細胞（ニューロン）

実践練習2

本冊 P. 139

1．**A**

A．世界是一个不停地运动、变化和转化。

文成分が欠けている。文の主語は“世界”、述語は“是”。数量詞“一个”は名詞、つまりこの文における目的語を修飾するが、それが欠けている。“是一个”を削ると、“运动、变化和转化”が述語となり、自然な文となる。

→ 世界不停地运动、变化和转化。

【日本語訳・語注】

A × ［正文例］世界は絶え間なく動き、変化し、転化している。

B 今日、科学者はまさにいかにしてりんごの皮を利用してスーパーコンデンサーを作るかを研究している。

电容器：コンデンサー（蓄電器）

C 彼は困った様子を見せているので、皆も彼をもう催促しなくなった。

D 私は医学を学び、医療に従事して合わせてもう 20 年になるが、この 20 年間の中で、数多くの生と死を目にしてきた。

2．**B**

B．从小学到研究生，教过我的老师不计其数，其中我永远忘不了的就是她这位人。

組み合わせに誤りがある。“位”は量詞で、敬意をもって人を数えるときに使うが、どういう人か特定しない名詞“人”に使うことができない。また代名詞“她”が誰を指すかも不明である。

→ 从小学到研究生，教过我的老师不计其数，其中我永远忘不了的就是这位老师。／从小学到研究生，教过我的老师不计其数，其中我永远忘不了的就是她。

【日本語訳・語注】

A 読解中に新出単語に出合ったら、まずは放置しておいて、文全体の主要な意味をつかむこと。これはともかくも読解速度を上げるために良い方法だと言えるだろう。

不失为…：～たるを失わない＝ともかくも～である、まあ～だと言える

B × ［正文例］小学校から大学院まで、教えてくださった先生は数え切れないが、その中で私が永遠に忘れられないのはこの先生／彼女だけである。

C ブレイクスルーは１つの過程である。まず心理的な壁を乗り越え、次に行動する不安を乗り越え、そして最後に成功の喜びがある。

D この試験の改革案は現在まだ議論されていないのに、「改革後の新案」の運用を開始したという話はどこから来たのか？

3．**D**

D．地铁紧张施工时，隧道突然发生塌方，工段长俞秀华奋不顾身，用身体掩护工友的安全，自己却负了重伤。

組み合わせに誤りがある。"掩护"の目的語は主に「人」であるので、"安全"は"掩护"の目的語として不適切。この文を自然な文にするには、"的安全"を削る。

→ 地铁紧张施工时，隧道突然发生塌方，工段长俞秀华奋不顾身，用身体掩护工友，自己却负了重伤。

【日本語訳・語注】

A 友人が結婚するのに、どんな贈り物をしようかというのは、いつも頭が痛い問題である。

B 寒い季節には、比較的濃い色の服が太陽の光と熱を吸収でき、暖かく感じられる。

C 若い親たちは子供の生活と健康を気にかけると同時に、子供の知能の開発にも注意し始める。

D × ［正文例］地下鉄工事が急ピッチで進んでいる時、突然トンネルが崩落した。工事現場責任者の兪秀華は危険を顧みず、体を張って作業員たちを守り、自身は重傷を負った。
奋不顾身 fèn bú gù shēn：身の危険を顧みず奮闘する、身命をかけて戦う

4. **D**

D. 小琳的爸爸是医生，妈妈是教师，哥哥是军人，他们分别在自己的岗位上教书育人，救死扶伤，站岗放哨。

対応する順番に誤りがある。"爸爸是医生，妈妈是教师，哥哥是军人"に対応すべく、"救死扶伤"を"教书育人"の前に並べるのが妥当である。

→ 小琳的爸爸是医生，妈妈是教师，哥哥是军人，他们分别在自己的岗位上救死扶伤，教书育人，站岗放哨。

【日本語訳・語注】

A 昨日天気予報で、今日天気は回復するだろうと言っていたけれど、見て今日のこの天気、雨が止まないどころか、かえってより激しくなったよ。

B 生活は一幅の色とりどりのきらびやかな絵巻である。もしそれを楽しめないのなら、それが美しさに欠けるのではなく、あなたがその美しさを見つける力が足りないのだ。

C「五一」の期間、植物園はチューリップ、ボタン、クチナシ等の花卉を展示するとともに、民族舞踊ショーとオランダ風車展を開催する。
郁金香 yùjīnxiāng：チューリップ／栀子 zhīzi：クチナシ

D × ［正文例］小琳の父は医者で、母は教師、兄は軍人である。彼らはそれぞれの職場において人の命を救い傷を手当し、教育を施し、歩哨に立っている。

5. **C**

C. 刚到中国的第一个星期，我很不适应。但是过了十多天我渐渐开始习惯了这里的生活。

論理的に誤りがある。"渐渐开始习惯"であるため、"习惯"の後に動作の実現、完了を表すアスペクト助詞"了"をつけるべきではない。

→ 刚到中国的第一个星期，我很不适应。但是过了十多天我渐渐开始习惯这里的生活。

【日本語訳・語注】

A ヒマワリ種子油は食用油の中で最良のものの１つと言われている。なぜなら凝固点が低く、吸収されやすいからである。
葵花籽 kuíhuāzǐ：ヒマワリの種

B 離婚はたいへん伝染するもので、あなたは親類や友人、ひいては同僚からもこの厄介な「病気」にかかり得る。

C × ［正文例］中国に来てすぐの1週目、私はまったく適応できなかった。しかし10数日が経過して、私は徐々にここでの生活に慣れ始めた。

D クローン羊の誕生は世界に驚きを与えた。その理由は、卵細胞の中に移植したのは体細胞の核であり、胚細胞核ではなかったからである。

克隆 kèlóng：クローン

STEP 1

6. B

B. 为了避免今后类似事件不再发生，小区的保安采取了切实有效的安全措施。

論理的に誤りがある。"避免"（防止する）と"不再发生"（二度と起きない）が並ぶと、「二度と起きないことを防止する」＝"需要发生"の意味になってしまう。これでは後文が表す意味と論理的に合わない。自然な文にするには、"不再"を"再次"に変えるとよい。

→ 为了避免今后类似事件再次发生，小区的保安采取了切实有效的安全措施。

【日本語訳・語注】

A 人は往々にして手に入れたものは大切にしないが、一旦それを失ったら、恋々といつまでも未練を残すものだ。

依依不舍 yī yī bù shě：名残惜しい

B × ［正文例］今後同じようなことが再び起こるのを避けるため、団地の警備所は確実で効果のある安全措置をとった。

C 昼寝は緊張をほぐし、ストレスを和らげる良い方法である。静かでリラックスする場所を探してしばらく横になれば、午後の仕事の効率をより高めることができる。

D タイ族の人々は花茶を飲むのにこだわりがある。高齢者が飲むのはキンモクセイ茶、若者が飲むのはジャスミン茶、恋愛中の人が飲むのはバラの花茶である。

傣族 Dǎizú：タイ族（雲南省の主にシーサンパンナ州と徳宏州に住む少数民族）

7. B

B. 近日新区法院审结了这起案件，违约经营的小张被判令赔偿原告好路缘商贸公司经济损失和诉讼费 3000 多余元。

まず、"3000多余元"の部分で、"多"と"余"は同じ意味であるため、重複使用となる。また、"经济损失"と"诉讼费"合わせて"3000多余元"なのかどうかという点で、意味の上でも不明である。

→ 近日新区法院审结了这起案件，违约经营的小张被判令赔偿原告好路缘商贸公司经济损失 3000 多元。

【日本語訳・語注】

A 今回の展覧会は1,000枚近い家庭の古い写真を集めた。これらの写真は家庭生活の一瞬一瞬の静止画であるが、どれも時代の痕跡を刻んでいて、一度見たら忘れられないと思わせる。

B × ［正文例］先日、新区裁判所はこの事件の判決を下し、違約経営をしていた張さんは、原告である好路縁商貿公司に経済的損失として3,000元以上を賠償するよう命じられた。

C ドイツの専門家は不眠症を防ぐ自然の方法——特殊な「夜牛乳」を飲むという方法を発見した。その牛乳が持つ睡眠ホルモンは普通の牛乳の25倍もある。
激素 jīsù：ホルモン

D 全長2.4キロに及ぶ大型の石灰岩洞窟の中は、目を奪うばかりに美しい鍾乳石に満ちていて、素材の清浄さ、形の美しさは国内でも数少なく、保護し研究する価値が十分にある。

8．**A**

A．今年春节期间，这个市的210辆消防车、3000多名消防官兵，放弃休假，始终坚守在各自执勤的岗位上。

論理的に誤りがある。"消防官兵"は"放弃休假"と"坚守在岗位上"が可能であるが、"消防车"と"放弃休假"、"坚守在岗位上"は論理的に結びつかない。

→ 今年春节期间，这个市的3000多名消防官兵，放弃休假，始终坚守在各自执勤的岗位上。

【日本語訳・語注】

A × ［正文例］今年の春節期間、この市の消防隊員3,000名以上は、休暇を放棄し、ずっとそれぞれの任地を固く守り続けた。

B 青少年はインターネットユーザーの主力メンバーだが、ここ数年では、先進国の60歳以上の高齢者も続々と「インターネットに触れ」ており、「高齢者ネットオタク」の人数が激増している。

C 生息地の減少およびアジア全体に広がる密猟行為は、野生のトラの個体数を急激に減少させ、将来トラが大自然の中で生存し続けられるかどうかはやはり未知数である。

D 私たちが話をし文章を作り、ばらばらの語彙をひとつひとつ連ねて情報を伝え、コミュニケーションを成立させられる文章に仕上げる時には、一定の文法規則に従う必要があるのだ。

9．**C**

C．考古学家对两千多年前在长沙马王堆一号墓新出土的文物进行了多方面的研究，对墓主所处时代有了进一步的了解。

語順に誤りがある。"两千多年前"は"出土"の連用修飾語ではなく、"文物"の連体修飾語とすべきである。

→ 考古学家对在长沙马王堆一号墓新出土的两千多年前的文物进行了多方面的研究，对墓主所处时代有了进一步的了解。

【日本語訳・語注】

A エイズは1つの伝染病である。そのウイルスは性的接触、血液あるいは母から嬰児へといったルートを通って伝染し、人体に侵入後、病原体に対する免疫力を失わせる。

B 市民の美徳（公民的徳性）は、社会の公民個人が社会の公共生活の実践に参与する中で備えるべき社会的公共倫理の質、あるいは実際に現れる公共の模範的な意味を持つ社会的美徳である。

C × ［正文例］考古学者は長沙馬王堆一号墓で新たに発掘された2000年以上前の文物について多方面にわたる研究を行い、墓の主が生きた時代についていっそう理解を深めた。
马王堆 Mǎwángduī 一号墓：馬王堆漢墓（湖南省長沙市にある1972年から1974年にかけて発掘された紀元前2世紀の前漢時代の墳墓。被葬者は利蒼とその妻。）

D 2011年に運行が開始された京滬高速鉄道は、東部地域の鉄道輸送網を優れたものにしただけでなく、鉄道輸送とその他の交通手段が互いの優勢を補完するのを有利にした。

10．**A**

A．中央财政将逐年扩大向义务教育阶段家庭经济困难的学生免费提供教科书，地方财政也将设立助学专项资金。

組み合わせに誤りがある。この文の前半の主語は“中央财政”、述語は“扩大”、目的語は“提供教科书”となっているが、述語と目的語の組み合わせが不適切。自然な文にするには、“扩大”を削り、“提供”を述語とし、“教科书”をその目的語とするとよい。

→ 中央财政将逐年向义务教育阶段家庭经济困难的学生免费提供教科书，地方财政也将设立助学专项资金。

【日本語訳・語注】

A × ［正文例］中央財政は年々、義務教育段階にあり家庭が経済的に困難な学生に対して教科書を無料で提供し、地方財政も学習援助特別資金を調えることになっている。

B ある人は成功の希望を、例えば運命や星座といったもの、あるいは他人任せにしたがるが、ある人は何事もすべて自分にかかっているということをわかっており、積極的にチャンスを見つけて努力する。

諸如 zhūrú：例えば～など

C 20世紀後期、学者たちは西洋の人文社会科学に幅広く接触する環境があった。それを紹介し批評するといったことにおいて検討に値する部分は少なくないが、彼らが成し遂げた成果はやはり肯定されるべきものである。

商榷 shāngquè：検討する、協議する

D 老化の大きな目印は、平穏を求め変化を恐れることである。だからあなたは若さを保ちたいか？　元気でいたいか？　朝、新しい生活への憧れとともに目覚めるのを期待しているか？　良い方法が1つある、毎日ちょっとした冒険をすることだ。

閲読第二部分　練習 1

本冊 P.146

1. **D**

这些年，在经济高速发展的同时有一个现象值得①关注，很多人因为工作、生活、前程、财富往往②表现出一种焦虑不安、浮躁不定、紧张不已的情绪，这就是社会焦虑，它正在成为当今社会中的一个明显时代③特征。

A 关爱　表达　特点　　B 关怀　表示　特色
C 关心　表明　特长　　**D 关注　表现　特征**

ここ数年、経済が急速に発展すると同時に、注目に値する現象が現れており、多くの人が仕事、生活、将来、財産のことが原因でしばしば焦り不安である、気が気ではない、緊張してやまないという感覚を表出している。これがつまり社会的なストレス性障害で、まさに現代社会における明らかな時代的特徴となっている。

浮躁 fúzào 不定：そわそわとして落ち着かない

①の前にある“现象”と組み合わせることができる動詞はDの“关注”。“关爱”は「気にかけて大切にする」、“关怀”は「人や事業に対し、上に位置する者が下の者に対し配慮する」、“关心”は「人または事柄に対して気にかける」。②は補語“出”と目的語“情绪”がポイント。これらと結びつく動詞は“表现”と“表达”だが、“表达”は主に「言葉や文字を通して人の感情を書き出す、言い出す」ときに使う。③“时代”と組み合わせられるのは“特点”“特色”“特征”。

2. **C**

你一定听说过夫妻结婚时间长了，①相貌就开始相像起来。现在医学研究人员发现了一个更有趣的②现象，结婚时间越久的夫妻，血压值也越来越相近。可能是和吃同样的食物，一起承受某些情绪等因素③有关。因此，如果你做检查的时候发现血压有问题，也应该让你的④配偶去做检查。

A 脸面　情况　相关　妻子　　B 面子　事情　关系　丈夫
C 相貌　现象　有关　配偶　　D 性别　结果　关联　爱人

あなたはきっと聞いたことがあるだろう、結婚生活が長くなると、夫婦の容貌が似てくると。現在医学研究員がより面白い現象を発見した。結婚してからの時間が長い夫婦ほど、血圧の値も近くなるのだ。それは同じようなものを食べ、ある感情を共有している等の要因と関係があるのかもしれない。したがって、もしあなたが検査を受けて血圧に問題があることがわかったら、あなたの配偶者にも検査を受けさせるべきである。

①の選択肢はすべて名詞であり、後の動詞“相像”の主語になれるものを選ぶ。“脸面”、“面子”、“性别”は“相像”と組み合わせられない。②については、“发现”の目的語になれるのは“情况”と“现象”。③は動詞を入れるが、前に“…和吃同样的食物，一起承受某些情绪等因素”とあり、“和…有关／相关”という構造で、Cと確定できる。④は「夫婦のどちらか一方」を指す必要があるので“配偶”または“爱人”が選ばれる。

3．**A**

今年是“汉语桥”世界大学生中文比赛十二周年，大赛①举办十年来，共吸引了70多个国家的10多万名大学生②踊跃参赛，各国青少年朋友相聚在“汉语桥”，③提高了汉语水平，④体验了中华文化，结下了深厚友谊。

A 举办　踊跃　提高　体验　　B 举行　积极　加快　体会
C 组织　消极　增长　体贴　　D 开始　主动　增加　体谅

今年は「漢語橋」世界大学生中国語大会の12周年である。10年来の大会開催で合計70か国以上、10万人以上の大学生を引きつけ奮って参加させてきた。各国の志を同じくする青少年たちが「漢語橋」に参集し、中国語のレベルを高め、中華文化を体験し、深い友情を結んだ。

①は後に“十年来”があるため、“开始”を入れると意味不明になり、まずDを排除。②には形容詞を入れるが、後の“参赛”と組み合わせるものとして、Cの“消极”を排除できる。③は動詞を入れるが、後に目的語“汉语水平”があるので、Aの“提高”を選ぶ。“加快”“增长”“增加”はいずれも“汉语水平”を目的語にできない。④は、後ろの目的語“(中华) 文化”と組み合わせる動詞は“体验”。“体会”の対象は思想、精神、感覚などである。

4．**D**

把电视机的声音①调大，然后看书，5分钟后，把书②放下，看5分钟电视，然后再看书，③重复3次后，看看你记得多少书上和电视节目的内容。这样每隔两三个星期做一次，能帮助你提高注意力，④增强去除杂念和抗干扰的能力。

A 关小　扔掉　重要　提高　　B 关掉　合上　重叠　增长
C 放大　打开　重新　增加　　**D 调大　放下　重复　增强**

テレビの音量を上げ、それから本を読む。5分後、本を置き、5分間テレビを見て、そしてまた本を読む。これを3回繰り返してから、本にあった内容とテレビ番組の内容をどれだけ覚えているかチェックしてみる。このようなことを2～3週間おきに1回行うことで、集中力を高め、雑念を払い邪魔するものに抵抗する力を高めることができる。

①に入る動詞はいずれも「動詞＋結果補語」の構造。前にある“声音”との組み合わせを考えると、“关小”は構造自体が成立しないため、まずAは排除。②の前に“看书”があるため、本は開いている状態であるから、Cの“打开”を排除できる。③はその前の文脈から「繰り返す」という意味の動詞“重复”を選ぶ。④は“能力”を目的語とできる動詞として“提高”と“增强”を入れられる。“增加”の目的語となるのは数など、“增长”の目的語となるのは“知识”“产量”“威信”“金额”などである。

5．**B**

欢迎您使用搜狐微门户①获取资讯。如果您在使用过程中②遇到任何问题或者有什么建议，请您向我们③反馈，我们会在第一时间进行④回复。

A 获得　碰到　汇报　回答　　**B 获取　遇到　反馈　回复**
C 取得　看到　反应　答复　　D 得到　感到　反应　答应

情報取得に捜狐微門戸をご利用いただき誠にありがとうございます。ご使用中にもし何らかの問題、あるいは何かご意見がおありでしたら、ぜひフィードバックをお願いいたします。私たちはすぐにお答えいたします。

①には“资讯”を目的語とできる動詞が必要で、“获取”（手に入れる）が適当。“获得”と“取得”は“经验”“教训”のような抽象的物事や“成功”“○○奖”といったものを目的語とする。“得到”は“机会”“好处”“帮助”“表扬”などが目的語となる。②は“问题”を目的語とする動詞を入れるので、“碰到”または“遇到”。③は前後の文脈から“反馈”。“汇报”は「資料や情報を上司に報告する、または機関や団体が大衆に報告する」意味として使われるので、ここでは不適切。④は“进行”の目的語として、“回答”“回复”“答复”を入れることができる。“答应”は×。

6. **D**

金克木是①著名的文学家、翻译家、学者，被②誉为“燕园四老”之一，但③学历可不怎么样。他只上过一年中学，论文凭，不过是小学毕业而已。小学生竟能成为一代大家，自然是奇才。不过在金克木自己那里，更看重的，不是所谓的文凭，④而是自学的精神与动力。

A 有名　叫做　学习　就是　　B 出名　称为　成绩　但是
C 无名　名字　考试　只是　　**D 著名　誉为　学历　而是**

金克木は著名な文学者、翻訳家、学者であり、「燕園四老」の一人であると称えられているが、大した学歴はない。ただ中学に1年通っただけであり、学歴といえば、小学校を卒業したにすぎない。小学生がなんと一世の大家になれたというのは、もちろん奇才の持ち主だったからだ。しかしながら金克木自身がより重要視したのは、いわゆる学歴ではなく、自学自習の精神と原動力である。

燕园四老：燕園、すなわち北京大学にゆかりのある季羡林、金克木、邓广铭、张中行の4人の学者。“未名四老”ともいう。

①と②について、後に“‘燕园四老’之一”とあることから、金克木は「一定の地位にあり、人々の尊敬を集めている老人」であることがわかる。したがって①でCの“无名”が排除でき、②はDの“誉为”（～と褒め称える）が選ばれる。③は後に“只上过一年中学，论文凭，不过是小学毕业而已”とあることから“学历”しかない。④は文脈から“不是…，而是…”の呼応表現。

7. **C**

阳朔是①一座有1400多年历史的漓江边最美的城镇，游人如云。不到1公里的阳朔西街，由石板②砌成，呈弯曲的S形。街上摆满了各种旅游纪念品。阳朔西街是外国旅客最密集的③一条街，每年来这里居住休闲游的外国人④相当于这里常住人口的三倍。

A 一个　堆成　一个镇　通常　　B 一条　铺成　一条河　往往
C 一座　砌成　一条街　相当于　　D 一所　摆成　一个省　等于

陽朔は1400年余りの歴史を持つ漓江沿岸で最も美しい町で、旅人が雲の如くに集まり行き交う町である。1キロにも満たない陽朔西街は、石畳の通りで、湾曲したS字型を呈している。通りにはさまざまな旅行土産がぎっしり並べられている。陽朔西街は外国人観光客が最も集まる通りで、毎年ここに滞在しバカンスを過ごす外国人の数はここの居住人口の3倍に相当する。

①には数量詞が入るが、後に“城镇”があるので、最も適当なのは“一座”だが、“一个”も候補として残せる。②には動詞を入れるが、4つの選択肢はいずれも結果補語の“成”を伴い、“成”の前の動詞の違いを見極めることが大事。“堆”は「山の形に積む、積み上げる」、“铺”は「敷

く」、“砌 qì” は「レンガ、石などをモルタルや漆喰で固めて積み上げる」、“摆” は「配置を考えて並べる」。③は目的語を入れるが、主語が “阳朔西街” なので、正解はCに絞れる。④には動詞が必要なので、副詞である “通常” “往往” は不可。“等于” は「ぴったりイコールである」の意味なので不適切。

8. **A**

对孩子来说，①最难过的莫过于与父母分离；对父母来说，最牵挂的莫过于不在身边的孩子。长时间的②分离不仅会妨碍父母与孩子间依恋关系的建立，也会使已有的亲密日渐③疏远。父母们若想修复已疏远的亲子关系，就必须④付出双倍的耐心与爱心。

A 最　分离　疏远　付出　　B 极　离别　遥远　使用
C 很　分开　陌生　得出　　D 特　离婚　消失　交出

子供にとって、最もつらいのは親と離れることのほかにない。親にとって、そばにいない子供以上に気がかりなことはない。長期間にわたる別離は、親子間のお互いを思い合う関係の構築を妨げるだけでなく、すでにある親密さも徐々に疎遠にするだろう。親は疎遠になってしまった親子関係を修復したいなら、倍の根気と真心を費やさなければならない。

①に入れる程度副詞はどれも使える。②に入る動詞として、“长时间的离婚” という組み合わせは意味的に成立しないのでDを排除。③は、前に “亲密” があるので、その反対語として「関係が疎遠である」という意味の “疏远” が最も適当。“遥远” は「物理的距離がはるかに遠い」、“陌生” は「よく知らない」という意味。④については後の “耐心与爱心” を目的語とできる動詞は “付出” しかない。

9. **B**

俗话说：立春雨水到，早起晚睡觉。意思是说①春季万物萌生，大自然生机勃勃，人也应该晚睡早起，多到室外走走，②放松放松，可以促使身心从自然界汲取力量，保持一种生气。③但是早春不要急于 “晚睡早起”，要有一个逐渐适应的过程。人体应顺应自然环境的变化而④逐步转变自己的睡眠习惯。

A 夏季　放放松松　可是　渐渐　　**B 春季　放松放松　但是　逐步**
C 冬季　放松一下　只要　立刻　　D 秋季　一下放松　就是　逐渐

俗に「立春、雨水の時季になったら、遅寝早起きをする」と言う。その意味は、春には万物が芽生え、大自然は生き生きと活力に満ちるのであるから、人も遅寝早起きをするべきである、そしてもっと屋外へ出て歩き、のびのびリラックスすると、心身が自然からエネルギーを取り込むのを促し、活力を保つことができる、ということだ。しかし早春の頃にはあわてて「遅寝早起き」してはならず、徐々に慣れていく過程が必要である。人体は自然環境の変化に順応してだんだんと自分の睡眠習慣を変化させていかなければならない。

①は “立春雨水到” からB “春季” 以外にない。あとは各空欄にBの語彙が合うかどうかをチェックする。② “放松” の重ね型は “放松放松”。ここは “放松一下” も可。③は文脈から逆接の接続詞が入る。④は前の文脈から “立刻” は妥当ではない。“逐渐” と “渐渐” は「自然に、連続的に」というニュアンスがある。“逐步” は「意識的に、一歩一歩段階を踏んで」というニュアンスである。

10．**B**

①一项关于“我最喜欢的老师”的调查发现：学生②虽然对老师的“严厉”心怀敬畏，但亦有四成以上的学生认为老师适时严厉是负责任的表现，③有利于学生成长。老师的“严厉”是一把双刃剑，如果拿捏适当，会收到良好的教育效果；若没有正确处理，则有可能对学生的心理造成④伤害。

A 一个　不然　有助于　厉害　　**B 一项　虽然　有利于　伤害**

C 一组　自然　不利于　破坏　　D 一名　依然　有益于　损害

「私が一番好きな先生」に関するある調査で次のことがわかった。学生は先生の「厳しさ」に心の中で畏敬の念を抱いているが、40%以上の学生は先生が適切な時に厳しいのは責任感があることの表れであり、学生の成長のためになることであると考えている。先生の「厳しさ」は諸刃の剣であり、適切に使えば良好な教育効果を得られるが、正しく使いこなさなければ（処理しなければ）学生の心に傷を負わせる可能性もある。

双刃剑 shuāngrènjiàn：諸刃の剣

①は後に続く“调查”から、最も適当なのは“一项”。Dは排除できる。②は、後にある“但”からBの“虽然”。③には“有利于”、“有助于”、“有益于”を入れることができる。“不利于”は文法的に問題ないが、文脈からは論理的に合わない。④は“造成”の目的語として“伤害”が妥当。“厉害”は形容詞、“破坏”は動詞なので×。“损害”は動詞だが目的語となる用例もある。しかし“对心理…损害”という組み合わせは不可。

練習2

本冊 P.149

1．**B**

真正的友谊，①不是花言巧语，而是关键时候拉你的那只手。那些整日围在你身边，让你有些许欣喜的朋友，不一定是真正的朋友。②而那些看似远离，实际上时刻关注着你的人，在你得意的时候，不去奉承你；在你需要帮助的时候，却③默默为你做事，这样的人才是④真正的朋友。

A 虽然　却　偷偷　真实　　**B 不是　而　默默　真正**
C 要是　只　暗暗　真挚　　D 既然　仅　悄悄　正确

真の友情とは、口先だけの美辞麗句ではなく、大事な時にあなたを引っ張ってくれるその手である。1日中あなたを取り囲み、あなたを喜ばせてくれる友人は、必ずしも真の友だとは限らない。一方、離れているように見えて、実際はいつもあなたを気にかけている人、あなたが好調な時にはお世辞を言ってこないが、あなたが助けを必要としている時には黙ってあなたのために行動する、このような人こそが真の友である。

奉承 fèngcheng：お世辞を言う

①の４つはすべて呼応表現に使う語なので、後に呼応できる接続詞または副詞があるかどうかをまず探す。"花言巧语"の後に続く後文の文頭に"而是"があり、前文と後文の内容が相反することから、"不是…，而是…"のBがまず選ばれる。②の前後の文脈も内容が対照的であることから、逆接の"而"を入れるべき。"却"も逆接の意味を表すが、副詞であり、文頭に置けない。③は"做事"の連用修飾語として使えるのは"默默"と"悄悄"。"偷偷"はよく"告诉""看""拿"などの連用修飾語となる。"暗暗"は"想""下决心"など心理活動を表す動詞をよく修飾する。④は"真实"も"真挚"も"正确"も"朋友"の連体修飾語にはなれない。"真挚"は"感情"と組み合わせられる。

2．**A**

三十岁以前就尝到失业的①滋味当然是一件不幸的事，②但不一定是坏事。三十岁之前就过早地固定在一个③职业上终此一生也许才是最大的不幸。失业也许会让你想起尘封的梦想，也许会④唤醒连你自己都从未知道的潜能。

A 滋味　但　职业　唤醒　　B 味道　也　事业　睡醒
C 口味　却　工作　吵醒　　D 感觉　可　单位　叫醒

30歳前に失業を経験することはもちろん不幸なことだが、必ずしも悪いことではない。30歳前に早くも1つの職業に固定して人生を終わらせることこそ、もしかすると最大の不幸かもしれない。失業はあなたに忘れていた（埃を被った）夢を思い出させるかもしれないし、あなた自身さえ気づいていない未知なる潜在能力を呼び覚ますかもしれない。

尘封 chénfēng：埃に埋もれる、長い間放置し使わない

①には"尝到"の目的語であると同時に"失业"の被修飾語となるものを選ぶべきである。"失业"の被修飾語になれないものは"口味"と"味道"で、"尝到"の目的語になれないものは"感觉"。②は前に"是一件不幸的事"、後に"不一定是坏事"とあるので、逆接であることがわかる。①でB、C、Dが排除されたので、選べるのはAの"但"。③の名詞はどれも数量詞"一个"と組み合わせられる。このような場合は他の空欄から絞り込む。④には"潜能"を目的語とできる動詞"唤醒"が入る。

3. **A**

绵山是山西省人民政府二十世纪八九年代①公布的第一批风景名胜区、国家5A级旅游景区。中秋小长假，②不妨来绵山旅游赏月，可以住在悬崖上，吃在岩沟边，③感受一下"危楼高百尺，手可摘星辰"的美妙，堪称激情与④情调俱佳。

A 公布　不妨　感受　情调　　B 广告　不然　感到　情绪
C 通知　不惜　觉得　情况　　D 公认　不仅　感动　情形

綿山は山西省人民政府が20世紀1980～90年代に公表した1回目の風景区であり、国家5A級の観光地である。中秋節の連休には、綿山へ旅行に来て月を愛でるのもよい。崖の上に泊まり、岩溝で食事し、「高楼は百尺の高さに聳え立ち、手を伸ばせば星に届きそうである」という詩の興趣を感じることができ、感動と情緒が共に素晴らしいと言えよう。

绵山：山西省介休市、霊石県、沁源県にまたがる地にある。春秋時代、介子推が母とともに隠れ住み没した地であることから「介山」とも呼ばれ、寒食節発祥の地でもある。

①は"山西省人民政府"を主語とし、組み合わせる述語を選ぶ。"公认"は「皆が認める」という意味であるため、主語の"山西省人民政府"と矛盾する。"广告"は名詞であることから排除。"通知"は「誰に、どこに」が文脈にないため妥当ではない。なおこの主述構造が"风景名胜区"の連体修飾語となる。②には副詞か接続詞を入れる。"不然"は「そうでなければ」という意味で、複文で後の文の文頭に置いて結論を導くが、文脈から意味的に合わない。動詞"不惜"（惜しまない）も文脈に合わない。"不仅"は後の文脈に呼応する"而且／也／还"などがないため排除。副詞"不妨"（～してみて構わない）は後に動詞フレーズを導く。③は、"感到"、"觉得"、"感动"は動量詞"一下"と結びつかない。④は"与"の前の"激情"（その時に感じる感動）と並列構造をなし、かつ文脈に合うものは"情调"（情緒、ムード）。"情况""情形"はどちらも「状態、様子」の意味であることから×。"情绪"は「個人の気持ち」。

4. **C**

英国人眼中，这位王太后是优雅、坚强、智慧的代名词，她①不仅是全英国人心中的国母，更是令男人们尊敬的女人和令女人们争相效仿的②榜样。不久前，王室出版了一本厚达1000多页的官方传记，③记录了这位王太后从一名纯真少女成长为④一位当之无愧的国母的非凡历程。

A 不管　样子　记载　一个　　B 不顾　例子　记性　一名
C 不仅　榜样　记录　一位　　D 不愧　明星　记得　一段

イギリス人の目からすると、この王太后は優雅さと粘り強さと智慧の代名詞であり、すべてのイギリス人が心に思う国母であるだけでなく、さらには男性が尊敬する女性であり、女性が皆まねようとする模範である。少し前、王室は1,000ページ以上にも及ぶ一冊の公式の伝記を出版し、この王太后が一人の純真な少女からその名に恥じない国母へと成長した並々ならぬ過程を記録した。

①には、後の文脈にある副詞"更"から、接続詞"不仅"が選ばれる。"不管"は副詞"总／都／也"と呼応する。"不顾"は動詞、"不愧"は副詞で、いずれも意味的に合わない。②のある文は主語が"她"（＝王太后）、述語は"是"であるので、目的語として"样子""明星""例子"は不適切。③には後にアスペクト助詞"了"があるため、動詞を入れる。"记得"は動詞だが、アスペクト助詞"了"がつかない。"记性"は名詞。"记载"もここではOK。④は人を数える量詞を入れるが、後に"当之无愧的国母"とあるので、敬意のこもった"位"のものが最適。

5．**D**

据调查发现，一个人真正睡着的时间①最多只有两个钟头，②其余的时间都是在浪费,躺在枕头上做梦。③至于一醒来觉得自己没有做梦,那是因为忘记了。如此看来，通常一个人睡两个钟头就够了，④为什么有人说人要睡七八个钟头?

A 最少　其他　如果　难道　　B 至少　其实　因此　真的
C 最好　其中　所以　怎么　　**D 最多　其余　至于　为什么**

調査により、次のことがわかった。人が本当に眠っている時間は最長でも２時間しかなく、それ以外の時間は無駄に過ぎていて、枕に横になり夢を見ている。起きたとたん自分は夢を見ていないと思うことについては、それは忘れたからである。こうしてみると、ふつう人は２時間寝れば十分なのに、なぜ７～８時間寝なければならないと言う人がいるのだろう。

①には副詞が入るが、後に“只有两个钟头”とあるため、意味的に“最多”が最も適当。②には“时间”の連体修飾語となれるものを選ぶ。“其实”は副詞で、後に“的”を伴って連体修飾語を作れない。“其中”は前後の意味から×。③のA、B、Cは接続詞、Dは介詞。意味から“如果”と“至于”が選ばれる。介詞の“至于”は、ある事柄について前文で述べた後、関連する事柄を導いて話題を転換する時に用いる。④は文脈から理由を問うことがわかるので“为什么”または“怎么”。

6．**D**

营养师陈老师说 :“糙米经过浸泡后，①的确可以促进营养吸收。大米中②虽然含植酸多，但同时也含有一种可以分解植酸的植酸酶。用温水浸泡大米，可以③促进植酸酶的产生，能将米中的大部分植酸分解，就不会过多地影响身体对蛋白质和钙、镁等矿物质的④吸收了。”

A 准确　不仅　帮助　获取　　B 一定　不然　促使　吸引
C 实在　无论　协助　吸取　　**D 的确　虽然　促进　吸收**

栄養士の陳先生は次のように述べる。「玄米は水に浸すと、たしかに栄養の吸収を早めることができる。米はフィチン酸を多く含んでいるが、同時にフィチン酸を分解するフィターゼも含んでいる。ぬるま湯に米を浸すと、フィターゼの発生を促進でき、米の中のフィチン酸の大部分を分解できる。すると身体のタンパク質やカルシウム、マグネシウム等のミネラルの吸収に多大な影響を及ぼすことはなくなる」。

糙 cāo 米：玄米／植酸 zhísuān：フィチン酸／植酸酶 méi：フィターゼ

①には副詞が入る。“准确”は形容詞なので×。“一定”は形容詞兼副詞で、副詞の場合「主観的な推測で疑いなく」の意味。“实在”も形容詞兼副詞で、副詞の場合「本当に、実は」の意味。“的确”は「確かに、疑いなく」の意味。よって、BとDに絞れる。②の後に接続詞“但”があるので、これと呼応するのは“虽然”。③“帮助”は主に人を目的語とする。“促使”と“协助”は後の目的語が兼語となるため、その後にさらに動詞を置く必要がある。④は前にある“身体”と組み合わせられるのは“吸收”。

7．**D**

把歌唱艺术①分为“美声”“民族”“通俗”，三种唱法并举，这在我国歌坛还是近二十年来的事。“美声”②以唱西洋歌剧、中外艺术歌曲为主，“民族”主要③演唱民歌和具有民族风格的歌曲，而“通俗”则是对④流行歌曲唱法的称谓。

A 组成　对　唱歌　盛行　　B 分成　于　歌唱　流通
C 分开　凭　表演　流利　　**D 分为　以　演唱　流行**

歌唱芸術を「ベルカント」、「フォーク（民族）」、「ポピュラー」に分け、３種の歌唱法が並行して発展したのは、わが国の声楽・歌謡界でまだここ20年来のことである。「ベルカント」は西洋のオペラや中国内外のクラシック歌曲を歌うことを主とし、「フォーク（民族）」は民謡や民族的な様式を持つ歌曲を歌うことを主とする。そして「ポピュラー」はすなわち流行歌の歌唱法の呼び名である。

①の後に続くのは“歌唱艺术”の下位分類である。したがって意味から“组成”を排除。“分开”は「別れる、別々にする」の意味であるため妥当でない。“分成”と“分为”はどちらもOK。②の後に“…为主”とあるため、“以…为主”（～を主とする）の構造である。“对”、“于”、“凭”は“为主”と呼応しない。③は後の目的語が“民歌和具有民族风格的歌曲”なので、「歌う」という意味の動詞を選ぶ。④は後の“歌曲”と組み合わせて歌のジャンルを意味できるものである。

8．**D**

孔子一生执着于人生与人世，①极其重视人格的修养，并以“仁”②作为人格修养的最高准则。一些中国哲人，视古琴音乐为文人修身养性和陶冶人格的艺术，③不仅将音乐放在“六艺”的第二位，更把音乐看成是人的修养的最后完成阶段，④所谓“兴于诗，立于礼，成于乐”。

A 极限　认为　不但　所以　　B 积极　以为　无论　称为
C 极端　当作　即使　誉为　　**D 极其　作为　不仅　所谓**

孔子は生涯人生と世の中にこだわった。特に人格の陶冶を重視し、同時に「仁」を人格陶冶の最高規範とした。一部の中国の哲人は、古琴音楽を文人が自己修養し、人格を陶冶するための芸術とみなし、音楽を「六芸」の第２位に位置付けたばかりか、さらに音楽を人格陶冶の最後の完成段階であるとみなした。いわゆる「詩に興り、礼に立ち、楽に成る（詩によって心を奮い立たせ、礼によって道徳的な人としての規範を確立し、音楽によって自らを完成させる）」である。

六艺：礼（礼儀）、楽（音楽）、射（弓術）、御（馬車を操る術）、書（書道）、数（算術）

①は後に動詞目的語構造が続くため、副詞が入る。“极限”は名詞なので×。“积极”は形容詞で副詞的用法も持つが意味的に後の“重视”と組み合わせられない。“极端”と“极其”はOK。②は、前にある“以”は“把”と同じなので、“把”構文に相応しい動詞が必要。“认为”と“以为”は思考・判断を表す動詞であるため不適切。③の後に“更…”とあるため、それと呼応するのは“不仅”。④に入る“所谓”は他人の言葉を引用する時に用いる。

9．**D**

孤儿是社会上最弱小，最困难的①群体之一，而乡村孤儿的生活境况尤为艰难。②为了让他们能够身心健康地成长，③除了保障其基本生活外，还必须④给予他们更多的关怀，让他们接受充满爱心的教育。

A 人群　要是　通过　提供　　B 群众　关于　以免　供给
C 人民　以致　省得　赋予　　**D 群体　为了　除了　给予**

孤児は社会で最も弱く、最も苦しい人々のグループだが、農村の孤児の生活状況はとりわけ過酷だ。彼らが心身ともに健康に育つことができるよう、その基本的な生活を保障するほかに、彼らにさらに多くの思いやりを寄せ、愛情に満ちた教育を受けさせなければならない。

①は“孤儿是…之一”から、1つのグループまたはカテゴリーであることが推測できる。“人群”、“群众”、“人民”は後に“之一”を伴うことができない。“群体”は「共通するもののグループ」という意味を持つ。②の、AとCは接続詞、BとDは介詞。Cの“以致”は先行の文で述べる状況が望ましくない結果をもたらす場合に用いるため、文頭に置かない。Bの“关于”は一般的に後に名詞句を伴う。ここでCとBは排除。③は、後に“外”があるため、“除了…外”という呼応パターンが考えられる。④には“关怀”を目的語とできる動詞が入るので、“提供”、“供给”、“赋予”は不適切。組 提供＋帮助；供给＋原料／免费＋供给；赋予＋重任／生命／使命

10．**B**

优秀的领导人，不一定要具备很强的能力。只要懂信任、懂放权、懂珍惜，①就能团结比自己更强的力量，②从而创造出更大的价值。③相反许多能力非常强的人却因为过于完美主义，事必躬亲，以为什么人都不如自己，④最终成不了优秀的领导人。

A 才　因此　不然　最后
B 就　从而　相反　最终
C 而　而且　但是　终于
D 由　再说　除非　总是

優れたリーダーは、必ずしも優れた能力を持っていなくてもよい。信頼して任せること、権力を手放すこと、大切にすることを理解してさえいれば、自分よりも更に強い人たちを団結させ、それによってさらに大きな価値を創造することができる。反対に、非常に優れた能力を持つ多くの人はかえって完璧主義になりすぎるため、何事もすべて自分でやってしまい、誰も自分には及ばないと考え、最終的に優れたリーダーにはなれない。

事必躬亲 shì bì gōng qīn：何事も必ず自分でやる

①は前に“只要”があるので、呼応する“就”を選ぶ。②“团结…力量”によって“创造出…价值”になるため、「したがって」という意味にあたる“从而”が選ばれる。③は、後の内容が前半の内容と対照的であることから、“相反”が妥当である。④には“成不了”の連用修飾語が必要。“最后”は名詞なので×。“总是”は意味的に合わない。“终于”の後にはあまり否定形が来ない。

練習3

本冊 P. 152

1. **C**

工作会①占据你人生大部分时间，②因此获得成就感的重要途径之一就是做你自己认为伟大的工作，而成就一番伟业的重要③途径就是热爱你的事业。如果你还没有找到让自己热爱的事业，你要继续寻找，不要④随遇而安，跟随自己的心，总有一天你会找到的。

A 占领　反而　路途　不屑一顾　　B 占有　否则　道路　得不偿失
C 占据　因此　途径　随遇而安　　D 使用　只要　马路　后顾之忧

仕事はあなたの人生の大部分の時間を占めるだろう。したがって、達成感を獲得するための重要な手段のひとつは、あなた自身が偉大だと思う仕事をすることであり、そして偉業を成し遂げるための重要な手段は、あなたの仕事を心から愛することである。もしあなたがまだ夢中になれる仕事を見つけられていないなら、引き続き探し続けなければならない。流れに任せないで、あなたの心に従えば、いつか必ず見つかるはずである。

随遇而安 suí yù ér ān：目の前の境遇をありのままに受け入れ安住する、流れに身を任せる

①は前に助動詞“会”があるため動詞で“时间”を目的語とできるものが入る。“占领”は「領土、陣地、領域」などを目的語とするので×。“使用”は主語が“工作”であることから主述関係が成立しない。BとCを残して②を見て、“否则”と“因此”を当てはめてみると、“否则”の後の文脈は、前の文脈を否定してから引き出した結論ではないので不適切。③を見ると、“重要”と組み合わせるのは“途径”である。④は四字熟語を入れるが、後に“跟随自己的心”とあるので、“随遇而安”が選べる。“后顾之忧”は“有／没有＋后顾之忧”というように名詞的な使い方をする。

2. **C**

相声主要①采用口头表达的方式进行表演，是扎根民间、源于生活、深受群众②欢迎的艺术表现形式。相声用③诙谐的话语、尖酸的嘲弄，以达到惹人④捧腹大笑的目的。

A 采取　欢喜　严厉　恍然大悟　　B 使用　欢呼　呆板　兴高采烈
C 采用　欢迎　诙谐　捧腹大笑　　D 运用　喜欢　可笑　喜闻乐见

相声（漫才）は、主に口頭表現を用いて演じるもので、民間に深く根付き、生活を源とした、大衆に大人気の芸術表現形式である。相声はユーモアあふれる言葉と辛辣なからかいでもって、人を抱腹絶倒させるという目的を達成する。

尖酸：辛辣である／捧腹 pěngfù 大笑：腹を抱えて大笑いする、抱腹絶倒する

①には“方式”を目的語とできる動詞を入れるが、４つの候補はどれも可能。②は“受”の目的語となる語が入る。“欢喜”、“欢呼”、“喜欢”はいずれも“受”の目的語となれないので、Cが残る。③は主語が“相声”であるため、意味的に“诙谐”が妥当。“可笑”は「おかしい、ばかばかしい」という意味が含まれているため不適切。④は主語の“相声”が“惹人…”（＝让人…）、つまり「人を～させる」ということから“捧腹大笑”が選べる。

3．**B**

我国的工艺美术分为欣赏性和实用性两种。欣赏性的工艺美术中①包含用“巧色”手法创作的玉雕工艺，它是②根据每一块原材料的天然色彩、花纹、形状来进行个性化构思加工的，所以能做到每一件作品都是③独一无二的。而实用性的工艺美术先由创作者完成一件作品，④然后交给工厂进行批量化生产。

A 包围　依据　物美价廉　最后　　**B 包含　根据　独一无二　然后**
C 包装　凭借　精益求精　后来　　D 包括　依靠　画蛇添足　以后

わが国の工芸美術は、鑑賞用のものと実用的なものの２種類に分けられる。鑑賞用の工芸美術の中には「巧色」という手法によって作る玉彫工芸が含まれる。これは原材料となる玉石がそれぞれ持っている天然の色彩と模様、形状によって個性を際立たせるような構想をして加工したものであるので、どの作品も唯一無二の作品とすることができる。一方、実用的な工芸美術は、まず原作者が作品を完成させ、そして工場に渡して大量生産する。

独一无二：唯一無二である

①は主語“欣赏性的工艺美术中”と目的語“玉雕工艺”をつなぐ述語動詞を入れる。“包围”、“包装”は意味的に合わず、BとDが残る。②はB、DともにOK。③で“画蛇添足”は明らかに意味的に合わないので、正解はBに絞られる。④は前の文脈に“先”があるので、“然后”で呼応させる。

STEP 2　3

4．**B**

许多学校、家长和学生走入了误区，以为会唱歌、跳舞等就是素质教育，这是对素质教育的①误解。一名优秀的学生，应②具备很强的交流沟通能力，能在③大庭广众之下，完整准确地④表达自己的思想、观点。

A 误会　拥有　各抒己见　表现　　**B 误解　具备　大庭广众　表达**
C 误差　具有　见多识广　表示　　D 解释　持有　举世瞩目　表明

多くの学校と保護者、学生は、歌やダンス等ができることこそ素質教育（受験に必要な分野以外に、さまざまな素質や人間性を育てようとする教育）であると考える盲点に陥っているが、これは素質教育に対する誤解である。優秀な学生は、高いコミュニケーション能力を備えるべきであり、多くの人の前で自分の意見や考えを完全かつ正確に話せなければならない。

误区 wùqū：落とし穴、盲点／大庭广众 dà tíng guǎng zhòng：多くの人がいる公開の場

①の前に“以为”があるので、その続きの部分が間違った判断であることがわかる。よって“解释”が排除できる。“误差”は意味的に合わない。②を見ても、A、B両方使える。③は、後の文脈の意味が「自分の考えや見方を述べる」となっているため、“各抒己见”を使うと意味が重複してしまい、正解はBに絞られる。④は“自己的思想、观点”を「伝える」意味を持つ動詞が入り、“表达”または“表明”が選ばれる。“表现”は主に“风格”“精神”“性格”などを目的語とする。“表示”は考えを述べたり行動に表すときに使い、また“态度”“感谢”“歉意”などを目的語とする。

5. **A**

中国人中秋节吃月饼就像美国人感恩节吃火鸡[①]一样，是[②]必不可少的。圆圆的月饼中通常包有香甜的莲子馅[③]或是红豆馅，馅的中央有时还会加上一个金黄的咸鸭蛋黄来[④]代表月亮。

A 一样　必不可少　或是　代表　　B 似的　理所当然　而且　表示
C 相同　津津有味　和　象征　　D 相似　爱不释手　跟　代替

中国人が中秋節に月餅を食べるのは、アメリカ人が感謝祭に七面鳥を食べるのと同じように、無くてはならないものである。まん丸い月餅の中にはふつう、香り高く甘いハスの実の餡あるいは小豆餡が包まれていて、餡の中央にはさらに黄金色の塩漬けにされたアヒルの卵の黄身を1つ加えて、月を表すこともある。

①の前に“像”があるので、“像…一样／似的”の構造から候補はAとB。②は、A、B両方可能。③は前後が名詞であることから“或是”が妥当である。④には“代表”または“代替”を入れることができる。“表示”は一般に物を目的語としない。“象征”は“A象征B”という形で使う。

6. **B**

北京门头沟区精心打造的“旅游山会”活动将[①]贯穿一年四季。其间，门头沟区将[②]根据本地区一年四季不同的山中景色，分别以“山之春、山之夏、山之秋、山之冬”为主题，[③]组织别具地方特色的旅游活动，为游客创造出各种[④]丰富多彩的旅游亮点产品，调动广大市民的积极性，使人们参与到生态旅游的活动中来，从而推动该区旅游经济战略的全面实施。

A 一直　依据　举行　日新月异　　**B 贯穿　根据　组织　丰富多彩**
C 坚持　凭借　安排　欣欣向荣　　D 继续　依靠　布置　名胜古迹

北京の門頭溝区が入念に計画した「観光山会」活動は、四季を通じて行われる。この間、門頭溝区はその季節によって異なる山の景色に基づいて、それぞれ「山の春」、「山の夏」、「山の秋」、「山の冬」をテーマに、地域ならではの特徴的な観光イベントを計画して、観光客に多種多様な観光の目玉商品を提供し（作り出し）、幅広い市民の積極性を引き出し（幅広い市民の積極性を動かして）、エコツーリズム活動へ参加させる。こうして門頭溝区の観光経済戦略の全面的な実施を推し進める。

门头沟区：北京市西部の山間にある区。約1万年前には東胡林人が生活していたという／旅游山会：北京市旅游局と門頭溝区政府が共同で開催する観光キャンペーン／贯穿：貫通する、貫いている

①は前に副詞“将”があることから動詞が入る。①の後は時間を表す語句で、時量補語とみなせる。“一直”は副詞であるため排除。②には介詞または動詞が入る。“依靠”は「頼る」、“凭借”は「主に力や金銭を拠りどころとする」という意味であるため、これらは文脈に合わない。③“活动”を目的語とできるのは“举行”“组织”“安排”。④は、“旅游亮点产品”の連体修飾語となれるものとして、“名胜古迹”は合わない。“欣欣向荣”は“景象／气象”などと、“日新月异”は“变化／进展”などと組み合わせられる。

7. C

人生如①逆水行舟，不进则退。安于现状的生活就是不再前行的船，再也无法追上时代前进的②步伐。一定要抓紧每一秒钟的③时间来学习，要明白学习不是学生的④专利。小聪明的人最得意的是：自己做过什么？大智慧的人最关心的是：自己还要做什么？

A 实事求是　脚步　时代　专门　　B 滔滔不绝　步骤　年代　专业
C 逆水行舟　步伐　时间　专利　　D 刻舟求剑　步子　时期　专场

人生は流れに逆らって進む船のようなもので、進まなければ後退する。現在の生活に安んじるのは船をもう前に進ませないということであり、時代が進む歩みに追いつくことは二度と不可能だ。是が非でも1秒も無駄にせず学習すべきだ。勉強は学生の特権ではないことを知っておかなければならない。小賢しい人が最も得意になるのは、自分が何をしたのかということである。しかし大いなる智慧を持つ人が最も関心を払うのは、自分はさらに何をすべきなのかということである。

逆水行舟 nì shuǐ xíng zhōu：流れに逆らって船を進める。逆水行舟，不进则退：～、進まなければ押し戻される＝何事も努力し続けなければならない／刻舟求剑 kè zhōu qiú jiàn：状況の変化を考えず頑なに旧態を守る

①は前に“如”があり、後に“不进则退”、“…不再前行的船”とある。AとBはまずこれらに合わない。また“刻舟求剑”はその意味から、後の“不进则退”と合わない。②“前进”と組み合わせる名詞は“步伐”と“脚步”。③は前にある連体修飾語“每一秒钟的”の被修飾語として“时间”が適切。また、“时代”“年代”“时期”はいずれも動詞“抓紧”の目的語になれない。④には名詞が入り、“专门”は副詞なので×。“专业”は意味的に合わない。

8. B

①中秋节将至，许多市民已不满足于呆在家中与亲人吃吃饭、聊聊天的老套过节方式，他们更②倾向于外出旅游，异地赏月，来感受时尚中秋的别样情绪。③其中，海滨赏月在众多旅游产品中格外④引人注目。

A 重阳节　希望　因此　一帆风顺　　**B 中秋节　倾向　其中　引人注目**
C 国庆节　愿意　所以　再接再厉　　D 端午节　选择　比如　供不应求

まもなく中秋節である。多くの市民はもう家で家族と食事をしたりおしゃべりしたりする昔ながらの祭日の過ごし方に満足しなくなり、旅行に出かけ、異郷で月を愛でて、いまどきの中秋節のこれまでとは異なるムードを味わうことにより心を引かれている。その中でも、海辺で月見をするツアーが、数多くの旅行商品の中でとりわけ注目を集めている。

①はこの後に出てくる“赏月”、“中秋”から、“中秋节”しかない。あとはBの語句がほかの空欄に当てはまるかどうかをチェックする。②に入る動詞は後の“于”と組み合わせるものとして、“倾向”しか残らない。③は後に“…在众多旅游产品中”があるので“其中”。④は程度副詞“格外”の修飾を受けられるものに限られ、“引人注目”。

9. **D**

当今，中国少数民族正经历的文化①变迁与现代化密不可分，②不言而喻这是由传统社会③向现代化社会转型的一种体现。一些少数民族对其村寨、服饰、风俗进行旅游开发，使得其市场价值得以充分发挥，这也是民族特色延续和④保留的一种方式。

A 变故　层出不穷　对　保养　　B 更替　不相上下　凭　保守
C 变革　任重道远　于　保卫　　**D 变迁　不言而喻　向　保留**

昨今、中国の少数民族がまさに経験している文化的変遷は現代化と密接に関係しており、言うまでもなくこれは伝統社会が現代社会へ移り変わっていくことの一種の現れである。一部の少数民族は彼らの村落、服飾、風習を観光開発し、その市場価値を十分に発揮させている。これもまた民族の特色を受け継ぎ保ち続けるひとつの方法である。

①は“文化”と組み合わせるもの。A“变故”は「思わぬ出来事や異変」、B“更替”は「季節や人員などが入れ替わる」という意味であるため合わない。CとDに絞って②を見ると、文頭に置ける四字熟語は“不言而喻”だけである。③は前に“由”があるため、“由X向Y”構造。④に入る動詞は“民族特色”を目的語とできるもので、“保留”に限られる。

10. **C**

天下所有的父母都希望自己的子女能够成龙、成凤，这种心情可以理解，但是千万不要做①拔苗助长的事情。即使孩子的学习成绩稍微差了一点儿，也不要批评责备，因为这样做会使孩子背上沉重的心理②包袱。每个孩子都是需要被鼓励的，③只有在理解和尊重的家庭氛围中，孩子才会有成长的④动力。

A 丢三落四　包庇　只要　行动　　B 称心如意　心态　不仅　动作
C 拔苗助长　包袱　只有　动力　　D 肆无忌惮　包围　要是　劳动

世の中の全ての親は、自分の息子と娘が成功して立派な人物になれるようにと望む。このような気持ちは理解できるが、決して「急いては事を仕損じる」ようなことをしてはならない。たとえ子供の成績がほんの少し悪くても、叱ったり咎めたりしないように。なぜならそのようにすると子供に重い心理的負荷を負わせてしまうからだ。どの子も励まされることが必要であり、理解し尊重する雰囲気が家庭にあってはじめて、子供は成長する力を持てるのである。

①について、文の基本構造を確認すると“父母‖不要做 ➡ 事情”。子供に対してどのようなことをしてはいけないか、という意味で考えると、“拔苗助长”が選ばれる。②は、連体修飾語“心理”と組み合わせるものとして“包袱”。“包庇”は動詞で「悪い人、悪いことをかばう」ときに、“包围”は「人や場所を取り囲む」ときに使う。③は後に“才”があるので、“只有”と呼応する。④は連体修飾語“成长”と意味的に組み合わせられるものとして“动力”。

閱読第三部分　練習1

本冊 P. 158

1–5. **A／E／C／B／D**

东汉末年，各路军阀连年征战，民不聊生。士兵们死的死，伤的伤。(1)A 由于没有麻醉药，受伤的士兵在做手术的过程中非常痛苦。有一位大夫，因为抢救伤员累得筋疲力尽，(2)E 为了解除疲劳，就喝了点儿酒，谁知醉得不省人事。大家吓坏了，对他又拍又打，(3)C 可他竟然没有反应。过了两个时辰，大夫醒了过来，对刚才的事情一无所知。“难道喝醉酒能够让人失去知觉吗？” (4)B 大夫从这件事情上受到了启发，经过不断的实验，终于制成了一种麻醉药物——麻沸散，有了麻沸散，病人在做手术的时候，就不那么痛苦了。据史书记载，这位大夫曾让病人用酒服麻沸散，做过肿瘤切除的大手术。

这位大夫就是中国著名的医学家——华佗。他的医术很高明，(5)D 不仅精通内、妇、儿科，针灸疗法，还擅长外科手术，被后世称为“外科始祖”。

後漢末期、各地の軍閥による戦乱が絶え間なく続き、民の生活は困難を極めた。兵士たちは死ぬ者もいれば負傷した者もいた。麻酔薬がなかったので、負傷した兵士が手術を受ける間の苦しみはたいへんなものだ。一人の医者が、負傷兵の治療で精根尽き果てたので、疲れを和らげようと酒を少し飲んだのだが、なんと酔って気を失ってしまった。人々はびっくり仰天し、その医者を叩いたり殴ったりしたが、なおも反応がない。２刻（約４時間）が過ぎ、その医者が目を覚ました。しかし今起こった状況についてまったく知らなかった。「まさか酔っ払うことによって人は感覚を失うのだろうか？」医者はこのことからヒントを得て、絶え間なく実験を重ね、ついに一種の麻酔薬である麻沸散を作り上げた。麻沸散が生まれたことで、患者が手術を受ける時、それほど痛みに苦しまなくてすむようになった。歴史書の記載によると、この医者は患者に酒で麻沸散を飲ませ、腫瘍を切除する大手術を行ったことがあるという。

この医者こそ、中国の著名な医学者・華佗である。彼の医術は傑出しており、内科、婦人科、小児科、鍼灸療法に精通していたのみならず、外科手術も得意としていた。そして後世の人々から「外科の始祖」と呼ばれている。

(1) 後文の“受伤的士兵在做手术的过程中非常痛苦”の原因となるＡを入れる。
(2) 前文に“累得筋疲力尽”とあるので、それと関連があるＥが入る。
(3) 前文に“对他又拍又打”とあり、その結果どうだったかを表すＣを入れる。
(4) 後の文脈に主語がないため、主語がある文Ｂを選ぶ。
(5) 後文に“还…”とあるので、呼応する接続詞“不仅”があるＤを入れる。

表現力アップメモ

“死的死，伤的伤”：“○的○，△的△”の表現

動詞または形容詞を“的”でつなぎ、それを２つ並べる形で、「○のものもあれば、△のものもある」「○か△かのどちらかである」という意味を表す。

（例）大家在房间里，蹲的蹲，坐的坐，都在低头看手机。
（皆部屋の中でうずくまったり座ったりして、全員うつむいて携帯電話を見ている。）
大家一听说要加班，还没到五点，溜的溜了，走的走了，只剩下我一个人。
（皆残業しなければならないと聞いたとたん、まだ５時になっていないのに、こっそり逃げた人もいれば帰った人もおり、私一人だけが残された。）
孩子在纸上画了很多圆圈，大的大，小的小。
（子供は紙に大きいもの小さいもの、たくさんの丸を描いた。）

桌子上摆着几盘水果，红的红，黄的黄，水灵灵的，很新鲜。
（テーブルにいく皿かのフルーツが並べてある、赤いもの黄色いもの、どれもみずみずしくて新鮮だ。）

“累得筋疲力尽 jīn pí lì jìn”：様態補語となる四字熟語

听得津津有味 jīnjīn yǒuwèi（興味津々に聞く）
整理得有条不紊 yǒu tiáo bù wěn（整然と整える）
被吹捧得家喻户晓 jiā yù hù xiǎo（皆に知られるほどおだてられる）
笑得肆无忌惮 sì wú jì dàn（忌憚なく、何にもはばかることなく思い切り笑う）
工作做得一丝不苟 yì sī bù gǒu（仕事でまったく手を抜かない）
激动得热泪盈眶 rè lèi yíng kuàng（感激して熱い涙が目にあふれる）
说得恰到好处 qià dào hǎo chù（適度に話す、ほどよく話す）
表现得理直气壮 lǐ zhí qì zhuàng（堂々とふるまう）

6–10．**E／A／D／B／C**

夏日艳阳高照，人们受到紫外线的热情“关照”。很多想保护眼睛的人认为，戴上太阳镜就万事大吉了。眼科专家提醒，太阳眼镜“治标”，(6)E 饮食养眼“治本”，双管齐下更有效。

研究表明，眼睛是人体对紫外线最敏感的部位，在医学上被形象地称为“靶器官”。银川市中医医院眼科主任李大夫说，眼睛长期受紫外线照射，(7)A 会导致提早老化。防止紫外线侵害，除佩戴一款质量上乘的太阳镜外，通过饮食调养也不失为一种好方法。

(8)D 要想眼睛明亮，就要多加“颜色”。据李大夫介绍，长叶莴苣、甘蓝、西葫芦、西兰花、猕猴桃等黄绿色果蔬中富含叶黄素和玉米黄素，对眼睛很有好处。这两种色素会在眼睛后部的光敏感组织中累积，这些组织通过过滤蓝光保护眼睛。另外，维生素 C 是抗氧化剂，(9)B 维生素 A 对眼睛也大有裨益。专家提醒，在日常菜单中可增加富含维生素的西红柿、胡萝卜、红薯、菠菜、土豆等蔬菜，以及甜瓜、木瓜、桃、草莓等水果。高温天气里，(10)C 喝夏季养生茶可起到降暑明目的效果。李大夫说，可多喝些枸杞、菊花、决明子等配成的药茶，对缓解眼睛疲劳效果不错。

夏の日差しが照りつける時、人々は紫外線からの熱烈な「おもてなし」を受ける。目を守りたいと思う多くの人は、サングラスをかけさえすればもうそれで万事 OK だと思っているが、眼科の専門家は、サングラスは「応急処置」で、食習慣に気をつけて目を養うことが「根本治療」であり、両方を同時に取り入れるとより効果的だとアドバイスする。

研究では、目は人体で紫外線に対し最も敏感な器官だとされており、医学的にはわかりやすく「靶器官」と呼ばれている。銀川市中医病院眼科主任の李医師はこう話す。長期間に渡って目が紫外線を受けると、老化を早めてしまうだろう。紫外線の害を防ぐには、高品質なサングラスを着用するほかに、食によって養生するのも良い方法だと言える。

目をきらきらと輝かせたいなら、「色」をたくさん加えることだ。李医師の話によると、長葉レタス（葉チシャ）、キャベツ、ズッキーニ、ブロッコリー、キウイ等の黄緑色の野菜や果物にはルテインとゼアキサンチンが豊富に含まれており、目にとても良い。この２種類の色素が目の裏側にある光に敏感な組織の中に蓄積され、この組織がブルーライトをフィルターにかけることで目を守る。また、ビタミンCは抗酸化物質で、ビタミンAも目にとても良い。専門家は、普段の食事の中に、ビタミンを豊富に含むトマト、ニンジン、さつまいも、ほうれん草、じゃがいも等の野菜、およびメロン、パパイヤ、桃、イチゴ等の果物を加えてもよいとアドバイスする。気温が高い時は、夏の養生茶を飲むと体温を下げはっきり見える効果を得ることができる。李医師の話によると、クコ、菊花、ケツメイシ等を配合した薬茶を多く飲むと、目の疲れを癒やす効果が高いそうだ。

靶 bǎ 器官：ある病気や薬物、毒物によって直接影響を受ける臓器・器官。例えば心臓、大脳、腎臓、血管など。なお、“靶”は日本語で「標的」の意味であり、日本語で「標的器官」というと、ホルモンなどの作用を受ける器官をいう（『デジタル大辞泉』より）。／夏季养生茶：夏に体調を整える効果が期待できる飲み物。例えば紅茶、プーアル茶、ジャスミン茶、クコ茶、菊花茶、桑茶、ハッカ茶、緑豆茶。

艳阳高照：日が強く照りつける。天気がよい。前途が明るい／治标：一時的に治す、対症療法を施す⇔治本：根本的に治す／双管齐下 shuāng guǎn qí xià：２本の筆を同時に使う＝両面から同時に進める／裨益 bìyì：役に立つ、益がある

⑹ 後に“双管齐下…”とあり、前にある“治标”と対照的なのが、Eにある“治本”。
⑺ “眼睛长期受紫外线照射”の結果が必要で、“导致…”とあるAが入る。
⑻ １つの単文が入る。候補はCとDだが、後に“黄绿色果蔬”とあるのでD。
⑼ 前に“维生素C…”とあるので、並列できる“维生素A…”のBが入る。
⑽ 後に“…药茶”とあるので、残ったCでOK。

練習2

本冊 P. 160

1–5. **A／D／C／E／B**

一家电子商务公司要招聘一名员工，待遇优厚，一时间应聘者如潮。经过笔试，(1)A 张先生和李小姐脱颖而出。该公司负责招聘的人力资源部王部长通知二人次日早上 9 点去面试。第二天，张先生和李小姐早早地来到了公司，等候面试。

(2)D 李小姐头一个去面试。在通往考场的走廊里，李小姐走着走着，突然眼前一亮，发现地上有一张面值为 10 元的人民币。她看了看四周无人，于是欣喜地拾起来，装进了自己的钱包。

过了一会儿，工作人员通知张先生去面试。经过走廊的时候，(3)C 张先生也发现一张 10 元人民币“躺”在地上，他左看右看，连个人影也没见到，便捡起这 10 元钱，走进考场，交给了王部长。

王部长没有再说什么，就说张先生被录取了。看着张先生满脸迷惑的样子，王部长告诉他：“我们这次面试的试题其实就一道，那丢在走廊上的 10 元钱是我们故意放在那里的，我们就是要看应聘人员对这 10 元钱的处理方式，再做出是否予以录用的决定。”

接着，王部长说：“那张放在地上的 10 元钱其实就是一把诚信标尺。(4)E 如果一个人连‘路不拾遗’这样的最低要求都做不到，恐怕就不太适合我们公司的工作了。”

10 元钱，微不足道。然而，这小小的 10 元钱，竟然成为两名优秀应聘者是否被录用的砝码。一位为了蝇头小利失去了获胜的机会；另一位则恰恰相反，他虽然失去了眼前的小利，(5)B 但他却获得了更大的利益。10 元钱决定了胜负。相信我们能从中得到一些启示。

あるｅコマース企業が社員を１名募集したところ、待遇が手厚く、あっという間に応募者が潮のごとく押し寄せた。筆記試験を経て、張さんと李さんが頭角を現した。その企業の採用責任者である人事部の王部長は２人に、次の日の朝９時に面接試験に来るよう通知した。翌日、張さんと李さんは早々に会社に来て、面接試験を待っていた。

李さんがまず面接に臨んだ。面接会場に向かう廊下を李さんが歩いていると、突然目の前がぱっと明るくなり、床に 10 元札が１枚落ちているのを見つけた。彼女は周囲に人がいないのを見て、喜んで拾い上げ、自分の財布の中に入れた。

しばらくして、スタッフが張さんに面接に来るよう知らせた。廊下を通る時、張さんも１枚の 10 元札が床に「寝転んでいる」のを見つけた。きょろきょろと周囲を見回しても、誰もいないので、その 10 元を拾い上げて、面接会場に入り、王部長に渡した。

王部長は何も言わず、張さんに採用であると告げた。張さんの満面の戸惑いを見て、王部長はこう言った。「今回の面接試験の課題は実は１つだけでした。あの廊下に落とされていた 10 元は私たちが故意にそこに置いたもので、応募者がこの 10 元をどう扱うかを見て、そして採用するかどうかの判断を行ったのです」。

王部長は続けて、「あの床に置かれていた 10 元は、実際には誠実さのものさしなのです。もし『道に落ちているものを拾わない』という最低限の条件すら満たせないなら、おそらく当社の仕事にはあまり適さないでしょう」と言った。

取るに足らない微々たる 10 元。しかしながら、このたった 10 元が、なんと２人の優秀な応募者の採用を判断する「分銅」になったのだ。１人は目先のちっぽけな利益のために勝ちを得る機会を失い、もう1人はそれとは正反対に、目の前の小さな利益は失ったが、かえってもっと大きな利益を獲得した。10元が勝敗を決めたのだ。私たちはこの話から教訓を得ることができると信じる。

砝码 fǎmǎ：分銅、重み、条件／蝇头小利 yíng tóu xiǎo lì：蠅の頭のようにちっぽけな儲け／路不拾遗 lù bù shí yí：道に物を落としても拾って自分の物にする者がいない

(1) 後に"第二天，张先生和李小姐早早地来到了公司，等候面试"とあるため、A。
(2) 後に続くのが"李小姐"についての描写であるため、D。
(3) 前の文脈から"张先生"についての描写であることがわかるのでC。
(4) 後に"就"があるため、呼応できる接続詞"如果"が使われているEを選ぶ。
(5) 前に"虽然"があるので、"但"から始まるBが入る。

表現力アップメモ

"左看右看"："左～右～"の表現

同じ動作や事柄、状況などを複数回繰り返すという意味を表し、次の3つの形がある。

① "左＋動詞A＋右＋動詞A"：同じ動詞を入れる

（例）左劝右劝（何度も説得する）　左说右说（繰り返し言う）
左拦右拦（何度も遮る）　左打听右打听（何度も尋ねる）

② "左＋動詞A＋右＋動詞B"：意味的に似ている動詞を入れる

（例）左旋右转（ぐるぐる回る）　左谦右让（繰り返し譲り合う）
左顾右盼（きょろきょろする）　左躲右闪（逃げ回る）

③ "左一（个）～＋右一（个）～"：同じまたは似たような事柄を入れる

（例）左一个电话，右一个电话（電話が1回、また1回）
左一趟，右一趟（1回、また1回）　左一天，右一天（1日、また1日）
左一个姐姐，右一个妹妹（姉だの妹だの）
左一个规定，右一个制度（ルールだの決まりだの）

6-10．**D／E／A／C／B**

科研人员多年来对锌的研究证明：锌对促进儿童身体及智力发育、增强体质非常重要。最近一项医学研究更是引起广泛关注——(6)D 补锌具有预防感冒的作用。在刚出现流鼻涕、咽痛等感冒症状的24小时内，补充糖浆锌制剂，感冒症状会减轻，(7)E 大多数患者在一周内就能康复。研究还发现，连续补锌五个月以上的儿童，很少感冒，不易生病。对于妈妈们而言，这项最新研究发现有着重大意义，春季是感冒多发季节，(8)A 年轻妈妈不妨给孩子补补锌，增强孩子抵抗力，让孩子远离感冒困扰。而已经身受感冒侵袭的孩子，补锌可以使感冒好得更快。

如何为孩子补锌呢？

(9)C 中国营养学会推荐锌的日需量为：初生—6个月婴儿3毫克；7—12个月婴儿5毫克；1—10岁幼儿10毫克；孕妇20毫克；乳母20毫克；正常成人不低于10—15毫克。根据儿童的生理特点和体质的不同，糖浆类等锌制剂可以针对不同年龄、状况的儿童进行补锌，因此专家建议家长通过选用糖浆类补锌剂来给孩子补锌，(10)B 而且糖浆类补锌剂更有利于孩子对锌的吸收。

科学研究員は長年に渡って亜鉛を研究し、亜鉛は子供の身体および知能の発達、体質の増強に対し非常に重要であると証明している。最近、ある医学の研究がさらに広い関心を集めている。それは亜鉛を補うことには風邪を予防する効果があるというものだ。鼻水や喉の痛み等の風邪の症状が出てすぐの24時間以内に、亜鉛シロップ製剤を摂取すると、風邪の症状が軽くなり、大多数の患者が1週間以内に回復するというものだ。この研究はまた、5か月以上続けて亜鉛を摂取した子供は、風邪をひくことが少なく、病気になりにくいことを発見した。母親たちにとって、この最新研究の発見は非常に大きな意義を持っている。春は風邪が多発する季節なので、若い母親は子供に亜鉛を摂取させてもよいだろう。子供の抵抗力を高め、風邪の苦しみから遠ざけるのだ。そしてすでに風邪をひいてしまった子は、亜鉛を補うことで風邪の治りを速くすることができる。

どうやって子供に亜鉛を摂取させればいいのだろうか。

中国栄養学会が勧める1日の亜鉛摂取量は次のとおりである。新生児～6か月の嬰児3mg、7～12か月の嬰児5mg、1～10歳の幼児10mg、妊婦20mg、授乳中の女性20mg、健常な成人10～15mg以上。児童の生理的な特徴および体質の差異に基づいて、シロップ等の亜鉛製剤で各年齢、各状況の児童に亜鉛を補給してもよい。このため専門家は保護者に、シロップ等の亜鉛製剤を選んで子供に亜鉛を補給させるよう勧め、さらに、シロップ状の亜鉛サプリメントは子供が亜鉛を吸収するのにより効果的であるとアドバイスしている。

锌 xīn：亜鉛

(6) 後の文が“补充糖浆锌制剂”をすることで“感冒”の症状が軽くなることについて述べていることから、D。
(7) 前で“感冒症状会减轻”について述べているので、Eが妥当。
(8) 後に“增强孩子抵抗力”とあるので、そうなる方法を表すAを選ぶ。
(9) 後で年齢に応じた“锌”の必要量を並べているので、C。
(10) 前に“选用糖浆类补锌剂来给孩子补锌”とあるので、B。

練習3

本冊 P. 162

1–5. **B／C／A／D／E**

自古以来，山西的面食以花样多、品质好、影响大而颇为出名。在山西，一般家庭妇女都能以面粉为原料加工出数种面食；许多山西汉子有时在客人面前也会展示一下面食绝活。其中，(1)B “刀削面”是山西最有代表性的面食之一，堪称天下一绝，已有数百年的历史。

传说，蒙古兵入主中原后，建立元朝。(2)C 为防止“汉人”造反起义，将家家户户的金属全部没收，并规定十户用一把菜刀，切菜做饭轮流使用，用完再交回给蒙古人保管。

一天中午，一位老婆婆和好面后，让老汉去取菜刀。(3)A 没想到刀被别人取走了，老汉只好空着手回家。出门时，脚被一块薄铁皮碰了一下，他顺手就拣起来揣在怀里。回家后，锅里的水都开了，全家人都在等着拿到菜刀切面条煮了吃。可是菜刀没取回来，老汉急得团团转，忽然想起怀里的铁皮，就取出来说：“就用这个铁皮切面条吧！”老婆婆一看，这块铁皮又薄又软，嘟囔着说：“这么软的东西怎么能切面条。”老汉气愤地说：“切不动就砍。”(4)D “砍”字提醒了老婆婆，她把面团放在一块木板上，左手端起木板，右手拿起铁片，站在开水锅边“砍”面，一片片面片儿落入锅内，煮熟后捞到碗里，浇上卤汁让老汉先吃，老汉边吃边说：“好得很，好得很，以后不用再去取菜刀切面了。”(5)E “刀削面”就这样一传十，十传百，传遍了晋中大地。

昔から、山西省の麺料理は、その種類の多さと品質の良さ、影響力の大きさで非常に有名である。山西省では、一般的に主婦は皆小麦粉を原料として数種の麺料理を作ることができ、多くの山西男性も時折客の前で麺料理の絶技を披露することができる。その中で「刀削麺」は山西省の最も代表的な麺料理のひとつであり、天下一品だと言え、すでに数百年の歴史がある。

言い伝えによると、モンゴル軍が中原に入ってきて、元王朝を打ち立てた時のこと。漢民族の造反を防ぐため、各家庭から金属をすべて没収し、10戸で料理包丁1本を使い、食材を切り料理をするのには交代で使い回し、使い終わったらモンゴル人に引き渡して（モンゴル人が）保管するよう規定した。

ある日の昼、あるおばあさんは小麦粉をこね終えて、おじいさんに包丁を取りに行ってもらった。思いがけず包丁は別の人に持っていかれており、おじいさんは手ぶらで家に帰るしかなかった。門を出た時、足が薄い鉄板にちょっとぶつかったので、おじいさんはなんとなく拾い上げて懐に押し込んだ。家に帰ると、鍋にはすでに湯が沸いており、家族全員が持ち帰られた包丁で麺を切って茹でて食べるのを待っていた。しかし包丁を持ち帰れず、おじいさんは焦ってきりきり舞い、突然懐の中の鉄板を思い出し、取り出して、「この鉄板で麺を切ろう！」と言った。おばあさんがちょっと見ると、その鉄板は薄くてやわらかく、「こんなにやわらかいもので麺が切れるわけないでしょ」とぶつぶつ言った。おじいさんは腹立たしげに「切れなかったら“砍”（叩き切る、ぶった切る）だ」と言う。おばあさんは“砍”の字で思いつき、麺の生地の塊を木の板の上に置き、左手で木の板を水平に持ち、右手に鉄板を持って、湯が沸いている鍋のそばに立って生地を“砍”すると、麺の切れ端が一片一片鍋の中に落ちた。そうして茹で上がった麺の切れ端を掬い取ってお碗にとり、たれをかけておじいさんにまず食べさせた。おじいさんは食べながら、「うまい、うまい。これからはもう包丁を取りに行かなくてもいいな」と言った。「刀削麺」はこうして一が十、十が百と、またたく間に晋（山西省）の地域中に広まった。

入主：主として中に入る／和 huó：こねる／老汉：高齢男性／团团转 tuántuánzhuàn：ぐるぐる回る、苛立ち気をもむ、まめまめしく仕える／嘟囔 dūnang：ぶつぶつ言う／一传 chuán 十，十传百：噂が瞬く間に広まり伝わる

(1) 前にある“其中”はさらにその前の“面食绝活”の中で、という意味。そして、(1)は主語がある文が必要であるためB。
(2) 後にある“将家家户户的金属全部没收”の目的または理由が必要なため、C。
(3) “取菜刀”に行った“老汉”が、なぜ“空着手回家”になったかを考えると、Aが妥当。
(4) 前に“砍”があり、後に“她”がある。“她”が誰を代替するかを明確にしているのがD。
(5) 物語の最後のまとめに当たる。“就这样”はそれまでの話をまとめる時によく用いられる。

表現力アップメモ

“颇为出名”：“颇为”＋２音節形容詞の表現

颇为恐惧（非常に恐ろしい）　颇为富裕（たいへん豊かである）
颇为形象（とてもわかりやすい）　颇为不满（すこぶる不満である）

6–10. E／B／D／A／C

著名画家张大千长着飘逸的白胡子，(6)E 看上去颇有点儿仙风道骨的气质。一个朋友见到大师，好奇地问道：“张先生，你睡觉时，胡子是放在被子上面，还是搁在里头？”张大千每天上床睡觉，从来没注意过自己的胡子，故而据实道来：“这……我也不清楚。是啊，我怎么没在意这个呢？这样吧，明天再告诉你。”

这天晚上，张大千躺在床上，(7)B 将胡子放在被子上面，觉得好像有点儿不太对劲，把它捋到被子里头，也感到不像是那么回事。(8)D 真可谓，里也不是，外也不是，怎么折腾都觉得不妥。大师不由得感到纳闷：“以前这根本就不算是什么事，现在怎么成了头痛的问题呢？”

这就是心理学上的“目的颤抖”现象，(9)A 也就是人们通常所说的“穿针心理”。有时事情就是这样，你目的性越强，越容易把事情搞糟。你越是特别在意什么，它给你带来的困扰就越大。关注会强化人的感觉，忽视会减弱人的感觉。明白了这个道理，就不难做出正确的选择了。在遇到困扰的时候，感到不如意的时候，你要尽可能地忽视它，(10)C 虽然造成困扰和不愉快的因素还在，可你感受到的强烈程度却会大幅度地减弱。在遇到开心事情的时候，感受到时来运转的时候，你要尽可能地关注它，虽然开心和幸运的原因依然如故，可它给你带来的感受，却会因为你的关注而强化，甚至持续相当长的时间。

著名な画家の張大千は俗気のない白いひげを生やし、まるで仙人のような風格を持っている。ある人がこの大家に会った時、「張先生、お休みになる時、おひげは布団の上に出されていますか、それとも中に入れてらっしゃいますか？」と好奇心をもって尋ねた。張大千は毎晩寝る時、自分のひげについて注意を払ったことがなかったので、正直に「それは……私もよくわかりません。そうですね、私はどうしてこのことを気にしなかったのかな？　こうしましょう、明日改めてお答えします」と言った。
この日の晩、張大千は床に横になり、ひげを布団の上に置いたが、ちょっと違和感を感じた。それでひげを布団の中に入れたが、これもまた何か違うと感じた。まさに中でもない、外でもないと言え、どんなに出し入れを繰り返してもしっくりこないと感じた。張大千は「前はそもそもどうということでもなかったのに、どうして今では頭の痛い問題になったんだろう？」とつい不思議に思った。
これこそ、心理学で言う「目的の揺れ」現象であり、人々が常に言う「針の糸通し心理」（針に糸を通そうと集中すればするほど、糸が通らなくなる現象）である。しばしば物事はまさにこのようであり、目的に執着すればするほど、その物事を駄目にしてしまいやすい。あなたがなにかをとりわけ気にすればするほど、それがあなたにもたらす悩みは大きくなる。関心を向けると人の感覚は鋭敏になり、関心がないと鈍感になるものだ。この道理がわかれば、正しい選択をするのは難しくない。悩み事にぶつかった時、思うようにならないと感じた時、できるだけ気にしないようにしよう。悩みや不愉快さをもたらす要因がまだあっても、あなたが感じる強烈さの程度はかえって大幅に減少するだろう。嬉しいことに遭遇した時、運が向いてきたと感じた時、できるだけそのことに関心を向けよう。喜びや幸運の原因が変わらなくても、それがあなたにもたらす感覚は、あなたがそれに関心を向けることによって強化され、さらには相当長続きするだろう。

飘逸 piāoyì：洒脱である、俗離れしている／仙风道骨：仙人のような風采／捋 lǚ：ひげ、縄などをしごく、なでる；luō：袖などをたくし上げる、指輪などを抜き取る、木の実や葉などをしごき取る

⑹ 前に“长着飘逸的白胡子”という外見についての描写があることから、“看上去”から始まるEを選ぶ。
⑺ 後に“把它（＝胡子）捋到被子里头”とあるので、関連語句“被子”があるBを選ぶ。
⑻ 前の“被子里头”と“被子上面”からヒントを得て、D。
⑼ “目的颤抖”についてさらに説明を加えたAを入れる。
⑽ 後に逆接の副詞“可”があるので、呼応できる接続詞“虽然”から始まるCが入る。

練習4

本冊 P.164

1–5. **C／E／A／D／B**

谢伟 2004 年从一所名校的计算机专业毕业时，根本没有预料到自己两年后的生活。(1)C 当时他刚成为北京一家著名电脑公司的技术员，收入稳定。现在，他是南京郊区浦口一所小学的数学兼计算机老师。

(2)E 改变发生在 2005 年 11 月。谢伟的爸爸被诊断为胃癌早期，谢伟第二天就回到了南京。他第一次成为家里真正的男子汉：寻找医院，询问医生，筹集手术费用，协调手术时间……

手术很成功，谢伟在家住了半个多月后就回到北京继续上班。他突然发现，(3)A 自己守着爸妈住的那半个多月那么珍贵。"从上高中住校开始，到离家读大学，到大学毕业后参加工作，我已六七年没有跟爸妈一起真正生活了。"他决定离开北京回家。

现在，谢伟已经结婚并且有了两岁多的儿子，妻子在一家小厂里当会计。2008 年初，他们买到了属于自己的小屋。到了周末，(4)D 谢伟就会带着妻儿住到农村的爸爸妈妈那儿。"一方面陪爸妈，另一方面也让儿子看看麦子长什么样，水稻长什么样。儿子认识更多的五谷杂粮和花花草草，小伙伴们都很羡慕。周日晚上回县城，我都会带上爸妈种的新鲜蔬菜，还有散养的鸡生的鸡蛋，(5)B 既无害，还好吃，对孩子的健康也有好处。""爸爸妈妈有时候觉得，是自己拖累了我的工作。其实他们不晓得，从北京回来后，我才明白生活是什么，责任是什么。"谢伟说，"我很庆幸我在爸妈身边。"

謝偉が 2004 年にある有名大学のコンピューター専攻を卒業した時、２年後に自分がどのような生活をしているか、まったく予想できなかった。当時彼は北京のある有名コンピューター会社のエンジニアとなったばかりで、収入は安定していた。現在、彼は南京郊外の浦口にある小学校で、数学とコンピューターの教師をしている。

変化は 2005 年 11 月に起こった。父親が早期の胃がんだと診断され、謝偉はその次の日に南京に戻った。彼はこの時初めて家庭における本当の意味での一人前の男になった。病院を探し、医者に尋ね、手術費用を調達し、手術の日程を調整し……。

手術はとてもうまくいき、謝偉は実家で半月余り過ごしてから北京に戻り仕事を続けた。そして彼は突然気がついた、父と母に付き添って過ごしたあの半月ちょっとは、どんなに貴重なものだったかと。「高校で寮に入ってから、実家を出て大学に行き、大学を卒業して就職するまで、もう６～７年もまともに両親と一緒に暮らしてなかったんだ」。謝偉は北京を離れて実家に帰ることに決めた。

今、謝偉はすでに結婚し、２歳ちょっとの息子がいる。妻はある小さな工場で経理の仕事をしている。2008 年のはじめ、謝偉夫婦は自分たちの小さな家を買った。週末になると、謝偉は妻と子を連れて田舎の両親の家に泊まりに行く。「一方では両親の相手をし、もう一方では息子に、麦はどんなか、米はどんなかを見せます。息子はより多くの穀物（麦、米、その他の雑穀類）や植物を知っているので、子供の友達が皆羨ましがっています。日曜日の夜に県城に戻るとき、いつも両親が育てた新鮮な野菜と、それに放し飼いの鶏が生んだ卵も持ち帰りますが、無害なうえにおいしくて、子供の健康にも良いです」。「父と母はときどき、自分たちが私の仕事の足を引っ張っているんじゃないかと思うようです。本当は、北京から戻って、私はようやく生きるとはどういうことか、責任とは何かを理解したということを、両親は知らないのです」。「私は両親のそばにいられて幸せです」と、謝偉は言う。

(1) 後の文脈に“现在”とあるため、時間的に対照となるCを入れる。
(2) 前の文脈に“当时…”“现在…”とあり、何らかの変化があったことがわかっている。この後に続く話は変化があった時のことである。こうしたことから、その「変化」に関わる事柄がここに入り、Eが選ばれる。
(3) 前の文脈に“…在家住了半个多月…”とあり、“发现”（気づいた）の目的語となるのにふさわしいのがA。
(4) 後の文脈で“一方面陪爸妈，另一方面也让儿子看看…”とあることから、D。
(5) 前の文脈にある“新鲜蔬菜”“散养的鸡生的鸡蛋”という情報からB。

6–10. **C ／ B ／ A ／ D ／ E**

80 后独生子女是当今社会离婚高发人群。该群体中许多人以自我为中心，社会责任感、家庭责任感淡薄，这跟他们从小受到父母溺爱，凡事由父母拿主意，从而缺少忍让、宽容的性格有直接关系，(6)C 导致了他们的婚姻稳定性下降。同时，随着时代的发展，这一代人对婚姻感情质量的要求更高了。对平淡生活的不满，使得他们不愿意凑合，一些由生活琐事引发的“婚姻死亡”现象就越来越多了。

经济不独立、“家务低能”，(7)B 是 80 后婚姻生活中的“软肋”，加之缺乏宽容、理解的个性往往容易成为轻言离婚的导火索。有调查显示，在已结婚的“独生代”家庭中，(8)A 有 30% 的夫妻聘请记时工来做家务，20% 由父母定期为其整理房间，80% 的家庭长期在双方父母家里“蹭饭”，30% 的夫妇自己的脏衣服要拿到父母家里洗。

值得注意的现象是，在 80 后离婚案件中当事人大多没有财产分割和子女抚养的问题，(9)D 使得他们离婚时的顾虑少了很多。“现在离婚也太简单了，咱去吃个饭庆祝一下。”热播电视剧《奋斗》里向南和杨晓芸那对“毕婚族”(指一毕业就结婚的大学生) 一直磕磕绊绊，结婚还不到一年，他俩拿着结婚证又把婚离了。(10)E 可见现在 80 后离婚是多么“简单”“方便”。

80 後（1980 年代生まれ）の一人っ子は、現代社会で離婚が多発している層である。この層の多くの人は自分中心で、社会と家庭に対する責任感が希薄である。これは彼らの、幼い頃から両親に溺愛され、何事も親に決められたことで、忍耐力と寛容さを欠いた性格と直接的な関係があり、彼らの婚姻の安定性が下がる結果をまねいた。同時に、時代の発展に伴い、この年代の人は結婚する際、より本物の愛を求めるようになった。平凡な生活に対する不満から、彼らは妥協を嫌がり、生活での些細なことが引き起こす「結婚の破綻」の現象がますます増えた。

経済的に独立せず、家事力が低いのは、80 後世代の人の結婚生活における「弱点」であり、その上、寛容さと理解に欠ける性質はしばしば軽々しく離婚を口にする導火線となりやすい。ある調査で、すでに結婚した「一人っ子世代」の家庭では、30%の夫婦がパートタイマーを雇って家事をしてもらっており、20%が両親に定期的に部屋を掃除してもらっており、80%の家庭では長い間夫婦双方の実家で「タダ飯」を食わせてもらっており、30%の夫婦は自分たちの汚れた衣服を実家に持ち帰って洗濯していることが明らかになった。

注目に値するのは、80 後世代の離婚例の中で、当事者の多くは財産分与と子供の扶養の問題を抱えておらず、このことが彼らが離婚する際の懸念を大幅に減少させているという現象だ。「今は離婚するのもすごく簡単になった、ごはんを食べに行ってお祝いしよう」。大ヒットドラマ『奮闘』では、向南と楊暁芸の「卒婚族（大学を卒業してすぐ結婚する人たち）」がずっとぎくしゃくし続けながら、結婚後 1 年足らずの間に婚姻届を持って離婚した。このことから、現在の 80 後世代が離婚するのはどれほど「簡単」で「便利」なのかがわかる。

软肋 ruǎnlèi：肋軟骨、弱点／加之：その上／导火索 suǒ：導火線／蹭 cèng：擦る、ぐずぐずする、（自分の金を使わずに）他人にたかる／磕磕绊绊 kēkebànbàn：道がでこぼこして歩きにくい、順調にいかない、思い通りにならない

⑹ 前の文脈にある“80 后”の“以自我为中心，社会责任感、家庭责任感淡薄”の結果起こったこととして、Cが入る。
⑺ 前の“经济不独立”“家务低能”は主語で、後に続く述語目的語が必要である。B。
⑻ 後の文脈がそれぞれのパーセンテージを示していることからA。
⑼ 前の文脈に“80 后”の離婚には“财产分割和子女抚养的问题”がないとあることから、D。
⑽ 前の文脈に“结婚还不到一年，他俩拿着结婚证又把婚离了”とあることから、E。

練習5

本冊 P. 166

1–5. **C ／ E ／ A ／ D ／ B**

从前有一个小男孩想见上帝。他知道上帝住的地方很远，所以他整理了一个行李箱，放了些面包和饮料上路了。当他走过三个街区时，他遇到一个老妇人。她坐在公园里，看着鸽子。小男孩在她旁边坐了下来，打开他的行李箱。他想喝点儿饮料，他发现老妇人看上去像是饿了，(1)C 于是他给了老妇人一块面包。老妇人接受了面包，并对他报以感激的微笑。她的笑容是那样美丽，(2)E 以至于男孩想再看她笑，于是他又给了她一瓶饮料。她再一次向他微笑。小男孩高兴极了！他们在那里坐了一下午，一边吃一边笑，(3)A 但他们没有说一句话。天开始变黑，男孩觉得累了，他起身离开。他又回转身，跑到老妇人面前，拥抱了她。她给了他最灿烂的一个微笑。

当男孩回到家，他妈妈对他脸上洋溢的快乐感到吃惊。她问："你今天做了什么？(4)D 为什么你觉得如此快乐？"他回答道："我和上帝一起吃了午餐。你猜怎么样？她的微笑是我见到的最美的微笑！"

(5)B 那个老妇人也满心欢喜地回到家中，她的儿子惊讶于她脸上安详的神情，他问道："母亲，今天你做了什么事让你如此高兴？"她回答道："今天我在公园和上帝一起吃面包，他要比我想象的年轻！"

むかし、神様に会いたいと思っている男の子がいた。彼は神様が住むところは遠いことを知っていたので、カバンを整理し、いくつかのパンと飲み物をその中に入れて出掛けた。3つの街区を過ぎた時、彼は一人の老婦人に出会った。老婦人は公園に座り、ハトを見ている。男の子は彼女のそばに座って、カバンを開けた。彼はちょっと飲み物を飲もうと思ったが、老婦人がお腹が空いているようなのに気がついて、パンを1つあげた。老婦人はパンを受け取り、感謝の笑みを浮かべて彼を見た。彼女の笑顔はそれはそれは綺麗で、彼がもう一度その微笑みを見たいと思うほどだった。それで男の子がまた彼女に飲み物を1本あげると、彼女は再び彼に向かって微笑んだ。男の子はどれほどうれしかったか！　男の子と老婦人はそこに午後の間ずっと座って、食べたり笑ったりしたが、一言も話さなかった。空が暗くなり始めて、男の子は疲労を感じ、立ち上がってその場を去った。彼は振り返り、老婦人のところまで駆けてきて、彼女を抱きしめた。彼女は男の子に最も輝くように美しい微笑みを贈った。

男の子が家に帰ってきた時、お母さんは彼の顔に喜びがあふれているのに驚き、「あなた今日は何をしたの？　どうしてそんなにうれしいの？」と尋ねた。彼は「ぼく、神様と一緒にお昼ごはんを食べたよ。どんなだったと思う？　神様の微笑みはぼくが今まで見た中で一番綺麗な微笑みだったよ！」と答えた。

あの老婦人もうれしそうに家に帰ってきた。彼女の息子は彼女の安らかな面持ちに驚き、「お母さん、今日は何をしてそんなにうれしいの？」と尋ねると、彼女はこう答えた。「今日公園で神様と一緒にパンを食べたのよ。神様は私が想像していたよりずっと若かったわ！」

(1) 後に"老妇人接受了面包"とあるので、「パンを渡した」という意味を持つCを入れる。
(2) 前の"她的笑容是那样美丽"と受けて、後の"于是他又给了她一瓶饮料"という行為を引き起こす内容として、Eが選ばれる。
(3) CとEは前にある"一边吃一边笑"に矛盾する。Bは"也"があることから、その前に同様のことが述べられていなければならないので×。Dは文の構成からも意味からも×。
(4) "？"があることから疑問文Dが入る。
(5) 最後の"她"の台詞から、主語が"老妇人"であることがわかり、B。

6–10. **D／E／C／B／A**

有一天，王字满经过一家批发商店时，看见橱窗上贴着一则广告，上面写着："本店招聘世界上最优秀的推销员，将给予其最丰厚的待遇。"

王字满走进商店，找到了老板，说："我就是世界上最优秀的推销员，没有我卖不出去的东西。你就把这个工作交给我吧。"

老板笑着说："我很佩服你的自信，(6)D 但你拿什么来证明你是最优秀的呢？"

王字满回答："你可以考验我嘛。"

老板沉思了一会儿，走到货架上取下了一箱糕点，说："我前几天进了一百箱这种糕点。如果你能在一个星期内把一百箱糕点全都卖出去，(7)E 我就录用你。"

王字满想："这还不容易！"于是拍了拍胸脯，说："你就等我的好消息吧。"

王字满回到家，(8)C 画好了推销路线图，然后信心十足地走出了家门。他从这家商店跑到另一家商店，从这个小区跑到另一个小区，每天起早贪黑地跑，跑得 (9)B 腿都快要断了。然而一个星期下来，他一箱也没卖出去，因为糕点的质量太差，没人要。

一个星期后，王字满去见那家批发商店的老板，说："老板，我承认我不是世界上最优秀的推销员，(10)A 但是我知道谁是。"

"你知道？是谁？"老板问道。

王字满说："就是把这一百箱糕点推销给你的人啊！"

ある日、王字満がある問屋の前を通りかかった時、ショーウインドーに広告が貼ってあるのを見かけた。そこには「当店は世界で最も優秀な営業スタッフを募集しています。その方には最高の待遇を差し上げます」と書かれていた。

王字満は店に入り、店長を見つけて言った。「私こそが世界で最も優秀なセールスマンです。私に売れない物はありません。この仕事を私にください」。

店長は笑いながら「私はあなたの自信に感服しますが、あなたは何をもってあなたが最も優秀であると証明しますか？」と尋ねた。

王字満は「じゃあ私を試してみてください」と答えた。

店長はしばらく考えた後、荷物棚から菓子を1箱下ろし、「私は先日、このお菓子を100箱仕入れました。もしあなたが1週間以内に100箱の菓子を完売できたら、採用しましょう」と言った。

王字満は「簡単だろう！」と思い、胸を叩いて「いい知らせを待っていてください」と言った。

王字満は帰宅して、販売ルートの図を書いて、自信満々に家を出ていった。この店から別の店へ、このエリアから別のエリアへと、彼は毎日朝から晩まで、足も折れるほどに駆けずり回った。ところが1週間が過ぎても、彼は1箱も売ることができなかった。なぜなら菓子の品質があまりに悪く、誰も欲しがらなかったからだ。

1週間後、王字満はその問屋の店長に会いに行き、「店長、私は自分が世界で最も優秀なセールスマンでなかったことを認めます。でも、私は誰がそうなのかを知っています」と言った。

「知っているのですか？　誰ですか？」と店長が尋ねると、王字満は答えた。「この100箱の菓子をあなたに売った人ですよ！」と。

橱窗 chúchuāng：ショーウインドー、陳列棚／胸脯 xiōngpú：胸／拍胸脯：自信があることを示す動作→責任を持って保証するという意味／起早贪黑 qǐ zǎo tān hēi：朝早く起き夜遅く寝る、朝早くから夜遅くまで精を出す

⑹ 下線の後に“？”があるので疑問文が入る。後の文脈に“你可以考验我嘛。”とあることから、D。
⑺ 前の文脈に“如果”があるため、“就”があるEで呼応させる。
⑻ 空欄の行為の後に“走出家门”→“推销”と続く。これにふさわしいのはC。
⑼“跑得”の後に付く補語として、Bが選ばれる。
⑽ 前の文脈“我不是世界上最优秀的推销员”と後の文脈“你知道？是谁？”から、A。

1–4.

在如今这样紧张的、快节奏的大环境下，我们往往希望孩子也能高效度过每一天。但是你难道不觉得童年的美好正是因为孩子可以无拘无束、轻松自在地做那些想做的事情吗？无数的心理学研究报告都表明，那些能在自己喜爱的事情上“浪费”时间甚至达到忘我境界的成年人，能过上更加平静和满足的生活。

所以，把追在孩子屁股后面的那个计时器扔掉吧！如果你的孩子上午 10 点学钢琴，下午 2 点练书法，4 点还要做手工，他怎么能觉得快乐呢？虽然孩子确实需要规律的生活，但那只限于最基本的作息规律，除此之外的其他时间都要舍得让孩子“浪费”。

在母亲蓝敏的心目中，女儿琳琳一直是个哲学家，因为她总是静静地坐在那里，盯着一个地方发呆，看来还非常满足，一点儿都不无聊。原来蓝敏一直非常犹豫，要不要阻止琳琳，让她干些更有“意义”的事，但蓝敏最终还是忍住了，没有干涉她。直到琳琳 8 岁时，她的绘画天赋才开始一天天显现出来，大家都觉得她的画不仅想象力丰富，而且对于最细微细节的表达也非常出色。如果当时蓝敏阻止了她这看似无意义的举动，那她某部分的天分可能就在无形中被扼杀了。

現在の緊張した、テンポの速い環境において、私たちは往々にして子供たちにも効率的に毎日を過ごしてほしいと望む。しかし、まさに何者にも縛られず、気楽に自由自在にやりたいことをやれるからこそ、子供時代は素晴らしいのであると思わないだろうか。自分が好きなことに時間を「浪費」し、さらには我を忘れる境地にまで至ることができた大人は、よりいっそう平穏で満ち足りた人生を送ることができると、無数の心理学の研究報告が明らかにしている。

したがって、子供のお尻にくっついて急き立てているあのタイマーを捨ててしまおう！　もしあなたの子が、午前 10 時にピアノを習い、午後 2 時に習字の練習をし、4 時にさらに工作もしなければならないなら、その子はどうして幸せだと思えるだろうか。子供が規則正しく生活することは確かに必要だが、それは最も基本的な生活リズムに限られることであり、それ以外の時間はすべて惜しまずに子供に「浪費」させるべきだ。

母である藍敏の心の中では、娘の琳琳は常に哲学者だ。なぜなら彼女はいつも静かにそこに座り、一点を見つめてぼんやりしているが、とても満ち足りているようで、まったく退屈そうではないからだ。琳琳にその行為を止めさせ、もっと「意義」のあることをさせるべきかどうか、藍敏はずっと迷っていたが、彼女はそれでも最後まで我慢し、琳琳に干渉しなかった。琳琳が 8 歳になった時、彼女の絵画に対する天賦の才能が次第に明らかになり始め、皆が琳琳の絵はイマジネーションが豊かなだけでなく、微妙で細かなところの表現も非常に優れていると思った。もし当時、藍敏が琳琳のあの無意味に見える行動を阻んでしまっていたら、琳琳が持つある才能は目に見えないうちに息の根を止められてしまったかもしれない。

扼杀 èshā：絞め殺す、息の根を止める

---

1. **B**　作者认为童年时代美好的原因是：
（子供時代が幸せな理由は何であると筆者は考えているか）

A 可以高效率地度过每一天（効率的に毎日を過ごせること）
B 能做自己想做的事情（自分がしたいことをできること）

C 能学弹钢琴（ピアノを習えること）

D 可以练习书法（習字の練習ができること）

“但是你难道不觉得童年的美好正是因为孩子可以无拘无束、轻松自在地做那些想做的事情吗？”より、B。

2．**A**　文章中的“浪费”的意思是：（この文章での「浪費する」の意味は）

A 把很多时间花在自己喜欢的事情上（多くの時間を自分の好きなことに費やす）

B 在工作上花很多时间（仕事に多くの時間を費やす）

C 在教育孩子方面花很多精力（子供の教育に多くのエネルギーを費やす）

D 扔掉孩子的计时器（子供のタイマーを捨てる）

“浪费”は比喩的表現であり、それが指すことはAである。
地の文（会話以外の叙述部分）の中で一般的な語句を“　”で括っている場合、その語句は比喩などの特別な役割を持っているということを示している。

3．**B**　文章中划线部分的含义是：（文中の下線部が含んでいる意味は）

A 家长给孩子安排了很多事情做，是为了不让孩子浪费时间
（保護者が子供にやることをたくさん用意するのは、子供に時間を浪費させないためである）

B 家长应该允许孩子浪费时间（保護者は子供が時間を浪費するのを許すべきである）

C 要想孩子生活有规律，就不能浪费时间
（子供に規則正しく生活させたいなら、時間を浪費してはならない）

D 家长不要强迫孩子做他们不喜欢的事情，而应该让孩子轻松自在地做自己想做的事情
（保護者は子供に無理に彼らがやりたくないことをさせてはならず、子供に自由に自分がやりたいことをやらせるべきである。）

“除此之外的其他时间都要舍得让孩子‘浪费’”の“舍得让孩子‘浪费’”は「浪費を惜しいと思わない」＝「浪費してもよい」という意味であるため、Bが正解。

4．**C**　文章中的“她这看似无意义的举动”指的是：
（文中の「彼女（琳琳）のあの無意味に見える行動」が指すものは）

A 母亲蓝敏非常犹豫（母である藍敏は非常に迷った）

B 母亲没有干涉女儿（母は娘に干渉しなかった）

C 女儿琳琳经常发呆（娘の琳琳はいつもぼんやりしていた）

D 女儿琳琳画画（娘の琳琳は絵を描く）

“她总是静静地坐在那里，盯着一个地方发呆……”がそれに当たる。

5–8．

法国科学幻想小说家凡尔纳（1828—1905）的第一部小说《气球上的五星期》，描写一位科学家乘气球横贯非洲大陆，完成了探险任务。

据说，小说写成后，先后投寄了十五家出版社，却被一次又一次地退回来。1863年的一天，邮差又送来了一个鼓囊囊的邮包，凡尔纳预感到不妙。他打开邮包一看，

果然一份铅印的退稿信又映入眼帘，这已经是第十六次了。凡尔纳一气之下，抓起手稿投进壁炉。正在一旁静观的妻子眼疾手快，把手稿从火中抢了出来。凡尔纳余气未消，又要跟妻子夺回手稿，投进火中去。妻子死死地护住手稿，轻声说："亲爱的，不要灰心，再试一次吧！"这声音里，哀求、劝慰和鼓励交织在一起，使凡尔纳不得不服从。于是，手稿又寄到了第十七家出版社。

这家出版社的出版商独具慧眼，读过手稿后大为赞赏，不仅同意出版，而且签订了请他长期供稿的合同。《气球上的五星期》出版后，马上成为当时法国最畅销的书，并被译成许多国家的文字出版。凡尔纳一举成名，那时他只有三十五岁。在此后的四十余年中，他共创作了一百多部科学幻想小说，被誉为"科学时代的预言家"。

在那个凡尔纳几乎绝望的冬日里，他的妻子从炉火中挽救的不仅仅是一部到处碰壁的手稿，更是一位杰出作家几十年的创作生涯。

凡尔纳的名声越来越大，受到的赞扬越来越多。但是他说："对我而言最珍贵的并不是成功后受到的恭维，而是失败时妻子给予我的鼓励。"

フランスのSF小説家、ヴェルヌ（ジュール・ヴェルヌ、1828～1905年）の初めての小説、『気球に乗って五週間』は、ある科学者が気球に乗ってアフリカ大陸を横断し、探検の任務を完遂したことを描いている。

小説を書き上げた後、相前後して15社の出版社に原稿を寄稿したが、次々に断られ戻されたそうだ。1863年のある日、郵便配達員がまたぱんぱんに膨れた小包を届けて来て、ヴェルヌはまた駄目だったんだろうと思った。彼が小包を開いて見てみると、案の定活版印刷された原稿返送書がまた目に入った。これでもう16回目だ。ヴェルヌはカッとなり、原稿をつかんで暖炉に投げ入れた。するとちょうど傍で静観していた妻が機敏に、原稿を火の中から救い出した。ヴェルヌは怒りが収まらず、また妻から原稿を取り返し、火に投げ込んだ。妻は必死に原稿を守り、やさしい声で「あなた、あきらめないで。もう一回やってみましょう！」と言った。その声は哀願と慰め、励ましが入り混じっていて、ヴェルヌは従おうと思わずにいられなかった。そうして、原稿は17社めの出版社へ送られた。

この出版社の編集者は見る目を持っていた。原稿を読んで絶賛し、出版に同意しただけでなく、ヴェルヌと長期執筆契約を結んだ。『気球に乗って五週間』は出版後、またたく間に当時のフランスにおけるトップセラーとなり、さらに多くの言語に翻訳されて出版された。ヴェルヌは一挙に有名になった。彼はその当時たったの35歳だった。それからの40年以上の間に、彼は合計で100冊以上のSF小説を創作し、「科学時代の預言者」と讃えられた。

ヴェルヌが絶望寸前だったあの冬の日、彼の妻が暖炉の火の中から救い出したのは、どこに行っても壁にぶち当たる原稿だけではなかった。それ以上に救われたのは一人の傑出した作家の数十年の創作人生だった。

ヴェルヌの名声はますます大きくなり、称賛を受けることもますます多くなった。しかし彼は、「私にとって最も大切なものは、成功した後に受けるお世辞ではない。うまくいかない時に妻が私に与えてくれた励ましである」と言った。

鼓囊囊 gǔnāngnāng：ぱんぱんに膨れている／铅印 qiānyìn：活版印刷／眼疾手快 yǎn jí shǒu kuài：すばしこく機転が利く／恭维 gōngwei：お世辞を言う

5．**C** 《气球上的五星期》一共投了几家出版社？
（『気球に乗って五週間』は全部でいくつの出版社に投稿されたか）

A 十五家　　B 十六家
C 十七家　　D 一家

17社目でようやく採用された。

6. **D** 文中划线词语“独具慧眼”是指：(文中の下線部“独具慧眼”が指すものは)

A 近视眼 (近視眼、目先のことにとらわれ将来を見通せない)

B 目光炯炯 (眼光鋭い、目が鋭く光る)

C 势利眼 (目先の利害で態度を変える現金な奴、権力・財力にこびる人)

D 有眼力 (見識がある、人を見る目がある)

“独具”は「独自の～を備える」、“慧眼 huìyǎn”は「物事の本質を鋭く見抜く力」。他社から見向きもされなかった作品を認め世に出した出版社の見識の高さを言っている。

7. **D** 凡尔纳为什么被称为“科学时代的预言家”?
(ヴェルヌはなぜ「科学時代の預言者」と讃えられているのか)

A 因为他是一名科学家 (彼は科学者だから)

B 因为他的预言都成为了现实 (彼の予言は皆現実になったから)

C 因为他的研究成果被翻译成很多国家的文字
(彼の研究成果は多言語に翻訳されたから)

D 因为他写了百余部科学幻想小说 (彼は100冊以上のSF小説を書いたから)

“他共创作了一百多部科学幻想小说”より、D。

8. **B** 凡尔纳认为自己最珍贵的东西是：
(ヴェルヌは自分にとって最も大切なものは何だと考えているか)

A 文学创作 (文学の創作)

B 妻子给他的鼓励 (妻が彼に与えた励まし)

C 对自己小说的认可 (自分の小説が認められること)

D 成功 (成功)

最後のヴェルヌの言葉から、B。

9–12.

有一种价格10美元的特殊药瓶,如果病人忘记按时吃药,这种药瓶就会通过发光、发声、打电话、发短信等方式进行提醒。它还可以咔咔作响，将吃药的情况记录下来，并将该信息发送给医生或病人家属。这个产品名为“GlowCap”，是由Vitality公司生产的。

43岁的蒂姆从2009年开始用GlowCap来提醒自己按时服用降胆固醇的药。

一次,他在后半夜摇摇晃晃地走进洗手间,看见GlowCap药瓶上的指示灯在闪烁。他迷迷糊糊地打开瓶盖，不小心按错了按钮。那是发送信号的按钮，要求再次给药瓶中装药。

他的妻子正在床上睡觉，这时候电话铃响起。来电话的是GlowCap的顾客服务中心。对方打电话来，询问是否需要帮助他将药装进药瓶里。

他说：“老婆当时很不高兴。”

Vitality的执行长戴维 · 罗斯说，他们公司的理念是“了解人们怎样使用我们身边的日常用品，通过附加服务让这些东西‘活’起来”。

这种药瓶引起了滑稽演员斯蒂芬的注意。他在自己的电视节目里播放了 Vitality 公司拍摄的一段介绍该产品的视频。在视频里，一个女孩讲述了这种产品怎样通过拨打爷爷的手机帮助他记住及时吃药的事情。

斯蒂芬说：“这药瓶是太有才了！因为虽然老年人记性差，但是在上网、识别手机铃声、查看语音邮件方面却在行得很呢。”

Vitality 的总裁乔舒亚 · 瓦克曼说：“有讽刺意味的是，被斯蒂芬嘲讽之后，人们才开始真正购买我们的产品，因此，我们将他的嘲讽看作是对我们的褒扬。”

価格が 10 ドルのある特殊な薬瓶がある。もし患者が時間通りに薬を飲むのを忘れたら、光と音、電話、ショートメッセージ等の方法で知らせるというものだ。その薬瓶はさらにカシャカシャと音を鳴らし、薬の服用状況を記録し、その情報を医者や患者の家族に送ることもできる。この商品は名前を「GlowCap」といい、Vitality 社によって開発された。

43 歳のティムは、2009 年から GlowCap を使い、時間通りにコレステロールを下げる薬を服用するようにしている。

一度、彼は未明にふらふらとトイレへ入った時、GlowCap についている指示灯がちらちら光っているのを見た。彼はぼんやりと薬瓶の蓋を開け、うっかりしてボタンを押し間違えた。それは、もう一度薬瓶に薬を入れることを求める信号を発するボタンだった。

ティムの妻はちょうどベッドで寝ていたが、この時電話のベルが鳴った。GlowCap のカスタマーサービスセンターからの電話だ。ティムが薬を薬瓶に入れるのをサポートする必要がありますか、と尋ねるための電話だった。

「その時妻はとても不機嫌でした」とティムは話す。

Vitality 社の CEO、デービット・ローズは、彼の会社の理念は「人々がどのように身の回りの日常用品を使うのかを把握した上で、プラスアルファのサービスでそれらの物を『活かす』ことです」と話す。

この薬瓶はコメディアンであるスティーブンの注意を引いた。彼は自分のテレビ番組の中で、Vitality 社が撮影した GlowCap の紹介映像を放送した。その紹介映像では、どのようにしてこの製品がおじいさんの携帯電話を鳴らすことによって、おじいさんが時間通りに薬を飲むことを覚えているようサポートするかということを、ある女の子が語っていた。

スティーブンは、「この薬瓶はものすごく有能です！　なぜなら、お年寄りは記憶力は衰えても、インターネットをしたり、携帯電話の着信音を識別したり、ボイスメールをチェックしたりすることはとても上手ですからね」と話した。

Vitality 社総裁のジョシュア・ワクマンは、「皮肉なことに、スティーブンにからかわれてから、人々はわれわれの製品を本当にやっと購入し始めました。ですから、私たちは彼の皮肉を私たちに対する称賛だと考えています」と話した。

咔咔 kākā：擬音語「カチャ」「カシャ」／胆固醇 dǎngùchún：コレステロール

---

9. **A** “GlowCap”是：(「GlowCap」は)

A 一种特殊的药瓶（特殊な薬瓶）

B 一家公司的名字（会社の名前）

C 一种药的名字（薬の名前）

D 滑稽演员的名字（コメディアンの名前）

10．**D**“GlowCap”不具备的功能是：（「GlowCap」が備えていない機能は）

A 记录病人吃药的情况（患者の服薬状況を記録する）

B 发短信提醒病人吃药（ショートメッセージで患者に薬を飲むことを知らせる）

C 打电话提醒病人吃药（電話で患者に薬を飲むことを知らせる）

D 通过音乐记录病情（音楽を通して病状を記録する）

“这种药瓶就会通过发光、发声、打电话、发短信等方式进行提醒。它还可以咔咔作响，将吃药的情况记录下来”とあり、備えていない機能はDである。

11．**C** 关于文中“通过附加服务让这些东西‘活’起来”的“活”的意思，下面哪一项最接近？

（「プラスアルファのサービスでそれらの物を『活かす』ことです」とあるが、この「活かす」の意味に最も近いものは次のうちどれか）

A 病人能够活下来（患者が生き続けられる）

B 企业能够活下来（企業が生き残り続けられる）

C 日常用品作为产品出现在市场（日常品が商品として市場に出る）

D 老年人可以长寿（高齢者が長生きできる）

“日常用品”に“服务”を付けて商品とし、市場に出すということである。

12．**B** 乔舒亚·瓦克曼为什么说“将他（斯蒂芬）的嘲讽看作是对我们的褒扬”？

（ジョシュア・ワクマンはなぜ「彼（スティーブン）の皮肉を私たちに対する称賛だと考えています」と言ったのか）

A 因为瓦克曼觉得斯蒂芬只是在开玩笑

（ワクマンはスティーブンはただ冗談を言っただけだと思ったから）

B 因为很多人看了斯蒂芬的节目后购买了这个产品

（多くの人がスティーブンの番組を見た後、この商品を購入したから）

C 因为瓦克曼和斯蒂芬是好朋友

（ワクマンとスティーブンは親友だから）

D 因为斯蒂芬也使用过这个产品

（スティーブンもこの商品を使ったことがあるから）

“被斯蒂芬嘲讽之后，人们才开始真正购买我们的产品，因此……”より、B。

表現力アップメモ

形容詞、副詞としての“活”と“死”

①形容詞として使う場合、“活”は「臨機応変」という意味がある。反対の意味として「融通がきかない」という意味を表すには、“死”を用いることができる。

（例）脑子很活。（頭の回転が速い）　脑子很死。（頭の回転が遅い）

②副詞として使う場合、“活”は、「まるで、まったく」の意味で、“死”は「頑固に、頑なに」の意味である。

（例）死要面子活受罪（どこまでも体面にこだわってむざむざひどいめに遭う）

13–16.

近几年共享经济行业有着爆发式的发展，人们熟悉的共享单车、共享充电宝、共享雨伞等产品相继涌现。其中共享雨伞是指用户为了躲避雨雪或遮阳，在地铁、商场等公共场所内设置的租借点对雨伞进行租借的一种用户行为，租借点一般选在人流量大的公共场所或服务场所，覆盖商场超市、物业、校园、公车站和地铁站等区域。共享雨伞服务的运营模式有两种：一种是有桩模式，另一种是无桩模式。有桩模式需要在地图上寻找固定租借雨伞的点位，因此可以监控雨伞使用情况，约束用户行为，但设备成本比较高。而无桩模式可以随用随取，设备成本也比较低，但因为无法监控，所以雨伞容易丢失。

共享雨伞从其地理分布看，主要集中在东南、华南和西南地区，这些地区的降水可达到 150 — 200 天 / 年。在有避雨需求的生活场景中，由于没带伞而产生的借、买雨伞需求最大，因此共享雨伞企业投放的选址集中在深圳、上海、广州、重庆等城市，然后再从这些城市辐射到周边的城市。另外根据市场问卷显示，对共享雨伞的接受度在 18 — 25 岁年龄段最高，26 — 30 岁的上班族次之，而 40 岁以上的消费者对新事物的接受度较低，因此共享雨伞在该人群的渗透程度较低。

共享雨伞的出现让消费者提高出行生活体验，为不同公共场景下的人群提供了方便，其增长速度与共享单车及共享充电宝的用户规模数据呈高度相似。根据共享雨伞历史用户规模增速，2019 年的用户规模达 700 万人，2020 年将增至 835 万人，其铺设场景预计未来会延伸到学校、医院、各大社区街道，达到 300 万点位。

共享经济行业是当下互联网领域最热的发展方向之一，随着技术的发展，将继续给市场带来更多惊喜。

ここ数年、シェアリングエコノミー業界が爆発的に発展し、おなじみの自転車シェアリング、充電器シェアリング、傘シェアリングといったサービスが次々に湧いて出た。この中の傘シェアリングとは、ユーザーが雨や雪、日差しを避けるため、地下鉄やショッピングモールといった公共の場所に設置された貸し出し場所で傘をレンタルするという消費者行動を指す。貸し出し場所は一般的に人が多く行き来する公共の場所またはサービスエリアが選ばれ、デパートやスーパー、マンション、キャンパス、バス停、地下鉄駅などのエリアをカバーしている。傘シェアリングサービスの運営方式は２つある。１つは貸出場所指定方式、もう１つは貸出場所無指定方式だ。貸出場所指定方式では地図で決まった傘の貸し出し場所を探さなければならないので、傘の使用状況を監視・管理し、ユーザーの行動を制限することができるが、設備コストがやや高い。一方の貸出場所無指定方式は、好きなように取り、好きなように使うことができ、設備コストも比較的低いが、監視・管理することができないため、傘が失くなりやすい。

傘シェアリングの地理的な分布を見てみると、主に東南、華南、西南地域に集中している。これらの地域では雨が降る日が１年間で 150 ～ 200 日に達する。雨を避ける必要がある生活環境では、傘を持っていないために傘を借りたり買ったりするニーズが最も高い。このため、傘シェアリングを手掛ける企業が投資する先として、深セン、上海、広州、重慶等の都市が集中して選ばれ、その後これらの都市から放射状に周辺の都市へと広がっていく。また、市場のアンケート調査によると、傘シェアリングを受け入れる度合いは 18 ～ 25 歳の年齢層が最も高く、26 ～ 30 歳のサラリーマン層がこれに続く一方、40 歳以上の消費者が新しいサービスを受け入れる度合いは比較的低い。このため、傘シェアリングのこの層への浸透度は比較的低いことが明らかになっている。

傘シェアリングの出現は、消費者の外出体験をより良いものとし、さまざまな公の場所にいる人々に利便性を提供した。その増加速度は、自転車シェアリングと充電器シェアリングの利用者数のデータと非常に似ている。これまでの傘シェアリングの利用者数の拡大速度から、2019 年の利用者数は 700 万人に達し、2020年には835万人にまで増加するとみられる。設置場所はこの先、学校、病院、各団地の路上にまで及び、300万か所に上ると予想される。

シェアリングエコノミー業界は現在、インターネットの分野において最も注目される発展の方向のひとつである。技術の発展に従って、マーケットにより多くの驚きと喜びをもたらし続けるだろう。

13．**B** 共享雨伞是指：（傘シェアリングとは）

A 两个人同时撑同一把雨伞（2人で同時に1本の傘を差すことである）

B 用户租借雨伞的行为（ユーザーが傘をレンタルする行為）

C 在公共场所打伞的行为（公の場所で傘を差す行為）

D 在地铁站买伞的行为（地下鉄駅で傘を買う行為）

“共享雨伞是指用户……对雨伞进行租借的一种用户行为”より、B。

14．**C** 无桩模式的优点是：（貸出場所無指定方式のメリットは）

A 设备成本高（設備コストが高い）

B 雨伞容易丢失（傘が紛失されやすい）

C 不受约束（制限を受けない）

D 受到监控（監視を受ける）

“桩 zhuāng”は「杭」の意味。馬をつなぎ止める杭を“拴马桩”というが、つまり何かを動かないように、あるいは失わないように固定するためのものを指す。このことから、この文における“桩”は、傘を貸し出したり返却したりするための固定された「指定場所」を指す。“无桩”つまり指定場所がない方式の“优点”を問われているので、“随用随取”、すなわちCが正解。

15．**C** 共享雨伞企业投放的选址为什么集中在深圳、上海、广州、重庆等城市？
（傘シェアリング企業の投資先はなぜ深セン、上海、広州、重慶等の都市に集中しているのか）

A 因为这些地区经济比较发达（それらの地域は経済が比較的発達しているから）

B 因为这些地区年轻人较多（それらの地域は若者が比較的多いから）

C 因为这些地区雨天比较多（それらの地域は雨の日が比較的多いから）

D 因为这些地区的人容易接受新事物
（それらの地域の人は新しい物を受け入れやすいから）

“共享雨伞从其地理分布看，主要集中在东南、华南和西南地区，这些地区的降水可达到150–200天／年。在有避雨需求的生活场景中，由于没带伞而产生的借、买雨伞需求最大，因此共享雨伞企业投放的选址集中在……”より、C。

16．**D** 关于共享雨伞，下面哪一项是不正确的？
（傘シェアリングについて、次のどれが正しくないか）

A 用户规模的增速与共享单车非常像
（ユーザー規模の拡大スピードが自転車シェアリングと非常に似ている）

B 用户将越来越多（ユーザーがどんどん増えるだろう）

C 租借点的覆盖面会继续扩大（貸出場所が設置される地域は拡大し続けるだろう）

D 最受上班族欢迎（サラリーマン層から一番人気がある）

“对共享雨伞的接受度在18–25岁年龄段最高，26–30岁的上班族次之”とあるので、Dが合わない。

17–20.

互联网医疗是网络技术信息在医疗领域的新的应用。如果把传统的医疗方式称为“接触式医疗”，互联网医疗则可以称为“非接触式医疗”。互联网医疗在医疗过程中，医患双方通过文字、图片、语音等方式，在互联网平台上进行非接触性质的信息交流。互联网医疗根据开设主体，可以划分为互联网公司或移动医疗平台自发的在线医疗和公立医院在官方微信公众号或移动 APP 开设的线上医疗。另外，根据服务内容，互联网医疗可以包括健康教育、医疗信息查询、电子健康档案、疾病风险评估、在线疾病咨询、电子处方、远程会诊、远程治疗等服务。

在新冠肺炎疫情期间，武汉市开通的“在线问诊”官方平台截至 2020 年 2 月 7 日 19 时，有 727 名医生志愿者为患者提供了在线问诊 7200 余人次。阿里健康在除夕夜紧急上线的义诊服务截至 2 月 9 日 0 时，问诊页面累计访问用户数接近 1000 万人，累计在线问诊用户超过 93 万人。通过这次疫情，互联网医疗的应用价值和发展潜力受到大众的关注，并且得到了官方的认可。

对于互联网医疗的本质一直以来众说纷纭。有人认为互联网医疗的本质是“医疗”，他们认为包括“导诊、分诊、线上健康咨询”等的非核心诊疗行为也属于医疗行为；而有人认为互联网医疗的本质是“服务”，这些人认为只有涉及到核心诊疗过程行为的才能叫做医疗行为。从现实的医疗资源配置角度看，互联网医疗的本质在于医疗的移动化、信息化。互联网医疗不是简单地将医院搬到网络上，而是通过优化行业产业链的供需关系，来促进医疗资源供应和医疗服务需求之间的供需平衡。互联网医疗可以利用互联网对信息的有效收集和利用，优化医疗过程，提升效率，整合资源，有效地缓解看病难的问题。

然而互联网医疗也存在一些不可忽视的问题，即医疗的质量和安全问题。比如，西医需要视触叩听，中医需要望闻问切，而互联网医疗是一种排除面对面交流的诊疗模式，其诊断结果的准确性是多少？医疗安全性又是多少？

尽管互联网医疗还有许多需要改进和完善之处，但从长远来看仍具有很大的发展潜力，其长期发展的核心在于努力促成医疗机构、医生、互联网公司等多方面联动的发展环境，形成完整且规范的医疗服务闭环，实现真正的“数字健康”。

オンライン診療（遠隔医療）はネットワーク情報技術の医療分野における新しい応用である。もし昔からの診療方法を「接触式医療」と呼ぶなら、オンライン診療はすなわち「非接触式医療」と呼べる。オンライン診療は医療を行うプロセスの中で、医師と患者の双方が文字、画像、音声等を通じ、ネットワークのプラットフォーム上で接触によらない情報のやり取りを行う。オンライン診療は開設主体によって、ネットワーク企業あるいはモバイル医療プラットフォームが自発的に開設するオンライン診療と、公立病院が WeChat の公式アカウントあるいはモバイルアプリに開設するオンライン診療に分けられる。また、サービスの内容によって、オンライン診療には健康教育、医療情報照会、電子健康カルテ、疾病リスク評価、オンライン疾病相談、電子処方箋、遠隔診療、遠隔治療等のサービスを含むことができる。

新型コロナウイルス肺炎流行の際、武漢市が開設した「オンライン診療」公式プラットフォームでは、2020 年 2 月 7 日 19 時までに、727 名の医師がボランティアでのべ 7,200 人に上る患者にオンライン診療を行った。アリヘルス（阿里健康：アリババ系の医療ネットワークサービス）が（旧暦の）大晦日の夜に緊急オンライン化した無料診療サービスは 2 月 9 日 0 時までに、問診ページへアクセスしたユーザー数は累計 1,000 万人近くとなり、オンライン診療を受診したユーザーは累計で 93 万人を超えた。この新型コロナウイルス感染症を通じ、オンライン診療の応用価値と発展の潜在能力は多くの人々からの関心を集め、さらに政府からも認められた。

オンライン診療の本質については、かねてから諸説入り乱れている。オンライン診療の本質は「医療」であると考え、「診療案内、トリアージ、オンライン健康相談」といった間接的・補助的な医療行為も医療行為と考える人がいる一方、オンライン診療の本質は「サービス」であると考え、中心的・直接的な医療行為に関わる行為だけが医療行為と呼べると考える人もいる。現実的な医療資源配置の点から考えると、オンライン診療の本質は医療のモバイル化、データ化にある。オンライン診療は単に病院をネットワーク上に移すのではなく、業界と産業を結ぶ需給関係を最適化することにより、医療資源の供給と医療サービスの需要の需給バランスをとることを促進するものである。オンライン診療はインターネットによる情報の効率的な収集と利用を用いて、医療プロセスを最適化し、効率を高め、資源を整合し、診察が困難であるという問題を効果的に緩和することができる。

しかしながら、オンライン診療にも無視できない問題がある。それは医療の質と安全の問題である。例えば、西洋医学では見て触れて叩いて聞くことを必要とし、中国医学では見て聞いて嗅いで尋ねて触れることを必要とするが、オンライン診療は直接対面してやり取りする診療モデルを排除するものであるから、その診断結果の正確性はいかほどだろうか。医療の安全性はいかばかりか。

オンライン診療にはまだ多くの改善と整備を必要とする部分があるが、長い目で見れば、やはり大きな発展の潜在力を持っており、その長期的な発展の核心は医療機関、医師、ネットワーク企業等の多方面が連動する発展環境の整備を懸命に促進し、完全で規範的な医療サービスのクローズドループを構築し、本当の意味での「デジタル健康（健康のデジタル化）」を実現することにある。

义诊：ボランティアで診療する／众说纷纭 fēnyún：諸説入り乱れる

17．**B** 传统医疗方式与互联网医疗方式的区别是：
（伝統的な医療方式とオンライン診療方式の違いは）

A 医生和患者是否拥有电脑（医師と患者がコンピューターを持っているかどうか）
B 医生对患者是否进行面对面的诊疗（医師が患者に対面式の診療を行うかどうか）
C 传统医疗不包括健康教育（伝統医療は健康教育を含まない）
D 互联网医疗只提供医疗信息（オンライン診療は医療情報を提供するだけである）

“如果把传统的医疗方式称为‘接触式医疗’，互联网医疗则可以称为‘非接触式医疗’。互联网医疗在医疗过程中，医患双方通过文字、图片、语音等方式，在互联网平台上进行非接触性质的信息交流。”より、B。

18．**C** 根据上文，互联网医疗的本质是：
（この文章では、オンライン診療の本質は何であると言っているか）

A 为患者服务（患者に奉仕する）
B 治疗患者（患者を治療する）
C 医疗的移动化和信息化（医療のモバイル化と情報化）
D 将医院搬到网络上（病院をネットワーク上に移す）

“对于互联网医疗的本质一直以来众说纷纭。”と述べた後いくつかの事例を挙げ、最後に“从现实的医疗资源配置角度看，互联网医疗的本质在于医疗的移动化、信息化。”とまとめていることから、C。

19．**A** 互联网医疗存在的问题是：（オンライン診療に存在する問題とは）
A 如何保证医疗的质量和安全（医療の質と安全をいかにして保証するか）
B 如何排除面对面的诊疗方式（対面の診療方式をいかにして排除するか）

STEP 3　1

C 如何整合资源（いかにして資源を整合させるか）

D 如何保证网络的畅通（いかにしてネットワークのスムーズな動作を保証するか）

“然而互联网医疗也存在一些不可忽视的问题，即医疗的质量和安全问题。”より、A。

20．**D** 这篇文章主要谈的是：（この文章が主に述べているのは）

A 医患关系的本质（医師と患者の関係の本質）

B 互联网对医疗领域的贡献（インターネットの医療分野に対する貢献）

C 传统医疗方式的不足（伝統的医療方式の不足）

D 互联网医疗的应用价值以及发展潜力
（オンライン診療の応用価値および潜在的な発展力）

A～Cは、オンライン診療について説明したり対比したりするための話題の一部であり、この文の主旨には当たらない。

練習2

本冊 P. 181

1–4.

日本研究人员表示，牙齿脱落会增加日后中风的危险，原因可能与牙龈疾病有关。当大脑供血受阻的时候，中风就会发生。最常见的是缺血性中风，大脑血管堵塞导致缺血、缺氧以及各种营养不足。另一种中风为出血性中风，是大脑血管破裂所致。无论何种中风，大脑受损部位的神经细胞都会在数分钟内因为缺氧而死亡，导致组织受损。

广岛大学研究人员调查了 358 名患者的牙齿健康状况，结果发现，50 多位中风患者的牙齿数量明显低于同龄的其他被调查者的牙齿数量。研究还发现，与牙齿至少有 25 颗的人相比，牙齿数小于或等于 24 颗（正常成年人应为 32 颗牙齿）的人患中风的危险增加 57%。

研究发现，掉牙与缺血性中风和出血性中风都有很大关系。一些研究发现，牙周病与心脏病有关系。牙周病包括从牙龈炎到牙周边组织和骨骼受损等各种疾病。牙病是 40 岁以上人群牙齿脱落的主要原因之一。

研究人员表示，经常刷牙和使用牙线清洁牙齿，有助于去除牙菌斑。一种理论认为，口腔细菌会因为牙病而乘虚进入人体血液系统，导致血管及大脑组织发炎，进而引起血栓堆积、血管狭窄，增加中风危险。口腔细菌还会增加血管内脂肪物质堆积，形成血管栓塞而导致中风。

日本の研究員によると、歯が抜けると後に脳卒中になる危険性が高まる可能性があり、その原因は歯茎の病気に関係している可能性があるという。大脳への血液供給が阻害されると、脳卒中が起こる。最もよく見られるのは虚血性脳卒中で、大脳の血管が詰まることによって血液と酸素、および各種の栄養の不足が起こる。もう1つは出血性脳卒中で、大脳の血管が破裂することによって起こる。どの脳卒中でも、大脳の損傷を受けた部分の神経細胞は数分以内に酸素不足により死滅し、脳組織の壊死を起こす。

広島大学の研究員は、358 人の患者の歯の健康状況を調査した。その結果、脳卒中患者 50 人余りの歯の本数は同年齢のその他の被験者の歯の本数より明らかに少なかった。この研究ではまた、少なくとも 25 本の歯がある人と比べ、24 本、あるいはそれ以下しかない人が脳卒中になる危険性は 57%増加することがわかった（正常な成人の歯の本数は 32 本）。

この研究により、歯が抜けることと虚血性脳卒中、出血性脳卒中とは大きな関係があることがわかった。一部の研究によると、歯周病は心臓病と関係があることがわかっている。歯周病には歯肉炎から歯の周辺組織と骨の損傷まで各種の病状がある。歯の病気は 40 歳以上の人々の抜歯の主要な原因のひとつである。

研究員は、常に歯ブラシとデンタルフロスを使って歯をきれいにすることは、歯垢を除去するのに役立つと述べる。ある理論では、口腔内の細菌は歯の病気によって人体の血液循環システムに潜り込み、血管と大脳組織に炎症を起こし、そして血栓の蓄積、血管狭窄を引き起こして、脳卒中の危険性を高める。口腔内の細菌はさらに血管内における脂肪物質の蓄積を増大させ、血管閉塞を起こし脳卒中を招くと考えられている。

中风 zhòngfēng：脑卒中／牙龈 yáyín：歯茎／骨骼 gǔgé：骨格／牙菌斑 yájūnbān：歯垢

1. **D**　导致大脑受损部位的神经细胞在几分钟内因缺氧而死亡的是：
（損傷を受けた脳の部分の神経細胞が数分の間に酸素欠乏により死滅に至る原因は）

A 血管破裂（血管が破裂する）

B 血氧和营养（血液中の酸素と栄養）

C 心脏供血受到阻碍（心臓の血液供給が阻害される）

D 缺血性中风和出血性中风，两种都有可能
（虚血性脳卒中と出血性脳卒中の両方の可能性がある）

“无论何种中风，大脑受损部位的……”とあり、“何种中风”とは、この前に述べられている“缺血性中风”と“出血性中风”を指す。

2．**A** 根据广岛大学的调查与研究：（広島大学の調査および研究によると）

A 牙齿数量越少，中风的危险就越高（歯の数が少ないほど、脳卒中になる危険性が高い）

B 牙齿的健康与心脏病无关（歯の健康は心臓病と関係がない）

C 过了 40 岁，人的牙齿就容易脱落（40 歳を過ぎると、人の歯は抜けやすくなる）

D 牙周病是牙齿组织的疾病（歯周病は歯の組織の病気である）

第２段落の内容から、Aが正解。Bは“牙周病与心脏病有关系”とあり、歯の健康と心臓病は無関係ではないことから×。Cは“牙病是 40 岁以上人群牙齿脱落的主要原因之一”とあり、歯の病気を患っていない 40 代の人には該当しないので×。Dは“牙周病包括从牙龈炎到牙周边组织和骨骼受损等各种疾病”とあるので×。

3．**C** 使牙齿保持清洁的方法是：（歯を清潔に保つ方法は）

A 刷牙的次数越多越好（歯を磨く回数が多いほど良い）

B 保持人体血液的清洁（体内の血液をきれいに保つ）

C 不仅要刷牙，而且还要用牙线（歯を磨くだけでなく、デンタルフロスも使う）

D 减少脂肪物质（脂肪物質を減らす）

“研究人员表示，经常刷牙和使用牙线清洁牙齿，有助于去除牙菌斑。”より、C。

4．**C** 根据上文，下面哪种说法不正确？（この文章によると、次のどれが正しくないか）

A 牙齿数小于或等于 24 颗的人患中风危险性较高
（歯の数が 24 本以下の人が脳卒中になる危険性は比較的高い）

B 掉牙与缺血性中风和出血性中风关系密切
（歯が抜けることと虚血性脳卒中、出血性脳卒中との関係は密接である）

C 出血性中风是最常见的中风（出血性脳卒中は最もよくある脳卒中である）

D 广岛大学调查发现 50 多位中风患者的牙齿数量比同龄的其他被调查者的少
（広島大学の調査により、50 名以上脳卒中患者の歯の数は、同年齢のその他の被調査者よりも少ないことがわかった）

“最常见的是缺血性中风”とあるので、Cが本文に合わない。

5–8．

苦瓜以其苦味博得人们的喜爱。苦瓜的营养保健特点，首先是它含有较多的维生素 C、维生素 B1 以及生物碱，其次是它含有的半乳糖醛酸和果胶也较多。苦瓜中的苦味来源于生物碱中的奎宁。

这些营养物质具有促进食欲、利尿、活血、消炎、退热和提神醒脑等作用。现代科学研究发现，苦瓜中的“多肽 –P”是一种类似胰岛素的物质，有降低血糖的作用。西安医科大学已从苦瓜中提取出口服类胰岛素。美国科学家还发现，苦瓜中含有一种蛋白质类物质，具有刺激和增强动物体内免疫细胞吞食癌细胞的能力，它能同生物碱中的奎宁一起在人体内发挥抗癌作用。

苦瓜虽苦，但食用时味苦性凉，爽口不腻，在夏季食用倍感清爽舒适，有清心开胃的效果。而且它不会把苦味传给“别人”，如用苦瓜烧鱼、焖鱼，鱼块绝不沾苦味，所以苦瓜有“菜中君子”的别称。如将苦瓜泡制成凉茶在夏日饮用，可使人顿觉暑清神逸，烦渴皆消。有的地区将苦瓜切开，用盐稍腌，减少一些苦味，当凉菜吃。有的将苦瓜切成圈，用肉糜、蒜薹、豆豉炖煮，做热菜吃。客家人有首山歌唱道：“人讲苦瓜苦，我说苦瓜甜，甘苦任君择，不苦哪有甜？”这就是说，苦瓜自己是苦的，给人们带来的却是甜——健康和快乐。

苦瓜はその苦味によって人々に人気を博している。苦瓜の健康栄養面の特徴としては、まず、ビタミンC、ビタミンB1、アルカロイドを比較的多く含んでいる。次に、含まれているガラクツロン酸とペクチンも比較的多い。苦瓜の苦味は、アルカロイド中のキニーネに由来するものだ。

これらの栄養物質は、食欲増進、利尿、血流改善、消炎、解熱、眠気覚ましや脳の活性化等の効用を持っている。苦瓜に含まれる「ポリペプチドP」はインスリンに似た物質で、血糖値を下げる効果があることが、現代の科学研究によってわかった。西安医科大学はすでに、苦瓜から経口インスリンを抽出している。アメリカの科学者はさらに、苦瓜にはタンパク質に類する物質も含まれており、動物の体内の免疫細胞が癌細胞を飲み込む能力を刺激し増強する力を持っており、アルカロイド中のキニーネと共に人体内で抗癌作用を発揮することを発見した。

苦瓜は苦いが、食べると苦味が体の熱を冷まし、口当たりがよくさっぱりしている。夏に食べるとよりいっそうすっきり爽やかな感じがし、心を鎮め食欲を増進する効果がある。しかも、苦瓜は苦味を「別の人」に移すことはない。例えば苦瓜と魚を焼いたり、煮付けにしたりしても、魚の身が苦くなることは決してない。このことから、苦瓜には「野菜の中の君子」という別名がある。苦瓜を冷たいお茶にして夏に飲めば、暑さが消え去り、渇きもすっかり消し去る感覚を瞬時に感じることができる。一部の地域では、苦瓜を切り、軽く塩漬けにし、苦味を抑えて、冷菜として食べる。また一部では、苦瓜を輪切りにし、ひき肉、ニンニクの芽、豆鼓を使って煮込み、温菜として食べる。客家には次のような民謡がある。「人は苦瓜は苦いと言うが、私は甘いと言う。苦楽はきみ次第、苦労しないでどうして幸せを感じられるだろう」。これはつまり、苦瓜はたしかに苦いが、人に与えるのは反対に甘さ——健康と幸せなのだということだ。

生物碱 jiǎn：アルカロイド／半乳糖醛 quán 酸：ガラクツロン酸／果胶：ペクチン／奎宁 kuíníng：キニーネ（キニン）／多肽 tài：ポリペプチド／胰岛素 yídǎosù：インスリン／腌 yān：漬ける／肉糜 ròumí：ひき肉／蒜薹 suàntái：ニンニクの芽

5．**B** 关于苦瓜的营养保健特点，下面哪一项是不正确的？
（苦瓜の健康栄養面の特徴として、次のどれが正しくないか）

A 降低血糖（血糖値を下げる）
B 促进减肥（ダイエットを促進する）
C 增进食欲（食欲を増進する）
D 活血利尿（血流改善と利尿）

“苦瓜的营养保健特点”としてA、C、Dには触れているが、Bの“减肥”については言及していない。

6. **C** 文中说苦瓜不会把苦味传给“别人”，此处“别人”的意思是：
(文中で「苦瓜は苦さを『別の人』に移さない」とあるが、ここの「別の人」が意味するものは)

A 其他的人(その他の人)

B 做菜的人(料理をする人)

C 别的食材(別の食材)

D 君子(君子)

ここの“别人”は比喩表現なので、“ ”で括っている。このことに気づこう。

7. **D** 怎样可以使苦瓜的苦味减少?(どのようにすれば苦瓜の苦味を抑えられるか)

A 把苦瓜和鱼放在一起(苦瓜と魚を一緒に置く)

B 用苦瓜泡制凉茶(苦瓜で冷たいお茶を淹れる)

C 将苦瓜切成圈状(苦瓜を輪切りにする)

D 苦瓜切开后放一些盐浸泡(苦瓜を切った後、塩漬けにする)

“将苦瓜切开，用盐稍腌，减少一些苦味，当凉菜吃”より、D。

8. **A** 这篇文章介绍了：(この文章は何について紹介しているか)

A 苦瓜的营养特点和食用特色(苦瓜の栄養的特徴と食用としての特徴)

B 苦瓜的营养保健特点(苦瓜の健康栄養面での特徴)

C 苦瓜具有抗癌的功效(苦瓜は抗癌作用を持っていること)

D 人们都喜欢苦瓜的苦味(人々は皆苦瓜の苦さが好きなこと)

Bは課題文の一部の内容である。このように、複数の事柄について述べている文について、一部のことを選択肢に挙げて引っ掛けるパターンも多く出されている。

9–12.

筷子古称“箸”，后由于“箸”与“住”“蛀”同音，特别是乘船之人更忌讳，人们便取“住”的反义词“快”，将“箸”称为“快子”。因为“快子”多用竹子制成，从而创造了新的汉字“筷子”。

在中国民间，筷子历来被视为吉祥之物出现在各民族的婚庆礼仪中，成双成对的筷子寓意“快生贵子、快快乐乐、和睦相处”等好兆头；筷子外形直而不弯，还被古人视为刚正不阿的象征，文人墨客咏颂筷子的诗歌也不少。

筷子与人们生活关系密切，中国民间流传着许多和筷子有关的谜语。如“姐妹两人一样长，厨房进出总成双，千般苦辣酸甜味，总让她们第一尝”，“身体生来几寸长，竹家村里是家乡，吃进多少辛酸味，终身不得见爹娘”。

在中国几千年“筷子文化”的传承中，对筷子的使用形成了许多约定俗成的禁忌，如不能使用长短不齐的筷子、不能用筷子指人、不能用筷子敲击碗和盘子、不能将筷子竖直插在饭里、不能将筷子颠倒使用等。

通常筷子的正确使用方法是用右手或左手执筷，大拇指和食指捏住筷子的上端，另外三个手指自然弯曲扶住筷子，并且筷子的两端一定要对齐。用餐前，筷子要整齐码放在饭碗的右侧，用餐后，则要整齐地竖向码放在饭碗的正中。

古今中外制作筷子的材料多达200余种，除了常见的竹、木材、兽骨等材料，还有金、银、玉石、水晶、翡翠、寿山石、虬角、犀角、玳瑁、绿孔雀骨、珊瑚等珍贵材料。有的筷子不仅是一种餐具，还是一种艺术品，在筷子上题词、刻诗、绘画、烙画、镶嵌、雕镂等艺术形式多种多样。

筷子的使用在东亚地区影响十分广泛，以至于一些学者将“东亚文化圈”形象地称为“筷子文化圈”。

“筷子”は古くは“箸 zhù”と言ったが、“箸”と“住”“蛀（キクイムシ、キクイムシに食われる）”と同音であるために、後にとりわけ船乗りたちに嫌がられた。そこで人々は“住”の反義語である“快”から、“箸”を“快子”と呼ぶようになった。箸は多く竹で作られることから、“筷子”という新しい漢字が作られた。

中国の民間では、箸はかねてからめでたい物とみなされ、各民族の婚姻の儀式で使われた。２本で一対となっている箸には「早く子に恵まれる、幸福である、仲が良い」といった縁起の良い意味が込められている。また、箸はまっすぐで曲がっていないことから、古人にまっすぐで人にへつらわないということの象徴と考えられ、文人墨客が詠んだ箸の詩歌も少なくない。

箸は人々の生活と密接に関係しており、中国の民間には多くの箸に関するなぞなぞが伝えられている。例えば「姉妹２人はそっくりで、炊事場に出入りするのもいつも一緒。苦味も辛さも酸っぱさも甘さもどの味も、いつも彼女たちに最初に味わわせる」、「身体は生まれつき数寸で、竹家村が故郷。どんなに苦労を重ねても、ついに父母と会うことはかなわない」などだ。（注：いずれも答えは「箸」）

中国で数千年にわたって受け継がれてきた「箸文化」の中には、箸の使用について次第に広まって一般化したタブーが多く生まれた。例えば、長さが揃っていない箸を使ってはならない、箸で人を指してはならない、箸で碗や皿を叩いてはならない、箸をご飯に垂直に立ててはならない、箸を逆さまにして持ってはならないなどである。

一般的な箸の正しい使い方は、右手または左手に箸を持ち、親指と人差し指で箸の上部をつまみ、それ以外の３本の指は自然に曲げて箸を支え、そして箸の両端は必ず揃える。食事の前、箸はご飯茶碗の右側にきっちりと揃えて置き、食事が済んだらご飯茶碗の真ん中に縦向きに揃えて置く(注)。

これまで中国内外で作られた箸の材料は200あまりに達する。よくある竹、木、動物の骨といった素材のほか、さらに金、銀、玉、水晶、翡翠、寿山石、セイウチの牙、サイの角、タイマイ、マクジャクの骨、珊瑚等の貴重なものもある。一部の箸は単なる食事に使う道具にとどまらず、一種の芸術品でもあり、箸に題辞を書く、詩を刻む、絵を描く、絵を焼き付ける、象嵌を施す、彫刻するなどの芸術形式もさまざまある。

箸の使用は東アジア地域にたいへん広範な影響を与えており、一部の学者は「東アジア文化圏」をイメージして「箸文化圏」と呼ぶほどである。

成双成对：対になる／刚正不阿 gāng zhèng bù ē：剛直で人におもねらない／约定俗成：名称や習慣等が次第に広まり一般化する／码放 mǎfàng：順序よく並べる、一定の位置に積み重ねる

(注) 食事中、および食事後の箸の置き方については諸説あり、食事中は縦向きに、食事後は横向きに置くという説や、皿の上に横向きに置くと「もう満腹である」という意味を表すという説、食事後はお碗の後ろに置くという説などがある。

---

9. **B** “筷子”最初被称为：（“筷子”は最初どう呼ばれたか）※選択肢の日本語訳は本文参照

A 快子　　B 箸

C 住　　D 蛀

“筷子古称‘箸’”より、正解はB。CとDと同音であったために忌まれ、後にAと呼ばれるようになった。

10．**C** 关于“筷子”的使用方法，下面哪一项是不正确的?
（箸の使い方に関して、次のどれが正しくないか）

A 要使用长短一样的筷子（長さが同じ箸を使う）

B 不能用筷子敲饭碗或盘子（箸で茶碗や皿を叩いてはならない）

C 筷子可以竖着插在饭里（箸はご飯に垂直に立てて刺してもよい）

D 不要用筷子指人（箸で人を指してはならない）

第４段落から。Cはいわゆる「仏箸（立て箸）」で、中国でも不吉とされタブーになっている。

11．**B** 关于“筷子”的描述，符合原文的是：（「箸」の説明で、課題文と合っているのは）

A 一直以来，在民间被看作是吉祥之物出现在庆祝生日的仪式中
（これまでずっと民間で縁起の良いものとみなされ、誕生日を祝う儀式に登場している）

B 民间有很多关于筷子的谜语，这表示筷子与人们的日常生活密切相关
（民間には多くの箸のなぞなぞがあり、これは箸と人々の日常生活が密接に結びついていることを表している）

C 吃饭时，筷子可以放在饭碗的左右侧
（食事の際、箸は茶碗の左右どちらに置いてもよい）

D“筷子文化圈”指的是使用筷子的东南亚国家
（「箸文化圏」は箸を使う東南アジアの国を指す）

Aは婚姻の儀式で登場すると述べられているので×。Cは左側に置いてもよいとは書かれていないので×。Dは東南アジアではなく東アジアなので×。

12．**D** 这篇文章的主要内容是：（この文章の主な内容は）

A 筷子的含义（箸が持つ意味）

B 筷子是生活必需品（箸は生活必需品である）

C 筷子的影响力很大（箸の影響力は大きい）

D 筷子文化（箸の文化）

課題文で述べられていることを網羅して表しているのはD。

13–16．

所谓“低碳经济”，是指在可持续发展理念的指导下，通过技术创新、制度创新、产业转型、新能源开发等多种手段，尽可能地减少煤炭、石油等高碳能源消耗，减少温室气体排放，达到经济社会发展与生态环境保护双赢的一种经济发展形态。发展低碳经济，一方面要积极承担环境保护的责任，完成国家节能降耗指标的要求；另一方面要调整经济结构，提高能源利用效益，发展新兴工业，建设生态文明。这是摒弃以往先污染后治理、先低端后高端、先粗放后集约的发展模式的现实途径，是实现经济发展与资源环境保护双赢的必然选择。

低碳经济是以低能耗、低污染、低排放为基础的经济模式，是人类社会继农业文

明、工业文明之后的又一次重大进步。低碳经济的实质是能源高效利用、清洁能源开发、追求绿色GDP，核心是能源技术和减排技术创新、产业结构和行业制度创新以及人类生存发展观念的根本性转变。

低碳经济提出的大背景，是全球气候变暖对人类生存和发展所造成的严重威胁。随着全球人口和经济规模的不断增长，能源使用带来的环境问题及其诱因不断地为人们所认识，不只是光化学烟雾和酸雨等的危害，大气中二氧化碳浓度升高带来的全球气候变化也已被确认为不争的事实。

在此背景下，"低碳足迹""低碳经济""低碳技术""低碳发展""低碳生活方式""低碳社会""低碳城市""低碳世界"等一系列新概念、新政策应运而生。而能源与经济以至价值观发生大变革的结果，可能将为逐步迈向生态文明开辟出一条新路，即摒弃20世纪的传统增长模式，直接应用新世纪的创新技术与创新机制，通过低碳经济模式与低碳生活方式，实现社会可持续发展。

いわゆる「低炭素エコノミー」とは、持続可能な発展の理念の導きのもと、技術や制度の革新、産業の変革、新エネルギー開発等のさまざまな手段によって、できるだけ石炭や石油等の高炭素エネルギーの消費を抑え、温室効果ガスの排出量を削減し、経済・社会の発展と生態環境保護を同時に達成するという一種の経済発展形態である。低炭素エコノミーを発展させるには、一方で環境保護の責任を進んで負い、国家の省エネ、消費削減目標をクリアすること、もう一方で経済構造を調整・修正し、エネルギーの利用効率を高め、新興工業を発展させ、生態文明（エコ文明：人と自然、社会が共生・発展し、物質的にも精神的にも豊かになるという文明）を確立する必要がある。これは、これまでの「汚染後に整備する、ローエンドの後にハイエンド、粗放から集約へ」という発展モデルを捨てる現実的なアプローチであり、経済発展と資源環境保護の両立を実現するための必然的な選択である。

低炭素エコノミーは、低エネルギー消費、低汚染、低排出をベースとする経済モデルで、農業文明、工業文明に続く人類社会の大きな進歩である。低炭素エコノミーの本質は、エネルギーの高効率利用、クリーンエネルギー開発、グリーンGDP（環境調整済国内純生産）の追求であり、中核となるのはエネルギー技術と排出量削減技術の革新、産業構造と業界制度の刷新、および人類の生存発展観念の根本的な転換である。

低炭素エコノミーが提唱される大きな背景は、地球温暖化が人類の生存と発展にもたらす重大な脅威である。絶え間ない世界人口の増加と経済規模の拡大に伴い、エネルギー利用がもたらす環境問題とその誘因は次から次へと人々に知られ、光化学スモッグや酸性雨等の危害だけでなく、大気中の二酸化炭素濃度の上昇が引き起こす地球規模の気候変動も紛れもない事実であるとすでに確認されている。

こうした背景のもと、「低カーボンフットプリント（炭素の足跡：個人や団体、企業などが生活・活動していく上で排出される二酸化炭素などの温室効果ガスの出所を調べて把握すること）」「低炭素エコノミー」「低炭素テクノロジー」「低炭素による持続可能な発展」「低炭素ライフスタイル」「低炭素社会」「低炭素都市」「低炭素世界」等の一連の新しい概念や政策が生み出された。そうしてエネルギーと経済、さらには価値観にまで大きな変化が起きると、生態文明に向かって一歩一歩邁進するための新しい道筋が切り開かれるかもしれない。すなわち、20世紀の伝統的な成長モデルを捨て、新世紀の革新的技術と革新的メカニズムを直接的に応用し、低炭素エコノミーと低炭素ライフスタイルを通して、社会の持続可能な発展を実現するのだ。

节能降耗＝节约能源，降低消耗（エネルギーを節約し、消費量を削減する）／摒弃 bìngqì：排除する

13．**A** 所谓"低碳经济"是指：（いわゆる「低炭素エコノミー」とは何を指すか）

A 既发展社会经济，又保护生态环境的经济发展形态

（社会・経済の発展と同時に、生態環境を保護する経済発展形態）

B 通过各种技术创新等手段，增加高碳能源消耗的经济理念
（さまざまな技術革新等により、高炭素エネルギーの消費を増やす経済理念）

C 发展新兴工业，建设生态文明的经济模式
（新興工業を発展させ、生態文明を確立させる経済モデル）

D 清洁能源开发，追求绿色 GDP 的发展观念
（クリーンエネルギー開発、グリーン GDP を追求する発展観念）

“达到经济社会发展与生态环境保护双赢的一种经济发展形态”より A。

14．**C**“低碳经济”是人类社会的第几次重大进步？
（「低炭素エコノミー」は人類社会の何回目の大きな進歩か）

A 第一次　　B 第二次
C 第三次　　D 第四次

“人类社会继农业文明、工业文明之后的又一次重大进步”より、C。

15．**B** 提出“低碳经济”的原因是：（「低炭素エコノミー」が提唱された理由は）

A 由于时代的发展，出现了新概念和新政策
（時代の発展により、新しい概念と政策が出現した）

B 全球气候变暖给人类社会带来了严重的危害
（地球温暖化が人類社会に重大な危害をもたらした）

C 为了保护 20 世纪的传统增长模式（20 世紀の伝統的な成長モデルを守るため）

D 为了应用新世纪的创新技术（新世紀に革新された技術を応用するため）

“低碳经济提出的大背景，是全球气候变暖对人类生存和发展所造成的严重威胁。”より、B。

16．**D** 这篇文章主要讲的是：（この文章が主に述べているのは）

A 低碳经济与环境（低炭素エコノミーと環境）

B 低碳经济的历史（低炭素エコノミーの歴史）

C 低碳经济与传统发展模式的不同（低炭素エコノミーと伝統的な成長モデルの違い）

D 低碳经济的概念、实质与提出背景
（低炭素エコノミーの概念、本質、および提唱される背景）

第 1 段落では“低碳经济”が何を指しているか、第 2 段落では“低碳经济”の本質、第 3・第 4 段落では“低碳经济”発展の背景について述べているので、D。

17–20．

夸夸群是一种即时聊天群组，以称赞他人为唯一聊天内容。夸夸群最初是由浙江大学、清华大学、西安交通大学、北京大学和复旦大学等中国大学的学生建立的，建立后不久便在校园内流行，人数不断增加。通过新浪微博等社交软件的分享，夸夸群这一形式的群组开始被社会知晓，其他大学也开始效仿创建，后来流行到社会上。很多人将自己的生活、工作、学习中的事情分享到群里求“夸”，静候群友们热情诙谐的称赞。

夸夸群里发布的内容五花八门：有求安慰的，也有求鼓励的。群友们的回复也各有千秋：有的直截了当，有的敷衍了事。北京某高校的一位教授表示，夸夸群符合部分年轻人需要心理关怀的期待。他将这种社交方式称为“轻社交”。他还强调，这是网络时代的特点之一，即一切都具有某种虚拟性，不那么真实，但又无法说它完全虚幻，所以是一种真真假假、虚虚实实的社交，符合这个时代年轻人的人际交往心理，而且渴望被人夸可以说是人的一种本性使然，并非当下青年的个案。另一名上海某高校社会管理学院院长认为，“95后”这一代高校学生的喜怒哀乐都可以通过网络平台表示，过去人们的表达基本上是在熟人之间进行，而在开放性的信息化时代，新一代青年实际上是在完全陌生的环境中去表达。

虽然建群的初衷是互夸，但是一些夸夸群在逐渐降温后衍生出新的功能与主题。比如，群里会有一些商业合作、团队合作、公司发展、招聘等方面的信息，因为群里的成员是已经工作或即将参加工作的同学，所以这种校友间的互帮互衬很有必要，会成为群友间维系关系的新纽带。

针对夸夸群，社会上有正负两方面的评价。正面评价是：在夸夸群中求夸的用户常常是生活中遇到不如意的事情，存在精神压力，通过其他成员的称赞后，被称赞者从不如意中看到如意的一面，这样有利于舒缓精神压力，消除负面情绪，同时也有利于营造和谐的社群氛围；负面评价是：由于夸夸群是基于网络，群组成员基本为陌生人，所以有人指出，夸夸群的称赞其实就是拍马屁，过于浮夸和虚伪。

“夸夸群”（褒め合うグループ、褒めちぎるグループ）はリアルタイムでコミュニケーションするチャットグループのひとつで、人を褒めることだけを行うものである。“夸夸群”は最初、浙江大学、清華大学、西安交通大学、北京大学、復旦大学等の中国の大学の学生により設立され、すぐにキャンパス内で流行し、参加者が増え続けた。新波微博等のSNSでシェアされたことで、“夸夸群”という形のグループが社会に知られるようになり、他の大学でもそれに倣って開設されはじめ、その後社会全体で流行した。多くの人が自分の生活や仕事、学習の中での出来事をこのグループにシェアし「褒められること」を求め、グループメンバーから熱烈でユーモアたっぷりに褒められることを待っている。

“夸夸群”に投稿されることは多種多様で、慰めを求めるものもあれば、励ましを求めるものもある。グループメンバーの返信もそれぞれで、ストレートなものもあれば、適当なものもある。北京のある大学の教授は、“夸夸群”は一部の若者の気にかけてほしいという期待に合致していると述べる。この教授は、こうしたコミュニケーションの方法を“轻社交”（制約の少ない気軽なコミュニケーション）と呼び、「これはインターネット時代の特徴のひとつである。つまり、すべてのものはある種の仮想性を持っており、さほど現実的ではないが、完全に虚構であると言うこともできない。したがって、真実のようで嘘のようでもあり、虚構のようで現実的でもあるコミュニケーションであり、この時代の若者の対人心理に合致しており、しかも人から褒められることを渇望することは人のある種の本能からなされるもので、現代の若者に限ったことではない」と強調する。また、上海のある大学の社会管理学部長は、「『95後』世代の大学生は喜怒哀楽を全部インターネットを通して表すことができる。これまで人々は基本的によく知っている人との間で感情を表出してきたが、オープンな情報化時代において、新世代の青年は実質的にまったく見ず知らずの環境に表出するのだ」と考えている。

グループ開設当初はお互いに褒め合うものだったが、一部の“夸夸群”が徐々に下火になると、新しい機能とテーマが派生してきた。例えば、グループ内に、ビジネス提携、団体協力、会社の発展、求人等の情報がある。グループのメンバーはすでに働いている卒業生、あるいは間もなく社会に出る学生であるので、このような同窓生同士の助け合いが必要があり、グループメンバー同士の関係をつなぐ新たな要となるのだろう。

"夸夸群"に対して、社会的にはプラスとマイナス両面からの評価がある。プラスの評価は、"夸夸群"で褒められることを求めるユーザーは生きていく中でしょっちゅう思い通りにならないことに遭遇し、精神的なストレスを感じている。他のメンバーからの称賛を受けることで、褒められた者は思い通りにならない中に思い通りにできる一面を見つける。このようなことは精神的ストレスを和らげ、マイナスの感情を解消するのに効果的で、同時に調和のとれたコミュニティのムードを生むのにも有利である、というものだ。マイナスの評価は、"夸夸群"はインターネットに基づくものであるため、グループのメンバーは基本的には見ず知らずの人である。そのため、"夸夸群"の称賛は実際にはただのお世辞であり、あまりにも誇張され偽善的であると指摘する人がいる、というものだ。

17. **D** 年轻人利用夸夸群主要是：(若者が"夸夸群"を利用する主な理由は)
A 为了分享学习经验(学習経験をシェアするため)
B 为了分享社交软件(SNSアプリをシェアするため)
C 为了探讨社会问题(社会問題を研究するため)
D 希望被别人关怀(他の人に思いやってもらいたい)

"夸夸群"は投稿内容に対して称賛を送るものであり、人に褒めてもらいたくて利用するのでDが正解。

18. **A**"轻社交"的特点是：("轻社交"の特徴は)
A 真假模糊(真偽があいまい)
B 完全虚幻(まったくの虚構)
C 十分真实(かなりリアル)
D 轻松愉快(気軽で楽しい)

"一切都具有某种虚拟性，不那么真实，但又无法说它完全虚幻，所以是一种真真假假、虚虚实实的社交……"より、A。

19. **C** 当下的年轻人在感情表达上：(現代の若者は感情を表出するのに)
A 一般来讲都很真实(一般的にいえばいつも本音で表している)
B 只对亲近的朋友诉说(親しい友達に対してのみ表出する)
C 可以在不熟悉的环境中进行(よく知らない環境でも表出できる)
D 与校友互相帮衬(同窓生と互いに助け合う)

"新一代青年实际上是在完全陌生的环境中去表达"より、C。

20. **D** 关于夸夸群，下面哪一项是不正确的？("夸夸群"に関して、次のどれが正しくないか)
A 夸夸群的功能就是互相夸奖("夸夸群"の機能は互いに褒め合うことである)
B 夸夸群里的成员一般互相不认识("夸夸群"のメンバーはふつう知り合いではない)
C 夸夸群是从大学校园流行到社会上的("夸夸群"は大学から社会へ流行していった)
D 夸夸群的群组成员的回复都很诚恳("夸夸群"のメンバーからの返信はどれも誠実だ)

マイナス面の評価で"夸夸群的称赞其实就是拍马屁，过于浮夸和虚伪"と述べられているので、合わないものとしてDが選べる。

練習3

本冊 P. 188

1–4.

古代的德昂族寨子里有一个叫昆撒乐的小伙子和一个叫欧比木的姑娘，他们从小一起长大，青梅竹马，情投意合。昆撒乐会用树叶、竹叶吹奏出动听的音乐。由于叶片会干枯，难以保存，昆撒乐就用薄薄的铜片代替叶片，并把薄铜片放到细竹筒上吹。后来，竹管被虫蛀出一些小洞，吹奏时他就用手指按住不同的洞眼，竹管会发出不同的声音，再套上葫芦，声音更悠扬了。就这样，昆撒乐发明了“毕格宝”（葫芦丝的德昂语名称）。昆撒乐常常在劳动之余吹起“毕格宝”，欧比木一听到乐声，就会来与他约会。但是，欧比木的父母嫌昆撒乐家境贫寒，不愿将欧比木许配给他。于是他们便悄悄地在深山老林里盖了一间小吊楼，将欧比木藏到小吊楼里，不让她和昆撒乐见面。昆撒乐是个有骨气的小伙子，决心外出去挣钱，再回来娶心爱的姑娘。欧比木一个人住在楼里，天天思念情人，泪水把眼睛都弄花了。一天，欧比木见地面上有脚印，以为是昆撒乐来过，就把梯子放下来，等待心上人的到来。哪知吊楼附近的脚印竟是老虎留下的，晚上饿虎顺着梯子爬上吊楼，把欧比木吃了。

昆撒乐在外地拼命干活，节衣缩食，攒了许多钱。赶回寨子时却得知心上人已不在人间，悲愤不已，于是钻进深山将老虎杀死。每当夜深人静的时候，他就会用“毕格宝”吹起悲怨的乐曲，控诉这人为的悲剧。后来人们为了纪念昆撒乐和欧比木就将“毕格宝”作为“传情”乐器世代传承了下来。“毕格宝”吹奏的曲子就是德昂人用葫芦丝世代传承吹奏的《流泪调》。现在梁河县的河西乡二古城德昂族村寨里，还有人会吹这首曲子。

昔むかし、ドアン族（トーアン族）の村に昆撒楽という男の子と欧比木という女の子がいた。彼らは幼い頃から共に成長し、幼馴染で想い合っていた。昆撒楽は木の葉と竹の葉で素晴らしい音楽を吹奏することができた。葉っぱは枯れるので保存が難しく、昆撒楽は薄い銅板を葉っぱの代わりにし、それを細い竹筒にのせて吹いた。その後、竹管が虫に食われて小さな穴が開き、昆撒楽が吹く時指でそれぞれの穴を押さえると、竹管はさまざまな音を出した。さらにそれに瓢箪を付けると、より抑揚がついた滑らかな音色になった。こうして、昆撒楽は「卒格宝」（「フルス（瓢箪笛）」のドアン族の呼び方）を発明した。昆撒楽は仕事の合間にいつも卒格宝を吹く。欧比木はその音を聞くとすぐ彼に会いに来る。しかし、欧比木の両親は昆撒楽の家が貧しいのを嫌い、欧比木を彼と結婚させたくなかった。それで欧比木の両親はこっそりと山奥の原生林の中に吊楼（木の支柱の上に建てた高床式の家）を建て、欧比木をそこに隠し、彼女と昆撒楽を会わせないようにした。昆撒楽は気骨のある青年であったので、村の外へ出てお金を稼ぎ､戻ってから心から愛する欧比木と結婚しようと心に決めた。欧比木はたった一人で吊楼に住み、来る日も来る日も恋人を想って、涙で目もかすんでしまった。ある日、欧比木は地面の足跡を見て、昆撒楽が来たのだと思い、はしごを下ろして愛する人の到着を待った。しかし、吊楼の周りの足跡はトラが残したものだと、どうしてわかっただろう。夜、飢えたトラがはしごをつたって吊楼へ上り、欧比木を食べてしまった。

昆撒楽は外地で懸命に働き、生活を切り詰め、たくさんのお金を稼いだ。そうして急いで村に帰ったその時、愛する人はもうこの世にいないことを知った。彼は悲しみ憤ってやまず、山に分け入りトラを殺した。毎日、夜が更け人が寝静まった頃、彼は卒格宝で悲しみのこもった曲を吹き、この人の手で起こされた悲劇を訴えた。その後、人々は昆撒楽と欧比木を記念して、卒格宝を「想いを伝える」楽器として代々受け継いでいった。卒格宝が奏でる曲はすなわちドアン族の人々がフルスで代々演奏し伝えてきた『流涙調』である。現在、梁河県河西郷二古城のドアン族の村に、まだこの曲を吹ける人がいる。

德昂 Dé'áng 族：中国雲南省からミャンマーにかけて居住する少数民族。以前は“崩龙族”と言ったが、1985年に改称された

1．**A**　昆撒乐用什么来代替树叶吹奏美妙的音乐？
（昆撒楽は何を木の葉の代わりとして美しい音楽を吹奏したか）

A 铜片（銅片）　　B 竹叶（竹の葉）
C 葫芦丝（フルス）　　D 竹管（竹の管）

“昆撒乐就用薄薄的铜片代替叶片”より、A。

2．**C**　文章中出现的“毕格宝”是：（文中の「卒格宝」とは）

A 一首乐曲（楽曲）　　B 人的名字（人名）
C 一种乐器（楽器）　　D 一个民族的名称（民族名）

3．**B**　欧比木的父母为什么把女儿藏到小吊楼里？（欧比木の両親はなぜ娘を吊楼に隠したか）

A 因为树林里有很多动物（森の中にはたくさんの動物がいるから）
B 因为他们不想让欧比木和昆撒乐交往（欧比木と昆撒楽を交際させたくなかったから）
C 因为昆撒乐外出去挣钱了（昆撒楽は外地へ出てお金を稼いだから）
D 因为欧比木不想嫁给昆撒乐（欧比木は昆撒楽に嫁ぎたくなかったから）

“欧比木的父母嫌昆撒乐家境贫寒，不愿将欧比木许配给他。”より、B。

4．**B**　文章中提到葫芦丝吹奏的曲子是：（フルスで吹奏する曲として本文で挙げているのは）

A 毕格宝　　B 流泪调
C 欧比木　　D 昆撒乐

5–8．

宁宁的爸爸最近出差比较多，但不管在哪儿，不管多忙，都会抽空给儿子打个电话。可是让他不解的是，4岁的宁宁总是没有耐心和自己说话，随便“嗯”一声就把电话筒塞给妈妈，自己跑一边“玩”去了。但等爸爸出差回来，一进家门，宁宁又总是兴高采烈地迎接他，和电话里表现出来的冷漠判若两人。

娜娜的妈妈每次打电话叮嘱女儿放学后要认真写作业、别看电视、多喝水，没说上几句话娜娜就会很不耐烦，有时甚至挂断妈妈电话，这让娜娜的妈妈又生气又无奈。

高级儿童心理咨询师张教授认为，上面两位父母的困惑都是因为不了解孩子在通话时的心理而造成的。幼儿虽然情感炽热，但非常感性，必须看到、听到、闻到、触摸到父母，才会强烈地表达出对父母的爱。如果父母不在身边，孩子会想念父母，甚至会在电话中哭泣，但他们还没有学会用语言平静地与父母沟通情感。所以，宁宁对爸爸才会有截然不同的表现。而上学期间的孩子一天到晚都在上课，回到家很想见到父母的笑脸，会因父母下班晚或工作忙回不了家而失望。如果父母电话中又对孩子不断催促，孩子会更觉得委屈，容易与父母顶嘴。所以建议父母们对上学期间的孩子以关心交流为主，叮嘱与催促适可而止。

寧寧の父は最近出張することが比較的多いが、どこにいても、どんなに忙しくても、時間を作って寧寧に電話を掛けてくる。しかし父は理解できない。4歳の寧寧はいつも父と話すのを面倒がり、適当に「うん」と一言答えたらすぐ受話器を母に押し付け、「遊び」に行ってしまうのだが、出張から帰ってくると、家に入ったとたん、寧寧はきまって喜び勇んで彼を出迎え、電話のときの素っ気ない態度とはまるで別人のようなのだ。

娜娜の母は、電話のたびに娘に、授業が終わったら真面目に宿題をしなさい、テレビを見ないようにね、水をたくさん飲みなさい、と言いつけるので、いくらも話さないうちに娜娜はもう我慢できなくなり、ひいては母からの電話を切ってしまうこともある。このことに娜娜の母は腹も立つがどうしようもない。

高級児童心理カウンセラーである張教授は、前述の父親と母親の戸惑いはどちらも、子供たちの電話中の心理によって引き起こされたものであることを理解していないことから起こっていると見る。幼い子供は熱い感情を持っているが、感覚に頼るところが非常に大きく、親を見たり、親の声を聞いたり、親の匂いを嗅いだり、親に触れたりして初めて、親への愛をしっかりと態度で示すことができるのである。もし親が側にいなければ、子供は親を恋しく思うだろうし、電話中に泣くことすらあるだろうが、彼らはまだ言葉を使って冷静に親とコミュニケーションをとることができない。このため、寧寧は父に対して明らかに異なる態度を示すのだ。一方、学齢期の子供は、朝から晩までずっと授業で、家に帰ったら親の笑顔を見たいと切に願うが、親の帰宅が遅かったり、仕事が忙しくて帰宅できなくなったりすると失望する。もし親が電話で絶えず子供の尻を叩いていると、子供はやりきれなくなり、親に口答えしやすくなる。したがって、親たちへのアドバイスとして、学齢期の子供に対しては、コミュニケーションを主とし、説教や催促はほどほどにしたほうがよい。

兴高采烈 xìng gāo cǎi liè：大喜びである、喜び勇む／判若两人 pàn ruò liǎng rén：まるで別人のようである

---

5. **C**　4岁的宁宁为什么跟爸爸打电话时表现得很冷漠，见到爸爸时却又兴高采烈？
（4歳の寧寧はなぜ父親が電話してきた時冷たい態度をとり父親を見た時は逆に大喜びするのか）

A 宁宁不喜欢听爸爸的声音（寧寧は父親の声を聞きたくない）

B 爸爸出差回来给他买了礼物（父親が出張からお土産を買って帰ってくれた）

C 他还没有学会用语言平静地与父母沟通情感
（彼はまだ言葉で冷静に親とコミュニケーションをとることができない）

D 宁宁缺乏耐心（寧寧は我慢強さが足りない）

"但他们还没有学会用语言平静地与父母沟通情感。所以，宁宁对爸爸才会有截然不同的表现。"より、C。

---

6. **D**　上学期间的孩子：（学齢期の子供は）

A 强烈地希望触摸到父母（親に触れたいと強く望む）

B 一般都会在电话中哭泣（ふつう皆電話で泣く）

C 对父亲的表现与对母亲的表现有所不同
（父親に対する態度と母親に対する態度に少し違いがある）

D 不喜欢被父母过多地叮嘱（親からたくさん説教されるのを好まない）

"上学期间的孩子……回到家很想见到父母的笑脸……如果父母电话中又对孩子不断催促，孩子会更觉得委屈，容易与父母顶嘴……对上学期间的孩子以关心交流为主，叮嘱与催促适可而止。"より、D。

---

7. **A**　根据上文，下面哪一项正确？（この文章によると、次のどれが正しいか）

A 幼儿与上学期间的孩子具有不同的心理特点
（幼児と学齢期の子供は異なる心理的特徴を持っている）

B 对于上学期间的孩子，父母要在学习上经常督促，生活上加强管理
（学齢期の子供に対しては、親は学習面では常に尻を叩き、生活面ではより強く管理しなければならない）

C 父母不应该以电话的方式和孩子们交流
（親は電話という方法で子供とコミュニケーションをとるべきでない）

D 孩子们与父母的沟通不需要用语言
（子供たちと親とのコミュニケーションに言葉は必要ではない）

4歳の寧寧と学校に通っている娜娜の例から説明しており、Aが適切。

8. **B** 这篇文章主要谈的是：（この文章が主に述べていることは）

A 宁宁的家庭情况（寧寧の家庭の状況）

B 儿童的心理特征（子供の心理の特徴）

C 娜娜与妈妈的矛盾（娜娜と母の衝突）

D 父母与孩子的故事（親と子の物語）

Aだけでもなく、Cだけでもない。第3段落の内容からDは合わない。

9–12.

入夏以来，多个城市连降暴雨，出现水漫城池的景象，还有路人误入下水道溺水而亡的事件发生。

雨中出行时要保持警惕。路上积水过膝、路面有急水漩涡、行进路线不明确、光线照明不清晰时切勿行进。在户外遭遇雷雨天气时，一定要避开空旷的场地、建筑物顶部和树下。有雷电时也不要接打手机、骑摩托车、撑金属材质的雨伞。

遇到溺水者应积极进行心肺复苏救治，而不要使用传统的控水方法。因为大多数溺水者仅仅是误吸了少量的水，而且水会被快速吸收进入循环。因此不要让溺水者头朝下，也不要用腹部按压法控水。后者会导致胃内物质反流，出现误吸。传统的拍背倒水法，也不能彻底排出水分，还可能使水更加深入，并因此延误了早期通气呼吸救治和胸外按压等心肺复苏救治措施的展开。

遇到被雷电击中的人时，首先要将其平移脱离险境，转移到能避开雷电的安全地域。其次根据击伤程度迅速对症救治，同时呼叫救护人员。通过一翻（翻眼皮看眼球是否转动）、二摸（触摸颈动脉看搏动是否消失）、三呼（呼唤伤者看有无应答）、四观（观察胸廓看有无呼吸起伏）来判断患者是否心脏骤停。当患者出现心脏骤停时，应立即以 100 次 / 分的频率进行胸外按压，亦可采取胸外按压心脏 30 次、进行两次人工呼吸的心肺复苏措施。

夏になって以来、多くの都市で豪雨が降り続き、街中が浸水する光景が見られた。さらには通行人が誤って下水道に落ち、溺死する事故まで発生した。

雨の中出歩く際は、警戒を保たなければならない。道路上の水が膝の高さを超えていたり、路面で急流が渦を巻いていたり、進路がはっきりしない場合や、明かりが乏しくはっきり見えない場合は絶対に進んではならない。外で雷雨に遭遇したら、広々とした場所や建物の屋上、木の下を避けよう。稲妻が走っている時は、電話をしたり、オートバイに乗ったり、金属の傘を差したりもしてはいけない。

溺れている人に出会ったら、進んで心肺蘇生の救命処置をするべきで、昔からの水を吐き出させる処置をしてはならない。なぜなら溺れた人の大多数はほんの少し水を誤飲しただけであり、しかも水は素早く吸収され循環されるからである。このため、溺れた人を逆さ向きに（頭部を下にして逆立ちさせるような姿勢に）したり、腹部を押して水を吐き出させる処置をとったりしてはならない。後者は胃の中の物を逆流させ、異物誤吸入を起こす（気道内に物質が入り込み、気道閉塞を起こす）可能性がある。昔からある背中を叩いて水を吐き出させる方法も、徹底的に水を排出させることは不可能で、さらには水をより深くまで入れてしまう可能性があり、これによって早期の気道確保処置と心臓マッサージ等の心肺蘇生処置の進行に支障をきたしてしまう。

雷に打たれた人に出会ったら、まず平行移動させて危険を回避し、雷を避けられる安全な場所へ移す。次に、雷に打たれた程度にもとづいて迅速に救急処置をすると同時に、救急隊を呼ぶ。まず「翻」（まぶたをめくって眼球が回転していないか見る）、次に「摸」（頸動脈を触り脈拍の有無を確かめる）、その次に「呼」（負傷者に声をかけ反応がないかどうか確かめる）、そして「観」（胸郭が呼吸によって動いているかどうか見る）という方法で患者の心臓が突然停止していないかどうか判断する。患者の心臓が止まっていれば、ただちに1分間に100回の頻度（速度）で胸を押す心臓マッサージを行い、また30回押したら2回人工呼吸を行うという心肺蘇生処置を行わなければならない。

9．**A**　在外面遇到雷雨天气时，不应该做的是哪一项？
（外で雷雨に遭ったとき、してはならないことは次のうちどれか）

A 骑摩托车（オートバイに乗る）

B 避开空旷的场地（広々とした場所を避ける）

C 不要躲在树下（木の下に隠れない）

D 不要到建筑物的最上面（建物の屋上に行ってはならない）

**“有雷电时也不要接打手机、骑摩托车、撑金属材质的雨伞”とあるので、A。
もし答えがB、C、Dであれば、問いの“不应该”とつながって意味的に二重否定で肯定の意味になり、Bは「広々とした場所にいなければならない」、Cは「木の下に隠れなければならない」、Dは「建物の屋上に行かなければならない」という意味になる。**

10．**B**　遇到溺水者应该：（溺れている人に出会ったらどうするべきか）

A 用拍背倒水法把误吸的控出来
（背中を叩いて吐き出させる方法で、誤飲した水を吐き出させる）

B 马上采取通气呼吸救治和胸外按压等心肺复苏救治措施
（すぐに人工呼吸や心臓マッサージ等の心肺蘇生措置をとる）

C 立即将溺水者的头部朝下，把吸进腹部的水排出来
（ただちに溺れた人の頭を下に向け、腹部に吸い込んだ水を排出させる）

D 呼叫救护人员（救急隊を呼ぶ）

“遇到溺水者应积极进行心肺复苏救治，而不要使用传统的控水方法。”とあるので、B。Dは雷に打たれた場合の話の中にあるので、ここでは当たらない。

11．**A**　关于患者心脏骤停时应采取的措施，下面哪一项是不正确的？
（心臓が停止した際にとるべき措置に関して、次のどれが正しくないか）

A 打电话呼叫救护人员（電話で救急隊を呼ぶ）

B 可以以100次／分的频率进行胸外按压
（1分間に100回の頻度で心臓マッサージを行ってもよい）

C 可以进行胸外按压心脏 30 次，两次人工呼吸
（30 回心臓マッサージをし、2 回人工呼吸を行ってもよい）

D 立即采取心肺复苏措施（ただちに心肺蘇生措置をとる）

“当患者出现心脏骤停时，应立即以 100 次 / 分的频率进行胸外按压，亦可采取胸外按压心脏 30 次、进行两次人工呼吸的心肺复苏措施。” より、B、C、Dは正しい。Aは “遇到被雷电击中的人时” のことである。

12．**C** 这篇文章主要谈的是：（この文章が主に述べていることは）

A 雷雨天气外出应该注意什么（雷雨の中外出する際に気をつけるべきこと）

B 下雨危险不要出门（雨が降ったら危険なので出かけてはならない）

C 雷雨天气外出的注意事项和一些急救措施
（雷雨の中外出する際の注意事項といくつかの救急措置）

D 如何救治溺水者（溺れた人を助ける方法）

AとDはいずれも一部のことである。

13−16．

送餐机器人指的是替代人类服务员，将菜肴从厨房送到就餐者桌边的服务型机器人。餐厅范围内的短途配送要求，从技术层面上讲，对机器人提出了两个考验：一是自主导航定位，将菜品从配送间送到订餐的餐桌附近；二是主动避障，即在配送的路途中，躲避行人和障碍物。

从应用层面上讲，送餐机器人可以解决餐饮行业的两大问题：一是餐厅服务员人手不够、人员流动率高、人力成本昂贵；二是服务员一次配送量低，尤其在面积较大的大型连锁餐厅中尤为突出。首先在人力成本问题上，中国国内普通的服务员人力成本一个月大约在 4000 — 6000 元左右，而送餐机器人的租赁价格大约是每天 99 元，一个月的租赁成本为 3000 元左右。即使加上每个月的维护费用，一个月的使用成本也不到 4000 元，并且每天的工作时间在 10 小时以上。如此看来，送餐机器人每个月确实可以降低 1000 — 2000 元的人力成本费。其次在单次配送量上，普通的服务员一次可以配送一个托盘，而送餐机器人采用多层置物架设计，一次可以传送 3 — 4 个托盘。单次配送量的提高意味着利用送餐机器人可以减少送餐往返的次数。此外，送餐机器人的引入还有另外一个重要功能，即吸引客流。比如海底捞的智慧餐厅从 2018 年 10 月 28 日开始营业后，每天 200 个号源都会被抢购一空。

尽管如此，送餐机器人仍然面临着一些挑战。比如，机器人只能把菜端到餐桌旁，不能完成摆盘，需要顾客自己动手完成，而且机器人送餐缺少像人类员工与就餐者之间的亲切互动，无法和顾客“愉快”聊天，因此从服务体验上会打一些折扣。还有，如果顾客有些非常规性的需求，机器人就无法应对，也就是说送餐机器人的智能化程度有限，虽然有一定的“智商”，却没有“情商”。因此要想使送餐机器人成为贴心的服务生，还要使其具备视觉识别和语音识别能力。然而提升语音技术存在三个难点：一是餐厅的环境非常嘈杂，机器人需要有非常灵敏的“耳朵”能够听到顾客在说什么；

二是餐厅里面有各种各样的声源，机器人需要做到能够准确识别点菜信息；三是机器人需要做到顾客点菜时，停止对话，顾客更改菜品时，能够更改菜品信息。一个完整的送餐机器人需要各种技术支持，需要各种技术不断优化和成熟化，这样才能打造出完美的机器人产品。

配膳ロボットとは、人の代替をするサービス係員のことで、料理を厨房から食べる人のテーブルへ運ぶサービスロボットである。レストラン内における短距離の配送という条件は、技術の面からいうと、ロボットに2つの試練を与えた。1つは自動ナビゲーションで、料理を配送室から注文されたテーブル付近まで届けること、もう1つは自動的に障害を回避すること、つまり配送の途中で人や障害物を避けることである。

実用の面からいえば、配膳ロボットは飲食業の二大問題を解決することができる。1つはホールスタッフの人手不足と人材定着率の低さ、人件費の高さであり、もう1つはスタッフが一度に運べる数の少なさで、特に比較的面積が大きい大型チェーン店でとりわけ目立っている。まず人件費の問題において、中国国内における普通のホールスタッフの人件費は1か月におよそ4,000～6,000元前後であるが、配膳ロボットのレンタル価格はおよそ1日99元、1か月のレンタル費用は3,000元前後である。これに毎月のメンテナンス費用を加えても、1か月の使用コストは4,000元に満たず、しかも毎日10時間以上働かせることができる。このように見てみると、配膳ロボットは毎月確実に1,000～2,000元の人件費を削減できる。次に1回の配送量の点では、普通のホールスタッフは1回にお盆1枚分を運ぶのに対し、配膳ロボットは何層もの物置台を取り付けて、1回にお盆3～4枚分を運ぶことができる。1回の配送量が増えることは、配膳ロボットの利用により配膳で往復する回数を減らせるということを意味している。このほかに、配膳ロボットの導入にはもう1つ重要な効能、すなわち客を引きつけるという効能がある。例えば海底捞のスマートレストランは2018年10月28日に開業して以来、毎日200組分の予約受付があっという間にいっぱいになる。

とはいえ、配膳ロボットは依然としていくつかの挑戦に直面している。例えば、ロボットは料理をテーブルの側まで運べるだけで、テーブルに皿を並べることはできず、客が自分でやらなければならない。さらに、ロボットが配膳すると、人であるスタッフと客との間で行われるような親しいコミュニケーションに欠け、客と「楽しく」おしゃべりすることはできないので、サービスを受ける感覚はやや割り引かれる。また、もし客がやや例外的な要求をした場合、ロボットは対応することができない。つまり、配膳ロボットの知能化の程度には限度があり、一定の「IQ」は持っていても、「EQ」は持っていないことである。したがって、配膳ロボットを心の通うホールスタッフとしたいなら、ロボットに視覚認識能力と音声認識能力を持たせなければならない。しかしながら、音声認識技術の向上には、次の3つの難題がある。1つめは、レストラン内はとても騒がしいので、ロボットは非常に鋭敏な「耳」を持ち、客が話していることを聞き取れるようにならなければならない。2つめは、レストラン内にはさまざまな音源があるので、ロボットは正確に注文内容を認識できなければならない。3つめは、客が注文する時、ロボットが対話を中止し、客が注文内容を変更する時、注文を変更できるようにならなければならない。1台の完璧な配膳ロボットが稼働するにはさまざまな技術的サポートが必要であり、数々の技術が最適化し成熟し続けなければならない。そうしてはじめて非の打ち所のないロボット製品が作り上げられる。

13. **C** 送餐机器人一个月的使用成本：（配膳ロボットの1か月の使用コストは）

A 比普通的服务员人力成本高（普通の人間の人件費より高い）

B 是普通的服务员人力成本的一半（普通の人間の人件費の半分）

C 比普通的服务员人力成本低（普通の人間の人件費より安い）

D 与普通的服务员人力成本一样（普通の人間の人件費と同じ）

安いが、半分まで安くはないので、Cが正解。

14. **A** 利用送餐机器人不仅可以减少送餐的次数，还可以：
（配膳ロボットを利用すると配膳の回数を減らせるだけでなく、さらに）

A 增加客流量（客を増やせる）

B 减少洗托盘的次数（お盆を洗う回数を減らせる）

C 减少普通服务员的工作量（普通の人間のスタッフの仕事量を減らせる）

D 减少障碍物（障害物を減らせる）

"送餐机器人的引入还有另外一个重要功能，即吸引客流。"より、A。

15. **B** 文章中的划线部分的意思是：（文中の下線部の意味は）

A 送餐机器人对顾客没有爱心（配膳ロボットは客に対して思いやりがない）

B 送餐机器人无法满足顾客的非常规性需求
（配膳ロボットは客の例外的な要求を満たすことができない）

C 送餐机器人可以满足顾客的打折需求
（配膳ロボットは客からの割引要求を満たすことができる）

D 送餐机器人不能提供服务体验（配膳ロボットはサービス体験を提供できない）

"如果顾客有些非常规性的需求，机器人就无法应对，也就是说送餐机器人的智能化程度有限……"より、B。

16. **D** 关于送餐机器人，下面哪一项是不正确的？
（配膳ロボットに関して、次のどれが正しくないか）

A 送餐机器人可以解决餐饮行业人力成本高的问题
（配膳ロボットは飲食業の人件費高騰問題を解決できる）

B 送餐机器人只能把菜端到餐桌旁边，顾客需要自己动手摆盘
（配膳ロボットは料理をテーブルの側まで運んでいくことができるだけで、客は自分で皿を並べなければならない）

C 送餐机器人不能像普通的服务员一样与顾客交流
（配膳ロボットは普通の人間のスタッフのようには客と交流できない）

D 使送餐机器人拥有表情识别能力有一定的难度
（配膳ロボットに表情認識能力を持たせるには、一定の困難がある）

Dについて、本文で出てくるのは"视觉识别"と"语言识别"であり、"表情识别"は言及されていない。

17–20.

设计师安藤忠雄是一位传奇性的人物。据说他年少时家境贫困，童年在木工作坊度过。在成为建筑师之前，曾经做过货车司机、职业拳击手。他曾去世界许多国家旅行，在此过程中观察了各地的独特建筑。安藤忠雄自学建筑成为专业的建筑师，并于1995年荣获建筑界最高荣誉普里兹克奖。他在建筑上追求光与影的变化，其设计的"水之教堂"、"光之教堂"、"风之教堂"充分体现了风、水、空气等自然因素的建筑表达，而这种表达成就了其建筑的永恒。

安藤忠雄与上海有着很深的缘分，他设计的上海明珠美术馆与新华书店成为人们必去的地方。坐落于上海吴中路爱琴海购物公园七层的新华书店，除了是一家书店，还堪称是一个艺术空间。踏入书店后，首先映入眼帘的是有三层民宅高的巨大环形书架。此书架环绕整个书店，每个书架隔内都有灯光，和头顶的灯光相互辉映。别具一格的是，所有书架为通透性设计，人们可以从这一边一眼望尽书架的另一边。从书店到八层的明珠美术馆有一个蛋形的连接过道，美术馆内有五个展览厅，展现了安藤忠雄的创作历程。

新华书店与明珠美术馆共处于一个蛋形的建筑内，共同组成“光的空间”。这是安藤忠雄首次在商业建筑里将书店和美术馆结合起来，让阅读和艺术充分结合的一次大胆尝试。另外，运用光线是其设计亮点，安藤忠雄曾表示，阅读可以照亮人们的心。

“光的空间”所在的购物公园原为虹桥购物乐园。2015 年，新华发行集团与红星地产邀请安藤忠雄先生建造一个关于阅读和文化的艺术空间，安藤先生提出了“卵”形的概念，他表示“卵，意味着生命，意味着孕育”，因此新华书店与明珠美术馆的核心区域从外观上看形似一颗巨型蛋。

建築家・安藤忠雄は伝説的な人物だ。彼が幼い頃、家は貧しく、幼少期は木工場で過ごしたそうだ。建築家となる以前、トラック運転手やプロボクサーをしていたことがある。また多くの国々を旅したが、この遊歴の中で各地の独特な建築を見た。安藤忠雄は独学で建築を学んでプロの建築家となり、1995 年、建築界の最高の栄誉とされるプリツカー賞を受賞した。彼は建築において、光と影の変化を追求し、彼が設計した「水の教会」、「光の教会」、「風の教会」は、風や水、空気など自然の要素の建築による表現を十分に体現した。そしてこのような表現は安藤が目指す建築の永遠性を表現するのに成功した。

安藤忠雄は上海と深い縁がある。彼が設計した上海明珠美術館と新華書店は人々が必ず訪れる場所となった。上海呉中路にある愛琴海購物公園（エーゲ海ショッピングパーク）7階の新華書店は、書店である以外に、ひとつの芸術空間とも呼べる。書店に足を踏み入れると、まず目に入るのは３階建ての家ほどの高さがある巨大なサークル状の書架である。この書架は書店中をぐるりと取り囲んでおり、棚ごとにライトがあり、頭上のライトと互いに照らし合っている。独特なのは、すべての書架が見通せるよう設計されていることで、人々はこちら側から書架のもう一方の側を一目で見渡すことができる。書店から８階の明珠美術館まで卵型の連絡通路が設置され、美術館には５つの展示室があり、安藤忠雄の創作の歴史が展示されている。

新華書店と明珠美術館はともに１つの卵型の建物の中にあり、合わせて「光の空間」を構成している。これは安藤が初めて商業施設内で書店と美術館を一体化させ、読書とアートを強く融合させた大胆な試みである。また、光を利用することが、この設計のポイントである。安藤はかつて、読書は人の心を照らすことができると言ったことがある。

「光の空間」がある購物公園はもともと虹橋購物楽園であった。2015 年、新華発行集団と紅星地産が安藤忠雄に読書と文化の芸術空間の建築を依頼した。安藤は「卵は生命を、育むことを意味している」として、「卵」の形の概念を提唱した。このことから、新華書店と明珠美術館の中心エリアは外から見ると１つの大きな卵のような形をしている。

17. **B** 安藤忠雄成为专业建筑师之前：（安藤忠雄は建築家となる前）

A 没有学过建筑（建築を学んだことがない）

B 开过货车（トラックを運転していたことがある）

C 在拳击比赛中得过奖（ボクシングの試合で賞を獲得したことがある）

D 在很多国家打过工（多くの国でアルバイトをしていたことがある）

“曾经做过货车司机”とあるため、Bが正解。

18．**A** 安藤忠雄在建筑上追求：（安藤忠雄がその建築において追求しているのは）

A 光和影的变化（光と影の変化）

B 自然因素与教堂是否和谐（自然の要素と教会は調和がとれるかどうか）

C 教堂与建筑的永恒（教会と建築の永遠性）

D 世界各地的水与光（世界各地の水と光）

“他在建筑上追求光与影的变化”とあるため、Aが正解。

19．**B** 明珠美术馆：（明珠美術館は）

A 有八个展览厅（8つの展示ホールがある）

B 和书店之间有一个通道（書店との間に通路がある）

C 其上一层是新华书店（その上の階は新華書店である）

D 其下一层是餐厅（その下の階はレストランである）

“从书店到八层的明珠美术馆有一个蛋形的连接过道”とあることから、Bが正解。7階が新華書店、8階が明珠美術館であるのでCは×。

20．**B** 安藤忠雄设计的上海明珠美术馆与新华书店：
（安藤忠雄が設計した上海明珠美術館と新華書店は）

A 是上海的第一个商业建筑（上海初の商業建築である）

B 把阅读和艺术结合在一起（読書とアートを融合させた）

C 两个建筑都是蛋形的（2つの建築物はどちらも卵型をしている）

D 通过灯光强调阅读的重要性（ライトで読書の重要性を強調している）

“让阅读和艺术充分结合的一次大胆尝试”より、B。

練習4

本冊 P. 195

1–4.

天津"泥人张"彩塑是一种深得百姓喜爱的民间美术品，它把传统的捏泥人提高到圆塑艺术的水平，又装饰以色彩、道具，形成了独特的风格。它是继元代刘元之后，我国又一个泥塑艺术的高峰。其作品艺术精美，影响远及世界各地，在我国民间美术史上占有重要的地位。

张明山（1826—1906）是"泥人张"的创始人，他自幼随父亲从事泥塑制作，练就了一手绝技。18 岁即得艺名"泥人张"，以家族形式经营泥塑作坊"塑古斋"。

1915 年，张明山创作的《编织女工》彩塑作品获得巴拿马万国博览会一等奖，张玉亭的作品获得荣誉奖。后经张玉亭、张景福、张景禧、张景祜、张铭等人的传承，"泥人张"成了中国北方泥塑艺术的代表。

1949 年后，人民政府对"泥人张"彩塑采取了保护、扶持、发展的政策，安排张家几代艺人到文艺创作、教学等部门工作。第二代传人张玉亭被聘为天津市文史馆馆长；同时民间彩塑艺术步入大学殿堂，第三代传人张景祜先后受聘于中央美院、中央工艺美院，在天津建立"泥人张"彩塑工作室，先后招收五批学员，为国家培养了一大批彩塑艺术专门人才；第四代传人张铭在主持工作室和教学工作的二十多年中，呕心沥血，传授技艺。从此，"泥人张"彩塑艺术从家庭作坊走向社会。郭沫若曾题词"昨日造人只一家，而今桃李满天下"。天津"泥人张"彩塑艺术是近代民间发展起来的著名工艺美术流派，这支数代相传的艺术之花，扎根于古代泥塑艺术的传统土壤中，再经大胆创新，遂成为今日津门艺林一绝。

天津「泥人張彩塑」（彩色泥人形）は、人々から深く愛される民間美術工芸品で、伝統的な泥人形をどの角度からも鑑賞できる立体造形芸術のレベルまで高め、彩色と道具で装飾を施し、独特な風格を作りあげた。泥人張彩塑は元代の劉元に続く、我が国のもう１つの泥人形芸術の最高峰である。その作品は精巧で美しく、遠く世界各地に影響を与え、我が国の民間美術史上で重要な位置を占めている。

張明山（1826 ～ 1906 年）は、泥人張の創始者である。彼は幼い頃から父について泥人形作りをし、絶技を身に付けた。18 歳の時、「泥人張」という芸名を得て、家族経営の形で泥人形工房「塑古斎」を経営した。

1915 年、張明山が制作した「織物をする女」という彩色泥人形作品がパナマ・太平洋万国博覧会（サンフランシスコ万国博覧会）のグランプリを獲得し、張玉亭の作品は栄誉賞を獲得した。その後、張玉亭、張景福、張景禧、張景祜、張銘といった人たちによって受け継がれ、「泥人張」は中国北方の泥人形芸術の代表となった。

1949 年以後、人民政府は泥人張彩塑に対し、保護と援助、発展の政策をとり、張家の数代にわたる職人を文芸創作、教学等の部門で働くよう手配した。第二代の後継者である張玉亭は天津市文史研究館の館長に招聘された。同時に、民間の彩色泥人形芸術は大学の殿堂に上り、第三代の後継者である張景祜は中央美術学院、中央工芸美術学院に相次いで招聘され、天津市に泥人張彩塑工房を設立、相前後して５回にわたって学生たちを受け入れ、国家のために多くの彩色泥人形芸術の専門人材を育てた。第四代の後継者である張銘は工房を取り仕切り、教学の仕事に従事する 20 余年で、心血を注ぎ、技芸を伝えた。ここから、泥人張彩塑工芸は家族の小さな工房から社会へと発展した。郭沫若はかつて、この泥人張のために「昨日までは職人は家族だけだったが、今では弟子が天下に満ちている」という言葉を贈った。天津泥人張彩塑工芸は近代の民間で発展した著名な工芸美術の流派であり、この数代にわたって受け継がれた芸術の花は、古くからの泥人形工芸の伝統の土壌に根を張り、さらに大胆な刷新を経て、徐々に今日の天津文化芸術界の傑作となったのである。

圆塑 yuánsù：彩色泥人形のひとつの形式で、どの角度からも鑑賞できる立体像／呕心沥血 ǒu xīn lì xuè：心血を注ぐ／题词：題字を書く、(記念・激励の) 言葉を書き記す

1. **D** 18岁得到“泥人张”这个艺名的是：
(18歳で「泥人張」という芸名を得たのは) ※選択肢の日本語訳は本文参照

A 第二代传人张玉亭　　B 第三代传人张景祜
C 第四代传人张铭　　D 创始人张明山

創始者の張明山を紹介する文脈にあるので、正解はD。

2. **B** “泥人张”彩塑艺术：(泥人張彩塑芸術は)

A 是中国第一个泥塑艺术的高峰 (中国で最初の泥人形芸術の最高峰である)
B 是从最初的家族式作坊逐渐走向社会的
(最初の家族経営の工房から徐々に社会に向かって発展したのである)
C 是近代民间发展起来的建筑艺术流派
(近代に民間で発展し始めた建築芸術の流派である)
D 在全国各地建立了彩塑工作室 (全国各地に彩色泥人形の工房を建てた)

Aは“它(＝“泥人张”彩塑)是继元代刘元之后”とあるので×。Cは“建筑艺术”というのが×。Dのようなことはどこにも書かれていない。

3. **C** “昨日造人只一家，而今桃李满天下”中的“桃李满天下”的意思是：
(“昨日造人只一家，而今桃李满天下”とある“桃李满天下”の意味は)

A 桃树很多 (桃の木が多い)
B 树上结满了桃子 (木に桃の実がびっしり実っている)
C 培养的彩塑艺术人才很多 (育成された彩色泥人形の人材が多い)
D 桃花盛开了 (桃の花が満開になった)

“桃李”は「教え子、弟子」を意味し、“桃李满天下 táolǐ mǎn tiānxià”は「全国各地に教え子がいる、門下生がたくさんいる」という意味の熟語。

4. **B** 上文主要介绍的是：(この文章が主に述べているのは)

A 天津“泥人张”彩塑的特点 (天津泥人張彩塑の特徴)
B 天津“泥人张”彩塑的发展历程 (天津泥人張彩塑の発展の歴史)
C 天津“泥人张”的传说 (天津泥人張彩塑の伝説)
D 天津“泥人张”彩塑的传人 (天津泥人張彩塑の後継者)

AだけでもDだけでもない。全体を総括的にまとめているのがB。

5–8.

中国人的好客，在酒席上发挥得淋漓尽致。人与人的感情交流往往在敬酒时得到升华。中国人敬酒时，往往都想让对方多喝点儿酒，以表示自己尽到了地主之谊，客

人喝得越多，主人就越高兴，说明客人看得起自己。如果客人不喝酒，主人就会觉得有失面子。为了劝酒，酒席上有许多趣话，如“感情深，一口闷”，“感情厚，喝个够”，“感情浅，舔一舔”。有人总结出劝人饮酒有如下几种方式：文敬、代饮和罚酒。

文敬，是传统酒德的一种体现，即有礼节地劝客人饮酒。酒席开始，主人往往在讲完几句话后，便开始了第一次敬酒。这时，宾主都要起立，主人先将杯中的酒一饮而尽，并将空酒杯口朝下，说明自己已经喝完，以示对客人的尊重。客人一般也要喝完。在席间，主人往往还分别到各桌去敬酒。

代饮，即既不失风度，又不使宾主扫兴的躲避敬酒的方式。本人不会饮酒，或饮酒太多，但是主人或客人又非得敬上以表达敬意，这时，就可请人代饮酒。代饮酒的人一般与被代者有特殊的关系。在婚礼上，伴郎和伴娘往往是代饮的首选人物，故酒量一般比较大。

罚酒，这是中国人敬酒的一种独特方式。罚酒的理由也是五花八门。最为常见的是对赴宴迟到者的“罚酒三杯”。有时也不免带点儿开玩笑的性质。

中国人の客好きな性格は、酒の席において余す所なく現れる。人と人との気持ちの交流はしばしば酒を酌み交わす際にさらに一段加速するものだ。中国人が酒をすすめる時にはきまって、相手に酒をたくさん飲んでもらい、それによって心からのもてなしの気持ち（主人としての役割を尽くすこと）を表そうとする。客が飲めば飲むほど主人は喜び、客が自分を重んじてくれていると考える。もし客が酒を飲まなければ、主人はメンツを失ったと感じる。酒の席には酒をすすめるためのしゃれ言葉がたくさんある。例えば「仲良しだったら、ぐっと一口飲み干して」「親しい仲なら、心ゆくまで飲み尽くそう」「それほど親しくなかったら、なめるだけでいいよ」など。ある人は、他人に酒をすすめる方法には、“文敬”、“代飲”、“罰酒”という数種の方法があると総括する。

“文敬”とは、伝統的な飲酒の作法で、すなわち礼儀を尽くして客に酒をすすめることである。宴会が始まれば、主人はよくちょっとしたスピーチをした後、１回めの酒をすすめ始める。この時、主人も客も起立し、主人がまず盃の酒を一気に飲み干し、空になった盃を下に向けて自分が飲み干したことを表し、これによって客に対する敬意を表す。客もふつう飲み干さなければならない。宴会の間、主人はしばしば各テーブルへ酒をすすめて回る。

“代飲”は、礼も失せず、興もそがずに、酒をすすめる（すすめられる）のを避ける方法である。本人が酒が飲めない、あるいは飲みすぎたが、主人または客としてどうしても飲んで敬意を表さなければならない場合、誰かに代わりに飲んでもらってもよい。代飲者はふつう、本人（飲んでもらう人）と特別な関係がある人だ。結婚式なら、新郎や新婦の介添人がきまって代飲者として最初に選ばれる人であるので、（介添人をする人は）ふつう酒に比較的強い。

“罰酒”は、中国人が酒をすすめる一種の独特な方法である。罰の理由はさまざまあり、最もよくあるのは、宴会に遅れてきた人に“罰酒三杯”（「駆けつけ三杯」、罰として３杯飲む）させることだ。冗談でこう言うことも多い（冗談の性質を帯びることも免れない時もある）。

淋漓尽致 lín lí jìn zhì：余すところなく表現・描写されている／升华 shēnghuá：昇華する／趣话 qùhuà：面白い話、しゃれ

5．**C** 上文中划线部分的意思是：（文中の下線部の意味は）

A 客人对当地人的友谊（客の現地の人に対する友好の気持ち）

B 客人对当地的感谢（客の現地に対する感謝）

C 主人对客人的情谊和接待礼节（主人の客に対する情誼ともてなしの礼儀）

D 主人对家乡的情谊（主人の故郷に対する情誼）

“地主”は「地元の人」、“尽 jìn 地主之谊 yì”で「地元の人間としての役割を尽くす、地元の人間として客をもてなす」という意味である。“中国人敬酒时，往往都想让对方多喝点儿酒，以表示自己尽到了地主之谊，客人喝得越多，主人就越高兴，说明客人看得起自己。”という文脈から、“地主”＝“主人”であると理解でき、主人として客をもてなすことを表す。

6．**D**　主人敬酒时，为了表示对客人的尊敬：
（主人が酒をすすめる時、客に対する敬意を表すために）

A 要先讲一段话（まずちょっとしたスピーチをしなければならない）

B 要站起来（起立しなければならない）

C 让客人们都坐着（客たちを皆着席させる）

D 先喝完杯里的酒，然后杯口朝下（まず盃の酒を飲み干し、それから盃を下に向ける）

“这时，宾主都要起立，主人先将杯中的酒一饮而尽，并将空酒杯口朝下，说明自己已经喝完，以示对客人的尊重。”より、D。

7．**B**　婚礼上伴郎和伴娘一般酒量都比较大的原因是：
（結婚式で新郎新婦の付添人が一般的に酒に比較的強い原因は）

A 要向客人们敬酒（客たちに酒をすすめるため）

B 可能成为代饮酒的人（代飲者になる可能性があるため）

C 新郎和新娘不可以喝酒（新郎新婦は酒を飲んではならないため）

D 他们都喜欢喝酒（彼らは皆酒を飲むのが好きだから）

“代饮酒的人一般与被代者有特殊的关系。在婚礼上，伴郎和伴娘往往是代饮的首选人物”より、B。

8．**B**　这篇文章主要介绍的是：（この文章が主に述べているのは）

A 中国人在酒席上表现得很好客
（中国人は酒席においてホスピタリティにあふれている）

B 中国人劝人饮酒的方式（中国人の酒をすすめる方法）

C 中国人的饮酒习惯（中国人の飲酒習慣）

D 劝酒要注意的问题（酒をすすめるのに注意しなければならないこと）

Aは話題には出ているが、それについては詳しくは述べていない。主に述べているのは酒をすすめる方法である。

9–12.

最近，职场上涌现了一个新名词“暑歇”，专指那些像学生放假一样，以“炎夏难熬”为借口辞职休息的人。事实上，不只在暑假想歇着，在同一个岗位时间长了，热情被磨去，难免疲惫厌烦，出现“职业倦怠”，开始得过且过，甚至出现跳槽的念头。

职业倦怠到底是因为什么产生的呢？结合意大利心理学家赫苏斯·蒙特罗·马林等人的研究，多数情况下，有三种可能。

第一种，糊里糊涂入行。有些人最初可能是被薪酬等表面因素吸引，内心并不是真正认同和喜爱这一职业，不久之后，就失去兴趣。对这部分人来说，换个选择也许真的是新开始，并不需要太纠结。

第二种，不能胜任工作。因为以自己目前的能力，不太能胜任工作，总是感到困难重重、特别吃力，时间一久，当然劳心费神了。要想解决这一问题，最好多向他人请教，提高职业能力。同时，找到让自己愉快的细节，比如某个领导欣赏你，增强成就感和价值感。

第三种，藏有某种心结。有一些人，因为有某种心结，比如特别不能忍受不爱干净的人等，导致对目前的工作环境产生抵触。对此，最重要的是增强职业认同感，发现这份职业带给你的意义和价值。

职业倦怠并非完全是坏事，从某种意义上说它可能是你迈上新平台的动力，不必过于忧虑。

最近、職場に“暑歇”という新しい名詞が生まれた。学生が休暇に入るのと同じように「夏の暑さは耐え難い」を口実として、仕事を辞め休む人のことをもっぱら指す。実際は、夏休みにだけ休みたいと考えるのではなく、同じ会社、同じ仕事を長く続けて、情熱は薄れ、どうしても疲れて飽きて、「燃え尽き症候群」になり、いいかげんになり始めて、ひいては転職しようという考えが頭をもたげることである。

燃え尽き症候群はいったい何が原因で起こるのだろうか。イタリアの心理学者、ヘスス・モンテロ・マリンらの研究とにらみ合わせると、多くの場合、次の3つの可能性がある。

1つめは、深く考えずに就職したことである。一部の人は最初、給料等の表面的な要素に引かれたかもしれないが、本心ではその職業に共感を覚えたり好きであるわけでもなく、やがて興味を失ってしまう。こうした人たちにとって、転職すること（選択を変更すること）はもしかすると本当の意味での新しいスタートかもしれず、あまり悩む必要はない。

2つめは、力不足であることだ。自分の現時点での能力ではあまり仕事がこなせないので、常に困難が山積みで非常に大変であると感じ、そうしていると、当然心身ともに疲労困憊してしまう。この問題を解決したいなら、他人に教えを請い、仕事の能力を上げるべきだ。同時に、例えばある上司に認められるなど、自分が楽しいと思うことを見つけ、達成感と存在価値を高めることである。

3つめは、心に何らかのわだかまりを持っていることである。一部の人は、心に何らかのわだかまり、例えば不潔な人は特に耐えられないといったわだかまりがあることで、目の前の職場環境に反発を抱いてしまう。これについて、最も重要なのは仕事への共感を高めることであり、自分にとっての仕事の意義と価値を見出すことである。

燃え尽き症候群は決して完全に悪いことではない。ある意義においては、それは新しい舞台に上がるモチベーションになる可能性もあるので、心配しすぎる必要はない。

职业倦怠 juàndài：燃え尽き症候群（仕事のプレッシャーを受け心身が疲労し消耗した状態。無気力・無関心、消極的・不寛容、怠慢などの状態が現れる）／得过且过 dé guò qiě guò：その日暮らし、行き当たりばったり／认同(感)：共感、共通の認識、一体感／心结：心のわだかまり／抵触 dǐchù：抵触する、反発する

9．**B** “暑歇”指的是：（“暑歇”が指すのは）

A 学校放暑假（学校が夏休みになる）

B 以天气热为理由，不去上班的人（暑いことを理由に会社に行かない人）

C 因为疲劳而想在家休息的人（疲労のため家で休みたいという人）

D 职业倦怠（燃え尽き症候群）

“专指那些像学生放假一样，以‘炎夏难熬’为借口辞职休息的人”より、B。

10．**A** 文章中划线部分“吃力”的意思是：（文中の下線部“吃力”の意味は）

A 花费力气（労力を費やす）　　B 吃惊（驚く）

C 有力（力強い）　　D 花销大（支出が多い）

文脈から選べる。“吃力”（骨が折れる、疲れる）は6級の単語にあるので確認しておこう。

11．**B** 文章中划线部分“藏”应该读作：（下線部“藏”の読み方は）

A cāng　　B cáng

C zhàng　　D zàng

あまり例はないが、過去にこのようにピンインに関する問題が出たこともあるので、特に多音字にはいま一度注意しておこう。「cáng」は「隠れる、隠す、収蔵する」、「zàng」は「蔵、経典」「チベット」の意味。「cāng」「zhàng」という読み方はない。

12．**C** 这篇文章主要谈的是：（この文章が主に述べているのは）

A 职业倦怠的表现（燃え尽き症候群のありさま）

B 产生职业倦怠的原因（燃え尽き症候群が起こる原因）

C 职业倦怠的表现以及产生的原因（燃え尽き症候群のありさまと起こる原因）

D 职业倦怠的好坏（燃え尽き症候群のメリット・デメリット）

1段落目が具体的な“表现”で、2段落目から発生する原因について述べているため、AとBをまとめたCを選ぶ。

13–16．

那天坐公交车回家，上来一对男女。男人气鼓鼓的样子，一屁股坐下去。女人却满脸堆笑，挨着男人坐下来。一看就知道，这是一对刚刚吵完架的夫妻。

我无意偷窥，但我在他们座位的后排，一抬头便什么都看得见。只见女人去握男人的手，但男人粗暴地甩开了。看来女人想求和示好，表示歉意，但男人不肯接受。女人并没有怎么样，她用被男人甩开的手顺便捋了一下自己的头发，然后就放了下来。

过了一会儿，女人伸手轻轻拍了拍男人的后背，就像那背上落了尘土，她要掸掉它们。这一次，男人没有动。之后，女人又伸出手去，在男人的头上拿下了一个什么东西，好像是一根细碎的稻草。男人任由女人去做这些，好像与他没有任何关系。

女人还是什么也不说，可能她觉得在公共场合不方便说出来吧，可是，她却没有停下来。不知什么时候，她离男人更近了。我看不到她的表情，但我想，男人应该知道，这是女人在表达真诚的歉意。

又过了一会儿，女人抬起了头，我便看见了她的笑容。她伸出手臂，挽住了男人的手臂。这一次，男人好像也试图想要抽回，但并不决绝，便任由女人挽着。这样，又过了一会儿，女人把头靠在男人的肩上，男人没有动。最后，女人又去握男人的手，这一次，男人没有抽回。而且，男人笑了，反过来握住了女人的手。

“我们到了。”女人对男人说道。然后，他们手拉手下车了。我看了下表，女人大概用了半个小时却没说一句话，成功与男人重归于好。我想到了自己及身边的很多人，半小时里我们可能流很多的眼泪，说很多伤害的话，甚至可能狠狠打一架，但所有这一切，都没有这个女人做得如此不动声色，做得如此美好。

その日バスで帰宅する時、1組の男女が乗ってきた。男性は怒り心頭な様子で、どすんと腰を下ろした。女性は反対に顔いっぱいに笑みをたたえ、男性にくっついて座った。それを見たらすぐにわかった。喧嘩したての夫婦だと。

私は盗み見る気はなかったが、私は彼らの席の後ろの列に座っていたので、頭を上げたらすべてが見える。ふと見ると女性が男性の手を握ろうとしたが、男性は乱暴に振りほどいた。どうやら女性は仲直りを求めて好意を示し、すまないという気持ちを示したいようだが、男性はがんとして受け入れないようだ。しかし女性はどうすることもせず、男性に振りほどかれた手でついでに自分の髪をちょっと撫でて、すぐに下ろした。

しばらくして、女性は手を伸ばして男性の背中を軽く叩いた。その背中に落ちた埃を払い落とそうとするように。この時は男性は動かなかった。その後、女性はまた手を伸ばし、男性の頭から何かを取った。小さな藁くずのようだ。我関せずというようにして、男性は女性のするに任せている。

女性はやはり何も言わなかった。公共の場所で口にするのは憚られると思ったのだろう。しかし、彼女は手を止めなかった。どのくらい経った頃か、彼女は男性により近づいた。私は彼女の表情は見えなかったが、これは女性が心からの謝罪の気持ちを表しているのだと男性はわかるはずだと思った。

それからまたしばらくして、女性が頭を上げたので、私は彼女の笑顔が見えた。彼女は腕を伸ばして、男性の腕をとった。この時、男性はまた腕をほどこうとしたようだが、断固としてそうしようとしたわけではなく、女性にとられるに任せていた。こうしてまたしばらくして、女性は頭を男性の肩にもたせかけた。男性は動かなかった。最後に、女性は男性の手を握ったが、この時男性は手を引かなかった。しかも、男性は笑って、あべこべに自ら彼女の手を握った。

「着いたよ」と女性が男性に言った。そして彼らは手を取り合ってバスを降りていった。私は腕時計をちらっと見て、だいたい30分をかけて女性は一言も話さずに、男性との仲直りに成功したのだ。私は自分自身と身近な大勢の人たちのことを考えた。30分の間に私たちはたくさんの涙を流し、傷つける言葉をたくさん発し、さらには殴り合いになったかもしれないが、それらすべては、かの女性のあれほど冷静で完璧な対応には及ばない。

气鼓鼓：ぷんぷん怒っている／一屁股：どっかりと座る／堆笑 duīxiào：笑みをたたえる、作り笑いをする／只见：ふと目に入る／求和：講和を申し出る／示好：好意を示す／掸 dǎn：払う、はたく／不动声色：物事に動じない様

13．**B** 女人去握男人的手，男人为什么粗暴地甩开了？
（女性が男性の手を握った時、男性はなぜ乱暴に振りほどいたのか）

A 男人不认识这个女人（男性はその女性を知らない）
B 他们吵架了，男人正在生女人的气（彼らは喧嘩して、男性は女性に腹を立てている）
C 他们吵架了，女人正在生男人的气（彼らは喧嘩して、女性は男性に腹を立てている）
D 他讨厌手被别人握（彼は手を他人に握られるのが嫌だ）

"这是一对刚刚吵完架的夫妻""看来女人想求和示好，表示歉意"から、B。

14．**C** 女人拍男人的后背是为了：（女性が男性の背中を叩いたのは何のためか）
A 掸掉男人背上的灰尘（男性の背中にある埃を払うため）
B 让男人向自己道歉（男性に謝らせたいから）
C 和男人和好（男性と仲直りしたいから）
D 挽住男人的手臂（男性の腕を引き寄せるため）

"就像那背上落了尘土…"、埃を払う「ように」とあり、それが目的ではない。真の目的はCである。

15. **A** 女人再次握男人的手时，男人没有抽回，而且笑了，这表示：
(女性が再び男性の手を握った時、男性は手を引かず、笑った。これが表すのは)

A 男人原谅了女人（男性は女性を許した）

B 男人在嘲笑女人（男性は女性を嘲笑している）

C 男人在和女人开玩笑（男性は女性をからかっている）

D 男人看到女人脸上有东西（男性は女性の顔に何か付いているのを見かけた）

この前の文脈から、男性の気持ちが和らいできているのがわかり、さらにその後に"反过来握住了女人的手"とあるので、女性に腹を立てていた男性が女性を許したことがわかる。

16. **D** 文章中划线的部分的意思是：(文中の下線部の意味は)

A 回到原来的地方（元の場所に戻った）

B 自己的家最好（自分の家がいちばん良い）

C 重比轻好（重いのは軽いより良い）

D 重新和好（あたらめて仲直りした）

"重归于好"は「仲の良い状態に戻る」=「仲直りする」の意味。

17–20.

2014年10月，深圳的一家商场门前出现了一个集装箱。这个集装箱其实是一个健身房，最多六七个人使用。用户可以通过手机在微信公众号上预约，付费以后就可以进入，每次费用为五十元。如果用户是健身新手，扫描健身器械上的二维码，就能播放教学视频。这种健身房24小时营业，而且不需要交付年费。

据说开发这种健身房的是一个建筑师。这个建筑师坚持健身多年，她认为健身付出的额外成本太高，每年年卡就要花五六千块钱，锻炼一个小时，路上却要花费两个小时，还要付停车费。于是她就琢磨能否在工作地点附近找一个健身房，而且不用付年费。不久，她从公司离职，和几个创始人一起在深圳创立了名叫"超级猩猩"的公司，试图改变以往的健身房的体验。

超级猩猩的门店没有前台，教练只在上课时到店里，用户提前30分钟会收到密码，自动开门进店，而且可以通过移动支付现场购买毛巾、矿泉水等。健身房除了教练与负责清洁工作的猩猩管家以外，没有其他工作人员，都是用户自助服务，因此有效控制了成本开支。

超级猩猩的每个健身房面积约为200平米到300平米，没有淋浴室。健身房从早到晚设置不同的课程，如果是团体课，每次课为1小时左右，而且学员也限制在15名至50名。在开课前或上课后，都可以添加课程教练的微信，并以教练为节点，构建微信社群，方便相同教练的用户交流健身经验、结伴上课。课程结束后，学员与教练合影，通过建立仪式感，激励用户将合影分享到朋友圈，进行社交传播，通过口碑吸引新用户。超级猩猩的 80% 的用户增长皆来自口碑传播。

超级猩猩在费用方面坚持按次付费、不推年卡，所以用户进入门槛低，退出门槛也低。教练的主要任务为教课，部分教练甚至拥有 MBA 或创业背景，因此教练的个人经历为学员传递很多正能量。公司每年还为每位教练的培训与深造投入三万元。根据 2019 年 6 月超级猩猩官方公众号披露的数据，全职教练为 260 名以上，兼职教练超过 400 名，全职教练的 70% 为外部引入，30% 由公司自主培养，全职教练流失不超过 5 人。

超级猩猩的用户消费力很强，用户到门店锻炼时，往往能带动周边其他店铺消费，比如运动服装、主打健康减肥的轻食餐饮、咖啡馆等。超级猩猩与相关品牌及部分银行的合作可以说指日可待。

2014 年 10 月、深センのあるショッピングセンターの前にコンテナが 1 つ出現した。このコンテナは実は、最大で 6 ～ 7 人が使用できるフィットネスジムだ。利用者はスマホで微信のアカウントから予約でき、決済が完了すればすぐ入ることができる。利用料は 1 回 50 元だ。もし利用者がフィットネスのビギナーであれば、フィットネスマシンに付いている二次元コードをスキャンすればトレーニング方法を教える動画が流れる。このフィットネスジムは 24 時間営業で、年会費もかからない。

このようなフィットネスジムを開発したのは、一人の建築家だそうだ。この建築家は長年フィットネスを続けてきたが、余分に支払う費用が高すぎると思っていた。年間パスポート（1 年間利用できるカード）を購入するだけで毎年 5,000 ～ 6,000 元かかり、1 時間トレーニングするのに、2 時間の移動時間がかかり、さらに駐車代も払わなければならないと思っていた。それで彼女は、職場の近くで、しかも年間パスポートが必要ないジムが見つからないかとさんざん探した。ほどなくして、彼女は会社を辞め、数人の起業家と共に深センで「スーパーモンキー」という名の会社を立ち上げ、これまでのジムの体験を変えようと試みた。

スーパーモンキーの店舗には受付がなく、トレーナーはその時間にだけ来店する。利用者は 30 分前にパスワードを受け取り、自動的にドアを開け入店する。モバイル決済でその場でタオルやミネラルウォーターなどを購入することもできる。ジムにはトレーナーと店内の清掃を担当する「猩々管家」（スーパーモンキーの社員）以外にスタッフはおらず、すべて利用者のセルフサービスにすることで、コストを効果的に抑えている。

スーパーモンキーのジムの面積はおよそ 200 ～ 300 平方メートルで、シャワールームはない。ジムは朝から晩までさまざまなレッスンを設けており、グループレッスンなら 1 レッスンはおよそ 1 時間で、参加者も 15 ～ 50 人に制限されている。レッスン開始前または開始後に、そのレッスンのトレーナーの微信を追加することができる。そしてトレーナーを接点として微信のコミュニティを作り、同じトレーナーの受講者がトレーニングについて語り合ったり、一緒にレッスンを受けたりする便宜を図っている。コース終了後、受講者とトレーナーで集合写真を撮り、儀式のような感覚を持つことで、利用者が集合写真を微信のモーメンツに共有するよう促し、SNS 上に拡散し、口コミで新規利用者を引き寄せる。スーパーモンキーの新規利用者（増加する利用者）の 80%は口コミによるものだ。

スーパーモンキーは費用の面では、1 回ごとの利用料支払いを堅持しており、年間パスポートは推奨していない。そのため利用者にとって利用し始める際のハードルが低く、やめる際のハードルも低い。トレーナーの主な仕事は教えることであり、一部のトレーナーに至っては MBA あるいは起業のバックグラウンドまで持っている。これによって、トレーナーの個人的な経験は受講者に多くのプラスエネルギーを与えている。また、会社は毎年トレーナーそれぞれに対しトレーニングおよびさらなるレベルアップのための学習のために 3 万元を投入している。2019 年 6 月にスーパーモンキーの公式アカウントで公開されたデータによると、専属トレーナーは 260 名以上、兼任トレーナーは 400 名以上おり、専属トレーナーの 70%は外部から引き入れた人、30%は自社で育成した人で、専属トレーナーの流出数は 5 人未満である。

スーパーモンキーの利用者の消費力は強く、利用者がジムに来てトレーニングする時、周辺のその他の店でも消費することが多い。例えばスポーツウェア、健康ダイエットを主目的とする飲食、カフェなどだ。スーパーモンキーと関連するブランド、および一部の銀行との提携は実現が間近に迫っていると言えよう。

集装箱 jízhuāngxiāng：コンテナ／门槛 ménkǎn：敷居／深造 shēnzào：深く研究する、より高度な学問や技術を身につける／指日可待 zhǐ rì kě dài：間もなく実現する

17. **C** 关于以往的健身房的体验，不符合文章内容的是：
（従来のフィットネスジムの体験に関して、文章の内容に合わないのは）

A 需要支付年费（年会費を払わなければならない）

B 健身房离工作地点远（ジムは職場から遠い）

C 健身房附近没有停车场（ジムの近くに駐車場がない）

D 除了健身费用以外，还需要其他费用（フィットネス料金以外にも費用がかかる）

“还要付停车费”とは言っているものの、“健身房附近”に“停车场”があるかどうかについては言及していない。

18. **B** 超级猩猩之所以能够控制成本开支，是因为：
（スーパーモンキーはコストを抑えることができる、なぜなら）

A 卖毛巾、卖矿泉水（タオルやミネラルウォーターを売るから）

B 只有教练和猩猩管家，节省了人力成本
（トレーナーと猩々管家しかおらず、人件費を節約したから）

C 用户都很自觉，不需要工作人员的服务
（利用者が皆意識が高く、スタッフのサービスを必要としないから）

D 教练负责上课和清洁工作（トレーナーがレッスンと清掃作業を担うから）

“健身房除了教练与负责清洁工作的猩猩管家以外，没有其他工作人员，都是用户自助服务，因此有效控制了成本开支。”とあり、人件費が非常に低いため。

19. **A** 关于超级猩猩的教练，符合文章内容的是：
（スーパーモンキーのトレーナーに関して、文章の内容と合うものは）

A 每个教练都有接受培训和深造的机会
（どのトレーナーもトレーニングとさらなるレベルアップのための学習機会を持っている）

B 兼职教练都拥有 MBA 或创业背景，他们为公司投入了部分资金
（兼任トレーナーは皆 MBA または起業のバックグラウンドを持っており、彼らは会社に一部の資金を投入した）

C 课程结束后，教练与学员合影并将合影分享到朋友圈，进行社交传播
（レッスン終了後、トレーナーは受講者と集合写真を撮り、それをモーメンツに共有して SNS に拡散する）

D 全体教练中三成是公司自己培养的
（全トレーナーのうち３割は自社で育成した人である）

“公司每年还为每位教练的培训与深造投入三万元”とあるためA。Cは文中では「“教练”が」ではなく「“学员”が」と述べているので不適切。

20．**C** 超级猩猩的用户在消费上有什么特点?
（スーパーモンキーの利用者は消費の面でどのような特徴を持っているか）

A 消费范围限定在毛巾和矿泉水上
（消費の範囲がタオルとミネラルウォーターに限られている）

B 可以按次付费，也可以买年卡
（１回ごとに支払うことも、年間パスポートを購入することもできる）

C 可以带动周边的餐饮等店铺的消费
（周辺の飲食店などの消費を動かすことができる）

D 超级猩猩的健身房没有淋浴室，所以节省了额外消费
（スーパーモンキーのジムにはシャワールームがないので、余分な予定外の消費を抑えられた）

“用户到门店锻炼时，往往能带动周边其他店铺消费，比如运动服装、主打健康减肥的轻食餐饮、咖啡馆等”とあるため。

表現力アップメモ

“仪式感”とは

名詞で、儀式の時のような引き締まった緊張感、またはそのような心境を意味する。

有些人喜欢吃饭前把食物摆好，先拍一个美食照片，这其实是一种仪式感。
（一部の人は食事をする前に食べ物を並べておき、まずご馳走の写真を撮る。これは実はある種の「儀式感」のようなものである。）

她每天早上进公司大楼前都会先深吸一口气，然后小声说一句“加油！”，这是她开始一天的工作的仪式感。
（彼女は毎朝会社のビルに入る前にまず一度深呼吸をしてから、小さい声で「頑張れ！」と言う。これは１日の仕事をスタートさせる彼女の「儀式感」である。）

“仪式感”は、人や物事を大切にする気持ちから生まれる行為や表現方式であり、なんでも便利になっている現代社会に欠けているものを意識させる言葉でもある。

STEP 4
書写　予備練習

本冊 P. 227

1.【課題文】

六月初夏的一个晚上，天还稍带些凉意。林娜和往常一样加班加到很晚，有些疲惫不堪，于是叫了一辆出租车。

夜晚灯火阑珊，车水马龙，林娜却无心欣赏美丽的夜景，心里还在想着明天的工作。二十多分钟后，出租车开进了她住的小区。下车的时候，林娜忘记了自己的包，直到要休息的时候，才发现包丢在出租车上了。林娜想，丢了就丢了吧，着急也没有用，好在包里也没多少现金，手机也上了锁，一些资料公司里都有备份。林娜走到了客厅的落地窗前，往下看了看，竟然看到了自己刚才坐的那辆出租车。她赶忙跑下楼去。

司机看到林娜，说道："因为您的手机上了锁，没有办法联系您，所以只好在这里等。包里的东西怕您急着用，所以就在这里等了。您看看，东西都在不在？"

一年后，林娜举行了婚礼，新郎就是那天等她的出租车司机。林娜说，那天她看到了他内心的善良。

6月の初夏のある夜、空気はまだ少し涼しさを残していた。林娜はいつもと同じように遅くまで残業し、ちょっと疲れてへとへとだったので、タクシーを呼んだ。

夜のネオンが尽きようとし、車が頻繁に行き交う。林娜はしかしその美しい夜景を眺める気にはならず、心の中では明日の仕事のことをまだ考えていた。20数分後、タクシーは彼女が住む団地に入っていった。タクシーを降りる時、林娜はカバンを忘れたが、寝る時になってようやくカバンをタクシーに置き忘れたことに気がついた。失くしたのなら失くしたままでいいや、慌てても仕方ない、幸いカバンの中にはいくらも現金は入ってないし、スマホだってロックしてあるし、資料のいくつかも会社に控えがあるし…と林娜は思った。そしてリビングの掃き出し窓まで行って下を見てみると、なんと自分がさっき乗っていたタクシーが見えた。林娜は大急ぎで下へ降りていった。

タクシーの運転手は林娜を見て、こう言った。「あなたのスマホはロックされていて、ご連絡することができませんでした。なのでここで待つしかなくて。カバンの中の物がすぐに必要なんじゃないかと思ったので、ここで待っていました。ご確認ください。お持ち物は全部ありますか？」

1年後、林娜は結婚式を挙げた。新郎はあの日彼女を待っていたタクシーの運転手だ。「あの日私は、彼の善良な心を見たんです」と彼女は言った。

【6要素】

①時間：六月初夏的一个晚上、一年后
②場所：出租车上、林娜住的小区、林娜房间的客厅的落地窗前
③人物：林娜、出租车司机
④事柄の起因：林娜叫了一辆出租车回家
⑤事柄の経過：林娜把包忘在了出租车上、出租车司机一直在楼下等林娜来拿包
⑥事柄の結末：林娜觉得出租车司机很善良、两个人一年后结婚了

【ストーリーの流れ】【叙述形式：時系列】

①六月初夏的一个晚上，林娜加班加到很晚，有些疲惫，于是叫了一辆出租车。
②二十多分钟后，出租车开进了她住的小区。下车的时候，林娜忘记了自己的包。

③要休息的时候，发现包丢在出租车上了。
④林娜走到了客厅的落地窗前，往下看，看到了刚才那辆出租车，她赶忙跑下楼去。
⑤司机看到林娜，把包还给了她。
⑥一年后，林娜和那个司机举行了婚礼。

【要約完成例参考】

善良

六月初夏的一个晚上，林娜加班到很晚，有些疲惫，于是叫了一辆出租车。二十多分钟后，出租车开进了她住的小区。下车的时候，林娜忘记了自己的包，要休息的时候，才发现包丢在出租车上了。林娜走到客厅的落地窗前，往下看，看到了刚才坐的那辆出租车，她赶忙跑下楼去。司机看到林娜，把包还给了她。

一年后，林娜和那个司机举行了婚礼。

タイトルは課題文中のキーワードである“善良”から。
最後の部分の“举行了婚礼”は“结婚了”でもよい。

2.【課題文】

我的妹妹小红是一个非常内向的女孩子，平时说话声音很小，而且一说话脸就红。

小红大学毕业后进了一家旅行社。因为她在大学学的是图书馆学，父母和我都觉得去图书馆工作更适合她的性格。但是小红对我说："哥，我知道自己不善言辞，所以我才要锻炼自己，挑战自己。在旅行社工作要跟很多游客打交道，需要用语言去交流，我应该试着改变自己。"

听了小红的话，我以为她经过一段时间，她一定会战胜自己的弱点。然而过了两个月我见到小红时，她的身心状态非常不好。因为小红性格内向，而且不擅长与游客沟通，所以尽管她准备工作做得很充分，但却得不到游客的理解。久而久之，小红的自信心被大大挫伤，整个人显得特别沮丧。她对我说："我笨嘴笨舌的，什么都做不好。"

两个月后，我再次见到了小红。这一次，我发现她好像换了一个人，浑身上下充满了自信。她喜滋滋地说："我现在在一家企业的信息部门工作，主要负责信息管理。我觉得这个工作很适合我。"

现在大家都在说，要挑战自我，但是我们不应该用挑战自我去跟自己的弱点较劲，否则就会把自己弄得狼狈不堪。其实生活中更多时候需要我们扬长避短，这样才能如鱼得水，成为最好的自己。

私の妹の小紅はとても内向的な女の子で、普段話す時の声は小さくて、しかも話すとたちまち赤面する。

小紅は大学を卒業後、ある旅行会社に入社した。彼女が大学で学んだのは図書館学だったことから、両親と私は図書館で働くのがより彼女の性格に合っていると思った。しかし小紅は私にこう言った。「お兄ちゃん、私、自分が話すのが苦手なことはわかってる。だからこそ、自分を鍛えたい、自分に挑戦したいの。旅行会社で働くとたくさんのお客さんと付き合わないといけないし、言葉でコミュニケーションしないといけない。自分を変えてみるべきなのよ」と。

小紅の言葉を聞き、私はしばらくしたら彼女はきっと自分の弱点を克服するだろうと思った。ところが2か月後に彼女と会った時、小紅は心身の状態がかなり悪かった。小紅は内向的な性格で、しかもお客さんとコミュニケーションをとるのが苦手なので、彼女がどれほど仕事の準備を十分にしても、お客さんの理解を得られないのだ。そうしているうちにだんだんと、小紅の自信は大きく挫かれて、心身ともにとても落ち込んでいるようだった。「私は口下手で、何もできないの」と小紅は私に言った。

2か月後、私はまた小紅と会った。この時、小紅はまるで生まれ変わったように、全身に自信がみなぎっていた。彼女はうれしそうに、「私は今、ある会社の情報部で働いていて、主に情報管理を担当しているの。この仕事は私に合ってると思う」と言った。

今、誰もがこう言う、自分に挑戦しろ、と。しかし自分に挑戦することで自分の弱点と対決するべきでない。さもなければ散々な目に自分を追いやってしまう。実際のところ、生きていく中でより多くの場合には、私たちは得意なことを伸ばして苦手なところを避けることが必要だ。そうしてはじめて水を得た魚のように、最高の自分になれる。

【6要素】

①時間：大学毕业后、过了两个月、再过了两个月后

②場所：旅行社、企业的信息部门

③人物：我＝哥、小红＝妹妹

④事柄の起因：我的妹妹小红性格内向，为了挑战自己，大学毕业后进了一家旅行社。

⑤事柄の経過：两个月后她的身心状态非常不好，因为不擅长与人沟通，得不到游客的理解。

⑥事柄の結末：再过了两个月后，她浑身上下充满了自信。因为新的工作适合她。

【ストーリーの流れ】【叙述形式：時系列】

①小红大学毕业后为了挑战自己，进了一家旅行社。

②过了两个月我见到小红时，她的身心状态非常不好。因为不擅长沟通，得不到游客的理解。

③两个月后，我再次见到了小红。她好像换了一个人，浑身上下充满了自信。因为她换了工作，在一家企业的信息部门工作，很适合她。

【要約完成例参考】

不要跟自己的弱点较劲

我的妹妹小红是一个非常内向的女孩，大学毕业后进了一家旅行社，因为她想克服自己的弱点。

过了两个月我见到小红时，她的身心状态非常不好。因为小红性格内向，不擅长与游客沟通，得不到游客的理解，所以她的自信心被大大挫伤。

再过了两个月，我再次见到小红时发现她好像换了一个人，浑身充满了自信。她说，她现在在一家企业的信息部门工作，觉得这个工作很适合她。

看着小红，我想，大家都在说要挑战自我，但是我们不应该用挑战自我去跟自己的弱点较劲，否则就会把自己弄得狼狈不堪。其实生活中更多时候我们需要最大地发挥自己的长处，这样才能成为最好的自己。

タイトルは課題文が最も述べたかったことから。このように単文をタイトルとしてもよい。
最後の段落にある“不应该用挑战自我去跟自己的弱点较劲”は、“挑战时不应该跟自己的弱点较劲”のように簡単に表現することもできる。その後の“狼狈不堪”も“很狼狈”のように簡単にしてもよい。

3.【課題文】

吃过早饭看看窗外，外面又下雨了。这几年每到下雨的季节，我的脑海里就会浮现出那个画面，它已成为我记忆的永恒，无法抹掉。

五年前的一天，外面下着漂泊大雨。我坐在一辆出租车上，往公司的方向赶。路过一个小河边时，我看到一个小男孩蹲在河边，嘴里一边喊着什么，一边用手使劲地想去抓住什么东西。出于好奇与担心，我让司机把车停下来，打开车门向河边跑了过去。走近一看，原来河里有一只小狗在拼命地挣扎。

小狗或许是不小心掉到河里去的，因为太小爬不上来。雨水噼里啪啦地打在小男孩和小狗身上，加上河水有些急，眼看着小狗就要被冲走，小男孩急得大哭起来。我赶紧脱下鞋跑到河里，先抓住了小狗的一只腿，然后顺势抱了起来。小狗浑身微微颤抖，我马上抱到出租车里，用手帕擦了擦，然后交给了那个小男孩。

小男孩抱着小狗，感激地望着我，说:“谢谢叔叔！”“小狗很可爱，叫什么名字？”我问道。小男孩摇了摇头，说：“我也不知道。不过我会想办法让它有个家。”小男孩的眼睛异常地坚定。

看到这一幕，我觉得自己的眼中有泪水在打转。不过当时我因为有一个很重要的会议，所以只好坐车离开了。

那天下班后，我情不自禁地去了那个河边。当然，小男孩和小狗都已经不在那里了。

我现在也时常在想，那只小狗现在在哪里？是不是和那个小男孩在一起？不过我知道，无论怎样，小男孩和那个小狗都会幸福的。

朝食を食べて窓の外を見てみると、外はまた雨が降りだしていた。ここ数年、雨の季節になると、私の頭の中にあのシーンが浮かんでくる。それはすでに私の永遠の記憶となり、消し去ることができないものとなっている。

5年前のある日、外は土砂降りの雨が降っていた。私はタクシーに乗って、会社の方向へと急いでいた。ある小川のほとりを通りかかった時、私は一人の男の子が川辺にうずくまって、何か叫びながら手で力いっぱい何かをつかもうとしているのを見た。好奇心と心配から、私は運転手に車を止めてもらい、ドアを開けて川辺へ走っていった。近づいて見てみると、なんと川の中で1匹の子犬が必死にもがいていた。

子犬はうっかりして川に落ちて、小さすぎて這い上がってこられないのかもしれない。雨はパチパチと男の子と子犬の体を打ち、さらに川の流れは幾分速く、子犬は見る間に押し流されそうで、男の子は焦って大泣きし始めた。私は大急ぎで靴を脱ぎ、川の中に走り込み、まず子犬の足を1本つかんで、勢いに乗って抱きあげた。子犬は全身をかすかに震わせている。私はすぐにタクシーまで抱いていき、ハンカチでぬぐって、男の子に渡した。男の子は子犬を抱いて、感激した面持ちで私を見て、「ありがとう、おじさん！」と言った。「子犬、かわいいね、何ていう名前？」と私が尋ねると、男の子は首を振り、こう言った。「ぼくも知らない。でも、なんとかしてこの子に家をあげるよ」。男の子の瞳はこの上なく強くしっかりとしていた。

この一幕を見て、私は自分の目に涙が揺れるのを感じた、しかしその時は重要な会議があったので、タクシーに乗って去るしかなかった。

その日仕事を終えてから、私はついその川へ行った。当然、男の子と子犬はそこにはいなかった。

今でも私はしょっちゅう思いを巡らす。あの子犬は今どこにいるだろう？　あの男の子と一緒にいるのだろうか？　しかし私は知っている。どうであっても、男の子とあの子犬はきっと幸せだろう。

【6要素】

①時間：五年前的一天

②場所：一辆出租车上、小河边

③人物：我、小男孩、一只小狗

④事柄の起因：一个小男孩蹲在河边，用手使劲地想去抓住什么东西。

⑤事柄の経過：河里有一只小狗在拼命地挣扎。我赶紧跑到河里，先抓住了小狗的一只腿，然后抱起来交给了那个小男孩。

⑥事柄の結末：小男孩向我表示感谢，并说一定要让小狗有一个家。

【ストーリーの流れ】【叙述形式：結末先出し式】

①这几年每到下雨的季节，我的脑海里就会浮现出那个画面，

②五年前的一天，外面下着漂泊大雨，我看到一个小男孩蹲在河边，嘴里一边喊着什么，一边用手使劲地想去抓住什么东西。河边有一只小狗在拼命地挣扎。我赶紧跑到河里把小狗救了上来，然后交给了小男孩。小男孩向我表示感谢，并说一定要让小狗有个家。

③那天下班后，我情不自禁地去了那个河边。小男孩和小狗都已经不在那里了。

④我现在也时常在想那个小男孩和那只小狗。

【要約完成例】

男孩与小狗

这几年每到下雨的季节，我的脑海里就会浮现出那个画面。

五年前的一天，外面下着大雨，我在出租车上看到一个小男孩蹲在河边，用手使劲地想去抓住什么东西。出于好奇与担心，我打开车门向河边跑了过去，原来河里有一只小狗在拼命地挣扎。河水有些急，眼看着小狗就要被冲走，我赶紧跑到河里，先抓住了小狗的一只腿，抱了起来，然后交给了那个小男孩。他说，我会想办法让它有个家。

我现在也时常想起那个小男孩和那只小狗，我知道他们都会幸福的。

タイトルはキーポイントとなる登場人物から。

4.【課題文】

宽容是人生最明智的策略，也是一种巨大的人格魅力。宽容犹如一泓清泉浇灭嫉妒之火，可以化冲突为和祥，化干戈为玉帛，化仇恨为谅解，它能产生强大的凝聚力和感染力使人们愿意团结在你的周围。

当年，蔺相如官拜上卿位居廉颇之上，廉颇很不服气，想要羞辱蔺相如，而蔺相如却常常避开，见到廉颇的车子便绕道而行。他说："诸侯不敢进攻我国，是因为我和将军。现在两虎相争必有一伤，我不是怕他，而是先国后私。"廉颇听后明白了自己的错误，于是向蔺相如负荆请罪，同心协力共同保卫国家。

如果他们两人为了自身的利益而冲突，大动干戈，互相仇恨，赵国就不可能有称霸诸侯之时。蔺相如的宽容，使冲突、仇恨化为祥和、谅解，最终使赵国强大。

相反，一个没有宽容精神的人或社会，无论对内对外都谈不上和平发展。

《三国演义》中的周瑜，少年英俊、多谋善断、屡建战功，二十岁当上主帅。可他心地狭窄，对才能胜于他的诸葛亮暗藏杀机，弄巧成拙，最终含恨死去。临终前他还怨恨老天爷："既生瑜，何生亮？"

蔺相如和廉颇的故事告诉我们，能宽容，则能得人，宽容可以带来和平与发展。

寛容は人生で最も賢明な策略であり、巨大な人格的魅力でもある。寛容は嫉妬の炎を消す清らかな泉のようであり、衝突を和合に変え、争いを友好に変え、恨みを理解に変えることができる。寛容は強大な結束力と感染力を生み、あなたの周りに集まりたいと人に思わせることができる。

その年、藺相如は宰相となり廉頗の上位に立った。廉頗はこれに対して不満で、藺相如に恥をかかせてやろうとしたが、藺相如は逆に常々廉頗に会うことを避け、廉頗の車を見ると道を譲った。曰く、「諸侯が我が国に攻め込んでこないのは、私と将軍がいるからである。今もし両虎相争えば、どちらかが必ず傷つく。私は廉頗将軍を恐れるのではない、まず国があり、それから私があるのだ」。廉頗はこれを聞き自分の誤りを知った。それでいばらを背負って謝罪し、力を合わせて国を守った。

もし藺相如と廉頗が自分の利益のために衝突し、干戈を交え、互いに憎しみ合ったら、趙の国は諸侯の覇者とはなり得なかっただろう。藺相如の寛容さは、衝突と憎しみを和合と理解に変え、その結果趙の国を強大にした。

反対に、寛容な精神を持たない人や社会は、内外問わず平和的な発展は見込めない。

『三国演義』における周瑜は、年若く抜きん出た才能を持ち、智謀に優れ判断力があり、数々の戦功を打ち立て、20歳で主将となったが、心が狭く、彼よりも才能のある諸葛亮に対して殺意を抱き、うまくやろうとしてかえって失敗し、最終的に恨みを抱いたまま死んだ。臨終に際して周瑜はまだ天を恨み、「周瑜を生んでおきながら、なぜ諸葛亮を生んだのか」と言ったという。

寛容であれば、人を得る。寛容は平和と発展をもたらすことができる。藺相如と廉頗の物語は、われわれにそう教えている。

【6要素】

①時間：当年

②場所：赵国

③人物：蔺相如、廉颇

④事柄の起因：蔺相如官拜上卿位居廉颇之上，廉颇很不服气，想要羞辱蔺相如。

⑤事柄の経過：蔺相如却常常避开，见到廉颇的车子便绕道而行。廉颇听后明白了自己的错误，于是负荆请罪。

⑥事柄の結末：蔺相如的宽容，使冲突、仇恨化为祥和、谅解，最终使赵国强大。

【ストーリーの流れ】【叙述形式：挿入式】

①宽容是一种策略，也是一种人格魅力，它能使人们愿意团结在你的周围。

②当年，蔺相如官位在廉颇之上，廉颇很不服气，想要羞辱蔺相如，蔺相如却常常避开。他说，现在两虎相争必有一伤，这对国家不利。廉颇听后明白了自己的错误，于是去请罪，两人共同保卫国家。蔺相如的宽容，最终使赵国强大。

③（挿入部分）一个没有宽容精神的人或社会无论对内对外都谈不上和平发展→《三国演义》中的周瑜，英俊、多谋，二十岁当上主帅。可他心胸狭窄、嫉妒诸葛亮，最终含恨死去。

④能宽容，则能得人，宽容可以带来和平与发展。

【要約完成例】

懂得宽容

宽容是一种策略，也是一种人格魅力，它能使人们愿意团结在你的周围。

当年，蔺相如官位在廉颇之上，廉颇很不服气，想要羞辱蔺相如，蔺相如却常常避开。他说，其他诸侯不敢进攻赵国，是因为赵国有自己和将军。现在两虎相争必有一伤，这对国家不利。廉颇听后明白了自己的错误，于是去请罪，两人共同保卫国家。蔺相如的宽容，使冲突和仇恨化为祥和与谅解，最终使赵国强大。

能宽容，则能得人，宽容可以带来和平与发展。

タイトルは課題文が最も述べたかったことから。
周瑜と諸葛亮に関する部分は挿入部分であり、藺相如と廉頗による中心的な内容を際立たせる働きをしている。この部分は文の中心にはそれほど影響しないので、要約の際には省いてよい。

5.【課題文】

有一条鱼每天生活在大海里，它觉得大海里的生活无味无趣，一心想找个机会离开大海。

一天，一个渔夫去钓鱼，把它钓了上来。它在渔网里高兴得摇头摆尾，说“我总算离开了大海，自由了！”就这样，它被渔夫带回家里，并被放在一个小鱼缸里。

从此，渔夫每天都会往鱼缸里放些鱼虫给它吃。它很高兴，不停地晃动着自己的身子，讨渔夫喜欢。渔夫看了开心极了，又撒下一大把鱼虫。它每天有东西吃，累了则可以打盹。它庆幸自己的运气够好，遇到了好心的渔夫。它心想：“这才是我要的幸福生活。”

日子一天天过去，鱼儿开始抱怨了。它抱怨鱼缸太小，不能自由地游来游去；抱怨渔夫给的鱼虫有时候太少，吃不饱。不过即便如此，它也不想回到海里。

后来有一天，渔夫出海遇难了，只剩下了鱼儿。鱼儿又开始抱怨，抱怨渔夫出海时不注意；甚至抱怨自己离开大海时，其他的伙伴们为什么不阻拦自己，但是唯独它没有抱怨自己，反而幻想有一天会有人收养自己。

过了几天，鱼儿不动了。

鱼儿因为贪图安逸，贪图虚荣而离开了自己的生存空间，最终落下了这样一个可悲的下场。

毎日海の中で生活している１匹の魚がいた。彼は海での生活はまったく面白くないと思い、機会を見つけて海を離れたいと一心に思っていた。

ある日、一人の漁師が魚釣りに行き、彼を釣り上げた。彼は網の中でうれしくて頭を振りしっぽを振り、「やっと海から出たぞ！　自由になったぞ！」と言った。こうして彼は漁師に家に連れて帰られて、小さな水槽に入れられた。

それから漁師は毎日水槽にミジンコを投入して彼に食べさせた。彼はうれしくて絶えず自分の体を揺り動かし、漁師に気に入られようとした。漁師はそれを見て非常に喜び、またミジンコをたくさん与えた。彼は毎日食べる物があり、疲れたらまどろめばいい。彼は自分はすごくラッキーだ、優しい漁師に出会えるなんて、と喜ばしく思い、「これこそがぼくが求めてた幸せな暮らしだ」と心に思った。

一日一日と過ぎていき、彼は不満を言うようになった。水槽が小さすぎて自由に泳げない、漁師がくれるミジンコが時々少なすぎてお腹いっぱいにならない、と。しかしそうであっても、彼は海に帰りたいとは思わなかった。

そうしてある日、漁師は海に出て遭難してしまった。そして彼だけが残った。彼はまた文句を言い始めた。漁師が海に出る時不注意だったとか、さらには自分が海を離れる時、仲間たちはなぜ止めてくれなかったのかと。しかし自分に対してだけは文句を言わず、かえっていつか誰かが自分を引き取ってくれると夢見ていた。

数日が過ぎ、彼は動かなくなった。

魚は安逸をむさぼり、虚栄をむさぼって自分が活きる場所を捨てた結果、このような悲惨な末路に落ちたのであった。

【６要素】

①時間：有一天、后来有一天

②場所：大海里、渔夫家的小鱼缸里

③人物：一条鱼、渔夫

④事柄の起因：有一条鱼觉得大海里的生活无味无趣，一心想找个机会离开大海。一天，一个渔夫去钓鱼，把它钓了上来。它被渔夫带回家里，并被放在一只小鱼缸里。

⑤事柄の経過：渔夫每天都往鱼缸里放些鱼虫给它吃。日子一天天过去，鱼儿开始抱怨了。后来有一天，渔夫出海遇难了，只剩下了鱼儿。

⑥事柄の結末：鱼儿因为贪图安逸离开了自己的生存空间，最终落下了可悲的下场。

【ストーリーの流れ】【叙述形式：補足式】

①有一条鱼每天生活在大海里，觉得大海里的生活无趣，想找个机会离开大海。

②一个渔夫去钓鱼，把它钓了上来。渔夫把它带回家里，放在一只小鱼缸里。

③渔夫每天都往鱼缸里放些鱼虫给它吃，它觉得这才是它要的幸福生活。

④（補足）日子一天天过去，鱼儿开始抱怨，抱怨浴缸太小，还抱怨渔夫给的鱼虫有时候太少。不过它不想回到海里。

⑤后来有一天，渔夫出海遇难了。鱼儿又抱怨渔夫出海时不注意；甚至抱怨自己离开大海时，其他的伙伴们不阻拦自己，但是它唯独没有抱怨自己。

⑥过了几天，鱼儿死了。鱼儿因为贪图安逸离开了自己的生存空间，最终落下了可悲的下场。

【要約完成例】

抱怨

有一条鱼觉得每天生活在大海里很无趣，想找个机会离开大海。

一天，一个渔夫去钓鱼，把它钓了上来。渔夫把它带回家里，放在一个小鱼缸里。渔夫每天都会往鱼缸里放些鱼虫给它吃。每天有东西吃，累了还可以打盹，它觉得这才是它要的幸福生活。

日子一天天过去，鱼儿开始抱怨了。它抱怨浴缸太小，还抱怨渔夫给的鱼虫有时候太少。

后来有一天，渔夫出海遇难了，只剩下了鱼儿。它又开始抱怨，抱怨渔夫，甚至抱怨其他的伙伴们不阻拦自己，但是它没有抱怨自己。

过了几天，鱼儿死了。鱼儿因为贪图安逸离开了自己的生存空间，最终落下了可悲的下场。

タイトルは課題文中のキーワードから。
補足にあたる“日子一天天过去，鱼儿开始抱怨……”の部分は省いてはならない。

実践練習

本冊 P.231

【課題文】

黄伟在国企里做了两年会计，就遭遇了下岗。在很长的一段时间里，他一直非常烦闷，因为他始终没有凭着自己的大专文凭找到一份合适的工作。看到那些条件要求一个比一个高的招聘简章时，他的心总是被那一行“要求大学本科以上文凭”的字句所刺痛。

然而黄伟没有放弃寻找工作。那天中午,他又一次怀里揣着简历从人才市场走出，漫无目的地走在街上。经过一栋高耸的大楼时，他抬头看到了那个世界闻名的公司标志——这是一家世界五百强的外国企业。他暗想：“如果能在这种企业里上班该多好啊！”

就在黄伟要低头从大楼门前走过的时候，忽然看到一群人围着在看门口的一张公告。他好奇地走上前一看，原来这家企业也在招人，他又探头一看，居然是招财务会计，那不正是他所学的专业吗？他顿时兴奋起来。

不过很快，黄伟感到有些沮丧，因为后面紧跟着一条：以上职位需大学本科以上学历。他的心又一次被刺痛了。

黄伟沉默了一会，毅然决定再试一次。他走进了大楼，来到了21楼的招聘办公大厅。等了一个多小时之后，工作人员终于叫到了他的名字。他走进了招聘室，整场面试交谈都比较顺利，他虽然文凭不高，但是两年的工作经验让他能对答如流。

在招聘即将结束的时候，面试官忽然问了黄伟一个问题：“你对薪水有什么要求吗？二十万年薪怎么样？”

黄伟摇头说：“这个薪水可真的有点高了，我担心自己是否能胜任这样的重任。不过，如果你们给我这个机会，我会努力做到最好！”

面试过后的第四天，黄伟接到了录用通知。

报到上班那天，黄伟才知道，他的年薪其实是十万,二十万是财务经理的年薪，不过他已经很满意了。黄伟问起经理自己被录用的理由时，经理说：“我们故意开高年薪是为了考验一下应聘者的心态。那天几乎所有的人都被这个高薪所震撼，几乎所有的人都高兴地接受了这个年薪，惟独你说了一句‘有点高了’，所以我们录用了你。因为我们一直认为过分高估自己的价值其实也是一种贪婪。作为一个财务人员，是永远不能陷入贪婪的。”

两年后，黄伟成了公司的财务总监，他的年薪升到了二十万，但是他依然清醒，而且勤奋，因为他始终记得“高估自己的价值也是一种贪婪”这句话。

黄偉は国有企業で2年間経理として働き、リストラに遭った。黄偉は長い間、非常に悩んでいた。なぜなら自分の高等専門学校卒業の学歴では適当な仕事がずっと見つからなかったからだ。どれもこれも高い条件を付ける募集要項を見て、「大学本科卒業以上の学歴を持つこと」という一文が彼の心にぐさりと突き刺さった。

しかし黄偉は仕事探しを諦めなかった。あの日の昼、彼はまた懐に履歴書を抱えて人材市場から出て、あてもなく街を歩いていた。高く聳える大きなビルに通りかかった時、彼は頭を上げるとあの世界的に有名な企業のロゴマークが目に入った。それは世界500強に数えられる外国企業だった。彼はひそかに、「もしこんな会社で働けたらどんなにいいだろう！」と思った。

黄偉がうつむいてビルの前を通り過ぎようとしていた時、大勢の人たちが入口に掲示されている公告を取り囲んでいるのが突然目に入った。好奇心に駆られて見に行ってみると、その会社でも現在人材を募集しているというのだ。さらに頭を突き出してよく見てみると、なんと財務経理職員の募集である。これはまさに俺の専門じゃないか。黄偉はたちまち興奮した。

しかしすぐに、黄偉はちょっとがっかりした。なぜならそのすぐ下に、「これらの職位は大学本科卒業以上の学歴を求める」という一文が付いていたからだ。彼の心はまたえぐられた。

彼はしばらく黙っていたが、毅然としてもう一度受けてみようと決心した。彼はビルに入り、21階の人事部オフィスのホールに来た。１時間余り待った後、ついに社員から名前を呼ばれた。彼が面接室に入ると、ずっと面接試験の問答が続いたが、どの質問にも比較的順調に答えることができた。黄偉は高い学歴を持ってはいないが、２年の業務経験が彼に流暢に答えさせてくれた。

面接試験がまもなく終わろうという時、面接官が突然彼に「あなたは給料はいくらくらいを求めますか？　年収20万でどうでしょう？」と聞いた。

黄偉は首を振って、「その給料は本当にちょっと高すぎます。私はそのような重責を担えるかどうか心配です。しかし、もし私にそのチャンスをくださるなら、最善を尽くすよう努力します！」と答えた。

面接から４日後、黄偉は採用通知を受け取った。

出勤初日になり、黄偉は彼の年収は本当は10万で、20万というのは財務部長の年収であることを知ったが、とても満足だった。部長に自分が採用された理由を尋ねると、部長は、「私たちがわざと高い年収を提示したのは、応募者の心の有り様を試すためでした。あの日ほとんどの応募者はこの高い給料に驚き、ほとんどが喜んでこの給料を受け入れたんですが、あなただけが「ちょっと高い」と言ったんです。だから私たちはあなたを採用したんですよ。なぜなら自分の価値を高く評価しすぎるのは実は一種の貪欲さなのだとずっと考えているからです。一人の経理部員として、絶対に貪欲に陥ってはならないんですよ」と答えた。

２年後、黄偉は会社の経理部長となり、年収は20万に達したが、彼は依然として冷静で勤勉だった。なぜなら彼は「自分の価値を高く見積もることは一種の貪欲さである」という言葉を常に頭の片隅に置いているからだ。

【６要素】

①時間：那天中午→面试过后的第四天→报到上班那天→两年后
②場所：一家世界五百强的外国企业的 21 楼招聘办公大厅
③人物：黄伟、面试官、财务经理
④事柄の起因：黄伟下岗，要找工作。外国企业招聘财务人员。
⑤事柄の経過：黄伟面试。面试官问了一个关于薪水的问题，黄伟觉得薪水太高了。
⑥事柄の結末：面试过后的第四天，黄伟接到了录用通知，两年后成了公司的财务总监。

【ストーリーの流れ】【叙述形式：時系列】

①黄伟在一家企业做了两年会计后下岗了。他没有大学本科文凭，不过没有放弃找工作。
②那天中午，黄伟看到了世界五百强的外国企业招财务会计的广告，决定试一次。
③黄伟来到了 21 楼的招聘办公大厅，接受了面试。
④面试很顺利，即将结束的时候，面试官忽然问黄伟，二十万年薪是否可以。
⑤黄伟回答二十万年薪有点高，同时表示，如果给自己机会，一定会努力。

⑥面试后的第四天，黄伟接到了录用通知。
⑦上班那天黄伟知道了被录用的理由，也知道了年薪是十万。
⑧两年后，黄伟成了公司的财务总监，他的年薪升到了二十万，但是他依然清醒，而且勤奋。

【要約完成例】

不要高估自己的价值

黄伟在一家企业做了两年会计后下岗了。他只有大专文凭，所以看到“要求大学本科以上文凭”的招聘简章，心里就觉得很痛。然而黄伟没有放弃找工作。

那天中午，他从一栋大楼门前走过时，看到一群人在看门口的一张公告。他一看，这家世界五百强的外国企业在招财务会计，不过后面写着需大学本科以上学历。

他决定试一次，于是来到了 21 楼的招聘办公大厅。一个多小时之后的面试很顺利。在面试即将结束时，面试官问他，二十万年薪是否可以。黄伟回答薪水有点高，担心自己是否能胜任这样的重任，不过他表示，如果给他这个机会，他会努力。

面试后的第四天，黄伟接到了录用通知。上班那天才知道，他的年薪是十万,二十万是财务经理的年薪，不过他很满意。经理告诉他，面试那天几乎所有的人都接受了二十万的高薪，只有黄伟回答“有点高”。公司认为过分高估自己的价值是一种贪婪，一个财务人员，不应该贪婪。

两年后，黄伟成了公司的财务总监，他的年薪升到了二十万，但是他依然清醒，而且勤奋。

タイトルは、“高估自己的价值也是一种贪婪”がこの文章で最も伝えたい内容であることから。

閲読　第一部分

本冊 P. 236

1．**A**

A．在那个时候，报纸与我接触的机会很少。

文の主語は“报纸”ではなく、“我”であるので、“报纸与我”ではなく、“我与报纸”とすべきである。

→ 在那个时候，我与报纸接触的机会很少。

【日本語訳・語注】

A × ［正文例］あの頃、私が新聞と接触する機会は少なかった。
B 耳朵眼炸糕は天津の人々が好きなお菓子だ。
C 茶葉の人体に対する造血機能も際立った保護作用がある。
D 独立したバス・トイレがない家は住んでみると極めて不便だ。

2．**C**

C．清明那天，部队派了 800 多人次，参加郊区的植树劳动。

“人次”は「延べ人数」であるため、“人”にすべきである。

→ 清明那天，部队派了 800 多人，参加郊区的植树劳动。

【日本語訳・語注】

A 時間が経つのは本当に速い。あっという間に私はもう大学を卒業する。
B 試験の日、私はわざわざ1時間早く試験会場に到着するようにした。
C × ［正文例］清明節の日、部隊は 800 人以上を派遣し、郊外の植林活動に参加させた。
D 両親の私に対する期待は比較的高いが、これまで苛酷な要求を課したことはない。

3．**A**

A．我基本上把不良的学习习惯完全改过来了。

“基本上”と“完全”は意味的に矛盾しているため、どちらかだけにするべきである。

→ 我基本上把不良的学习习惯改过来了。／我把不良的学习习惯完全改过来了。

【日本語訳・語注】

A × ［正文例］私は悪い学習習慣をたいてい改めた。／私は悪い学習習慣を完全に改めた。
B 先生は私の受容力がとりわけ高いこと、記憶力も優れていて、学べばすぐにできることにはっと気づいた。
C 公演が終わってすぐ、全キャストがカーテンコールに答えるために手をつないで並んで出てきたが、観客はすでに半分が帰ってしまった。
D 事実上、1つの方法ですべての癌を治すことはとても難しい。

4．**C**

C．这种新药，使用起来十分方便，而且效果很长，可在体内维持 12 小时。

“效果”と“长”の組み合わせに誤りがある。“效果”と組み合わせが可能なのは“好”。

→ 这种新药，使用起来十分方便，而且效果很好，可在体内维持 12 小时。

【日本語訳・語注】
A 現代人の家は、外観はほとんど同じに見えるが、内装は異なる。
B レーザーディスクの誕生、およびその音響設備への応用は、音楽史上の革命だ。
C × ［正文例］この新薬は、使ってみるとたいへん便利で、効果も高く、体内で12時間もつ。
D 秋に頻繁に入浴すると、皮膚の水分を大量に流出させ、肌を粗くさせるだろう。

5. **D**

D. 参加亚运会的中国游泳队，是从二十名集训队员中挑选出的十二名优秀选手组成的。

最後に"组成"があるため、"由…组成"という構造にする必要がある。"是"の後に"由"を置くべきである。

→ 参加亚运会的中国游泳队，是由从二十名集训队员中挑选出的十二名优秀选手组成的。

【日本語訳・語注】
A 彼の経験でこの問題に対処するのは、やはりちょっと力不足だと思われる。
B 往時のあの細い道は、今ではもう広々とした大通りになった。
C 雪解け水が断崖絶壁から勢いよく流れ下る。
D × ［正文例］アジア大会に参加する中国の水泳チームは、20名の集中特訓を受けた選手の中から選ばれた12名の優れた選手で構成されている。

6. **D**

D. 对多数年轻人来说，他们比较在原有基础上重视提高，不愿意轻易放弃自己所学的专业。

"比较"は程度副詞であるため、すぐ後に形容詞または心理活動を表す動詞を置くべきである。"重视"を"比较"の後に移動させればよい。

→ 对多数年轻人来说，他们比较重视在原有基础上提高，不愿意轻易放弃自己所学的专业。

【日本語訳・語注】
A 彼は道の途中で水に溺れた2人の子供に出会い、全力で救助した結果、彼らを危機から脱出させた。
B もし私たちの心が広ければ、周囲にたくさんの楽しめる物があることに気づくだろう。
C 私たちは毎日同じ顔を見なければならないが、皆自分を新聞の裏に隠すことにすでに慣れている。
D × ［正文例］多くの若者にとって、彼らはもともと持っている基礎の上でレベルアップすることを比較的重視し、自分が学んだ専攻分野を簡単に手放したがらない。

7. **B**

B. 古往今来，凡成就事业、对人类有作为的，无不是脚踏实地、艰苦奋斗的结果。

名詞フレーズの"成就事业，对人类有作为的"は主語であり、人を指している。したがって、目的語は"结果"ではなく"人"とすべきである。

→ 古往今来，凡成就事业、对人类有作为的，无不是脚踏实地、艰苦奋斗的人。

【日本語訳・語注】

A 彼がちょうど今読んでいる分厚い本は、だいたいレンガ１個分ほどの厚さだ。

B × ［正文例］昔から今まで、およそ事業を成し遂げ、人類に対して有為なことをしたのは、皆堅実に、悪戦苦闘した人である。

C 生活のプレッシャーに直面した彼は消極的に逃避せず、積極的に立ち向かった。

D 今では、スポーツによる怪我はスポーツ選手の「特権」ではすでになくなり、若いホワイトカラーがフィジカルトレーニングの過程で怪我をする状況はますますひどくなっている。

8．**A**

A. 那些在各自的工作岗位上以积极进取对待生活和工作的人，都是我们学习的榜样。

“以积极进取”の後に被修飾語が欠けている。“以积极进取的态度对待…”とすべきである。

→ 那些在各自的工作岗位上以积极进取的态度对待生活和工作的人，都是我们学习的榜样。

【日本語訳・語注】

A × ［正文例］各自の持ち場で積極的に進取する態度で生活と仕事に臨む人たちは皆、われわれが学ぶべき模範である。

B 酒の席を和気藹々とした愉快な雰囲気にし、お客様にお腹いっぱい食べてもらい、幸せな気持ちになっていただくことが、お招きする真の目的である。

C このサッカーチームは今日、２対０で勝ち、これによって６戦全勝の好成績を収めた。

D 本物の科学者は、自分の学術的観点とは異なる観点を持つ同業の人たちと誠意を持って協力し合い、率直に接するべきである。

9．**B**

B. 学习了新的规章制度之后，对我们进一步开展工作有很大帮助。

主語が欠けている。“学习了新的规章制度之后”は時間を表すフレーズであるため、連用修飾語になれるが、主語にはなれない。動詞目的語フレーズ“学习新的规章制度”にするか、名詞フレーズ“新的规章制度”にするとよい。

→ 学习新的规章制度对我们进一步开展工作有很大帮助。／新的规章制度对我们进一步开展工作有很大帮助。

【日本語訳・語注】

A 私たちが懐かしく思うのは、混雑して蒸し暑かった、三代が同居する昔の日々ではなく、困難な状況の中で助け合い、欠けたところを融通し合い補い合ってうまくいくようにしていた人の暖かさである。

B × ［正文例］新しい規則規程を学ぶことは、私たちがさらに仕事を進めるのに大いに役立つ。

C イヤホンで音楽を聞く時、低音を低くしすぎないようにしよう。なぜなら過度に重厚で細部が欠けた低音は耳を傷めやすく、頭が満杯になったような感じになり（圧迫感を感じ）、ゆっくりと聴力が低下する可能性があるからである。

D 歯は誰にとっても付き従う時間が最も長い器官のひとつであり、人体の最も重要な器官のひとつでもある。それは消化、言語等の方面で重要や役割を果たすだけでなく、人の容貌と気質にも影響する。

10．**B**

B．人民文学出版社出版的小说《漂泊》，作者是一位蛰居海外 20 多年的毛里求斯籍华裔作者之手。

“是”の目的語は“作者之手”、主語は“作者”ということは、「作者は作者の手である」となり意味不明に。“作者之手”を削除すべきである。

→ 人民文学出版社出版的小说《漂泊》，作者是一位蛰居海外 20 多年的毛里求斯籍华裔。

【日本語訳・語注】

A 多くの消費者が野菜を選ぶ時、虫食いが多いものを買いたがる。このような野菜は農薬が使われておらず、無害であると考えられているが、実はそうではない。

B × ［正文例］人民文学出版社が出版した小説『漂白』は、作者は海外に 20 年以上住むモーリシャス国籍の華人である。

蛰居 zhéjū：引きこもる、閉じこもる／毛里求斯 Máolǐqiúsī：モーリシャス

C 女性は妊娠及び授乳期間中、マグロとオヒョウを食べることを避けなければならない。なぜならこの２種類の魚は胎児と嬰児に対して害となるメチル水銀を含んでいるからである。

D 緑色食品マークの図形は３つの部分から構成されている。上部の太陽、下部の葉っぱ、中間部のつぼみである。マークは正円形で、保護と安全を意味する。

閲読　第二部分

本冊 P. 239

11．**A**

把你 80% 的精力用在 20% 最重要的事情①上面。要记住，你不可能把②精力放在所有的事情上面，人的精力和时间都是有限的，做事要分清③轻重缓急。

A 上面　精力　轻重缓急　　B 下面　时间　有主有次

C 里面　心思　有条不紊　　D 外面　努力　竭尽全力

あなたの 80% のエネルギーを 20% の最重要な事項に使いなさい。覚えておきなさい。エネルギーをすべての事に使うのは不可能です。人のエネルギーと時間はどちらも有限で、何かをするには軽重緩急をはっきりと区別しなければならないのです。

“把…精力用在…上面”という構造から①にAを選ぶ。②にもAの“精力”、③にもAの“轻重缓急”（事の軽重と緩急、優先順位）を入れて間違いない。③について、Bの“有主有次”（主要なものと副次的なのもの、先にやるべき重要なもの）は“轻重缓急”と意味が似ているが、目的語にはなれない。“有条不紊”は「整然と秩序立っている」、“竭尽全力”は「全力を尽くす」の意味。なお、“有主有次”に関連して、“主次”は「本末、事の軽重」を意味し、“主次颠倒”（本末転倒）、“主次不分”（事の軽重をわきまえない）といった使い方ができる。

12．**B**

对于孩子的①出生，虽然之前有了一定的心理准备，可当真正面对的时候还是觉得有些手忙脚乱，真是②不可思议。或许这就是大家常说的“理想是一回事，而③现实又是另一回事。”

A 诞生　无动于衷　真实 | B **出生　不可思议　现实**
C 降落　无微不至　实在 | D 分娩　恍然大悟　实际

出産について、事前にある程度心の準備をしていたが、本当に直面した時にはやはりちょっと慌てふためいてしまう、まったく不思議だ。もしかするとこれこそが皆の言う「理想と現実は別である」ということかもしれない。

分娩 fēnmiǎn：分娩する

①に入るのはA“诞生”またはB“出生”。②は意味からB“不可思议”が選ばれる。③は“理想”と対照的な意味をなす“现实”が入る。②の候補の四字熟語はいずれも大綱に挙げられているものなので、確認しておこう。

13. **D**

中国有句①俗话：男大当婚，女大当嫁。婚姻是每一个人的终身大事，②恋爱是人们进入婚姻的必经途径。所以，我们每一个人在一生中都要③面临这样的重要决定：与谁结婚，何时结婚。那么，什么才是我们做出决定的标准？决定我们的婚姻是否幸福的④因素是什么？

A 习俗　结婚　面对　原因 | B 风俗　婚礼　面貌　理由
C 成语　登记　面孔　因果 | D **俗话　恋爱　面临　因素**

中国に「男も女も適齢期になったら結婚すべきである」という俗語がある。婚姻は誰にとっても一生の大事で、恋愛は結婚に至る途中で必ず通る道である。したがって、私たちは誰もが皆一生のうちに誰と結婚し、いつ結婚するかという重要な決定に直面することになる。それでは、何がそれを決める基準になるだろう？　私たちの結婚が幸せなものであるかどうかを決める要素は何だろう？

①は“成语”か“俗语”かで迷うかもしれないが、“成语”は基本的に四文字のものを指し、“个”で数えるので、①の前に“句”があることから、“俗语”が当てはまる。②は後に“进入婚姻的必经途径”とあるため、D“恋爱”が適切。③は“重要决定”を目的語とできる動詞を入れ、やはりD“面临”が選ばれる。④も“因素”がよい。

14. **C**

我自认为是一个对工作一往情深的人。几十年来，①不管是在国企、外企，还是在民企，也不管是在顺境之中还是在②逆境之下，对待工作，我好像从未有过任何的松弛和懈怠，即使有时忙碌得③顾不上吃饭和睡觉，也从未有过丝毫的④抱怨。

A 如果　环境　来得及　恩怨 | B 无论　顺境　顾得上　埋怨
C **不管　逆境　顾不上　抱怨** | D 即使　处境　来不及　积怨

私は自分は仕事に対して一途な人間だと自認している。数十年来、国有企業でも外資企業でも民間企業でも、そして順調な時も逆境の時も、仕事にあたってはたるんだり怠けたりしたことは一度たりともなく、忙しくて食事や睡眠にもかまっていられない時もあったが、これっぽっちの不満すら持ったこともない。

松弛 sōngchí：弛緩させる／懈怠 xièdài：だらけている

①は後に“还是…”と続くため、B“无论”またはC“不管”が考えられる。②は前に“顺境”があるため、反対語である“逆境”がよい。③は“忙碌”がどの程度かという補語を入れるが、意味的に組み合わせることができるのは の“顾不上”。④は“抱怨”。

15．**D**

现代人①讲究“吃文化”，所以宴请②不仅是为了“吃东西”，更注重吃的环境。要是用餐地点档次过低，环境不佳，即便菜肴再有③特色，也会④令宴请效果大打折扣。因此，在可能的情况下，一定要争取选择清静、幽雅的用餐地点，要让与宴者吃出档次，吃出身份。

A 注重　不但　特征　被　　B 重视　不光　特性　在
C 研究　不是　特点　把　　**D 讲究　不仅　特色　令**

現代人は「食べる文化」にこだわるので､宴会は「物を食べる」ためだけでなく､食べる環境をよりいっそう重視する。もし会場のランクがあまりにも低く、環境が良くなければ、たとえ料理がどんなに特徴的でも、宴会を開く効果は大きく割り引かれるだろう。このため、可能な限り、静かで優雅な食事会場を選び、参加者にランクと身分を味わわせるようにしなければならない。

宴请：宴を設けて招く

①は述語動詞を選び、A、B、Dが使える。②も後に“更…”と続くため、同じくA、B、Dが使える。③は前に“菜肴”とあり､一般的には“有特色”と組み合わせることからDに絞れる。④は“用餐地点档次过低，环境不佳”によって“宴请效果”が“大打折扣”ということから兼語文を作る動詞が入るのでD。

16．**C**

据调查表明，93.5%的年轻女性都有过各种各样的非理性①消费的经历，女性更容易受②打折、情绪、朋友、广告的③影响。④而男人总是缺什么买什么，女人的随意性更强，是看到什么买什么。

A 消耗　讲价　传染　却　　B 购物　打架　感染　可
C 消费　打折　影响　而　　D 消遣　降价　反响　但

調査によって次のことが明らかになった。93.5%の若い女性は皆さまざまな衝動買いの経験を持っており、女性はより割引、感情、友人、広告の影響を受けやすい。一方男性は、常に足りない物があれば買う。女性のほうが恣意性が高く、見た物を買う。

文章全体が「買い物」について述べているので、①にはB“购物”またはC“消费”が当てはまる。②は後に列挙してある語句と並んで“影响”の連体修飾語となるものであり､Cの“打折”とDの“降价”が妥当と思われる。③は前に動詞“受”があるので、目的語として“影响”が入る。④は前の文脈が女性について、後の文脈が男性について述べているため、“而”が入る。

17．**B**

在热闹喧嚣的都市生活中，我们可能有这样一个共同的①疑惑：物质生活的质量越来越高，精神②压力却越来越大；面对的诱惑越来越多，内心的快乐却越来越少；工作中的应酬越来越③频繁，身体状况却令人担忧。④为何我们的生活好了，心情却不好了？

A 困难　努力　繁忙　难道　　**B 疑惑　压力　频繁　为何**
C 打扰　压迫　频频　故此　　D 困境　压抑　繁琐　难怪

賑やかで騒がしい都市生活の中で、私たちは次のような共通する疑いを持っているかもしれない。物質的な生活の質はどんどん向上しているが、精神的なプレッシャーはどんどん大きくなる。目の前の誘惑はどんどん増えるが、心の幸福感はどんどん減る。仕事における応酬はどんどん頻繁になるが、健康状態は気がかりである。なぜ私たちの生活は豊かになったのに、心は豊かでなくなってしまったのだろう。

喧嚣 xuānxiāo：ひどくやかましい／故此 gùcǐ：それゆえに

①の後に列挙されている現象に対して共通して抱くものとして、Bの“疑惑”が合う。②には“精神…”と“大”を組み合わせられる語句が必要で、B“压力”が入る。③は前に“越来越少”とあり、それと対照的な意味をなす“频繁”。④は疑問文であるので疑問詞を入れるが、原因・理由を問う“为何”が妥当である。

18．**D**

周末你“①相亲”了吗？这似乎已经成为目前国内诸如北京、上海、广州等一线城市②未婚大龄男、女青年经常被问到的问题。“相亲”的③主角往往并不是前来见面的男女双方，而是那些为了子女婚姻大事忙碌的④父母。他们动员了身边所有的资源，以迅雷不及掩耳之势，完成对年龄、家庭背景、学历、工作、收入、住房、汽车等关键指标的“调研”。

A 交往　已婚　主人　亲友　　B 恋爱　离异　双方　长辈
C 见面　独身　男女　家长　　**D 相亲　未婚　主角　父母**

「週末、あなたは『お見合い』しましたか？」これは現在、国内の例えば北京、上海、広州といった1級都市で、適齢期を過ぎた未婚の男女が、しょっちゅう問われる質問となっている。しばしば「お見合い」の主役は、その場にやって来た本人同士ではなく、息子や娘の結婚という大事のために東奔西走する親たちだ。彼らは身の回りのリソースを総動員し、備える暇も与えないような勢いで、相手の年齢、家庭環境、学歴、職業、収入、家、車などのキーポイントとなる指標に対する「調査研究」を完了させている。

诸如 zhūrú：例えば～など／迅雷 xùnléi 不及掩 yǎn 耳：「突然の雷鳴に耳を覆う暇がない」事があまりにも急で対処する間がない／离异：離婚する

①は、文章全体の意味、そして“周末”という時間詞からD“相亲”にまず絞れる。②は後に“大龄男、女青年”とあることから、“未婚”が妥当である。③は、主役という意味の“主角”。④は“父母”が入る。

19．**B**

正定古城是北方建筑保存完好的一个①典范。这座城池，有着②悠久的历史。不论石雕还是壁画，③都惟妙惟肖，大量北方特色的亭台楼榭均保存完好，就连很多塔上的铃铛、城墙的砖的棱角都④一如既往。

A 典型　永久　也　苦尽甘来　　**B 典范　悠久　都　一如既往**
C 榜样　长久　全　举世闻名　　D 样子　久远　却　络绎不绝

正定古城は中国北部の建築がしっかり保存されているモデルケースである。この都市には悠久の歴史がある。石の彫刻も壁画も、すべてが実にリアルで、数多くの中国北部の特色を持った建物がすべて完全な形で保存され、多くの塔の上の鈴、城壁のレンガの角までもすべて昔のままである。

正定古城：河北省にある歴史的な都市／惟妙惟肖 wéi miào wéi xiào：実によく似ている、生き写しである／亭台楼榭 xiè：それぞれ中国の古代の建物の形を指す／棱角 léngjiǎo：角／举世闻名：世間に知れ渡っている、世に名高い

①“保存完好的一个…”の後に続くのはA“典型”かB“典范”。②は“历史”の連体修飾語が入るが、よくある組み合わせパターンとしてはB“悠久”。③は前に“不论”があるので、Bの副詞“都”で呼応させる。残る“一如既往”も④に問題なく当てはまる。

20．**A**

对你苛刻的老板，往往才是让你进步最快的人，对这样的老板，你应该心存①感激。记住，永远不要在现任老板或新同事面前说前任老板的坏话，要②公正而客观地评价前任老板。这不但有利于③树立你自己的职业形象，更重要的是，可以维护他的声誉，④进而有利于你和他再打交道时⑤建立良好的关系。

A **感激　公正　树立　进而　建立**　　B 感慨　公然　建立　虽然　建设
C 激动　公关　建设　然而　建筑　　D 感觉　真正　立足　时而　造成

あなたに対して厳しい上司こそ、往々にしてあなたを最速で成長させてくれる人である。このような上司に対して、感謝するべきだ。いつでも、現職の上司、あるいは新しい同僚の面前で前任の上司の悪口を言ってはならず、公正かつ客観的に前任の上司を評価しなければならないことを、忘れてはならない。これはあなた自身の社会人としてのイメージを確立するのに有利なだけでなく、さらに重要なのは、上司の名誉を守ることができ、さらにはあなたとその上司とが再び付き合う時に良好な関係を築くのに有利である。

①は前後の文脈から「感謝」の意味の名詞を入れる。中国語の動詞は名詞的な使い方ができることを念頭に、前後の意味からA“感激”を選ぶ。②は後の“客观”と並列構造を成すものを選ぶ必要があるので、“公正”。③は“形象”を目的語とできる動詞を入れるべきで、“树立”が妥当である。④は前後の文脈から「さらには」に該当する接続詞“进而”になる。⑤の後の“关系”を目的語とできるものは“建立”。

閲読　第三部分

本冊 P. 242

21–25．**C／A／E／D／B**

她，名牌大学毕业，却找不到工作。好不容易找了份戏剧编剧助理的工作，却发现整个公司除了老板只有她一个员工。累死累活干了三个月，(21)C 只拿到一个月的工资，于是炒了老板的鱿鱼，开始游荡，帮人写短剧，写电影，只要按时收到钱就好。前路茫茫，她希冀着奇迹发生。

一次机缘巧合，她应聘到电视台一个节目当了编剧。半年后，在一次制作节目时，制作人不知为什么突然大发雷霆，说了句“不录了！”就走了。(22)A 几十个工作人员全愣在那儿不知怎么办，主持人看了看四周，对她说：“下面的我们自己录吧！”

(23)E 机会只有3秒钟。3秒钟后，她拿起制作人丢下的耳机和麦克风。那一刻，她在心中对自己说：“这一次如果成功了，就证明你不是一个只会写写小剧本的小编辑，还是一个可以掌控全场的制作人，所以不能出丑！”

慢慢地，她开始做执行制作人。当时，像她那个年纪的女生能做制作人，(24)D 情形相当罕见。

几年后，这个小女生成了三度获得金钟奖的王牌制作人，接着一手制作了红得一塌糊涂的电视剧《流星花园》，(25)B 被称为“台湾偶像剧之母”。

回首往事，她爽直地说：机会只有3秒，就是在别人丢下耳机和麦克风的时候，你能捡起它。

彼女は有名大学を卒業したが、就職できなかった。やっとのことで演劇の脚本家の助手の仕事に就いたが、その会社は社長を除くと社員は彼女ただ一人だった。死ぬ思いで働いて3か月、得た給料は1か月分だけだったので、会社をやめ、フリーになって、ショートムービーや映画の脚本制作の手伝いを始め、期日通りに報酬を受け取れさえすればよしとした。先は見通せず、彼女は奇跡が起こるのを心から願っていた。

ある時チャンスにめぐり合い、テレビのある番組の脚本制作の仕事を受けた。半年後、ある番組の制作が行われた時、プロデューサーはなぜだかわからないが突然激怒し、「もうやめた！」とひとこと言って去っていった。数十人のスタッフはどうしたらよいかわからずぽかんとしていた。すると司会者が周囲を見回してから、彼女に「続きは自分たちで撮りましょう」と言った。

チャンスはたった3秒。3秒後、彼女はプロデューサーが置いていったヘッドホンとマイクを取った。その瞬間、彼女は心の中で自分にこうつぶやいた。「これで成功したら、私はちょっとした脚本を書けるだけの駆け出しの脚本家ではなく、現場全体を統括できるプロデューサーなのだと証明できるんだから、失敗できない！」

徐々に、彼女はプロデューサーの仕事をし始めた。その当時、彼女のような年齢の女性がプロデューサーを務めることは、かなり稀なことだった。

数年後、この若い女性は金鐘賞を3度も獲得する名プロデューサーとなり、続いて、超大ヒットしたテレビドラマ『流星花園（花より男子）』を一手に担って制作し、「台湾アイドルドラマの母」と呼ばれるようになった。

昔のことを思い返しながら、彼女は率直にこう言った。「チャンスはたったの3秒、それはつまり他人がヘッドホンとマイクを置き去りにした時であり、あなたはそれをものにすることができるのです」と。

累死累活：死ぬ思いで働く／游荡 yóudàng：働かずぶらぶらする、ぶらぶら歩く／希冀 xījì：心から願う／一塌 tā 糊涂：めちゃくちゃである、収拾がつかない

(21) 後に“炒了老板的鱿鱼”の原因となる文を選ぶので、C。
(22) 突然“制作人”が“不录了！”と言って“走了”の後、想像できる場面として、Aがふさわしい。
(23) 後の文脈から、Eを選ぶ。
(24) 述語に相当するフレーズが入るため、D。
(25) B。《流星花园》は台湾で2001年に制作された、神尾葉子『花より男子』を原作とするドラマ。すなわち、この課題文はこのプロデューサーである柴智屏のストーリーである。

26–30. **B／D／E／A／C**

据职业病相关数据显示，在办公室常见疾病之中，(26)B 肩周炎可得算得上前三甲。办公室一族长时间保持弓背、低头、打字，并且目不转睛盯着电脑的姿势，对身体的肩部、背部、颈部都造成了巨大压力，长此以往，就形成了常见的肩周炎。所以很多白领一族早早就贴上了风湿膏。

专家表示，(27)D 肩周炎的形成与坐姿不当是分不开的。我们坐在电脑前操作的时候，经常会不自觉地凑近电脑，这个时候如果你跳出来回头看看自己，你会发现自己弓着背，坐着肩，伸长脖子，半张着嘴，目不转睛地盯着电脑。这样一个令人不舒服的姿势，(28)E 不久就会让你腰酸背痛。

电脑屏幕的位置过高过低、过远过近都会造成头部姿势不当，敲打键盘会让手肘

悬空，肩部肌肉紧张。长此以往，我们只有到下班时才发现，自己肩颈酸痛，头颈僵直，都不会动了。这个时候，(29)A 再有空调从上往下吹着脖子，冻着腿……怎一个“惨”字了得！

除了白领，(30)C 教师也是肩周炎的常见患者。因为教师在备课或者修改作业的时候，会长时间保持埋头的姿势，因过度专心而僵持不动，这就为肩周炎埋下了隐患。

職業病に関連するデータが示すところによると、オフィスでよく見かける病気の中で、肩関節周囲炎が上位３位に挙げられる。オフィスワーカーは長時間、猫背のまま、うつむいて、キーボードを打つ。そして一心不乱にパソコンを見つめる姿勢は、肩、背中、首を大きく圧迫する。この状態が長く続くと、よく見られる肩関節周囲炎となる。このため多くのホワイトカラーたちはとっくの昔からもう湿布を貼っている。

専門家は、肩関節周囲炎になるのは座る姿勢が悪いことと切り離せないと言う。私たちはパソコンの前に座って操作している時、しょっちゅう無意識にパソコンに近づいている。この時もし別の所に移動して振り返って自分を見てみれば、背中は丸まり、肩はいからせ、首は伸び、口は半開きになり、一心不乱にパソコンを見つめている自分が見えるはずである。このような不自然な姿勢は、ほどなくして腰や背中を痛めてしまうだろう。

パソコンのディスプレイの位置が高すぎたり低すぎたり、遠すぎたり近すぎたりするのはどれも頭部の姿勢を悪くする。キーボードを叩くと肘を宙に浮かせ、肩の筋肉を緊張させる。このまま続くと、私たちは退勤時間になってようやく、肩や首がだるく痛く、頭や首が固まって動かなくなっていることに気づく。この時、さらにエアコンが頭上から首元にかけて吹き付け、足を冷やす…なんと悲惨なことだろう！

ホワイトカラー以外に、教師も肩関節周囲炎をよく起こす患者である。なぜなら教師は授業準備や課題の添削をしている時、うつむく姿勢を長時間とり続け、過度にその作業に専念し固まって動かないため、肩関節周囲炎の要因を溜め込んででしまうからだ。

前三甲 jiǎ：上位３位／目不转睛：じっと見つめる、目を凝らす／风湿膏：湿布／僵持 jiāngchí：双方が睨み合ったまま譲らない

(26) 後の文脈が“肩周炎”について述べていることから、B。
(27) “专家”の所見を述べていることと、後の文脈が“肩周炎”と「座る姿勢」について述べていることから、D。
(28) “令人不舒服的姿势”がもたらす結果について補う部分であるため、E。
(29) 後に“冻着腿”があるため、A。
(30) 後で“教师”と“肩周炎”について語っているため、C。

閲読　第四部分

本冊 P. 244

31−34．

一位管理专家对听众提出一个问题：一分钟我们能做多少事？答案自然是一分钟能做很多事，比如一分钟可以阅读一篇五六百字的文章，可以浏览一份 40 多纸面的日报，看 5—10 个精彩的广告短片，跑 400 多米，做 20 多个仰卧起坐等等。鼓励人们在一分钟内做更多的事情或者节约每一分钟，自然是件好事。但这一表面上看似积极的问题和答案，实际上掩盖了急功近利的心态，会让大家产生一种急促感，像蚂蚁一样匆匆忙忙地跑来跑去，一心想着尽可能地多做些事情，却不再有从容的心态去做事情，尤其是不再去思考什么才是真正重要的事情。

一个人一辈子如何活得更有意义，并不在于争得每一分钟，而在于生命作为一个整体内涵有多丰富。内涵的丰富来自于对生命的意义的追求，而不是每一分钟能做多少事情的匆忙。如果因为追求每一分钟的充实而迷失了一生，实在是得不偿失的事情。曾经有一个人，因为偶然在地上捡到了一枚金币，从此每天都低头寻找，一辈子过去了，他捡到了几千枚钱币、几万颗钉子，还有数不清的纽扣，这些东西加起来也不值几个钱。等到他老去的时候，背驼了，眼花了，想直起腰来看一看远方的风景都不可能了。很多人对待时间也像这个人一样，争取了每一分钟的忙碌，却错过了一生的风景。

あるマネジメントの専門家が聴衆に１つの問題を出した。１分間でどれだけの事ができるでしょうか。答えはもちろん１分あればいろいろな事ができる。例えば１分あれば500～600字の文章を読むことができる、40ページ以上の新聞にざっと目を通すことができる、5～10本の素晴らしいCMのショートムービーを見ることができる、400メートル以上走ることができる、20数回腹筋運動ができるなど。１分間でより多くの事をしたり、１分節約するよう人々を励ますのは、もちろんよいことだ。しかしこの表面上ポジティブに見える問いと答えは、実際には目先の成功や利益を得ようと焦る気持ちを覆い隠しており、人々に一種の緊迫感を持たせるかもしれない。そしてアリのように慌ただしく飛び回り、できるだけ多くの事をしようと一心に思っていることで、かえって精神的余裕をもって事に当たらなくなる。とりわけ、いったい何が本当に重要なことなのかと考えなくなる。

一人の人間がいかにより有意義な人生を送るか、それは１秒を争うことでは決してなく、人生全体にどれだけ豊かなものを擁しているかである。内面の豊かさは人生の意義の追求から生まれるもので、１分ごとにどれだけのことができるかという慌ただしさから生まれるものではない。もし１分ごとの充実を追求することによって一生を見失ってしまったら、まったくもって割りに合わないことだ。かつてある人がいた。たまたま地面の上に落ちていた１枚の金貨を拾ったことで、それ以後毎日下を向いて探し続けた。そうして一生を送り、彼は数千枚の紙幣と数万本の釘、そして数え切れないほどのボタンを拾ったが、これらを合わせてもいくらにもならなかった。彼が老いた時、腰は曲がり、眼はかすみ、腰を伸ばして遠くの景色をちょっと見たくてもそれすらできなくなった。多くの人の時間との付き合い方もこの人と同じで、１分ごとの忙しさを勝ち取ろうとして、一生の風景（人生の意義、生きることの楽しさ、一生の内で経験しておくべきもの）を見逃してしまっているのだ。

仰卧起坐：腹筋運動／背驼 tuó：背中が曲がる

31．**B** 下面哪一项不是文中提到的一分钟能做的事情？
（文中で述べられている１分間にできることでないものは次のどれか）

A 阅读一篇五六百字的文章（500～600字の文章を読む）
B 给好朋友打个电话（親友に電話する）
C 看几个精彩的广告（素晴らしいCMを何本か見る）
D 做20多个仰卧起坐（腹筋運動を20数回する）

"一分钟我们能做多少事？答案自然是一分钟能做很多事，比如……"の後に列挙されている中にないものはB。

32．**D** 鼓励人们尽可能利用每一分钟多做事情，会产生的负面影响是：
（１分間にできるだけ多くのことをするよう奨励することで、どのようなマイナスの影響があるか）

A 提高工作效率（仕事の効率を上げる）
B 变成一只蚂蚁（アリになる）

C 更从容地做事情（より余裕を持って仕事をする）

D 加重了急功近利的心态（目先の利益や成功を得ようとする気持ちが強くなる）

“实际上掩盖了急功近利的心态……” から後に述べられていることが、マイナスの影響である。

33．**A** 作者认为生活的意义在于：（筆者は生きる意義は何にあると考えているか）

A 生命的内涵有多丰富
（命に内在するものがどれだけ豊かか（人生がどれだけ豊かか））

B 一生做了多少件事情（一生の内でどれだけのことをしたか）

C 追求每一分钟的充实（1分ごとの充実を追求する）

D 做的事情越多生活越有意义（やったことが多いほど、人生の意義も豊かである）

“一个人一辈子如何活得更有意义，并不在于争得每一分钟，而在于生命作为一个整体内涵有多丰富。内涵的丰富来自于对生命的意义的追求，而不是每一分钟能做多少事情的匆忙。” と述べているので、Aが正解。

34．**C** 这篇文章的观点是：（この文章の考え方は）

A 我们要抓紧时间，提高效率，争取在最短的时间做完最多的事情
（時間を無駄にせず、効率を高め、最短の時間で最大限のことをやり遂げようと努力しなければならない）

B 抓住飞逝的时光，让每一分钟都过得充实、有意义
（飛ぶように過ぎ去る時間を大切にし、1分1分を充実した、意義ある時間として過ごす）

C 不要为了争取每一分钟的忙碌而错过一生的风景
（1分ごとの忙しさ（成果）を勝ち取るために一生の風景を逃してはならない）

D 一个人的一辈子只有利用好每一分钟才活得有意义
（人の一生は1分1分を無駄なく使ってこそ意義のあるものとなる）

この文ではA、B、Dに反対意見を唱えている。

35−38．

有一位先生，非常健忘，他的妻子不得不非常细心，经常提醒他别忘了做这件事，别忘了做那件事。有一天，这位先生要坐火车去另外一个城市办事，妻子让他顺便寄一封挂号信。临走前，妻子反复对他说：“这封信很重要，千万别忘了寄出去，一定要记住！”“好了好了，我一定记住。”这位先生急急忙忙地赶到火车站，发现火车已经快要开了，就赶紧跳上火车，果然忘了把信寄出去。等他到了另一个城市的大街上，正要坐公共汽车，后面有人拍了拍他的肩膀：“先生，你的挂号信寄出去了吗？”他这才想起妻子那封重要的挂号信，连忙道谢，赶快找到一个邮局，把挂号信寄了出去。但是他感到很奇怪：“这里怎么会有人知道我要寄挂号信呢？”走出邮局后没多久，后面又有人提醒他：“先生，别忘了寄挂号信。”他一边道谢，一边想：“怎么又有人知道我要寄挂号信？”上了公共汽车，刚刚坐好，后面一位小姐推了推他，又问：“先生，你的挂号信寄了没有？”这位先生终于忍不住了：“挂号信我已经寄出去了，可是你是怎么知道我要寄挂号信的呢？”

那位小姐笑着对他说："已经寄出去了吗？那么你可以把衣服背后的纸条拿下来了。"这位先生从自己的衣服背后撕下来一张纸条，上面果然写着："请提醒我先生寄挂号信！"

ある男性がいる。彼は物忘れがひどいので、妻は細心の注意を払い、これをするのを忘れないで、あれをするのを忘れないでと常に彼に注意を促さざるをえない。ある日、この男性は汽車で他の都市へ仕事に行くので、妻はついでに書留を出すよう頼んだ。彼が出かける前、妻は繰り返し「この書留はとっても重要だから、絶対に出すのを忘れないでね、きっと覚えていてね」と彼に言った。彼は「わかったわかった、ちゃんと覚えておくから」と答え、大急ぎで駅へ駆けつけると、汽車はもう間もなく出発時刻を迎えるのに気づき、慌てて飛び乗ったところ、案の定書留を出すのを忘れた。彼が目的の都市に到着し、道でちょうどバスに乗ろうとしていた時、後ろから誰かが彼の肩を叩いた。「もしもし、書留は出されましたか？」彼はこの時やっと妻のあの重要な書留を思い出し、慌てて礼を言い、急いで郵便局を探し、書留を出した。とはいえ、「ここになんで俺が書留を出さないといけないことを知ってる人がいるんだろう？」と彼は不思議に思った。郵便局を出て間もなく、後ろからまた「もしもし、書留を出すのを忘れないでくださいね」と誰かから声をかけられた。彼は礼を言いながら、「なんでまた書留のことを知っている人がいるんだ？」と思った。バスに乗り、座ったところで、後ろから一人の若い女性が彼をちょっと押しながら、また「もしもし、書留は出されましたか？」と聞く。男性はついに我慢できなくなって、「書留はもう出しました。でも、あなたはどうして私が書留を出さなければいけないことを知っているのですか？」と聞いた。

その女性は笑いながら、「もう出されたのですか？　それならあなたの服の背中のメモはもう取ってもいいですね」と言う。男性は自分の服の背中から一枚のメモを剥ぎ取った。そこには果たしてこう書かれていた。「私の夫に書留を出すように言ってください！」と。

35．**D** 妻子让丈夫做什么？（妻は夫に何をさせたか）

A 去邮局（郵便局に行かせた）

B 去另一个城市寄挂号信（別の都市へ行き書留を出させた）

C 去另一个城市办事（別の都市へ用事で行かせた）

D 顺便寄一封挂号信（ついでに書留を１通出させた）

書留を出すのはついでである。Bに引っかからないよう注意。また、Aは目的ではない。

36．**C** 为什么街上总有人来提醒这位健忘的先生？
（なぜ街中にこの物忘れする男性に注意する人がいたのか）

A 因为大家都了解他（皆彼をよく知っていたから）

B 因为他让所有人都提醒他（彼が皆に注意させたから）

C 因为妻子在他背后贴了一张纸条，请别人提醒他
（妻が彼の背中にメモを貼り、他の人から彼に注意してもらったから）

D 文中没有提到（文中では触れていない）

文章を最後まで読まないと答えが出ない。早とちりしてDを選ばないように。

37．**A** 从文章中可以看出这位先生的妻子：
（この文章から、この男性の妻はどうであるとわかるか）

A 既细心又幽默（心遣いが細やかでユーモアがある）

B 很漂亮，但是很厉害（美しいがきつい）

C 好奇心很强（好奇心旺盛である）

D 很善良，而且爱笑（優しくてよく笑う）

男性の物忘れを常に気にかけていることと、背中にメモを貼って注意してもらうという発想から、Aであると推測できる。Bの“漂亮”、Cの“好奇心很强”、Dの“爱笑”を伺わせるものは文中にない。

38．**A** 与文章内容相符的是：（本文の内容と合うのはどれか）

A 这位先生去别的城市办事，顺便寄了一封挂号信
（この男性は別の都市へ仕事に行き、ついでに書留を出した）

B 这位先生得到两个路人的提醒后，才把挂号信寄出去
（この男性は２人の通行人から注意されて、ようやく書留を出した）

C 这位先生在火车里就已经发现了衣服背后的纸条
（この男性は汽車に乗っている時にもう服の背中のメモに気づいた）

D 这位先生非常健忘，所以他的妻子经常跟他吵架
（この男性は物忘れがひどいので、妻はいつも男性と喧嘩している）

Bは１人目の人に注意されて書留を出したので×。Cはバスの中で後ろに座った女性に聞いてはじめて気づいたので×。Dは喧嘩しているとはどこにも書かれていない。

39–42.

据说清朝末年，在天津海河西侧，繁华喧闹的小白楼南端，有一条名为十八街的巷子，一个叫刘老八的人在这个巷子里开了一家小小的麻花铺，店名叫“桂发祥”。刘老八又聪明又能干，炸麻花可以说有一手绝活。他炸的麻花真材实料，选用精白面粉、上等清油。每天麻花香味能传遍整条巷子，人们闻到香味纷纷来买他的麻花，因此他的铺子总是顾客盈门。开始生意还挺火，但后来大家越来越觉得麻花味道有些单调，渐渐地生意就不如以往了。店里有个少掌柜的，一次出去游玩，回到家又累又饿，就要点心吃，可恰巧点心没有了，只剩下一些点心渣。又没有别的什么吃的，于是少掌柜的灵机一动，让人把点心渣与麻花面和在一起做成麻花下锅炸。结果炸出的麻花和以前的不一样，酥脆香甜，味道可口。按照这个方法，刘老八尽心研究，在麻花的面里夹进了什锦酥馅。至于配料，更是苦思冥想，颇费了一番脑筋，桂花、闽姜、核桃仁、花生、芝麻，还有青红丝和冰糖等。为了使自己的麻花与众不同，口味独特，放的时间更长，取材也是愈来愈精细，如用精制小麦粉、杭州西湖桂花加工而成的精品桂花等等。

就这样，经过反反复复的精心研究，刘老八终于创造出了金黄油亮、香甜味美、久放不绵的什锦夹馅大麻花，从此“桂发祥”广受欢迎，成为天津赫赫有名的食品“三绝”之首。

聞くところによると、清朝末期、天津を流れる海河の西岸、大賑わいの小白楼の南端に、「十八街」という名の路地があり、劉老八という人がその路地の中に「桂発祥」という１軒の小さな麻花店を開いたという。劉老八は頭が良く仕事もでき、彼の揚げ麻花は絶品だと言える。彼が作る麻花は混じり物のない本物の材料を使っており、精白した小麦粉と上等の揚げ油を選んでいた。毎日麻花の香りが路地中に

満ち、人々は香りをかいで続々と彼の麻花を買いに来た。こうして彼の店はいつも客で満員だった。商売を始めた頃はたいへん繁盛していたが、次第に人々は麻花の味がやや単調だと思い始め、徐々に売上が落ちていった。店の若店主が、ある時遊びに出かけ、帰宅すると疲れているし空腹だったので、点心を食べようとしたが、ちょうど点心がなくなっており、点心のかすがちょっと残っているだけだった。他に食べられる物がなかったので、若店主はぱっとひらめき、点心のかすと麻花の生地を混ぜ合わせて麻花を作らせ、鍋に入れて揚げさせた。すると、揚げ上がった麻花はそれまでの麻花とは異なり、さくさくして香ばしく甘く、じつに美味い。この方法をもとに、劉老八は懸命に研究し、麻花の生地に什錦酥の材料を挟み込んだ。組み合わせる材料については、さらに知恵を絞って考えに考え、頭を悩ませて、キンモクセイ、ショウガの砂糖漬け、クルミ、落花生、ゴマ、それから青紅丝、氷砂糖などとした。自分の麻花を他とは違うものにし、味に特徴を出しつつ、より長持ちするようにするために、材料選びもより一層入念にした。例えば精製した小麦粉や杭州産のキンモクセイを加工して作った精選キンモクセイ食品を使うなどだ。

こうして、懸命に研究を繰り返し、劉老八はついに金色のつやを持つ、香ばしくて甘くておいしく、長く置いても湿気らない什錦夾餡大麻花を作り上げた。ここから「桂発祥」は大人気になり、天津で名声を轟かせる「三大名物」の筆頭となった。

绝活：得意技、絶技／真材实料：混ぜ物のない本物の良い材料／酥脆 sūcuì：さくさくしている、歯ざわりが良い／什锦 shíjǐn：さまざまな材料を取り合わせたもの／苦思冥 míng 想：知恵を絞って考える、苦心惨憺する／闽姜：生姜の砂糖漬け／青红丝：柑橘類や瓜類の皮などを細切りにして、植物色素で緑や赤に色付けし砂糖漬けにした伝統的な製菓材料／偷工减料：仕事の手を抜き材料をごまかす／绵：柔らかい

---

39. **A** 刘老八是哪个朝代的人？（劉老八はどの時代の人か）

A 清朝末年（清代末期）　B 清朝初年（清代初期）
C 明朝末年（明代末期）　D 唐朝初年（唐代初期）

冒頭に“清朝末年”とあるので、A。

---

40. **C** 刘老八的麻花铺为什么顾客渐渐少了？（劉老八の麻花店はなぜだんだん客が減ったか）

A 他炸的麻花偷工减料（彼が揚げた麻花は手抜きのものだった）
B 麻花涨价了（麻花の値段が上がった）
C 味道单一，人们吃腻了（味が単調で、人々が食べ飽きた）
D 香甜酥脆，久放不绵（香ばしくてさくさくとして、長く置いても湿気らない）

“后来大家越来越觉得麻花味道有些单调，渐渐地生意就不如以往了。”より、C。

---

41. **D** 经过反复的尝试，刘老八终于创造出了：
（試行錯誤の末に、劉老八がついに作り出した物は）

A 天津三绝（天津の三大名物）　B 桂发祥（桂発祥）
C 麻花（麻花）　D 什锦夹馅大麻花（什錦夾餡大麻花）

Cの麻花は劉老八が作り出したものではない。劉老八は麻花を改良してDを作った。

---

42. **A** 这篇文章主要讲的是：（この文章が主に述べていることは）

A 天津桂发祥十八街麻花的历史故事（天津の桂発祥十八街麻花の歴史物語）
B 为什么桂发祥十八街麻花酥脆香甜，味道可口
（なぜ桂発祥十八街麻花がさくさくとしておいしく、口に合うのか）

C 天津桂发祥十八街麻花的制作方法（桂発祥十八街麻花の作り方）

D“桂发祥”这个店名是怎么来的（「桂発祥」という店名の由来）

BとCは述べていることの一部であり、Dについては述べていない。述べられていることを総合的に表しているAが正解。

43–46.

老公每天晚上在俱乐部打完乒乓球回家后，我总会给他一个荷包蛋，皮酥黄嫩的荷包蛋对于饥肠辘辘的老公而言，是一份难得的美味，他狼吞虎咽地吃下去，意犹未尽。他总央求我再给他煎一个，但这个愿望却从未得以实现。

老公见无法撼动我的铁石心肠，又禁不住馋虫的诱惑，就亲自动手，自己再煎上一个；可不是煎煳了，就是蛋黄有些夹生，味道不好。无奈之下，老公就厚着脸皮，要求拜师，让我示范一次。我才不上这个当呢！因为我知道，一旦示范了，这只“示范蛋”便会在几秒钟内被吃得干干净净，这可就坏了我的规矩……

说起我这一手煎蛋的“绝活”，还是跟母亲学的。中学时代，每逢周末回家，母亲总是给我煎一个荷包蛋，而且只有一个。吃完之后，还想吃，就忍不住埋怨母亲吝啬，但母亲却没有因此而改变过。在下一个周末，又给我煎荷包蛋，还是只有一个，如此周而复始。每次吃完一个荷包蛋就没了，只好带着遗憾，期待着下一个周末的到来。

母亲煎荷包蛋用的是平底铁锅。先把锅烧热，再倒入适量的花生油。待油烧开，将鸡蛋打破后慢慢地放入锅底，用小火，两面煎，煎的时间要尽量长一点，液态的蛋黄才能固化。出锅前，再放入一点点水，待热气升腾后，迅速出锅，趁热蘸一点椒盐，入口的那份鲜美柔嫩，让人回味无穷。

很多年以后，我仍依恋着煎蛋的美味。有一天，我问母亲，为什么每次只给我煎一个荷包蛋，目不识丁的母亲笑嘻嘻地说：“这里面‘学问’，可大着哩……要是每次都尽着你吃，时间一长，你吃腻了，就不爱吃了！”别说，这“煎蛋原理”还真有那么一点儿“学问”。

领悟了“煎蛋原理”后，我也是每次只给老公煎一个荷包蛋。就像母亲说的，如果煎多了，很快就会吃腻，还不如让他带着意犹未尽的遗憾，期待明晚的那个煎蛋呢。仔细想来，“煎蛋原理”也适用于爱情，特别是婚后的爱情。同样，爱情也不能一次管够、吃饱，否则就腻了。只有那种感觉意犹未尽的爱情，才具有历久弥新的能力，才能永葆婚姻的浪漫和鲜活。

夫が毎晩クラブで卓球をして帰宅した後、私はいつも目玉焼きを１つ焼いてあげる。外はかりかり、中はとろりとした目玉焼きは、お腹がすいてぐうぐう鳴っている夫にとっては得難い美味であり、急いでがつがつ食べると、もっと欲しそうにしている。夫はいつも私にもう１つ焼いてほしいと懇願するが、その願いは今まで叶ったことはない。

夫は私の鉄のように堅い意志を動かせないのを見つつ、食いしん坊の誘惑を抑えることもできず、自らもう１つ焼いた。しかし、焦げてしまうか、黄身が生焼けになってしまうかのどちらかで、まずい。仕方なく夫はおめおめと、私に教えてくれ、手本を一度見せてくれと頼むけれど、私はそれには乗らない。

なぜなら、手本を見せたらその「手本の目玉焼き」は数秒のうちにきれいさっぱり食べられてしまうから、それでは私のルールを破ってしまう…。
私のこの卵を焼く絶技についていうと、母から学んだものだ。中学時代、毎週末に家に帰ると、母がいつも目玉焼きを1つ焼いてくれた。たった1つだけ。食べた後もまだ食べたくて、たまらず母にケチと不満を言ったが、それでも母はルールを変えなかった。次の週末、また私に目玉焼きを焼いてくれたが、やっぱりたった1つで、これが何度も繰り返された。毎回目玉焼きを1つ食べるともう次がないので、未練を残しつつ、次の週末が来るのを期待して待つしかなかった。
母が目玉焼きを焼くのに使うのは平底のフライパンだった。まずフライパンを熱し、それから適量のピーナッツ油を入れる。油が熱せられてから、卵を割ってゆっくりとその中に入れ、弱火で両面を焼く。焼く時間をできるだけ長くすると、液状の黄身が固まる。フライパンから出す前、水を少し入れ、蒸気が上がったら素早くフライパンから出し、熱いうちに花椒塩を少しかける。口に入れた時のなめらかさとおいしさは、味わえば味わうほどクセになる。
長い年月が過ぎても、私は依然として目玉焼きのおいしさを名残惜しく思っていた。ある日、私は母に、どうして毎回1個だけ目玉焼きを焼いてくれるのかと尋ねた。まったく字を知らない母はニコニコしながら、「これには大いなる『学問』(道理・ことわり)があるのよ。もし毎回好きなだけ食べられたら、時間が経つと食べ飽きちゃって、食べたくなくなっちゃうよ」と言った。言うまでもなく、この「目玉焼きの原理」には本当にちょっとした「学問」が込められていたのだ。
「目玉焼きの原理」を悟ってから、私も夫に毎回目玉焼きを1個だけ焼いてあげている。母が言ったように、もしたくさん作ったらすぐに食べ飽きてしまうだろうし、むしろもっと欲しいという名残惜しさを感じさせたまま、次の晩の目玉焼きを期待させたほうがいい。よく考えてみると、「目玉焼きの原理」は愛する気持ち、特に結婚後の気持ちにも適用できると思う。愛も同じように、一度に欲しいだけ与え、お腹いっぱいにさせてはいけない、そうでないとすぐに飽きてしまう。まだ足りないと感じる愛であってこそ、時間が経つほどに新鮮に感じることができ、結婚生活を永遠にロマンチックで新鮮味のあるものとさせることができるのだ。

饥肠辘辘 jīcháng lùlù:空腹でお腹がぐうぐう鳴る/意犹 yóu 未尽:何かをした後、まだまだやり足りない、やり尽くしていないという気持ち/央求 yāngqiú:懇願する/周而复始:何度も繰り返す/永葆 bǎo:永遠に保つ

---

43. **B** 每次老公吃完我煎的荷包蛋后:(毎回私が焼いた目玉焼きを旦那が食べた後)
A 我都会再给他煎一个(私はいつももう1個焼いてあげる)
B 他都会央求我再煎一个(旦那はいつも私にもう1個焼いてほしいと懇願する)
C 他都嫌不好吃(旦那はいつもまずいと(言って)嫌がる)
D 都会觉得吃得很饱(いつも食べ過ぎたと思う)

"他总央求我再给他煎一个"より、B。

---

44. **A** 老公自己煎的鸡蛋:(旦那が自分で焼いた卵は)
A 不熟或者是煳的(生焼けか焦げている)
B 鲜美柔嫩(おいしくてなめらか)
C 皮酥黄嫩(外はかりかり、中はとろり)
D 美味可口(おいしくて口に合う)

"就亲自动手,自己再煎上一个;可不是煎煳了,就是蛋黄有些夹生,味道不好。"より、A。

---

45. **D** 我小的时候,母亲为什么每次只给我一个荷包蛋?
(私が小さい頃、母親はなぜ毎回私に目玉焼きを1個だけくれたか)

A 家里经济条件不好（家の経済状況が悪かった）

B 吃一个就饱了（1個食べたら満腹になった）

C 煎鸡蛋的做法太复杂（目玉焼きの作り方が複雑すぎた）

D 不会吃腻，而且总期待着下一个煎蛋
（食べ飽きさせず、次の目玉焼きをいつも楽しみにさせる）

“这里面‘学问’，可大着哩……要是每次都尽着你吃，时间一长，你吃腻了，就不爱吃了！”という母親の言葉に答えがある。

46. **C** 作者认为“煎蛋原理”也适用于爱情和婚姻，因为：
（筆者は「目玉焼きの原理」は恋愛と結婚生活にも適用できると考えている。なぜなら）

A 婚后生活离不开鸡蛋（結婚後の生活に卵は欠かせない）

B 结婚以后除了爱情，更多的是柴米油盐
（結婚後は愛のほかに、もっと多くなるのは生活必需品のことである）

C 意犹未尽的爱情，可以为婚姻“保鲜”
（愛に満足しきらないことで、結婚生活の鮮度を保つことができる）

D 老婆就应该做出美味的食物给老公吃
（妻はおいしい料理を作って夫に食べさせるべきである）

“只有那种感觉意犹未尽的爱情，才具有历久弥新的能力，才能永葆婚姻的浪漫和鲜活。”より、C。

47–50.

王媛是一家杂志社的女主编，但她无论在工作中，还是在生活里，每次开口说话，就一定被人疏远。为了改变现状，王媛参加了一个有关口才和人际关系方面的成功素质训练班。参加以后，她发现自己过去之所以不受人欢迎，不是说得不好，而是说得太多。王媛不愿意听别人说话，生怕自己处于下风。她的性格弱点在于，她总认为别人应该认可自己，理解自己，肯定自己的才干，而她自己却顾不上去理解别人，承认别人。

王媛参加训练班后，决定按训练的要求，在交谈中多让别人说话，让对方感觉到自己很重要。她一般不再多谈自己了，而是试着运用倾听技巧，除非别人主动邀请。刚开始时，王媛很不习惯，所以有些强迫自己，然而慢慢地，她发现了倾听的益处，并渐渐习惯了倾听。之后，每当她看到有人在谈论什么时，便不声不响地凑过去，认真地听，并积极地融入大家的话题里去。

有时候，王媛通过一些简短的回答来引起大家的兴趣。她惊讶地发现，周围的同事们开始改变了对她的态度，喜欢和她交谈了。

王媛感慨地说：“我现在才意识到‘倾听’是多么地重要，它给我的帮助实在是太大了！它既让我赢得了人缘，又使我赢得了更多的工作。”

倾听是对别人的尊重和关注，专心听别人讲话是能够给予对方的最有效的鼓励。一个善于倾听的人，无论走到哪里，都会受到欢迎，而一个不善于倾听的人则可能到处碰壁。

王媛はある雑誌社の女性編集長だが、彼女は仕事でも日常生活でも、口を開くたびに人が離れていってしまう。この現状を変えるために、王媛は話し方と人間関係に関する、成功するための素質訓練講座に参加した。講座に参加してから、これまで人に受け入れられなかったのは、口下手だったからではなく、しゃべりすぎだったからだということに気がついた。王媛は、自分が下に見られるのを恐れて、人の話を聞きたがらなかった。王媛の性格の弱さは、他人は自分を認め、理解し、才能を肯定するべきであるといつも思っているのに、彼女自身は他人を理解し、認める余裕がないことにあった。

王媛は講座に参加後、訓練したことに従って、会話の時は相手により多く話してもらい、自己肯定感を持ってもらうことにした。相手から仕向けられない限り、彼女は基本的に自分が多く話さないようにし、傾聴のテクニックを使ってみるようにした。そうし始めたばかりの頃、王媛は慣れなくて、無理やりそのようにしていたが、だんだんと傾聴のメリットがわかるようになり、徐々に傾聴することに慣れてきた。その後、誰かが何かを話しているのを見かけるたびに、静かに近寄って真剣に聞き、進んで皆の話題に溶け込んでいった。

時には、王媛はちょっとした短い答えで皆の興味を引いた。周囲の同僚たちが彼女に対する態度を変え始め、彼女と話すことを好きになっていくことに気がついて、彼女は驚いた。

王媛は、「私は今になってやっと『傾聴』がどんなに重要なのかを意識するに至りました。本当にすごく助かりました。それは私の人間関係を改善し（人とのご縁を与えてくれ）、より多くの仕事を与えてくれました」と感慨深く話す。

傾聴は他人に対する尊重であり関心であり、一心に他人の話を聞くことは相手に与え得る最も効果的な励ましである。傾聴することに秀でた人は、どこに行っても歓迎されるが、傾聴が苦手な人はすなわち至るところで壁にぶち当たるだろう。

47．**C** 王媛不受欢迎，是因为：（王媛が敬遠された原因は）

A 口才不好（口下手である）

B 说话难听（口が悪い）

C 太多谈论自己（自分のことを話しすぎる）

D 太有才华（才能がありすぎる）

第１段落に“…而是说得太多”、第２段落に“王媛参加训练班后”の変化として“她一般不再多谈自己了，而是试着运用倾听技巧”とある。このことから“王媛不受欢迎”の理由としてCが選ばれる。

48．**D** 参加训练班前后，王媛有了什么变化？
（訓練講座に参加する前後で、王媛にどのような変化があったか）

A 参加训练班前，王媛和同事关系非常融洽
（訓練講座に参加する前、王媛と同僚はとても打ち解け合っていた）

B 参加训练班前，王媛强迫自己不说话
（訓練講座に参加する前、王媛は無理をして自分が話さないようにしていた）

C 参加训练班后，王媛不习惯和别人聊天了
（訓練講座に参加した後、王媛は他人とおしゃべりするのに不慣れになった）

D 参加训练班后，王媛学会了多听别人说话
（訓練講座に参加した後、王媛は他人の話をよく聞くことをマスターした）

傾聴の技術を身につけ、他人の話をよく聞けるようになったことから、Dが選べる。

49. **A** 文中划线部分的意思是：（文中の下線部の意味は）

A 行不通（行き詰まる）

B 用手摸墙壁（手で壁を触る）

C 不能通行（通行できない）

D 听不懂别人的话（他人の話を聞き取れない）

“碰壁”は、現代中国語では「(障害や拒絶に遭い）壁に突き当たる、行き詰まる」という比喩的な意味でしか使われない。したがって質問にある「この文における意味」は、Aが正解。

50. **B** 本文的主要内容是：（この文章の主要な内容は）

A 应该多参加训练班（訓練講座にたくさん参加すべきである）

B 要用倾听的态度关注对方（傾聴の態度で相手に関心を持つ）

C 怎样开展业务（いかにして業務を展開するか）

D 和同事要友好相处（同僚と仲良くしなければならない）

この文章のテーマは最後の段落に記されている。A、C、Dはそれを述べるために挙げられている王媛のケースの一節であり、この文章のテーマではない。

書写

本冊 P. 250

【課題文】

战国时期，齐国的齐宣王准备建造一座宫殿，于是去搜寻各地的能工巧匠。有人从鲁国请来了一位很有名的石匠，但齐宣王却不重用他，让他和木匠们一起工作，弄得这位石匠觉得痛苦不堪。

齐宣王问他：“你是嫌工钱少了吗？”

石匠说：“不是，我只是想打石砌墙。”

齐宣王却说：“木匠也是人才，那边也急需要人，你还是去建造房梁吧。”

石匠无奈，只好点点头走了。

孟子听说这件事后，立即上朝去拜见齐宣王，说道：“建一座像宫殿一样的大房子，找木料是很重要的事情。如果木师找到了上好的木料，大王肯定会十分高兴，认为他能按自己的意图很出色地完成任务。如果木师把木料由大砍小了，大王就可能会发怒，认为他不会办事，担负不了大王给他的任务。您觉得我说得对吗？”

齐宣王听了，有点摸不着头脑，一时不知如何回答。他正发愣间，孟子又说话了：“从出现了社会分工开始，各人都在自己感兴趣的领域钻研，他们勤勤恳恳地学习一门技术，期望将来能在实践中运用。如果有一天您见到一个学有专长的人，却对他说：‘把你那些专业技术暂时放到一边，听从我的分配吧。’结果会怎么样呢？这实际上就无法让别人发挥自己的技术专长了。”

孟子又接着说：“假如您有一块未经雕饰的玉石，尽管它价值连城，但您还是要请玉匠来雕饰它。然而治理国家却不同了，它不像玉匠雕玉石那样简单，只要按您的意思雕就行了。治理国家需要各方面的人才，而他们如何做，大王只能提出一些原则，却不能代替他们的大脑，更不能不顾别人所学所长，而强行要求他人一定要按自己的意思办。否则，那就和要玉匠依自己的意图雕饰玉石没什么区别了。”

齐宣王感到孟子的话是有针对性的，他意识到自己对石匠的工作安排有些不妥。待孟子走后，他赶忙派人把那位石匠叫来，让他去凿石砌墙。

假如使学有专长者“行其所学”，首先可以避免人才浪费，其次还可以使学有专长者在工作实践中作进一步的探索发展。而学有专长者如果能够“行其所学”，不仅其工作积极性会大大提高，而且还可以加强部下与领导之间的团结合作。

戦国時代、斉国の宣王は宮殿を建てようとして、各地の優れた職人を探させた。ある人が魯国から有名な石工を招いたが、宣王はその石工を重用せず、大工たちと一緒に働かせ、その石工に耐えられないほど辛い思いをさせた。

宣王は石工に「そなたは工賃が少ないのが嫌なのか」と聞いた。石工は「いいえ。私はただ、石工の仕事（石を加工し壁を築く仕事）をしたいのです」と答える。すると宣王は「大工も人材であるし、あちらで緊急に人手を要している。そなたはやはりあちらへ行って梁を建てるがいい」と言う。石工はどうしようもなく、うなずいて従うしかなかった。

孟子はこのことを聞き、すぐに参朝し宣王にお目通りし、こう述べた。「宮殿のような大きな建物を建てるのに、木材を集めるのは重要なことです。もし木こりが良い木材を見つけたら、王様はきっとお喜びになり、その木こりは王様の意図に従って素晴らしく任務を果たしたとお考えになるでしょう。もし木こりが木材を小さく切ってしまったら、王様は、その木こりは仕事ができず、王様が彼に与えた任務を果たせないとお考えになって、お怒りになるかもしれません。その通りだとお思いになりませんか」。

宣王はこれを聞き、どういうことかよくわからず、どう答えたらよいのかしばらくわからなかった。宣王が考えている間、孟子はまたこう言った。「社会的分業が生まれてから、人はそれぞれ、自分が興味のある分野に打ち込むようになりました。そうした人々は真面目にこつこつと１つの技術を学び、将来の実践に役立つことができるよう願っています。もしある日、王様が専門知識のある人にお会いになって、『あなたの専門知識をしばらく脇に置いておき、私の指示に従うように』とおっしゃったら、どうなるでしょうか。これでは事実上、人にその専門技術を発揮させることができなくなります」。

孟子はまた続けて言う。「王様がまだ彫刻されていない玉をお持ちだとします。それが極めて貴重な価値を持つものだとしても、やはり玉工に彫刻させなければなりません。しかしながら、国を治めるのはこれとは異なります。玉工が玉に彫刻を施すように簡単なことではありません。王様が欲しい形に彫刻させればよいのとは違うのです。国を治めるには各分野の人材が必要で、彼らがどのようにするのか、王様はいくつかの原則を提示することができるだけで、彼らの頭脳に代わることはできません。ましてや、他人が学んで会得したことを無視して、自分の意思に従って行うよう強制することもできません。さもなければ、玉工にご自身の意図に従って玉を彫刻させるのと何の違いもなくなってしまいます」。

宣王は孟子の話は的を得ていると感じ、自分が石工に指示した仕事内容は妥当ではなかったと悟った。そして孟子が去ってから、宣王は急いでその石工を呼びに行かせ、彼に石を加工し壁を築く仕事をさせた。

もし専門知識を持つ人に「その知識を実践」させれば、まず人材の浪費を避けることができ、次に専門知識を持つ人に仕事で実践する中でより一層探求し進歩させることができる。そして、専門知識を持つ人がもし「その知識を実践」できるなら、彼らの仕事に対する積極性が大幅に向上するだけでなく、さらには部下と上司との間のチームワークを強化することもできる。

【6要素】

①時間：战国时期

②場所：齐国

③人物：齐宣王、石匠、孟子

④事柄の起因：齐宣王让鲁国有名的石匠和木匠们一起工作，弄得这位石匠觉得痛

苦不堪。

⑤事柄の経過：孟子听说后，立即上朝去拜见并说服齐宣王。

⑥事柄の結末：齐宣王派人把那位石匠叫来，让他去凿石砌墙。

【ストーリーの流れ】【叙述形式：時系列】

①战国时期，齐国的齐宣王准备建造一座宫殿，寻找各地的能工巧匠。

②从鲁国请来了一位有名的石匠，但齐宣王却让他和木匠们一起工作，这位石匠觉得很痛苦。

③孟子听说后，立即上朝去拜见齐宣王，陈述了两个内容：

1）对一个学有专长的人，让他把那些专业技术暂时放到一边，听从分配的话，就无法让他发挥自己的技术专长。

2）治理国家需要各方面的人才，而他们如何做，大王只能提出一些原则，不能不顾别人所学所长，而强行要求他人一定要按自己的意思办。

④齐宣王听了孟子的话，意识到自己对石匠的工作安排不妥。待孟子走后，他赶忙派人把那位石匠叫来，让他去凿石砌墙。

⑤（結論・主旨）要使学有专长者“行其所学”

【要約完成例】

用人之道

战国时期，齐国的齐宣王准备建造一座宫殿，于是找来各地的能工巧匠。有一位鲁国很有名的石匠，齐宣王却让他和木匠们一起工作，这位石匠觉得很痛苦。

孟子听说后，立即上朝去拜见齐宣王。他说，从出现社会分工开始，每个人都勤勤恳恳地学习一门技术，期望将来能在实践中运用。如果让一个学有专长的人把他的专业技术放到一边，听从分配的话，就无法让人发挥自己的技术专长。孟子还说，治理国家需要各方面的人才，而他们如何做，大王提出一些原则就可以，不能不顾别人所学所长，而强行要求他人一定要按自己的意思办。

齐宣王听了以后，意识到自己对石匠的工作安排有些不妥，于是派人把那位石匠叫来，让他去凿石砌墙。

使学有专长者“行其所学”，首先可以避免人才浪费，其次还可以让学有专长者在工作实践中有进一步的发展。而学有专长者如果能够“行其所学”，不仅工作积极性会提高，而且还可以加强部下与领导之间的团结合作。

タイトルは結びの部分の“使学有专长者‘行其所学’”から、「人材の使い方」にフォーカスしていることが読み取れるので、“用人之道”とした。

memo